Georges Vigarello

Histoire de la beauté
Le corps et l'art d'embellir de la Renaissance à nos jours

ジョルジュ・ヴィガレロ

美人の歴史

後平澪子訳

藤原書店

Georges Vigarello

Histoire de la beauté

Le corps et l'art d'embellir de la Renaissance à nos jours

第I部

図1—1　ティツィアーノ「美しい婦人」(1530年頃)
(ピッティ宮、本文24頁)
15世紀末、美しい女性の肖像画が次々と製作されるようになった。

図 1—2　マンテーニャ「キリストの磔刑」（1456 年）
（ルーヴル美術館、本文 23 頁）
マンテーニャは、二次元の芸術である絵画に、立体感のある肉体をもたらした。

図 1—3　フォンテーヌブロー派「ディアーヌ・ドゥ・ポワティエ」（1590 年）
（バーゼル市立美術館、本文 25 頁、72 頁）
16 世紀の美の条件は、顔の色が雪のように白いことだった。フランス国王アンリ二世の寵妃であるディアーヌは、肌を白く保つために金を食していたといわれる。

図 1—5　トゥッサン・デュブルイユ
「イアントとクリメーヌの身仕度」（16 世紀末）
（ルーヴル美術館）

貴婦人の身だしなみは、大勢の侍女の手を借りて、儀式のように行われた。

図 1—4　ラファエロ・サンツィオ
「ジャンヌ・ダラゴンの肖像」（1518 年）
（ルーヴル美術館、本文 40 頁）

ジャンヌの美貌は名高く、美の模範であるとされた。

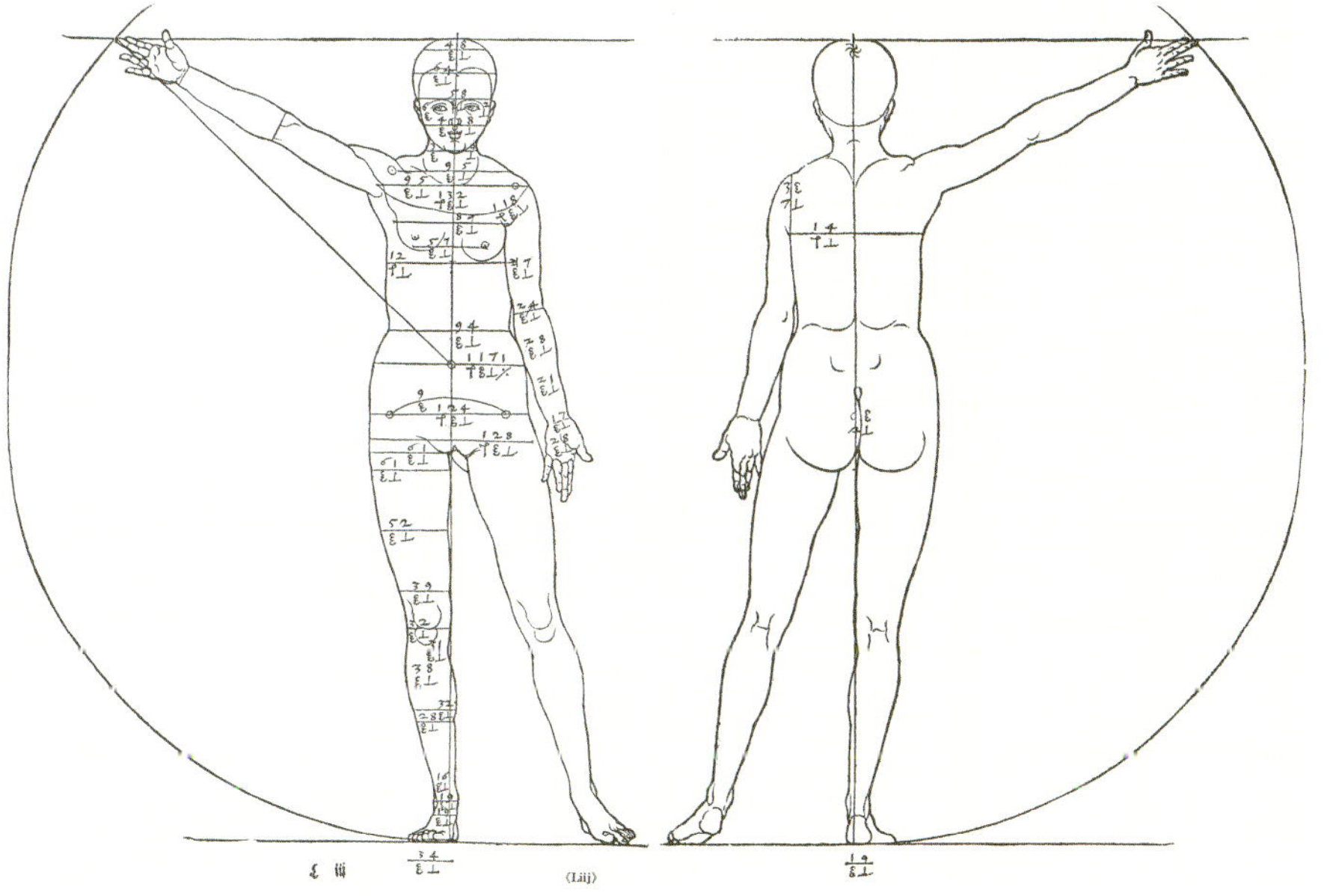

図 1—6　デューラー「人体均衡論四書」
（本文 61 頁）

デューラーは、人間の理想的なプロポーションを数値によって決定しようと試みた。

第II部

図 2—1　プッサン「詩人の霊感」（1630 年頃）
（ルーヴル美術館、本文 98-99 頁）
プッサンの絵画は、人物の姿勢、表情が内面の心の動きと調和し、見ていて快い、と評された。

図 2—2　フェルメール「赤い帽子の女」（1664 年頃）
（ワシントン、ナショナル・ギャラリー、本文 102 頁）
心情は目にあらわれる、というテーマは、17 世紀の画家に好んで取り上げられた。

図 2—4　ボス「腹をすかした人々に食べ物を与える」（1640 年頃）
（パリ、国立図書館、本文 117 頁）

社会的な差異が体型にあらわれる。庶民の鈍重なからだつきと、ほっそりして垂直な貴族のシルエットとは対照的。

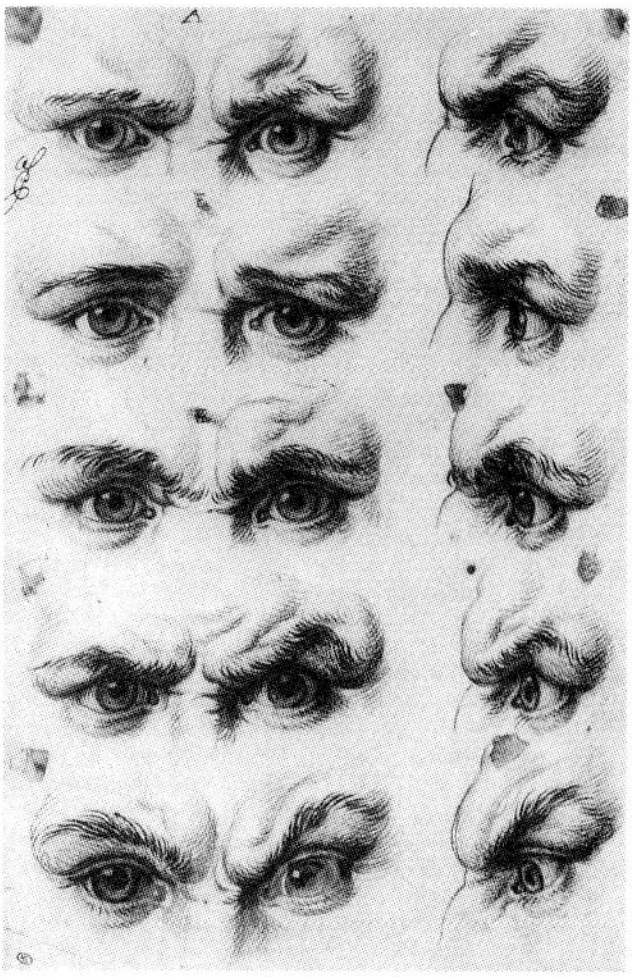

図 2—3　ル・ブラン「目と眉の研究」
（本文 102-103 頁）

ル・ブランは、目は人間の心の情熱をあらわすものだと考え、詳細な研究を行った。

図 2—5　ボス「パレのアーケード」（1640 年）
（パリ、国立図書館、本文 120 頁）

パレとは現在のパレ・ドゥ・ジュスティスのこと。当時そこにはパリ高等法院があり、長い廊下がにぎやかなアーケード街となっていた。そこを歩く貴族の男女は肩を後ろに引き、そっくりかえった姿勢に描かれている。

図 2—6　ルーベンス「アンヌ・ドートリッシュ」（1652 年）
（ルーヴル美術館、本文 122 頁）
17 世紀になると、紅をつける習慣が普及する。

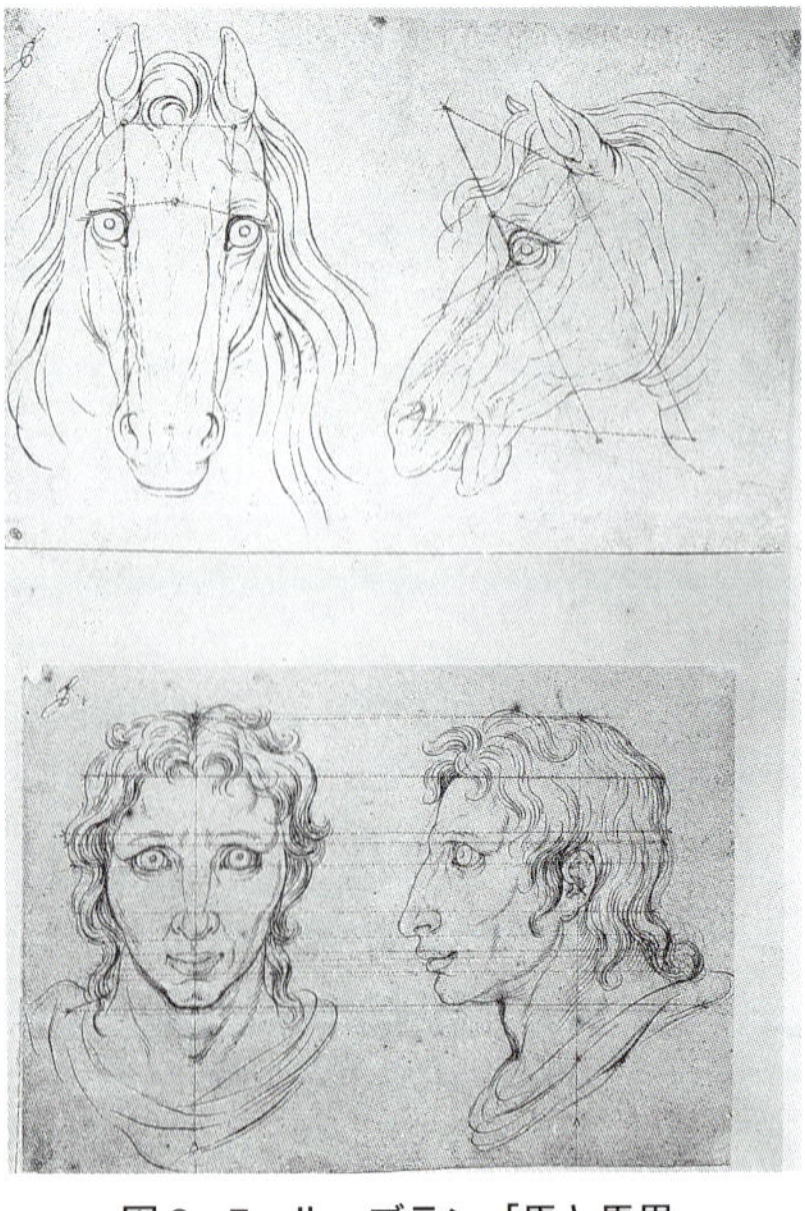

図 2—7　ル・ブラン「馬と馬男」
ラーファター以前の人相学では、人間の顔つきを動物の形態に結びつけて性格を分析する、という手法が一般的だった。

第Ⅲ部

図 3—1　ヴァトー「つまづき」（1718 年）
（ルーヴル美術館、本文 136 頁）

18 世紀の画家たちは、思いがけないからだの動き、一瞬のフォルムを画布にとどめようとした。背中を支えられた女性は、そのアンバランスな姿勢のせいで、上半身と首がつくる曲線が強調されている。

図 3—3 「パリの衣装」（1795 年）
（本文 152-153 頁）

18 世紀末から 19 世紀初頭、より制約が少なく、直線的なラインのドレスが流行した。

図 3—2　ル・クレール原画、デュパン版画
「モードの陳列室」（1778 年）
（本文 151 頁）

17 世紀以来、子どもにコルセットを着用させる習慣が普及していたが、18 世紀末になると、次第に自由さが求められるようになる。この版画の少女は、いまだにコルセットとパニエを身につけている。

図 3—4　ボードゥワン原画、N・ポンス版画「身だしなみ」（1771 年）
（本文 154 頁）

身づくろいをする女性は風俗画のありふれたテーマだが、その場面に全身を映せる大型の鏡は見出せない。姿見が普及するのは 19 世紀になってからで、そのとき初めて、身づくろいと化粧とは、一人だけで行なわれる秘密の儀式となる。

図 3—5　フランソワ・グローズ「カリカチュアを描くための法則」（1802 年）
（本文 163 頁）

絵画の伝統的な手法である線と図を用いて、個性的な表情をつくりあげる試みがなされた。

第IV部

図 4—1　カスパー・フリードリッヒ「日の入りに立つ女性」（1818 年）
（エッセン・フォルクヴァンク美術館、本文 191 頁）
ロマン派の画家たちは、無限のかなたへの強烈なあこがれを絵に表現した。

図 4—2　ル・グレー「祈りを捧げるウージェニー皇后」（1856 年）
（本文 202 頁）
化粧品は、単に肌の色を補正するだけのものではなくなり、顔立ちそのものに作用するようになる。上流階級では、目を黒く縁取る化粧法が用いられた。

図 4—3 「九月の装い」（1831 年）
（本文 206 頁）
ゆったりとしたドレスの流行は一過性のもので、身体はふたたびギャザーとパニエのなかに埋もれた。ふくらんだ袖、強調された胸、くびれたウェストが逆三角形の上半身をつくりだす。

図 4—5 ボルディーニ「ロベール・ドゥ・モンテスキュー伯爵」（1897 年）
（オルセー美術館、本文 216-218 頁）
みずからのアイデンティティーを外見に求める男性が出現する。服装と痩身に気を配る、優美さと力強さをあわせもったダンディが、社交界の主役となる。

図 4—4 「1831 年のパリ最新ファッション」（1831 年）
（本文 205-206 頁）
男性のあいだでは、ウェストで絞られ、胸を強調するルダンゴトが流行した。

図 4—6　ドーミエ「ただいま流行中のパニエの使い方」『シャリバリ』（1856 年）

（本文 223 頁）

ふくらんだクリノリン・スカートは、ときとして揶揄の対象となったが、1860 年代になっても引き続き維持された。

図 4—7　ドーミエ「パリ情緒」（1840 年頃）

（パリ、国立図書館）

「こりゃ、おもしろい！　わしがこれまで関係を持った女たち四人の胴体そのままだ……」（本文 223 頁）。パリでは、コルセットは、どんなみすぼらしい店でも売られていた。

図 4—9　「ペチコートとバッスル」（1884 年）
（本文 226 頁）
腰からヒップにかけての湾曲は女らしさの本質であるとされ、ヒップを強調する補正具が普及した。

図 4—8　「サロン・ドゥ・ラ・モード」（1889 年）
（本文 226 頁）
服のなかに埋没していた下半身が、徐々にあらわれる。19 世紀のシルエットは、ふくらんだスカートから、前面がぴったりしたスカートへと移行する。

図 4—11　メアリー嬢の広告
（リキュール「ラ・ベネディクテーヌ」の宣伝ポスター、本文 233 頁）
19 世紀末、見世物、ポスター、新聞に裸体が登場し、シースルーの衣装がもてはやされた。

図 4—10　ミュシャ「ジョブのポスター」（1896 年）
（本文 232 頁）
ジョブ社のたばこのポスター。小説、美術においては、女性の神秘的な性的魅力をあらわす髪の毛の効果が注目された。

図 4—12　ギブスン「麗しのアメリカ」（1900 年）
（本文 237 頁）
戸外で自由闊達な振る舞いをする若い女性。ギブスンの描く「ギブスン・ガール」たちは大人気を博した。

図 4—14　J・シェレ「サラ・ベルナールによる『ディアファーヌ』の宣伝ポスター」（1890 年）
（本文 257 頁）
女優のイメージを商品と結びつけ、販売にはずみをつける。この戦略は見事に当たり、女優は大衆の美の模範となり、その価値は大いに高まった。

図 4—13　「デパート『ル・プランタン』の内部」（1881 年）
（本文 254 頁）
19 世紀に誕生した百貨店は、高級品から安価な品までを一堂に並べ、女性たちの購買意欲をそそる。

第Ⅴ部

図 5—1　ポール・ポワレのファッション画（1923 年）
（本文 267 頁）
シルエットは「S」字型から「I」字型に移行する。

図 5—3　ヴァン・ドンゲン「花で飾られた鉢」
（1917 年頃、パリ市立近代美術館、本文 269 頁）
絵画に描かれる人物の脚は、ますます長くなる。長く伸ばされたからだと脚が、ゆるやかなカーブを描いて波打つ。

図 5—2　アジェ「ストラスブール大通りのコルセット専門店」（1912 年）
19 世紀末から、コルセットへの非難の声はますます高まる。女性はこれ以降、コルセットに頼るのではなく、さまざまな方法で、からだそのものを細くすることをめざすようになる。

図 5—4　ウィリー・ロニス「シトロエン工場の女工たち」（1938 年）
女性の社会進出が進むなか、働く女性にとって、労働と美しさの維持とのジレンマが新たな課題となる。

図 5—5　「水着での美人コンテスト」（1920 年）
（アメリカ、本文 285 頁）
痩身の重視とともに、身体のサイズにますます厳しい目が向けられる。1920 年代、欧米で美人コンテストが流行した。

図5―6　ルイーズ・ブルックス

（本文271、293頁）

1920年代に活躍したハリウッド・スター。ヘルメットのような髪、つるりとした顔がトレードマーク。ショートカットのヘアスタイルは、それまでにない斬新なファッションだった。

美人の歴史／目　次

凡例

一　本書は、*Histoire de la beauté – Le corps et l'art d'embellir de la Renaissance à nos jours*, par Georges Vigarello, Paris, Édition du Seuil, 2004 の全訳である。

一　本文の章立ては、原文では一部ごとに新たな番号が付されているが、訳文においては通し番号とした。

一　原文の引用符《　》は、原則として「　」で示した。ただし、訳文において意味のまとまりを示すために「　」を用いたところもある。原則として原文においてイタリック体で記された書名は『　』、作品名は「　」で示した。原文中の（　）は、訳文中でも（　）で示した。

一　原注は（1）（2）（3）……と付したうえで巻末に載せた。訳注は、主に人物の生没年、経歴などをわかりやすく記すことを目的とし、〔　〕に示した。

一　原注で挙げられている参考文献（いわゆる古典的著作は原則として除く）で、邦訳があるものは分かる限りで紹介した。

一　原書に収録されている図版については、種々の理由から採録できなかった。その代わり、訳者の判断で本文と関わりの深い図版を選んでおさめた。

美人の歴史

わたしの娘、クレールに

序

一六九六年十一月四日、未来の王太子妃としてフランスに嫁ぐサヴォワ公女（一六八五―一七一二年。フランスの王太子妃。ルイ十五世の母）を、ルイ十四世（一六三八―一七一五年。フランス国王。宰相をおかずに親政を敷き、フランスの絶対王政を頂点に導いた）は、みずからモンタルジまで出迎えに行く。そして、マントノン夫人（一六三五―一七一九年。ルイ十四世の寵妃）に宛てた手紙のなかで、次のように姫君を評する。公女は「望みどおり美しく」[1]、目は「たいそう美しく」、口は「あざやかな朱色」。「胴はとても美しく」、「物腰には気品があり、その態度はきわめて礼儀正しい」と強調し、「うっとりするような」魅力がある、と結ぶ。当然のことながら、くり返し用いられる、これら紋切り型の言葉は、それだけですでに、美の正確な特徴を伝えることの難しさを、魅力、フォルム、立体感を語ることの難しさを明らかにしている。これらの言葉は特に、ある特徴が優先されていることを、明らかにしている。ここでは、それは、宮廷という世界で美を演出するために欠かせないもの、すなわち顔であり、外見、物腰である。逆に、未来の王太子妃のからだについては、ほとんど語られない。ただ記されるのは、上半身の優美さをあらわす、ウェスト（「胴」）についてのさりげない言及であり、「年齢にしては大きいとはいえず、むしろ小柄な」、全体の背丈についての言及のみである。つまり、それが、十七世紀末の貴族世界の期待するすべてなのだ。

それから一世紀を経ると、まるで異なった描写がなされる。健康状態にいっそう敏感になり、歩き方と動作の軽やかさが記憶され、顔立ちの特異性についても、あえて語られる。十八世紀末、ティリー（一七六一―一八一六年。フランスの貴族、軍人。回想録を執筆）は、王妃マリー＝アントワネット（一七五五―九三年。フランス王妃。革命裁判所で死刑の判決を受けて処刑された）について、次のように記している。「時と場合によって、さまざまに変化する」目、「やや扁平すぎる」胸、「みごとな」肩と首。歩き方には、二つのタイプがある。「一つは、毅然として、きびきびした歩き方。もう一つは、なよなよ、ふらふらした歩き方。甘ったれているようだとも言えるが、人に失礼な感じを与えるほどではない」[2]。からだは、存在感と動きを獲得した。観察者の側もまた、視線を移動させ、相手のフォルム、動き、表情をスキャンした。

ゆえに、二つの記述のあいだには、歴史のインパクトがある。おそらく、美のコードのちがいもさることながら、それ以上に、そのコードを眺め、記述する仕方が異なるのだ。この本は、そうした美の歴史をたどるものであり、芸術の美を追うものではない。それについては、各派のモデル、アカデミックなリファレンスの微妙な差異にいたるまで、すでに幅広く研究されている[3]。本書でたどりたいのは、むしろ社会的な歴史である。その歴史では、毎日のしぐさや言葉のなかに、直接的に体験された身体の美しさの基準、魅力や嗜好の基準が表現される。その歴史では、図像もさることながら、多くの言葉が調査される。そう、特に言葉が。というのも、意識されたこと、特に興味をそそられたこと、認識されたこと、感じられたことをあらわすのは、言葉なのだから。足を踏み入れるのが難しい、こうした言葉の領域について、かつてジャン＝ルイ・フランドラン〔一九三一―二〇〇一年。フランスの歴史学者〕は、愛をテーマに取りあげながら、あざやかにこう言ってのけた。「われわれの感情は、言葉のなかに閉じこめられることによってのみ、認識されうる」[4]と。

この歴史は、つくられていない。それは、当事者たちによって口にされ、観察された美の歴史であり、その規範、その特徴の歴史である。それはまた、美しくなるための方法と手入れの歴史でもある。すなわち、からだに向けられた注意に意味を与えるもの、クリーム、化粧品、美容の秘訣の歴史なのだ。この歴史は、からだにとって気持ちの良いこと、悪いことを、文化と時代のかかわりのなかで把握する。すなわち、高い評価を与えられる外見、強調されるライン、あるいは低く評価されるライン[5]。この歴史は、それらのリファレンスの、時代から時代への移り変わりを追う。フォルムの重要性は揺るぎないとしても、とりあげられるのは、フォルムのみにとどまらない。表情に関する目じるしもまた、含まれる。すなわち、内奥から滲《にじ》み出す徴候に少しずつ向けられる注意、魂のしるし。あるいはまた、魂のしるしが、姿勢や動きにどのように作用するのか、ということ。この歴史は、からだの表面にたゆたう想像の産物について、また緊張、リズム、動きを連想させるものについて、語る。この歴史は、身ごなしと服装の目じるしを大きくとりあげる。すなわち、近世の美の概論で、「風采」、「威厳」と呼ばれる目じるしを。古典主義時代のフランスの概論では、より散文的な言葉で、「ようす」、「見かけ[6]」と呼ばれる目じるしを。この歴史はさらに、明示するのがもっとも困難だと思われるものを含む。それはすなわち、知覚が受ける強い衝撃であり、「完璧なもの」を記述することは不可能だという、勃然たる感情である。ヴェロニック・ナウム＝グラップ〔現代フランスの人類学者〕は、こうした障害を次のように指摘する。「美しい女性は心を打たれる光景だが、思考されることはほとんどない。まるで、美女によって引き起こされた幻惑が、それだけでもう、十分な説明であったかのように[7]」

　こうした基準、こうした対象が一度想起されれば、変化がどのような軌跡をたどったかについては、想像に難くない。冒頭に掲げた二つの事例に示されるように、十七、八世紀には、まずリファレンスが豊かになる。すなわち用語のニュアンス、フォルムと対象の種類が。概念は洗練され、多様化する。望みは変化し、ついには、指定された「目標」を一新するまでになる。からだのつくりだす空間、ボリューム、奥行きまでもが、時代とともに明確になり、広がる。これらのリファレンスの個別化がゆっくりと進行し、それが、時間の第二の力学を形成する。例えば、長いあいだ、美のモデルは絶対的なものであり続けた。が、その後、この美のモデルは相対化され、多様化され、いっそう受容されやすいものになる。自立性が少しずつ勝利し、それとともに、各人の差異が、身体のすばらしさのイメージに共鳴する。

時間の力学はまた、社会的、文化的対立の位置をずらしながら、美の基準そのもの、そしてその差別化の効果を変化させる。例えば、男性に支配される女性という構図がゆっくりと変化し、美の世界に反映される。美は常に「慎ましやか」で、純潔で、監視されるべきだという、伝統的な要求が長いあいだ課せられていたが、後世になると、決定的な自由が表明され、それがフォルムと外見に波及する。動きはいっそう受容され、微笑はさらに晴ればれとし、からだは以前にまして露出される。別の言い方をするならば、美の歴史は、性とアイデンティティーの歴史から免れることができないのだ。

そのとき、美の歴史は、発明の歴史として理解したほうが、わかりやすくなる。美は、時とともに、三つの方向軸にそって発明される。第一の軸は、注意の高まり。十五世紀末頃のヨーロッパ文化の独創性は、人間の存在感に向けられた関心の高さにある。王侯の入室《アントレ》の儀式、宮廷のさまざまな習慣、美の概論において強調される、美的なものに対する新しい好奇心。以前と異なって斬新である点は、美しいものと、美によって引き起こされる印象とに払われる、特別な注意である。

第二の軸は、からだの特別な部位に、かってない美学的な重要性が与えられること。例えば、十七世紀の、胴体、ウェスト、胸に寄せられる強い関心。上流社会、コルセットに与えられた大きな役割。あるいは十九世紀末の、海岸、カフェ・コンセール、からだにぴったりしたドレスの着用で、あらわになった「下」の美の発見。さらに、表現と動きのなかに隠された音楽とリズム、いまの時代の美を貫く力学。ここにいたって、歴史は、わずかずつではあるが、以前よりいっそう多くの対象を美の領域に引き入れ、征服の結果と似た様相を呈する。

第三の軸は、資質、もしくはフォルムの発明。新しい「場所」というよりも、新しいデッサンが発明される。例えば、がっしりした肩幅、張り出した胸、きゅっと絞られた腹といった、十九世紀にもてはやされたシルエットは、それ以前のものとは大きく異なる。それ以前の、貴族の優越性を現す、上半身を後ろに引いた姿勢ではなく、上半身は力強くまっすぐで、「ブルジョワ」らしさを彷彿とさせるシルエット。同じからだにおいて、長いあいだ傲慢さを想像させていたものが、この場合、効率性をあらわすものにとって代わったのだ。美の歴史は、フォルム、風采、身ごなし、表情、顔立ちの歴史でもある。ここでいう「発明」とは、「改造」、「描きなおし」に相当する。

文化の変化によって引き起こされる差異が大きければ大きいほど、その変化自体をあらわしうる差異は大きくなる。

第I部

啓示される美——十六世紀

美とは、「純粋で簡素な輝き。他のすべての輝きは、そこから生じる」[1]。近世の幕開けの時代、美をめぐって、無数の対話と談話が交わされた。そうした議論に見てとれるのは、ひとつの確信である。つまり、世界の中心に据えられた完璧なもの、それが美である、という確信。このような美は、その全体がすでに完成された、唯一のモデルでもある。「天上的なもののしるし」[2]、「空から降りてきた天使」[3]。こうした言説は、もちろん理論上の原則であり、具体的な行動から、およそ乖離していることは明らかだ。とはいえ、日常的なからだの眺め方は、そうした原則によって方向づけられていた。理論上の原則が優遇するのは、もっぱら身体の「上」、つまり胸、顔、目、そしてそれらが発する神々しさである。すなわち、神的なもの、ただひとつの真実の美、もっとも「高い場所」にあるがゆえにもっとも完璧な美をあらわしているとされる部分だ。また別の結果。それは、絶対的なものは修正されてはならず、美には「人の手が加えられ」てはならない、とする考え方である。例えば、化粧品は、啓示された美を損なうものではないだろうか。その結果、必然的に、からだを美しくすることには胡散臭さが伴い、いかなる技巧に対しても、たえず疑義が呈される。美を獲得する困難さが宣言され、さらにその困難さに、近世初期の美を現代の美から遠ざける、支配の目じるしが加わる。特に、「肉づきがふくよかで、輝くような白い肌」[4]をした女性は、美のモデルとして構築されはするが、慎みを美徳とする美学から逃れることはできず、ひいては、女性を動かない装飾品として封じ込める、凝固したシルエットの美学に縛りつけられる。

究極のすばらしさを体験することと、女性は従属物であると確信すること。ここではその両者が、完璧なもののヴィジョン、男女の性差のヴィジョンによって、雑然と混ぜ合わされる。

第1章

記述されるからだ、序列化されるからだ

はじめに、ある決定的な発見が、この近世の美を明らかにする。一三四〇年のシモーネ・マルティーニ〔一二八五—一三四四年。シェナで活躍したイタリアの画家〕のキリスト受難図に描かれた人物と、一四五六年のマンテーニャ〔一四三一年頃—一五〇六年。イタリアの画家〕の磔刑図の人物とを比べてみよう。両者のちがいは明白だ。マルティーニの人物は立体感に乏しく、衣服のひだのなかに埋没しているのに対し[1]、マンテーニャの人物には、しっかりした肉づき、陰影のある凹凸感が与えられている[2]。ここでは、「肉体の誕生[3]」が雄弁に語られている。突如として、美は、実感と直接性とを獲得した。マザッチョ〔一四〇一—二八年。フィレンツェで活躍したイタリアの画家〕は、一四二〇年頃、初めて肉体の存在を目の当たりに感じさせる新しい技法を考案し[4]、重量感、色彩、厚みと丸みを帯びたフォルムの戯れを生み出した。美は、近世という時代に突入した。十五世紀のトスカーナ地方で、平面に描かれたからだが、突然、現実的なフォルムを帯びるようになり、絵画において、人間の顔かたちをそれらしく描く技法が発達する。ルネッサンス期に生じた、この「人物像に対する考え方の突然変異[5]」について、ここで新たな歴史を記す必要はないだろう。

とはいえ、日常のなかで、目に見えるものとからだにつけられる等級とを、無視することはできない。優遇されるのは、もっぱら上の部分。特に、顔は強い関心の的となる。数多くの制約に強いられ、視線はこのように、一定方向に集中して向けられる。

存在の力、言葉の限界

まず、画家たちの仕事にこだわる必要がある。もっとも、十五世紀から十六世紀にかけて行なわれた新しい手法は、絵画のみの試みにとどまらないのだが。早くも十五世紀末になると、画家のアトリエで、女性の肖像画が次々と製作される。それらの作品は、モデルの名声や社会的地位のためというよりも、むしろその美しさによって、注目される。ティツィアーノ〔一四九〇―一五七六年。イタリアの画家。十六世紀ヴェネツィア派最大の画家〕の「美しい婦人《ラ・ベッラ》」[6]は、このまったく新しいジャンルで、ひときわ目立つ作品である。無名の人物ではあるが、「完璧な美」を備えるこの女性は、まさにその美しさのために描かれ、その美しさが、ウルビーノ大公に、「理想の美女」[7]を鑑賞するためにこの絵を購入したい、という気持ちを起こさせる。大公は女性の名前までは知らないため、「青い衣の女」という名前で呼び、美しさという「ただひとつの利点のみを理由に」[8]描かれた、この美女の前に立つとき、それまでにはない新しい喜びを覚える、と打ち明ける。しかも、美術愛好家の先駆者たちは、コレクションの対象を変える。もはや、宗教を題材としたドラマチックなシーンや珍奇なものを集めることのみが、目的なのではない。あるいは、フィレンツェのパオロ・ジョヴィオ〔一四八三―一五五二年。イタリアの人文学者、歴史家、医師〕が、一五二〇年から一五三〇年頃にかけて築きあげた、皇帝、学者、国王を含む、肖像画のたぐい稀なる一大コレクションのように[9]、公的なもの、私的なものを問わず、人間の肖像画を集めることのみが、目的なのではない。美術愛好家たちの目的は、美の原則そのものを明らかにすることにもあった。

このような存在の「強烈さ」は、からだの記述に影響を及ぼさずにはいられない。目じるしとなる記述は、白い地色で描かれた、胸のふくらみと胴の細さとを対比させる中世的な紋切り型の文章と短音節の隠喩とを、突如として、時代遅れなものにする。すなわち、『エリー・ドゥ・サン＝ジル』〔十二世紀末、ピカルディーの詩人によって書かれた短い武勲詩〕に出てくる、若い娘の「先細りの柳腰、細い胴」[10]。十三世紀の、「先細りになった」

ブランシュフルールの腰[11]。十二世紀の『ラウール・ドゥ・カンブレー』〔十二世紀末、フランスで書かれた武勲詩〕に登場する、ベアトリックスの「引き締まった乳房、白いからだ、澄んだまなざし[12]」。中世の美は、明らかに存在する。それは、白くて左右対称の顔、盛りあがった胸、細く引き締まった胴体だ。だが、十六世紀の言葉によって想起されるからだは、いま一度、調べなおされる。肉づきが強調され、用いられる言葉は多様化する。特に、女性のからだは、それまでにない厚みと血色とを獲得する。外見はいっそうふくらみを帯び、曲面は存在感を増す。慎ましやかな欲望が、肌から立ち上る「精気[13]」を想起させ、「うまき汁」、「乳と血[14]」を示唆する。

　こうした表現の、もっとも奥深いところで、感覚的なものがさらに重要となり、美学と快楽の結びつきはいっそう緊密になり、以前よりも簡単に受容される。重要なのは、世俗的な価値であり、日々の楽しみ、毎日の暮らし、目の前にある人生の価値だ。このような事象の厚みを、プレイヤード派は、詩の深淵に移し変える。当然のことながら、そこでは言葉が魅力を発揮する。ロンサール〔一五二四―八五年。フランスの貴族、詩人。プレイヤード派の指導者〕は、一五六〇年、「アラバスターのように白い胸[15]」をした女たちのことを歌い、ルイ・ル・ジャール〔十六世紀のフランスの劇作家。ロンサールの盟友〕は、一五七五年、「磨きあげた象牙のような広い額[16]」の女たちについて語る。比較の対象として用いられるのは、もっぱら貴重なもの、清らかな物質だ。例えば、「東洋の真珠」、「汚れなき雪[17]」、「水晶の中に閉じ込められた百合[18]」。

　こうした言葉にはまた、限界もある。いまだ近世の入り口にある、これらの言葉は、からだの美しさを表現することの難しさを示している。月並みな表現は、記述を脅かす。そのもっとも良い例が、「肉づきのいい《アンボンポワン》」という言葉だ。この言葉は、「痩せ」と「肥満」の中間の、バランスがとれた状態をあらわすものとして、十六世紀、多用される。意味は自明の理であるかのように用いられるが、用語自体は、そこから派生した形容詞とともに、一定の具体的なフォルムを決定するというよりも、むしろ、さらに多くのことを示唆するにとどまっている。『サン・ヌーヴェル・ヌーヴェル』〔十五世紀半ばに編纂された小話集〕のなかの、ある挿話では、「説教修道士」の想い人である女が「たいへん美しく、ほどよい肉づき《アン・ボン・ポワン》[19]」をしている、と表現される。また別の話では、風呂屋の女が「たいへん美しく、たいそう肉づきもいい《グラン・ポワン》[20]」と語られる。ボナヴァンチュール・ドゥ・ペリエ〔一五一〇年頃―四三もしくは四四年。フランスの物語作家〕の物語には、とある代訴人に夜這いされて「孕まされ」、「日に日に」「ますます肉づきが良くなる《メイユール・ポワン》」「若い娘っ子[21]」の話が出てくる。また、『エプタメロン』〔十五世紀半ば、『デカメロン』から着想を得て書かれた小話集。作者はフランス国王フランソワ一世の姉、マルグリット・ドゥ・ヴァロワ〕の第一五話には、醜く、「肉づきが悪く《モーヴェ・ポワン》」、「薹《とう》が立った[22]」女が登場する。等級は、肉づきの悪いものから良いものへ、からだつきの貧弱なものから豊かなものへ、と変化する。が、一人ひとりの女性を分類する、決め手となる指標が存在しない以上、その等級は当然のことながら、ほとんど把握することができない。

　これらの言葉と、その言葉に一致する習慣は、時代とともに明確になる。それらは、少しずつ豊かになる。対象は、より明確に位置づけられ、定義されるようになり、言葉と習慣は、そうした対象を少しずつ正確にあらわす。

「上」の勝利

われわれの興味の対象である社会的な美、日常空間のなかの美が、十六世紀、いかに外見を統制する厳格な規範に従っていたか、つけ加えておく必要がある。視線は道徳の規則に従い、一定の方向に導かれる。それによって、美は、からだをとり囲む球体のなかに封じ込められる。とりわけ、ひとつの基準が課せられる。すなわち、さらけ出されるものと、隠されるものとの基準だ。その目的は、隠されるものの神秘性を強調することではなく、むしろその卑しさを強調することにある。卑賤な領域と、高貴な領域の存在。これは、まごうかたなき徳性の論理であり、「拳むべき部分をあらわにし」、下品な部分を「目につかないように」[23]する。例えば、フィレンツォーラ〔一四九三―一五四三年。フィレンツェ出身のイタリアの作家〕は、『女性の美しさについて』のなかで、裸体をひととおりくまなく描写する一方、美を語るに際しては、下の部分など無視してかまわない、と強調する。「人間の男女が、上の部分をさらけ出し、下の部分を隠すのは、自然がそう仕向けるからだ。というのも、本来、美しさのあるべき場所は上の部分なので、そこは見せてしかるべきである。その他の箇所は、ただ上体を支えるだけの存在だから、見せてはならない[24]」。ジャン・リエボー〔一五三四年頃―九六年。フランスの医学者〕は、美しくなるための技術について論じた著作のなかで、全身をつぶさに調査したあとで、「露出してよい部分のみに注意していればいい」と、主張する。同じことは、十六世紀の終わり、母親と娘のあいだで交わされた会話のなかで、あからさまに指摘される。「脚のことなんか、気にするだけ無駄よ。だって、脚は人に見せるものじゃないでしょ?[25]」

なおいっそう重要なこと。それは、十六世紀のドレスが、包み隠すような形状に加えて、極度に拡がった部分でできている、ということだ。ドレスのスカートは、鉄や木の枠でできた「ファージンゲール[26]」に支えられ、ウェストの下でほぼ水平に拡がり、スカートというよりも胸像の台座と化し、かつてないほど「上」の重要性を強調する。とはいえ、「下」が完全になおざりにされたわけではない。それどころか、下の部分は、奢侈品にさえなりうる。が、それもひとえに、からだのフォルムを消去するためなのだ。このことは、一五九五年、ヴォス・ドゥ・ガルが製作した版画に見てとれる。その版画では、ブルジョワ階級の人物の服地には、いずれも床に届くところまで、見事な細工がほどこされている。「下」はまず第一に土台であり、「上」を支える不動の台座でありつづける。ホルバイン〔一四九七―一五四三年。ドイツの画家、版画家〕の「イギリス人女性[27]」の肖像画や、ブロンツィーノ〔一五〇三―七二年。イタリア、フィレンツェのメディチ家の当主、コジモ一世の宮廷画家〕が描いたイタリアの貴族の女性[28]のように。ウェストの下で水平に拡がった土台[29]を誇示するために、人体のラインを仮装させる。彫刻家のつくる胸像と同じで、名もなき土台の上に、立派な胸像が乗っているのだ。さらに、フィレンツォーラは美の概論のなかで、人間の上半身に、繊細な陶器の盃のイメージを投影し、胴体を盃のふくらみに、脚を台に、腕を取っ手にたとえている[30]。

この等級のヴィジョンは、また別の論理によって強化される。それは、美の秩序は宇宙の秩序に従う、という論理だ。この世界の美の完璧さは、霊気《エーテル》のみなぎる領域によってあらわされる。この考え方が、身体の美のモデルにも当てはめられる。十六世紀、宇宙の天空と肉体の天空とは、たがいに呼応しあう。胸、顔、手は、身体の美学を引きつける唯一の場所であり、「原則的にその一部、すなわち、太陽の光の方を見つめる上の部分[31]」は、あらわにされる。胸、顔、手は、「天使の資質と極めて近いもの[32]」を持ち、万人が「じっと眺めることのできる高い位置[33]」にあることによって、重要になる。それゆえ、「雲のような」髪型、太陽のように輝く顔容《かんばせ》というように、「地理的な位置[34]」が強調される。十七世紀初め、フリュランス・リヴォー〔一五七一年頃―一六一六年。フランスの軍人、人文学者〕の『美しくなるための技術』には、同様のリファレンスが見られる。この著作では、人間の姿かたちが、これまでにないほど明確に序列化されている。すなわち、下の部分は「家をつくるときの杭」であり、真ん中の部分は「事務所や台所」。それに対して、上の部分は、人から見られ、着飾るためにあり、美に奉仕する唯一の場所。顔は「果物[35]」にたとえられ、暗闇から生まれて咲き誇る花である。それにより、上に行くほど完成に近くなる、という建物の論理が確定する。それにより、道徳的なヴィジョンが確定する。人体は、貴いものから卑賤なものへ、繊細なものから粗野なものへ、とわずかずつ変化しながら、方向づけられる[36]。その結果、上昇と失墜、偉大なものと低俗なものを指摘せずに、身体の垂直性を想起することは不可能になる。

このように、道徳に基づいた選択がなされることによって、からだの一部が削除された肖像画ができあがる。ちなみに、ロンサール自身、からだについては、「上」の部分しか言及しない。「目、額、首、唇、胸[37]」。もっとも頻繁なのは、胸と顔に、描写を限定することだ。

アラバスターのように白い胸
そして、二つの太陽とまごうその目
美しいそなたの髪[38]

カッサンドルの恋人〔ロンサールをさす〕は、愛しい娘の姿を描いてほしいと、ジャン・クルーエ〔一四八五年頃―一五四一年。フランスで活躍した、フランドル出身の画家〕にあてて韻文の注文書をしたためるが、一七〇行あるその詩のうち、一四〇行が、顔の描写のみに費やされる。[39] 集中度の高さは、モーリス・セーヴ〔一五〇一年頃―六〇年頃。フランス、リヨン派の代表的詩人〕が一五四四年に書いた詩に、さらに顕著である。全部でおよそ四〇五〇行の詩は、ペルネット・デュ・ギエの「完璧な」[40] 魂とからだに捧げられており、そのうち百行以上が目について歌われながら、からだについては、まったくといっていいほど触れられていない。シルエットは消されてしまったかのように、ほとんど素描されずじまいだ。

このように、限定された焦点に集中する視線から浮かび上がるのは、形式的なモデルである。顔に関しては、「薔薇と百合」の色が卵型に混ざり合った、伝統的なイメージ。上半身に関しては、下に向かって急激に細くなる「筒型」のラインに封じ込められた、より明確なイメージ。「胸全体は、梨を逆さまにしたようなフォルムをしている。もっとも、梨をもうちょっと押し潰し、円錐形部分はもっと細く、下の部分をもっと丸くしたような形である」[41]。シンメトリーと軽さが勝利する。当然のことながら、フォルムが新しくなったわけではない。とはいえ、肩の広さ、わき腹のラインの変化、腹の薄さは、顕著になる。引き締まりは、近代性を表明する。胴体は依然として、もっとも重要な部分である。胴の「重さ」が、すぐさまひとつのイメージをつくりだすため、なおさらだ。十五世紀に書かれた『サン・ヌーヴェル・ヌーヴェル』では、「胴体がもったりしている人」は、身体的な外見がどうであろうと、とにかく愚鈍で間抜け、ということになる。そのことが、「重い」という言葉の意味を、さらに極端なものにする。例えば、騎士エーノーの妻は、たかだか「この世でいちばん細くなかった」[42] ため、「胴がやや重い」と評されてしまう。

手と腕も、こうした「上」の威光に預かり、視線の対象となる。これらの部分には、しばしば陶然とした視線が、今日の読者をあきれさせるほど強烈な視線が、向けられる。十六世紀、手と腕について研究するため、カルトンに描かれたデッサン画は、枚挙にいとまがない。文学的記述のなかで、手と腕に言及するくだりは、枚挙にいとまがない。手は長く、白く、軽やかでなければならない。ブラントーム〔一五三五（四〇）頃―一六一四年。フランスの宮廷貴族。落馬して病床に就き、『回想録』を執筆〕の記述は、そのような手を執拗に追いかける。メアリ・ステュアート〔一五四二―八七年。スコットランド女王。フランス国王フランソワ二世と結婚するが、すぐに寡婦となり、故国に帰って王座に就く。イングランド女王エリザベス一世に反旗を翻し、捕らわれて処刑される〕を思い浮かべながら、「彼女は、その白いきれいな手、美しい指、暁の女神に匹敵するほど形の良いその指で、リュートに触れた」[43]と語る。また、フランス王妃カトリーヌ・メディシス〔一五一九―八九年。フィレンツェのメディチ家からフランス国王アンリ二世に嫁ぐ〕を思い浮かべながら、彼女の手と息子の手の似ている点を研究する。[44]それにもまして手にこだわったのは、ヘンリ八世〔一四九一―一五四七年。イギリス国王。離婚問題でローマ教会と訣別し、英国国教を開く。六人の妻を娶った〕だ。ナポリ公妃を妻に迎えたいと思い、その美しさを見定めるよう、数人の密使を送った。「使いの者たちは、手袋をはめていない公妃の手を見て、どのような形をしているのか、厚ぼったいか痩せているか、ぽっちゃりしているかほっそりしているか、長細いか短いか、細かいところまでよく気をつけて観察するように。指についても、長いか短いか、太いか細いか、指先の形はどうか、よく覚えておくこと」[45]と。

十六世紀、手は顔と同じく、もっとも重要な美の対象であり続ける。言うまでもなく、手が「上」を構成するものだからだ。そしてまた、手は、服という覆いに隠されているからだが、どのようなようすであるのかを示す、バロメーターだからだ。手は連想を誘い、隠されたものをあらわにする。ストラパローラ〔一四八〇年頃―一五五八年頃。イタリアの作家〕の物語に出てくる裕福な農婦、イゾッタの袖がまくれ、「柔らかくふっくらとして、雪のように白い[46]」腕があらわになったときのように。ヘンリ八世の密使たちは主人の意図を飲み込み、ナポリ公妃の手が「柔らかい手触り」で、「なめらかで、たいそう魅力的です[47]」と強調する。手は、見えないものの手がかりになる。あるいは、見えないものを保証すらする。ここでは、手は、ただ「上」のみを想起させるために、すべての曖昧なものを明らかにすることによって、隠されたものを雄弁に語る。

部分の積み重ね

このように、十六世紀の美の概論によって、道徳化され、序列化された人体は、さらに各部分の関係のヴィジョンにも影響を及ぼす。それによると、人間のからだは、全体が重ねられ、「積み重ねられた」要素の集まりとして、あらわされる。脚は、体を支える単なる柱として想起されるため、骨盤の湾曲、腰の反りやたわみは、ないも同然となる。裾広がりのスカートは、単なる台座として表現されるため、上と下との連続性は積極的に考慮されない。

賞賛される唯一のイメージは、組み合わせのイメージであり、唯一のリファレンスは、積み重ねのリファレンスである。何度も言うように、日常における美の外見は、ファサードや土台と同一視される。「すばらしい建物[48]」。あるいは「彫刻された飾り」、花瓶もしくは彫像。脚と腿が、ただ一つの土台、あるいは台座である。その結果、列柱、建物[49]、土台といった図形が、くり返し登場する。

丸々とした、上等の白大理石でつくられた、
二本の柱の上にそびえたつ、お腹[50]

建物のテーマは、結果的に、動に対する静の勝利を決定的なものとする。そして、力と緊張の、いっさいの結びつきを消去する。「美しい建物を支える二本の柱[51]」は、直感的に並行で真っ直ぐ伸びていると感じられる以上、あるいは、からだ全体そのものが「真っ直ぐな柱[52]」であり、その上に「すべてが乗っている」とされる以上、階は高くなる一方、部分は積み重ねられる一方となる。このことは、十六世紀の解剖学者たちの断言するところでもある。彼らは、女性の腿の傾斜については口を閉ざし、骨盤の器官については、暗示するにとどめている。ヴェサリウス〔一五一四—六四年。ベルギーの解剖学者〕は、女性のヒップは男性よりも大きい、と記述しながら、そこにかかる力については沈黙している。またアンブロワーズ・パレ〔一五〇九—九〇年。フランスの外科医〕は、「腹と坐骨[53]」とを区別せず、骨の全体のラインしか頭にない。腰の湾曲がどのような役割を果たしているのか、また骨盤のつき具合はどうか、ということについては、考察されない。人体はただ、部分が垂直に積み重ねられることによって、維持されているのだ。別の言い方をすれば、人間が垂直に立っていられるのは、ひとえに、骨が真っ直ぐにつなぎ合わされているためなのだ。

十六世紀に想起される、最初の近代的な美の真実。それは、部分部分の結びつきにこそ、存在する。物体が隣接することで、完璧さが生まれる。

奇妙な目の威力

上の部分が優遇されたことから生じる、最終的な結果。それは、目の果たす、決定的な役割である。実際、目はからだの光[54]ではないだろうか。目は、稲妻や炎となって、天体を、太陽を、空の輝きをあらわす。「頭がくらくらするような、すさまじいばかりの明るさ[55]」を。十六世紀の解剖学者が、目は炎と同じものである、と考えたため、なおさら目と光の類似が、頻繁に取り沙汰される。このとき、とりあげられるのは、輝く「ランタン[56]」から放射される炎という、プリニウス〔二三（二四）―七九年。帝政期ローマの著述家〕が生み出した古いイメージであって、それよりのちにローランやケプラー〔一五七一―一六三〇年。ドイツの天文学者〕が主張した、目は光を反射させる受動的な鏡である、という、さらに近代的なイメージではない[57]。目は、それ自体がパワーを持ち、猫や狼の目のような妖しい輝きを帯びる。目は、「船を導く[58]」「舷灯」に、ほかならない。バルダッサーレ・カスティリオーネ〔一四七八―一五二九年。イタリアの文学者、外交官。主著は『宮廷人』〕は、「目から放射される」火の粒子について、長々と言及する。この火の粒子は、「血の中に含まれる、最も澄んだ純粋な成分でできた、たいそう細かい蒸気[59]」で、これが見る人に届くと、その人はその場に釘づけになる。また、フラカストーロ〔一四七八―一五五三年。イタリアの医学者、詩人〕は、一五五〇年、「テッサリア人や、クレタ島に住む家族のうちには、悪しき目で人を罰する風習がある。その目で子どもを見ると、子どもは病気になる[60]」と、報告する。フラカストーロが参考にしたテクストには、病気にされた人の「目から、有害なガス[61]」が発生し、それを見た人の目のなかに入り込み、今度は、その人に病気がうつることが、記されている。さらに解剖学者たちは、ガレノス〔一二九年頃―一九九年。ギリシアの医学者、解剖学者、哲学者〕が採録した、ある兵士の逸話について語る。「その兵士はだんだんと目が見えなくなり、まるで光に見放されたかのように、すべての日の光が、目から逃げていくように感じた[62]」。一五六一年のある日、シャトラール〔十六世紀半ばのフランスの宮廷貴族。メアリ・ステュアートのスコットランド帰還に随行し、激しい恋に陥る。ある晩、彼女の寝台の下に隠れていたところを見つかり、裁判で死刑を言い渡され、斬首された〕は、こうした目と光の類似と戯れ、詩に昇華させる。スコットランドまでメアリ・ステュアートのお供をした際、シャトラールは、女王の目はこれ以上望めないほど確実に、英仏海峡の深い霧から一行を守ってくれる、と歌う。「海上を照らす、しるべの灯火や松明さえ、無用の長物もいいところ。王妃様のきらきら輝く双眸が、美々しい炎で海上をあまねく照らしだし、水面を赤く染めるから[63]」。投槍と火のイメージが交錯し、見る人や空間を一挙に突き抜ける、特殊な光線の美しさが歌われる。

あなたの雷光のようなまなざしは、まっすぐ私の
肌に、体に、心臓に突き刺さる。あたかも槍の切っ先のように[64]。

目の気高さは、目が「鏡のなかをのぞきこむように、まなざしを空に向ける[65]」ことによって空に近いものとなり、たえまなく光が出入りすることに起因するのだ。この点、モーリス・セーヴの詩は特徴的で、遍在する目、「矢」や「槍」、そして「光線」を携えた目、「毒」、「憤怒」を帯びる目が歌われている。「太陽」、「空上の星」、「輝く星」、「きらめくサファイア」に類似するもの。眉そのものが「比類なく美しい構造のアー

チ[66]」を真似し、鋭く飛ぶ矢を有している。それに対し、何回も言わねばならないが、からだのほかの部分は、詩人にとって、ほとんどないも同然だ。十六世紀初期の絵画では、標的に向かって放たれた視線が、絵の奥行きを穿つ。視線とは、「目が向けられる方向にぴんと張られた線[67]」だ。それが休みなく投げられ、ある方角に向けて放たれ、交差することによって、空間に広がりが生まれ、観客は自分の位置を知る。

身体の美を想起することは、まず顔立ちを想起することにほかならない。あるいは、さらに突きつめて、まなざしの威力を想起すること、と言い換えてもいい。特に、その前に立つと「目を伏せ[68]」ざるを得ないような、輝く黒い目。ここで大切なのは、人を幻惑させる、極めて強烈な力である。その他のからだの部分が、目を凌駕できるだけの重要性を帯びるには、複雑な時の作用を待たなくてはならない。

第2章　美人の「性別」

この近世最初の美は、ただ女性のみを対象に定義されるため、必然的に、そこにか弱さと完璧さが加わり、美の特殊性は、さらに研ぎ澄まされる。「福々しいからだ(1)」、「魅力的なしぐさ(2)」、「かぐわしい息(3)」。「めまい(4)」にいたるまで、数々のしるしが、この美学を奨励する。数々のしるしが、比較を方向づけながら、女性の輝かしさの価値を高める。「男性よりも、むしろ女性に体現されることを望み、女性の中に満ちあふれることを選んだ(5)」、その輝かしさを。美は、女性という性の価値を高め、完璧であるかのように思わせる。それにより、感覚的なものと嗜好とが新たに上昇し、豊かになる。それにより、文化の変化が認められる。すなわち、近代性における女性の地位の強化が。もっとも、女性の劣位性への確信がゆるぎないものとして、幾度となく遠まわしに言及される以上、いくら女性の地位が強化されはしても、その劣位性を凌駕するまでには至らないのではあるが。

女性の美の象徴

まず第一に、言葉そのものに、理想的な言葉が用いられる。「あの女《ひと》は、もっとも心を打つ光景であり、たぐい稀なるすばらしさを備えている。目が見えないのでないかぎり、誰もがこう言うだろう。神は、このひとりの女性のうちに、この世の美をあまねく集めた、と(6)」。イメージが言葉を確定し、流動的で霊化されたフォルムの、高貴で内化されたウェヌス〔ヴィーナス〕像を増殖させる。ルネッサンス期の絵画では、「ウェヌスが処女《おとめ》にとって代わったのだ(7)」。ピエール・フランカステル〔一九〇〇―七〇年。フランスの美術史家、美術批評家〕は、このように断言する。確かに、十六世紀半ばになると早くも、女性の美は念入りに調べられ、人々の賞賛の的となる。例えば、ジャンヌ・ダラゴンの美貌は名高く、フランソワ一世〔一四九四―一五四七年。フランス国王〕は、その肖像画を購入したいと考えた。あまりの美しさゆえ、彼女はいくつかの「詩的崇拝」の対象にまつりあげられる。あまりの「すばらしさ《エッチェレンティッシマ》」ゆえ、ドゥッビオージのヴェネツィア学士院は、一五五一年、彼女の栄光と徳性に対して特別な栄誉を与え、寺院を献堂する旨の政令を起草する[8]。またヤーコモ・ルシェッリは一五五二年、長大な詩のなかで、ジャンヌ・ダラゴンこそは、ありとあらゆる美の模範となる原型、つまり「神聖基準《クリテリウム・サクラエ》」[9]である、と褒めたたえる。それから一世紀のちですら、ピエール・ベール〔一六四七―一七〇六年。フランスの哲学者〕は、ジャンヌの美しさに魅了される[10]。こうした賞賛はすべて、石ではなく、言葉でできた聖堂であるにはちがいない。だが、この言葉の伽藍は、努めて女性化された美に寄せられる新たな賛辞が、いかにヴァリエーションに富んだものであるかを示している。ジャンヌは、この世の外の世界から来た、美なるものの「あらわれ」であり、「人間という種族から生まれたというよりも、むしろ神の血を引いているように思われる[11]」。

　重要なのは、少なくともエリート層においては、美学によって女性がもてはやされたことである。「ヨーロッパがルネッサンス期を迎えるとともに、第二の性は美しき性となる[12]」。ここに至って初めて、女性は完璧に近い存在となり、悪魔扱いされていたそれまでの伝統から、部分的に解放される。図像学における、ウェヌスの高い地位。王侯貴族のあいだでもてはやされる、「貴婦人たちの宮廷」。女性の美しさに多くのページを割く、美の概論。これらの事象は、女性の復権を思わせる。まさに、女性が社会的に認知されたことの、近世における最初のあらわれにほかならない。そこからまた、新たな確信が次々と生まれ、積み重なる。例えば、婚姻の重視。エラスムス〔一四六九―一五三六年。オランダの人文学者〕は、講演のなかで結婚をたたえ、ラ・

ボエシー〔一五三〇―六三年。フランスの作家。モンテーニュと親交を結ぶ〕は、自分の妻を「自分と似たもの」[13]とみなし、賛美する。それに対し、中世のキリスト教は、瞑想を中心とする生きかたを奨励していた。あるいは、それまでにはなかった、「盟友としての妹」に対する傾倒。モンテーニュ〔一五三三―九二年。フランスのモラリスト。公職に倦いて領地に引きこもり、塔の中の書斎で『エセー』を執筆した〕とマリー・ドゥ・グルネー〔一五六六―一六四五年。フランスの女流作家〕のあいだに結ばれた、この純粋に霊的な関係。のちに、マリーはモンテーニュから、彼自身の精神を受け継ぐ者と認められ、一五九五年、その著作を出版する。[14]カスティリオーネは『宮廷人』の中で、宮殿の貴婦人《ドンナ・ディ・パラッツォ》について評しているが、そこには、こうした一連の新しい事象が浮き彫りにされている。例えば、貴婦人は「宮廷を明るく華やか」[15]にし、会話を「上品」にし、物事を「優しく」[16]する。貴婦人は、これまでとは異なる男女関係を確定し、会話術の重要性や、美意識に基づく喜びの重要性を教える。女性性の特権が強化されたことの背景には、まちがいなく、女性の美しさに新しい特権が与えられたことが作用している。

男、この美しいよりも「恐ろしい」存在

しかしながら、ここで分裂が生じる。それにより、男女の性は、そののち長いあいだ、明らかに相反する二つの資質へと方向づけられる。すなわち、力は男性の、美は女性の資質である、というのがそれだ。「町や畑で行なわれる労働」[17]は前者の、「家の食卓」[18]は後者の領域。男女間に、その役割と外見を分かつ、決定的な一線が引かれたのである。男性が「自分の顔色を気にする」[19]のは、ひとえに「労働と悪天候」に立ち向

かうためであり、女性は、「疲れてげっそりした男を楽しませ、喜ばせる」[20]ために、自分の容色に気を配る。とはいえ、男が美しさに恵まれていない、というわけではない。その美しさは、すでに「男の内に宿り、燦然と輝く、人間の知能では計り知れない」[21]、神の威厳のイメージである。男性は、そのような美の複製であるため、「ほかのどの動物よりも完璧」[22]な、支配的なモデルとなる。十六世紀、古代の物語がふたたびとりあげられるようになる。そのことひとつとっても、男性の美しさに注意が払われたことがうかがえる。例えば、アンティゴノス一世の息子、デメトリウス〔前三三六—二八三年。マケドニア王〕については、「その姿があまりにも美しかった」ため、いかなる絵描きも彫刻家も「あえて写そうとしなかった」[23]と記されている。

だが、デメトリウスは、その美しさに加え、近代的な世界で男性のみが持つと考えられたちがいをも、その身に備えていた。彼は「優雅と恐ろしさ、柔和と威厳とをあわせ持ち、愛されるとともに、崇拝されるために、この世に生まれてきたかのように思われた」[24]。男は、みずから支配者として振る舞い、「人を恐怖させ、しかも美しく」なくてはいけない、とロメイは言う。「戦いの鬼となって、敵を畏怖させる」[25]ために。男は魅力をふりまくよりも、強烈な印象を人に与えなければならない。おそらくは、愛よりも「恐怖を生じさせる」[26]ために。宮廷人のような「優美さ」は、確かに必要だ。だが、男には、いかめしさ、そして過酷ささえもが必要なのだ。それゆえ、男性においては、美しさ以外の長所に重点が置かれ、男性と女性の資質は、たがいに対立する。「男は、力みなぎる頑丈なからだを持ち、顎と頰のほとんどの部分に毛が生えている。肌は、がさがさしてぶ厚いが、それは男の気性や、彼をとり巻く環境が、重々しさ、厳しさ、勇気、成熟を必要とするためである」[27]。ブラントームの筆による、指揮官たちの人物描写には、上品さといかめしさとの、この新しい混交が示唆されている。「上品」でありながら、峻厳。その模範として提示されるのは、コジモ・ディ・

メディチ（一三八九―一四六四年。イタリアの財閥、メディチ家の当主。実質的君主としてフィレンツェに君臨、芸術を保護した）の「非常にいかめしい立居振る舞い[28]」だ。

長いあいだ、美的な価値と騎士道的徳性とを結びつける、中世の基準が尊重されていたが、それがここに至って、大きく変化する。例えば、フロワッサール（一三三七年頃―一四一〇年頃。フランスの歴史家、作家）は、フォワ伯爵の美しさにこだわり、「頰に赤味がさし、微笑みを浮かべた美しい顔立ち[29]」である、と述べる。フロワッサールは力と美を同一視し、それと同じようにギィ・ドゥ・ブルゴーニュは、中世の物語のなかで、美のモデルとしての男性の顔立ち、「銀よりも、水晶よりも白い肌[30]」を強調した。ところが、近代性が進むとともに、分裂が進む。そして、ときには大きな賭けに出ているのではないかと思えるほど大胆に、「ひげもじゃで、いかめしい[31]」男の顔が強調される。リエボーは、風刺画すれすれの、美の基準とは明らかに対照的な、究極のイメージを提示する。「その男は、顔じゅう、からだじゅうにもじゃもじゃと毛が生え、眉をしかめ、冷たく横柄な顔をしている[32]」。身体の美学において、優れているとみなされるものは、決定的に女性化した。力と美は、分離したのである。

体質の序列

男性の力強さと女性の美しさ。それぞれの持つ決定的な特殊性によって、男女の気質の差異が解釈しなおされ、それによって、すべての特質が男女間で分けられる。女は冷たく、湿っている。その冷たさが女性をか弱くし、湿り気が柔らかくする。男は熱く、乾いている。熱が男性を頑丈にし、乾きが芯の強さをつくる。

女は「ふくよかでなよなよし[33]」、男は引き締まって「堅い」。前者は休息に生き、後者は「くじけない勇気を持ち、労働や苦痛に耐える[34]」。冷たいがために、女のからだには毛が生えず、やわらかくなり、肌はつやつやする。熱いがために、男には体毛が生え、肉は引き締まり、肌はがさがさする。男女の体液の差異が、からだの差異をつくり出す。体液の差異が美しさの差異を生み、脆弱さを、これまでになく優美なものにする。

色やフォルムの差異も、からだをつくる体液から生じる。例えば、赤毛の娘は、体液が汚れていることを疑われる。金髪の娘は、いくら「燃えるような三つ編み」を結い、「太陽の光[35]」を浴びて人の目を楽しませようとも、体液の色が薄すぎることを疑われる。赤毛娘は不健康で、金髪娘は虚弱。それに対し、褐色の髪の娘は両者にくらべてずっと頑丈で、「金髪女よりも熱を持っているので、食物を消化し[36]」、「子どもをあためる」のにも適している。褐色女は、赤褐色の大地の豊穣さを身にそなえているのだ。

とはいえ、アリストテレス〔前三八四―三二二年。ギリシアの哲学者。自然現象を研究し、綿密な観察と論理を結合させ、学問としての科学を発展させた〕とガレノスの著作を読んだ医者たちによって広められた、一見斬新なこの説の、微妙な意味を読みとらなければならない。体液による体質のヴィジョンには、長い歴史がある。そこでは、やわらかさは欠陥と同一視され、資質には序列がつけられる。つまり、女性は男性にくらべいっそう不完全で、その「主たる理由は、女性の方が冷たいということ[37]」にある。低い体温が、貧弱さや不完全性を引き起こすのだ。そうした不完全性は、性器の位置にあらわれる。すなわち、男性の性器は外から「見える」のに対し、女性のそれは、外からは「見えない」。人体構造が、体液の性質に支配される。「熱はすべてのものを拡大、膨張させ、冷たさはすべてのものを引き締め、がっちりとつかむ[38]」。それゆえ、女の「愚かさ」と、男の「豊かな魂とからだに恵まれた[39]」資質のあいだに、格差が生じる。この確信は、体液という想像の産物とともに、近代という時代にまでも、つきまとう。女性の太腿が男性より太くて重いのも、下半身を流れる体液の量が多く、水分が過剰であるためなのだ。

しかしながら、十六世紀の文化は、この「か弱さ」というテーマを超越し、「繊細さと可憐さ」[40]を美の完璧さに移し代える。体液が、女性の外見を開花させる。穏やかな体液の流れが女性のからだに行き渡り、その双眸を美しく変化させる。「気品漂う、えもいわれぬ体液である血。その輝きが、ときおり眸のあたりに近づき、眸を苦しめながら、人を愛する用意のできている心を生き生きとさせる」[41]。その冷たさゆえに、青白い体液は、女性の肌にしみとおる。「肌はいっそう柔らかくなり、その色は輝くばかりに白くなる」[42]。女性は不完全なもの、という昔ながらのイメージは、「明らかに」失われた。この必然的な事象は、ラ・プリモダエ（一五四六―一六一九年。フランスの貴族、モラリスト）において、確信となる。彼は一五八〇年、「女性は代々、生まれたときからの虚弱さと不完全性を受け継ぐ」[43]とした「自然学者」の意見に、まっこうから反対する。この必然的な事象は、「女性が創造主の作品である点を問い直さずに、その不完全性を認めること」[44]を困難にする。おそらくは、もっぱらモラリストの医者、あるいは人文学者の頭を悩ませていた疑問だろう。しかしながら、それは、精神の激変を引き起こした。たとえ、返ってきた答えが、昔ながらの等級に、疑義を呈すものではないとしても。「なぜなら、動物の中でもっとも小さな種であるアリといえども、もっとも大きなゾウと同じように、完璧なものとしてつくられているからだ」[45]。小さなもの、たとえそれがもっとも弱いものであっても、やはり「完璧」であることに変わりはない。別な言い方をすれば、女性の資質とは、秀でていると同時に、従属していることにある。

依然として女性は、容赦なく「劣った」[46]存在であり続ける。女性の美しさが男性を「喜ばせ」、あるいは男性に「奉仕する」ものであるだけに、なおさらだ。女性は男性のためにつくられ、男性のために思考される存在であり続ける。おそらく、女性が賞賛されたというのは、真実であろう。だが、それは、実際の社会で起きたことというより、文学の世界での話だった。[47]

徳性の序列

徳性はさらに深い問題であり、美に隷属しているとしても、その特殊性は増大する一方である。美しいものの神的なイメージは、完璧さの領域を多様に変化させてはいないだろうか。階層化された世界のヴィジョン。霊気《エーテル》に満ちた宇宙界と堕落した地上界とのあいだに存在する、段階づけされた空想上の距離。これらは、重要な結果をもたらす。すなわち、天と地は、絶対的なもののしるしによって、ひそかに結びつけられる。優れた顔立ちは、優れた美徳を示唆し、天上的な領域は、調和と統一を示唆する。

カスティリオーネは『宮廷人』のなかで、超自然的な起源を主張する。「私の考えでは、美は神に由来し、善を中心とする、ひとつの円のようなものだ。(…) したがって、悪しき魂が美しいからだに宿ることは極めて稀であり、ゆえに、外見の美は、内面の美を表す忠実なしるしなのだ[48]」。地上と天上、影と光、世俗的なものと聖なるもの。これらを段階づける、昔ながらの霊的な位階から、美はいまだに逃れられずにいる。偉大で神秘的な道程を、美学と知に基づいた絶対的なものに対する、より近代的な要求に移し変える方法。「美」、「真」、「善」といった、プラトン〔前四二七—三四七年。ギリシアの哲学者。天上的恋愛の主張、イデア論を展開〕のわかりやすい図式を、キリスト教の天国の図式に移し替える方法。あまた研究されている、十六世紀の、この新プラトン主義(49)〔三世紀、プロティノスによって創始された哲学思潮。ギリシア哲学のみならず、オリエント、エジプトの神秘学からも多くの影響を受けた。ルネッサンス期、ヨーロッパに流行し、各地のアカデミー運動の原動力となった〕。ミケランジェロ〔一四七五―一五六四年。イタリアの彫刻家、画家、建築家、詩人〕は、新プラトン主義を啓蒙的で進歩的な発見であると考え、自作の詩の、もっとも霊性の高い作品において、次のように表現する。「私の目は美しいものしか映さず、私の心は夢中で救いを求めている。こうした美しいものをじっと見つめることが、天上にのぼるための唯一の方法なのだ(50)」。

それにより、徳性の基準による美の序列化が、いっそう奥深いところで進行する。それはすなわち、完璧な美を、善と結びつけて説明することだ。そこから必然的に、次のような疑問が生じる。顔は「美しい」が、邪《よこしま》な心を持つ人間がいることについては、どう説明すればいいのか。「魅力的」なのに性悪な人間がいるのは、なぜなのか。目じるしとなるような徴候が、美しさにひそむ背徳をあらわしているはずだ。顔立ちには、邪悪さが刻まれているはずだ。美しさや顔、そして目は、徳性の完成度によって、等級づけられているはずだ。ガブリエル・ドゥ・ミニュ〔一五二〇―八七年。フランスの法学者、医学者、人文学者〕は、その答えを出そうと、骨の折れる序列化を試みる。彼によれば、徳性のない美しさは、偽《いつわり》の美しさである。ミニュは、もっとも低俗な美から最高に気高い美まで、美しさを三つのカテゴリー、すなわち、「扇情的な美」、「上品ぶった美」、「宗教的な美」に分類し、それぞれのカテゴリーについて、詳細な記述を行なう。この美学が、身体の輪郭にどのような影響を及ぼすか、説明されるまでもなく、容易に想像がつく。

三つのカテゴリーの最初に挙げられる「扇情的な美」とは、スキャンダラスで蠱惑《こわく》的な美、愛人や娼婦が発揮する美しさである。古典文学や宗教文学を自家薬籠中のものにしているガブリエル・ドゥ・ミニュは、新約聖書に登場する、ヘロデアの娘〔サロメ。新約聖書によれば、母に唆され、踊りの代償として洗礼者ヨハネの首を義父ヘロデ王に乞う〕のイメージを、それに代表させる。(51) サロメは、「ありとあらゆる類《たぐい》の化粧品を塗りたくり」、ヘロデ王の前で舞いを舞うが、そのとき王が「喜ぶように」、「淫らな」動作、「その気にさせるような(52)」姿態をとる。邪《よこしま》な下心や、相手を「蕩《た》らしこむ」動作によって、からだの輪郭は蝕《むしば》まれる。男を「引っかけ」て自分の虜にし、「地上の動物(53)」に貶《おとし》めるための美しさであり、男を誘惑しようという意志があるせいで、美としての資格を失う。

次の「上品ぶった美」は、「扇情的な美」よりは、おそらくずっと罪が軽いだろうが、わずかながらも誘惑と無縁ではなく、その種の感情や動作が、おのずとあらわれる。それは、「危険な」美しさでもある。「生き生きとして大胆なまなざし、(…)半ば重々しく、半ば浮わついた足どりによって、愛の輝きへ人を誘うような美しさ(54)」。外見という罠に陥っているため、常に「神に背いている」危険性がある。「扇情的な美」も「上品ぶった美」も、どちらも邪心の共犯者である。どちらも、外見、容貌、立ち居振る舞い、装いは、仮借なきまでにゆがめられる。

それに対して、三番目のカテゴリーである「宗教的な美」の場合は、「内面も外見と同じくらい、いや、むしろそれ以上に美しい(55)」。「謙虚で控えめ、純心で賢く、徳が高く、貞節で慎重(56)」であること。これこそは、十六世紀の女性に望まれていた徳性の資質以外の何物でもない。ガブリエル・ドゥ・ミニュは、一五八七年の概論のなかで、ポールという女性を褒めたたえる。ポールは、当時ジャンヌ・ダラゴンがそうであったように、「栄光の伽藍」の、純粋に象徴的な崇拝の対象である。(57) 神的なものと人間らしさとの曖昧な混交物である、この女性が、男性の寵愛を獲得できるのは、「天の寵愛」を受けているためだ。彼女のうちには、美の基準と徳性の基準とが、渾然一体に溶け合っている。すばらしい肉体と同じくらい、すばらしい徳性のイメージ。隷属のイメージとまではいかないにしても。このような美しさは、美学が道徳化されたという意味において、[58]「宗教的[59]」である。「美しい人が、その美しさにもかかわらず、淫らである[60]」ということは、ありえない。徳性は、顔立ちに、結果となってあらわれる。顔は例外なく卵型で、「澄みきった」表情。額は艶々していて「高く」、口は「小さく」て、その間からは「真珠がこぼれて[61]」いる。とはいえ、その口が開くことはめったにない。首は「すんなり細くて雪のように白く」、「その声と話し方は優しい[62]」。動作は控えめで、節度を心得ている。象徴的な言葉。それは、口、細い、小さい、閉じている、という言葉だ。つまり、わずかでも「内面」を示唆しうるもの、すなわち幾分かでも「淫らさ」を示唆しうるものは、いかなるものであれ、覆い隠されなければならない、ということだ。

物腰、ようす、気品

態度や物腰の持つ意味から、女性化された美が、いかに必然的に従属させられた美であるか、ということが明らかになる。従属させられた美、という言葉が言い過ぎなら、非常に抑制された美、と言ってもいい。それにより、上の部分の威光が、一段と強化される。ほとんどなされない動作、「品位を最大限に保ったしぐさ[63]」、極めて抑えられた「顔の表情[64]」、ほぼ不動の台座、控えめに「光り輝く」上の部分。美についての論考のなかで、リエボーが一貫してくり返す、「慎み、謙遜、貞潔[65]」という三位一体の勝利である。「高貴で澄みきった心[66]」をいっそうはっきりあらわすため、「笑い」は特にはばかられ、「控えめ[67]」でなければならない。

レオナルド・ダ・ヴィンチ〔一四五二―一五一九年。イタリア、ルネッサンスの巨匠。美術のみならず、自然科学、解剖学、機械学などでも才能を発揮。絵画に関しては、膨大な『絵画論』がある〕は、「女性の絵姿について」のなかで、笑いは慎まれるべし、と厳しく注文している。[68] からだを移動させるときは、慎み深さとか弱さを想起させるようでなければならない。からだの動きはすべて、美しさを確保するために抑制されている、とわかるようでなければならない。一五七六年の三部会に出席したルイーズ・ドゥ・ロレーヌは、自分の振る舞いに細心の注意を払う。それを目にとめたイギリスの密使は、次のように強調する。「彼女は本当に女らしく、控えめな態度をとっていた」[69]。言葉は新しくなって、ふたたび戻ってくる。それらの言葉は、美の概論のなかで注意深く探索される。ようす、気高さ、物腰、気品。これらの言葉はみな、フォルムの建築的安定性を想起させ、美とは何かを、そして美の定義の困難さを語る。「気品がない美しさは、完璧な美とは呼べない」[70]。例えば、ヴァザーリ〔一五一一―七四年。イタリアの建築家、画家。ルネッサンスの美術家の伝記を扱った『美術家列伝』で後世に有名〕にとって、ラファエロ〔一四八三―一五二〇年。イタリアの画家。盛期ルネッサンスの古典的様式の完成者〕の肖像画は、その「気品」によって唯一無二のものとなる。[71] 気品は「魂の美徳」をよりどころとする、極めて霊的な美しさであり、「見いだせるかぎりの、ありとあらゆる完璧さ」[72]を絵の題材に与える。モナ・リザの微笑みも、その気品ゆえに、美に分類される。「見ていてあまりに心地よいので、この作品は人間が描いたというより、神が描いたのではないかと思われるほどだ」[73]。近代性を表現するカテゴリーは、こうした新しいしるしのなかで生まれる。これらのしるしは、未熟ではあるが、単なる顔立ちの表現を超越したところへと美を運ぶ。

色もまた、美しくあるためには、色以外のものをあらわさなくてはならない。「恥じらいが表に出るとき」[74]は、頬に赤味がささなくてはならない。頬を染めるあざやかな薔薇色は、「無垢な羞恥心を覆うべール」[75]である。逆に、純白な魂をあらわすときには、「弱々しい青白さ」[76]、目の眩むような白さがなくてはならない。顔色とフォルムとは、美しさを際立たせる、という同じ目的に向かう。その美しさの意味は、男の権力に従属させられることにある。[77]十六世紀初め、ヘンリ八世は同様のことを断言する。国王は、結婚を視野に入れたうえで、ナポリ公女の美しさを大使たちに調べさせるが、その大使らに宛てた伝言の中で、次のように注文をつける。「次の点について、注意して見て来るように。（…）公女の容貌は生き生きとして感じが良いか、あるいはぶすっとして陰気であるのか。鈍重そうか、軽快そうか。厚かましそうか、あるいは羞恥心から、顔に紅をつけたときのような赤みがさすかどうか」[78]。特に、美しさの価値は、厚かましさによって著しく損なわれる。ヴェチェッリオ〔一五三〇―一六〇一年。イタリア、ヴェネツィアの画家、意匠家〕は、一五九〇年に著した『古代ならびに近代の衣装』[79]のなかで、娼婦のずうずうしさを一貫して告発する一方、フェラーラの女性を、「人から見られていることに気づくと、顔をヴェールで覆う」[80]と、褒めている。また、イギリス女性の美しさは、いかなるときでも「気品と謙遜をあらわすこと」[81]に起因する、と指摘する。

「完成され」、動かず、閉じた存在であるとき、女性は完璧な装飾品となる。女性は「それだけで充足」[82]しており、完全に「与えられた」存在である。それに対して、「男は発展途上」[83]であり、自己を超越し、新たなものに着手し、立ち向かっていく。近代性における性のヴィジョンは、このような差異によって、つくりあげられる。

社会的なものと鈍重さ

さらに、社会的な距離は、物腰にあらわれる。物腰は、実際の社会的階級とはまた別の、それでいて同じくらい重要なヒエラルキーとなる。なかでも、顔の表情と動作の自由さは、社会的に低く評価され、下賤の美という烙印を押される。バンデッロ〔一四八四―一五六一年。イタリアの小説家〕の中編にあるように、「ヴェローナの若い娼婦」は、「かわいらしい顔立ちであった」にもかかわらず、「身分相応の態度」で振る舞ったために、「せっかくの長所」をいっぺんに台無しにしてしまう。(84) それに対し、「卑しい出の」ジュリアという娘は、「気品ある物腰」のせいで、「見事なまでに美しく(85)」なる。

それよりもいっそう曖昧ではあるが、社会的な差異は、うまく隠しきれないフォルム、鈍重さ、趣味の悪い衣服にも、刻み込まれる。デューラー〔一四七一―一五二八年。ドイツの画家、版画家。人体比例論や遠近法について考察を進め、理想の美について論じている〕は、「村娘」の姿を丸々とした輪郭で、「か細い」女をほっそりした輪郭で描いて、両者を区別する。(86) 丸々とした姿かたちは、身なりに無頓着な民衆をあらわし、か細い姿かたちは、洗練をあらわす。かたや締りのない肉体、かたや引き締まった肉体。ブリューゲル〔一五二五―六九年。フランドルの画家。後期は農民を題材とした風俗画を描いた〕も、また同様のことを、村の舞踏、干草刈り、収穫、遊戯を描いた絵(87)のなかで明らかにする。丸々とした肩、赤ら顔、ゆるやかな衣服に包まれた、重そうなからだの農婦たち。それに対し、「姦通の女」を描いたロンドン収蔵の作品では、高貴な家の出の、ベルトできつく締めつけられた、ウェストの細い婦人が描かれている。(88) 農婦との明白なちがいは、ベルトを身につけていて、それが、きつくからだを締めつけている点にある。アンブロワーズ・パレは、十六世紀後半、パリで物乞いをしていた田舎女を例にとりながら、こうした社会的な距離を体系づける。例えば、一五六五年の記述。「寺院の戸口でお布施を乞う、ぶくぶく太って、淫売顔負けの大きな尻をした女」。あるいはまた別の、「ぶくぶく太った田舎っぺ」。さらに、「肉がだぶつき、尻の大きな肥満女。年のころは三十かそこら。ノルマンディーから来たという[89]」。さらに、この外科医は、田舎女の規範を、二重の方法で確認する。つまり、まずからだつきを見て、田舎出の女である、と判断する。さらに鈍重さに注目し、田舎者の烙印を押す。民衆の文化と上流の文化のあいだに、埋めることのできない格差が生じた時点で、差異は決定的になった[90]。それについて、古い諺は次のように証言する。もっとも、身分の低い者の嗜好が直接表現されている記述を見つけるのは、なかなか難しいのだが。「神様が、大きく太くおつくりになった、この私。ならば自分で、せいぜい白く薔薇色になりましょう[91]」。

このように、からだの上の部分に与えられた優先権は、より幅広いものに向けられた、もうひとつ別の注意と切り離すことはできない。すなわち、全体の立ち居振る舞い、軽さ、そして鈍重さに対する注意である。

第3章

唯一の美

完璧さが集中する部位の選択。美の起源は天上界にあり、とする考えへの際限のないリファレンス。超自然的な指標への、くり返される言及。これらは、十六世紀、身体の「美学」のヴィジョンに、また別の結果をもたらす。それは、美は絶対的なものである、という考え方である。美を記述する際は、その絶対的なものを際立たせなくてはならない。日常生活では、さまざまに異なった顔立ちが存在することは明らかなのに、記述は、決定的な美しさを備えた顔立ちを表現しようとする。両者の乖離は、常に緊張をはらむ。恐ろしいほどの特権である美は、神によって「啓示され」、議論の余地のない目じるしとして、常に同一の、常に理想的な原型として、存在するものなのだ。それゆえ、美が神に由来することを示す、その完璧さを語ることは、至難の技《わざ》となる。それにより、光景の意味、そのゆるぎない方向、判断の難しさ、言葉のたどたどしさを導く、基本的な装置が設置される。

説明不可能な輝き

まず、唯一の美というヴィジョンにこだわる必要がある。それは、見る人が参与することなく、一方的に押しつけられるモデルだ。舞台は、近代のほぼ初頭に該当する。外部からもたらされる美。それは、白熱した物体、生きている力、火の源泉と同等のものである。「美を授けられた人の輝きを見た者は、その美しさに目が眩む(1)」。美は、基本要素のもっとも神秘的な源泉と結びつく。それはまさしく、中世の学者たちが言及する、漠然とした力の原理にほかならない。「美とは魅力であり、内に秘められた美徳、基本的な力以上の力、第五天。みずからに物体を引き寄せる力を持つ、磁石やエレクトルでできた、稜堡である(2)」。美は、身体組織そのもののなかに実在する。美は、「われわれのからだの、ありとあらゆる部分に組み入れられている」(3)。美は、それを見る人に働きかけ、その人のなかに無理やり入りこむ。「神々しい光が物体と結びつき、その反射光が、からだを通過する」(4)。見る側からの働きかけの有無は、まったく関係ない。「真理」が存在するように、美も自明のこととして存在するのだ。美は、「見る」人を標的とし、その場に凍りつかせ、魂を奪う。美とは、何物をもってしても疑義をさしはさむことのできない、絶対的なものなのだ。

舞台は、一方通行で進行する。判断は働かなくなり、美学的思考の試みすら無効になる。美とは、それを目にしたら、即座に恍惚感が得られるもの(5)。それ自体で完結し、閉じているもの。初めから完成されているもの。天上的なものがそうであるように、神によって啓示されるもの。何物をもってしても、美しさに異議をとなえることはできない。

美に対するこうした熱狂は、逆に、次のような結果をもたらす。すなわち、その内容を言葉では翻訳できない、という結果だ。美への熱狂は、記述と言葉に挑みかかる。衝撃を与え、目を眩ませる。近世初期の美は、身体の美学の称揚のあらわれであり、同時にまた、非常に特殊な障壁のあらわれでもある。絶対的フォルムという考えに言語が対決し、言語の無力さが明らかにされる。そのとき、美は独力で存在し、見る人を説得し、見る人の意志とはかかわりなく、押しつけられる。

美しさの宿る「場所」

とはいえ、こうした絶対的なものを定義するための試みは、存在する。美しいものの身体的なしるしをめぐって、延々と続く文学的な言葉の遊戯という形をとって。本当のことを言うと、そういったものは形式的な遊びであり、まず第一に、きわめて修辞学的だ。具体的な立証の試みなど、皆無である。「美しさが存在する箇所」について記述された中世の古風な遊戯が、十六世紀に体系化され、引き続き、その延長線上にテクストが成立する。例えば、十六世紀に議論された、ヤーコポ・アリギエーリ[6]（一二八九―一三四八年。イタリアの詩人。ダンテの息子）の九つの新しい箇所（「若さ、白い肌、金髪、形のよい腕と脚……」）。ジャン・ネヴィザンは、美しさが要求される箇所を増やし、三〇とする。そこでは、あらゆる真理は、数の論理と、カテゴリーどうしの明白なバランスから成り立つ。その三〇の「場所」は、ショリエールやブラントームによって、再びとりあげられる。

もっとも美なる美を見せたい女性、
それは、三つの美を一〇倍、長いもの三つ、短いもの三つ、白いもの三つ、
赤いもの三つに黒いもの三つ、小さいもの三つに大きいもの三つ、
ほっそりしているもの三つに太いもの三つ、細いもの三つを、備えている人。[7]

マリー＝クレール・ファンは、ルネッサンス期の美人の記述に関する著作のなかで、「規範のリストはどんどん増えていった[8]」と認める。例えば、「長いもの」は背丈、髪の毛、そして手。「短いもの」は耳、足、歯。「赤いもの」は爪、くちびる、頬。「ほっそりしているもの」は腰、口、額。「小さいものは頭、鼻、乳房」。それぞれの資質は、人体の三つの場所に宿る。そうした資質を合計一〇種類羅列することにより、女性は「完

璧な鋳型[9]」のなかに嵌めこまれる。

このような形の関連づけから、各々の正確なサイズを知ろうとするのは、言うまでもなく不可能である。これらの関連づけは、ただ単に全体的な印象、すなわち腰の締まり具合、胸の小ささをあらわしているにすぎない。このような相似は、決定的な定型的表現を記述したい、という意志をあらわす。それはつまり、限定的で数値化された言語を用い、調和のとれたものを決定したい、という意志である。

規範と理想

こうした探求のひとつに、数値をさらに具体的に用いる表現方法が存在する。それは、理想的なものを、コードに当てはめてあらわす、という規範である。完璧なものは「神聖比率[10]」、「肉体の規律[11]」の中に存在する、という考え。例えば、ピエロ・デッラ・フランチェスカ〔一四一六（二〇）頃―九二年。イタリアの画家。数学に強い関心を示し、『絵画の透視図法』を著す〕の、幾何学的なデッサンに当てはめられた、人物の顔。あるいはまた、線についての思弁。レオナルド・ダ・ヴィンチやデューラーの行なう計算は、その延長線上にあると思われる。さらに、ウィトルウィウス〔前一世紀頃の古代ローマの建築家。主著に『建築十書』〕、フェイディアス〔前四九〇（四八五）頃―三〇年頃。ギリシアの彫刻家〕ら、古代の学者が提案した黄金数字の採用。その目的は、教会暦法のように、ある数値に到達することにある。からだの各部分のサイズを、全体と関連づけたいという意志。あるいは、理想的な比率を決定したいという意志。例えば、頭の長さは、常に身長の八分の一で「なければいけない」。また、顔の長さ（額と顎のあいだの距離）は、常に胴体の長さの三分の一、腿の長さの二分の一、ふくらはぎの長さの二分の一で「なければいけない」[12]。そこから、さらに注目に値する、いくつかの等式が導きだされる。ダ・ヴィンチの、円と正方形の中におさめられた、不滅の人体も、そのひとつである。円の中心点は、常に臍と一致する[13]。これらの数字は、経験に基づいて出されたものではない。完璧なものは知覚からではなく、理念からもたらされるのであり、理想のモデルは、実際の行動ではなく、考察においてこそ不可欠なのだ。十六世紀においては、知性によって認識できる世界[14]だけが、この「啓示された」美に到達できるとみなされる。

しかしながら、デューラーやダ・ヴィンチは早くも、唯一の理想的な比率に到達することの難しさを痛感する。レオナルドの数字は、その多くが、矛盾している[15]。デューラーの数字もまた、多種多様だ。数字は、「村娘」から「華奢な女[16]」まで、「特徴的な」タイプ別に提示される。いずれも異なったフォルムをしているのに、それなりに均整がとれているため、それぞれが「美しい」。デューラーは、男性と女性のプロポーションを同一の次元で論じながら、「いちばんの肥満から、いちばんの痩せっぽち[17]」まで、段階的なプロポーションを数値であらわそうとさえ試みる。その反面、依然として数多くのプロポーションが存続する。第一の書では五つのタイプが、第二の書では一三のタイプが提示され、さらにさまざまなヴァリアントがつけ加えられる[18]。統一は不可能でありながらも、理想的な美が存在する、という前提は崩れない。このように、結果が分散するのは、むしろ人間の無力さのせいだ、と説明される。「かような叡智を手中にできるのは、神だけであり、神の啓示を受けた者だけが、それを手に入れられるのだ[19]」。デューラー自身がときとして、驚嘆に値するすばらしい美しさが自然界に存在すること、それがあまりに完璧なため、画家は絵で再現できないことを認めている。「目に見える生き物のうちには、われらの理解をはるかに超えた美しさを持つものがいる。

われわれの誰ひとりとして、その美しさを完璧に作品に写しとることはできない[20]」。美の新たな体験は、明らかに、完璧さの体験になる。だが、その体験をそっくりそのまま再現するには、克服できない困難さがともなう。

こうした数字は、当初、画家たちによって採用されたもので、確かに、美の社会的な知覚には、影響力を欠いている。これらの数字は、人体の解剖学的な現実を想起させはするものの、日常的な判断は、そこに盛り込まれていない。具体的な容量、輪郭は、ほとんど研究されていない。これらの数字が優先的に扱うのは、縦長の指標に対する、横幅の指標の割合である。その目的は、画家の仕事に関連するにとどまり、体重や、身体として知覚される輪郭の効果については、考慮されていない。これらの数字は「上」と「下」に等級をもうけていないが、実際は、上下の格差は、日常的に着用されるドレスや装いに根強く残っていた。そのいっぽうで、これらの数字は、理想的な規範とは、天上的な調和の体現である、という確信を明白に示している。十六世紀、プロポーションに関する理論は、宇宙との合一から「このうえない威光[21]」を引き出す。宇宙との合一によって、身体の美は数学の規則であらわされ、絶対的な数字のなかに集約され、神の技《わざ》の原則が明らかにされる。このような美しさは、部分的であろうとも、唯一かつ絶対的なモデルとして、具現化される。たとえ、それを捉えることなど不可能なのではないか、という疑いが画家自身の意識にあったとしても。「人間の肉体には、完璧なサイズなどあり得ない。というのも、(建築物などとはちがい)肉体とは、その誕生から死まで、常に変化するものであり、したがって安定した均整など持たないからだ[22]」。

第4章
顔の炎と体液

積み重なりが美のヴィジョンを方向づけ、完璧さは、技巧との曖昧な関係を保ちながら、美のヴィジョンをいっそう束縛する。このような完璧さは、手入れとは無縁なのだ。それは、外からの「助力」なしに、永遠に閉ざされ、完結して存在するのだ。そこから、技巧に対する不信感が生まれる。化粧品に頼ることへの懐疑心、作業によってつくられた顔の色に対する警戒心。自然の美しさのみが、あらわれなくてはならないのだ。

とはいえ現実には、対策、つまり、ごまかしが存在し、啓示される美というテーマと対立する。そのうえ、それらの手段の存在により、美しさの何が大切とされ、何が注目されたのかが、示唆される。ここでも、顔、手、胸が第一の関心の的である。しかしながら、シルエットを矯正し、痩身を追求するさまざまな習慣により、からだの上に集中する美のヴィジョンがすでに、いかにニュアンスと補足を前提としているかが、明らかになる。手を加えない、自然のままの美のモデル。上の部分に限定されるそのモデルは、美しさを獲得するための日常的な手入れにおいて、いっそう複雑になり、いっそう発展する。

人工的な手段と懐疑心

いずれにせよ、数多くのテクストは、まず第一に、自然に背くことを否定し、化粧品を拒絶し、技巧に疑義をさしはさむ。ヴェチェッリオは服装論のなかで、「顔と胸におしろいを塗りたくった(1)」娼婦たちを揶揄する。ベン・ジョンソン〔一五七二―一六三七年。イギリスの劇作家〕は、一六〇九年の『無口な女』のなかで、オッター隊長の妻を嘲り、彼女の「ドイツの振り子時計のような、怒りの形相すさまじい顔」は、「水銀の入った化粧品[2]」とかつらでつくられている、と語る。化粧品を不純なものと結びつける、宗教的な観点からの昔ながらの批判が、独自の近代的な解釈をほどこされて、ふたたびとりあげられる。とりわけ、聖ヒエロニムス〔三四〇（五〇）頃—四一九（二〇）年。初代ラテン教父。聖書のラテン語訳を完成させた〕とテルトゥリアヌス〔一六〇年頃—二二二年以降。キリスト教著作家〕が唱える、「神のつくりたもうた」自然の美と、「悪魔のつくった[3]」人工的な美を対立させる批判。宗教は大昔から、化粧品、白粉、精油を拒絶してきたが、十六世紀の美の概論、回想録、物語は、そうした拒絶をふたたびとりあげる。美は「求められる」ものではない、神から「賜《たまわ》る」ものなのだから。

とはいえ、中世にはこうしたことが疑われず、ひたすら信じられていたこととくらべると、変化はある。まっさきに告発されるのは、もはや女性ではない。くり返し言うように、女性は美の模範として、価値が高められた。また、技巧が一貫して告発されるわけでもない。告発されるのは、その使い方であり、濫用だ。十六世紀末、ベネディクティ〔?—一五九三年。フランスの神学者。コルドリエ会修道士〕は、「より美しく見せたいがために化粧をする[4]」女性や娘の行動を、単なる「小罪」に値するにすぎない、と考える。さらにその先を行くのがジャン・リエボーで、「ひどく見栄えがしない、変形した箇所がからだにあるときには[5]」、欠点を補う方策をとることが重要であり、むしろ必要だ、と強調する。リエボーは、そのせいで夫が「見つけ」やすくなるなら、化粧品に頼ってもかまわないと正当化し、化粧品を用いたうえでの「美しさ」を認める。神学者と聴罪司祭は、「誠実な」期待と「邪《よこしま》な」期待とを区別し、この両者のあいだに相違があることについて、最終的に合意する。「誰かの目に美しく映りたい、そして肉体的に愛されたいという目的で、装い、おしゃれをする女は、大罪を犯していることになる。だが、肉体的というよりも、誠実に愛されたいという目的であれば、小罪を犯しているだけだ。もし、まっとうな目的のため、あるいは結婚のために愛されたいのであれば、罪を犯したことにはならない」[6]。十六世紀末、農作業の等級を定めたオリヴィエ・ドゥ・セール（一五三九年頃―一六一一年。フランスの貴族、農学者）は、「田舎屋敷」に住む貴婦人は「顔を白く保ち続ける」[7]必要があると力説し、そのための特製ポマードのつくり方を記す。それは、小麦粉、卵白、「睡蓮」の花、ヤギの乳もしくは米粉を混ぜ合わせたもので、これを「朝な夕な、顔に塗る」[8]がよい、と進言する。ちなみに、十六世紀に書かれた健康の指南書の多くには、医学的な助言に加え、「顔を美しくするための」[9]アドバイスが記されている。

ルネッサンス期、抵抗と拒絶の風潮があったにもかかわらず、化粧品の使用は普及する。美についての概論や秘術を集めた偉大な著作が、「復興した」美学のゆりかごであるイタリアから諸地域に伝播し、やがて「各国にあまねく」[10]行き渡る。上流富裕層の誰かが亡くなると、その財産目録に、香水やパウダー、もしくはおしろいを入れるための「小びん」、「小さな壺」、「小さな杯」[11]の記載が多く見られるようになる。一五五三年に作成されたアンヌ・ドゥ・ラヴァルの財産目録には、「おしろいを入れる銀の小箱。小さな銀のスプーンつき」[12]が記載されている。また、美のモデルに関する新たなリファレンスも、登場する。物語や小話の中のウェヌスは、以前よりもいっそう綺羅を飾り、よい香りを撒き散らし、化粧をほどこした姿で描かれる[13]。化粧品の使用は、社会的な障壁を突き破って普及する。例えば、ピッコロミーニ（一五二〇―一六〇四年。イタリア、シエナの哲学者）は、「上質品、粗悪品を問わず、何らかの化粧品を使わない女など、シエナには一人もいない」[14]と、請け合う。ネッリの小噺には、一人の商売女が、自分の売る化粧品を長々と自慢する場面がある。その女の売る品は、日常的に使用されるためのものだ。「あたしゃ、水晶のように透明な、さまざまな化粧水を調合できるんだよ。奥様の美しい顔を、いつまでもみずみずしく保つのにぴったりな化粧水から、象牙のように輝く顔をつくるもの、それに肌を引き締めるものまで揃っているよ」[15]。さらには、製品の価格のちがいによって、化粧の習慣はさまざまに分かれる。「上等の」ロウと「ありふれた」ロウ、「細かいパウダー」と「粉」、「金の酸化鉛」と「酸化鉛」。商品の「秘密」を心得ている商人たちは、こうした等級のちがいを鋭く見分ける。価値基準で勝利をおさめるのは、「輝くもの」だ。輝きと光線を放つ、きらめく光の威光が、化粧品のなかに注ぎこまれる。

だが、近代性の進行とともに、学識に基づいた批判が避けられなくなる。化粧品の成分として使われる、白鉛またの名塩化鉛、昇華物またの名塩化水銀、ビスマスなど、確かに肌を白くはするものの、肌に有害でもある物質が批判にさらされる[16]。白鉛の成分である鉛、昇華物の成分である砒素、ビスマスの成分である硝塩酸の有毒性が明らかにされる。たとえ、それらの物質の化学については、知られないままであろうとも。昇華物のせいで「息は臭くなり、歯は黒くなったあげく、ついには抜けてしまう」[17]。鉛のせいで肌はしわしわになり、乾燥し、黒ずむ。こういった結果は、医者でなくても確認できる。十六世紀半ばの遊女たちの日常を、生き生きとした筆致で日記に描いたフランコは、彼女たちの顔について、気落ちした口調で、次のように述べる。「私が部屋に入っていくと、そこには、世間で誉れ高い美女が一堂に会していた。（…）だが私は、白鉛、白粉、エンジムシ、抜け落ちた睫毛、生皮のはがれた顔、悪くなった歯しか見出せなかった」[18]。それよりいっそう辛辣なのは、一五八六年、マルグリット・ドゥ・ナヴァール〔一四九二―一五四九年。ナヴァール王妃。フランス国王フランソワ一世の姉。文人を保護し、みずからも『エプタメロン』を書いた〕の外見について語った、リュサンジュ〔十六世紀後半のサヴォワ公国出身の外交官、歴史家〕の言葉だ。「彼女の顔は、化粧品およびさまざまな技巧を用いすぎたせいで、すっかり衰え、垂れ下がっていた[19]」。

だが、こうした批判は、それらの物質を放棄させるまでには至らない。ジャン・リエボーは、「アーモンドを噛む、あるいはアーモンド油を口に含む、もしくは何がしかの金貨を口に入れる[20]」がよい、と忠告するのが精一杯だ。一五五二年のル・フルニエの処方では、いまだに白鉛が多用されている。用いられているのは、「ありふれた鉛」から得られる、「洗浄済みの」、「極めて白く」、「穏やかな」、「ヴェネツィア産」白鉛。同時に、昇華物もしくは「活性銀」、または「活性石灰[21]」が、完全かつ「天使的な」水とともに使われる。昇華物はノストラダムス〔一五〇三―六六年。フランスの医師、占星術師〕の処方でも頻繁に利用されており、「微妙な銀色を帯びた美しい顔[22]」をつくる、とされる。こうした物質が危険であるという認識はあっても、その使用を控えようという動きは、皆無である。

いま一度、強調する必要がある。これらのペースト、化粧品、おしろいや紅が、どれほどからだの上の部分のみを際立たせ、その強烈な価値を決定していたか、ということを。

トラブルの世界

修整のための手入れや気配りもまた、上の部分の価値の高さを確定する。「上」は、常に勝利する。なかでも顔。色のニュアンスのごくわずかなダメージ、しみ、傷、ざらつきなど、あらゆる障害によって、美は脅かされる。それらのトラブルの列挙だけで、顔に対する極端なまでの関心の高さが確認できる。そうしたトラブルの長々しい記述は、興味のしるしである。中世のアルノー・ドゥ・ヴィルヌーヴ〔一二三五―一三一一三年。カタロニア出身の医師、錬金術師）とアルベルトゥス・マグヌス〔一一九三年頃―一二八〇年。ドイツのスコラ学者、自然研究者〕の論考にとりあげられる症状よりも、はるかに豊富で、はるかに多彩な症例が、突如、出現する。

まずは色だが、「黒ずんでいたり、赤らんでいたり、青ざめていたり、白かったり、褐色がかっていたり、どんよりしていたり、鉛色だったり、赤銅色だったり、青かったり。または、インドの鶏のとさかのように、しじゅう顔色が変化する。あるいは活力のない血、激しい気性、野蛮な情熱のあらわれである、さまざまな欠陥。薔薇色の斑点、日焼け、血色不良、黄疸、にきび、広汎充血、あばた、挫傷。緑、黒、白、赤のシミ。その他、顔につく汚れ[24]」が列挙される。次に、表面の状態については、「ざらついた肌、鮫肌。傷、しわ、かゆみ、膿疱、疥癬、発疹、かさぶた、らい病、吹き出物、ほくろ、たこ、粉、いぼ、傷跡、天然痘もしくは麻疹の痕跡、それ以外のできもの[25]」と、枚挙に暇がない。いくら顔の表面が「透き通っていて」、きれいであっても、さまざまな欠陥はある。このようなトラブルの列挙は、現実的な症例が言及されていることはまちがいないとしても、十六世紀、顔に対する新たな好奇心が芽生えたことの明白なしるしでもある。トラブル全体を引き起こすものとして、二つの原因が指摘される。それが、外部の障害と内部の障害だ。つまり別の言い方をすれば、空気による攻撃と体液による攻撃である。

リエボーの概論ひとつをとっても、表面の洗浄と肌の浄化について、二四以上もの方法が提示されている[26]。外部の有害な作用に処する方法は、無数にある。社会的にどのような階級に属するかによって、その方法はさまざまに異なる。例えば、ノストラダムスによれば、ヒヨコマメやユリの根に含まれる液からとった化粧水は、「庶民向けの安い値段で[27]」販売される一方、この液に貴石の粉や金箔を混ぜた物は、「万人向けというわけにはいかない[28]」。さらに、夜間着用する仮面が、そこに加わる。それは、みょうばん、オレンジ、「レモン」の混合液をあらかじめ煮立て、そこに「布[29]」を浸してつくられる。あるいはまた、「雛鶏、雌鶏、鳩、去勢鶏の羽の上からとった、まだ熱い血[30]」でできた仮面は、顔の赤味をなくす効果がある、とされる。血でできた仮面は、同じものどうしが引きつけられるため、それを用いることによって、鼻や頬の過剰な赤味が消え、赤がなくなって白くなるのだ。

トラブルは事故や病気と同じように対処される一方、加齢による肌の問題はほとんど考慮されず、研究もされない。とはいえ、「若い頃のフォルムをできるだけ長くとどめる[31]」必要性、あるいは場合によっては「顔のしわを除去する[32]」必要性が、軽視されたわけではない。社会の上層階級では、金、真珠、銀を成分とする高価な若返りの水が、投資の対象とならなかったわけではない。しかし、年齢とともに進行する肌の劣化は、抑えようがなく、誰にでも訪れる、と思われたために、加齢による影響は分析されない。

体液と顔の色

さらなる社会的な選択は、空気と太陽による、有害な作用を予防するための措置である。上層階級の人々は、日焼けや赤銅色の肌に、激しい拒絶反応を示す。例えば、ディアーヌ・ドゥ・ポワティエ〔一四九九―一五六六年。フランスの貴婦人。十九歳年下のフランス国王アンリ二世の寵妃〕の財産目録には、持ち手の平らな、大型日傘の記載が認められる[33]。フランス王国の寵妃として、十六世紀初めに名を馳せたディアーヌは、小姓のさしかける日傘に守られて歩いていた。

十六世紀の上層階級では、仮面が大きな役割を果たす。昼に仮面を着用するのは、あたりまえのこととなり、そのためブラントームは、逆にマルグリット・ドゥ・ナヴァールが仮面をつけないことに驚く。「宮廷では、どの貴婦人も仮面をつけているのに、彼女はまったく顔を隠さず、ほとんどの場合、顔をさらけだしていた[34]」。ファッションは確かに、仮面によって肌を保護する、特別な習慣を助長する。さらに、公の場で顔を隠したい、という気持ちが、仮面の着用をうながす。このことは、一六一四年、マレルブ〔一五五五―一六二八年。フランスの宮廷詩人〕によって書きとめられた、ある情景に示されている。その日、王妃は、チュイルリー宮に仮面をつけて登場したが、仮面を着用したのは「顔にあらわれる情熱[35]」を隠すためであった。宮廷社会では、感情を抑制し、素の自分をさらけだすことを控え、内心の混乱や狼狽を隠すことに重点が置かれる。それにより、この仮面の着用という、新しい方策の説明がつく。とはいえ、仮面の使用は顔の色をも意識してのことであり、『艶婦伝』の作者、ブラントームは、顔の色を意識しての仮面の着用は、十六世紀後半に始まった、と語る。それ以前は、まだ「仮面を着用する習慣はなかった[36]」。ブラントームが強調するのは、仮面の、顔を保護する役割である。「幾人かの貴婦人は、顔の色を損なうのではないか、という懸念から、日焼けしないように、時おり仕方なく仮面をつける[37]」。

顔の色艶を美しく保つためのもうひとつの方法は、体液の改善である。肌ではなく、その下にある源泉に、表面ではなく、その奥深いところに、手を加える。「最良の肉」同様、最良の食餌療法は、顔に働きかけ、その状態を最善に保つ。ディアーヌ・ドゥ・ポワティエは、体液を清浄に保つため、金箔を食す。「彼女の肌は、おしろいをまったく用いずとも、たいそう白かった。しかし、人の話では、食用金や、その他の薬でできているブイヨンを毎朝、摂取していたそうだ。とはいえ、私は医者や薬剤師ではないので、金のほかにどんな薬剤が入っていたのかは、わからない[38]」。体液を悪化させる原因は、無数にある。冷え、消化不良、狭窄《きょうさく》、そして、「性行為や痔核による特殊な障害」[39]。伝統的な医学の、もっともありきたりな処方による体液の洗浄方法も、また無数にある。瀉血、下剤の服用、身体の末端の摩擦、首や肩の血の吸引、乱切法〔局部瀉血のために、皮膚の表面に多くの切り傷をつける方法〕。あるいは、頬、鼻の頭、唇の端、額などに、マムシ草やヒルをあてる方法。[40] とはいえ、こうした処方が体系的に適用されたという報告は、どこにも見あたらない。十六世紀になされたアドバイスの多くは、いまだに「春または秋」に「浣腸」をするのがよい、という程度にとどまっている。[41] 中世に推奨されていた顔の瀉血は、十六世紀には、明らかに野蛮であるとされ、極めて稀になる。例えば、デュ・モン・ヴェールは、一五三八年になっても、依然として、こめかみの静脈や「鼻の頭」[42]の静脈の瀉血を勧めているが、ジャン・リエボーは一五八二年、ルイ・ギヨンはその数年後に、こうした瀉血について言及することをやめている。

造形しなおされる「上」

とはいえ、その他の「修整」を無視することはできない。痩せたい、という願望を無視することはできない。さまざまな戦略が、痩身願望の存在を強調する。数多くの警告が、痩身願望を浮き彫りにする。食餌療法もまた、そのことを示している。一六〇九年、ファブリオ・グリッセンティは、ヴェネツィア女とナポリ女とでは、痩身のために用いる食材が異なっていることを報告する。「ヴェネツィアの女性はインド産のクルミ、アーモンド、ピスタチオ、鳩、メロンの種、ヤマウズラ、去勢鶏の肉を取り寄せ、その全部を一緒にミンチにして、砂糖を加え、マスパン〔刻んだアーモンド、砂糖、卵白でつくる一種のクッキー〕のようなものをつくる。ヴェネツィアの女性は、毎朝、それを一定量食し、そのあとでシープル〔ベルガモットと白檀をベースにした香水〕をコップに一杯飲む[43]」。一方、ナポリの女性は、米、大麦、胡麻、ソラマメなど、南の地方に生える植物を用いる。ジャン・リエボーは、フランス宮廷の女性について、「肉づきをよくし、顔の色艶を美しくするために、朝、目が覚めたときに、雌ロバまたはヤギの乳のブイヨンをすする[44]」と、記している。本当のことを言うと、どんな物質を用いるかは、あまり重要ではない。ただ直感的に、香りがよく、口当たりが穏やかでなめらかなものが混ぜられ、それぞれの物質の軽さによって、痩せられると納得できれば、それでよいのだ。あげくの果ては、極端な方法によってからだの内部を乾燥させ、それによって痩せるという、非現実的な結果が望まれる。ある若い娘たちは、「厳しい生活をしてからだを乾燥させれば、ほっそり痩せたからだになれるからと、粉末にしたチョークを混ぜていた[45]」ことで、激しく非難される。確かに、こうした痩身術が、一般にどの程度広く実践されていたのか、回想録や物語に記述がないため、推測することは難しい。それと同じく、全体的な軽さ、脇腹の引き締まりが重要であるということ以外に、正確にどのようなフォルムが痩せているとみなされたのかについても、推測することは難しい。

その反面、服装の果たす役割については、くり返し述べられる。その際、強調されるのは、必然的に、婦人用胴着である。ブラバント地方〔ベルギー中部〕では、「上半身を優美でほっそりとした形にするため[46]」、胴着は「からだにぴったり」していなければならない。スペインでは、胴着の「両脇があまりに狭い」ので、「そのなかにからだが入るのが、不思議に思えるほどだ[47]」。上半身を包む、この「短く」、「ごわごわして」、「きつい」胴着でからだの細さを強調することは、化粧品で顔を美しく見せるのと同様、批判の対象となりはするが、それでもやはり実施される。アンヌ・ドゥ・ボージュー〔一四六二—一五二二年。フランス国王ルイ十一世の妃」は、ある女性について、「服でからだをぎゅうぎゅう締めつけるあまり、もう少しで心臓が止まりそうに思えるくらい[48]」と、揶揄している。モンテーニュは、「肉に食い込むほど脇腹を締めつけ、身動きとれずにふうふう苦しんでいる」女たちを見て、「そう、時にはそのせいで死にそうになることもあるほどだ[49]」とあきれている。規格は依然として、からだを締めつけることにある。「ほっそりした胴[50]」、硬い胸当てのついたジュストコール[51]。ただ例外的な場合のみ、ウェストの強調が省略される。すなわち、ゆったりしたフォルムの正喪服[52]が、それだ。いまだ何物も、上の部分に与えられた優先権をくつがえすことはできない。コルセットは、徐々にかたちを成す。一五八五年、ジョワイユーズ公爵の結婚式に、踊り子たちが着用したコルセット。マロの若い娘が身につけた、「ブルーの薄地の布でできた、紐で結ぶ[53]」コルセット。十六世紀末、マルグリット・ドゥ・ナヴァールが着用した、「胴を美しく見せるため、両脇に白鉄のワイヤーが入ったもの[54]」。これらのコルセットは、ウェストから上のフォルムにいかに高い関心が寄せられていたかを如実に物語る。スマートであることが重要なあまり、からだを拘束する器具だけが、それを実現できるように思われるのだ。

さらに、人の目からほとんど隠されていながら、時折ちらりと見えるもの、人目を忍ぶもの、すなわち脚の価値について、明らかにしなければならない。脚はひそかな欲望を、上半身に向けられるアカデミックな視線と対立させる。脚は、不可解な魅力や隠されたものを、主要なリファレンスにとっては未知の「場所」を、勝利に導く。バルダッサーレ・カスティリオーネは、意地悪なドレスの裏切りにあった女たちのことを、こう記す。「教会や道、あるいはその他の場所で、女がドレスを高くつまみあげ、心ならずも足を、ときには脛を少しだけ見せてしまうことがある。こうした動作をするとき、その女がとても優美に見えはしないだろうか[55]」。もちろん、「下の劣った」部分にも、美は存在する。ただ、美の概論は、それについてほとんど言及せず、カスティリオーネの場合のように、物語がときどき浮かびあがらせる程度だ。「領主様」に恋をした女性の挿話を見てみよう。この女は、ガーターが落ちたことを言いわけに、「ほかの人たちから少し離れた場所に陣取り、脚を上げると、靴下を引っ張り、ガーターをつけ直した。領主様は、はっとして女をご覧になり、美しい脚をしていると思われた。そしてその脚にすっかり見とれたので、女の美しい顔よりも脚のほうが、領主様の心に絶大なる効果を引き起こしたのだった[56]」。

一五二〇年から一五五〇年にかけて、詩の世界で「からだのブラゾン」が、突如、発達する。これは、耳、爪、臍、膝など、からだの各部分に捧げられる詩であり、それによって、下半身の「美学化」が確認される。ジル・ドリニー〔十六世紀前半のフランスの著述家、法学研究家〕、ヴィクトール・ブロドー〔十六世紀後半のフランスの詩人〕、マクルー・ドゥ・ラ・エ〔十六世紀のフランスの詩人。ロンサールの友人〕が、胸、腹、あるいは乳首を歌った詩は、「女性のからだを分割し、それぞれの部分がすばらしく甘美であることを教え、それぞれの部分が、一時的なりとも、それ自体で充足しているかのように記述する[57]」。ブラゾンという手法は、皮肉めいているると同時に学識豊かで、洗練すら感じさせる放蕩文化が、日常の余白で練り上げられていることを示している。

とはいえ、まなざしや顔立ちに与えられている優先権が逆転したわけでも、縦型に序列化された美の記述が引っくり返されたわけでもない。それどころか、からだの各部位は、苦心惨憺のすえに宇宙との類似に関連づけられるが、十六世紀の論評や物語では、その類似を超えたところで、非常に特殊なリアリズムが地位を確保する。覆い隠されたものとあらわなものとの戯れ、見えないものへのあこがれ、そしてまた、男性によって表明される欲望。こうしたものはときとして、既存の美学に適合した、なめらかすぎる隠喩を引っかきまわし、混乱させる。それにより、ドレスの下からあらわれる部分に、注意深いまなざしが注がれる。例えば、一五七一年に開催されたバレエで、踊り子たちが「そっと脚を動かし、足を上品に跳ね上げる[58]」のを見て、人々は「とても喜ぶ」。十六世紀の舞踊概論では、足に注意を喚起する記述が多く、とくに宮廷舞踊に関する論考では、それが顕著だ。ところが、脚、骨盤、腰などの隠れた部分については沈黙し、その代わり、からだを支える意味の動詞がヴァリエーション豊かに使われる。すなわち、「這う、休止する、からだを引く、支える、滑らせる、進む、ぴったりつける、交差させる、跳躍する（…）[59]」。

美しさを保つためのアドバイスは、確かに、上半身に限られてはいない。マリー・ドゥ・ロミウ〔一五四五―九〇年。フランスの女流文筆家〕は、「足を小さく、脚を美しく[60]」するように気をつけなさい、と娘に言い聞かせる。ジャン・リエボーは、「脚が美しくすっきり見えるように」、「きついガーター[61]」を使うといい、と意見する。また、カトリーヌ・ドゥ・メディシスは、ガーターの締め具合を見て、「靴下がぴったりするように引っ張り、脚を美しく見せる[62]」技術を持った衣装係の女を、「特に贔屓」にする。ここでもやはり、圧縮が見られる。あたかも、からだのほうが、なりたいフォルムに当てはまるよう、受動的に服従しなければならないかのように。それに対し、ドレスから出現する脚や足は、縦型の序列だけでは強調できない魅力を発揮する。

第Ⅱ部 表現力豊かな美——十七世紀

きわめて特殊なひとつの力学が、古典主義世界の美の基準を豊かにする。礼儀作法の目じるしが増え、都市の社会性と宮廷の規範によって、徐々に、新しい振る舞い方が課せられる。外見の序列は複雑になり、新たな人物が美のモデルとなる。それは、町を散歩する女たちであり、宮廷でときめく貴婦人たちだ。すなわち、十七世紀が、どれほど劇場化された社会であったか、そしてまた美しさが単なる身体的な幾何学であるどころか、いかにしぐさや行動そのものでもあったかを明らかにする、すべての人々だ。

第二の力学が、この表現にかかわる側面をさらに促進し、からだの表現方法を変化させる。すなわち、からだは、もはや曖昧な力に支配されているものとしてではなく、機械と道具の論理にのっとって夢想される「物体」となるのではないか。それを可能にするのは、かつてないほど画期的な、技術の文化である。身体は受動的な物質になり、魂によって動かされる機械になる。すなわち、内側から生じる世界を表現するものに。そのとき、美の目じるし全体が激変し、その目じるしを動かすもの、つまり意志と欲求のしるしを抱えこむ。身体の美は、奥行きと内面性を獲得し、ひいては、新たな正当性をも獲得する。すなわち、人工的なもの、自分を美化することの正当性を。たとえ、完璧な唯一のモデルのみが存在しうるという確信が、依然として残っているにしても。

第5章

顔か胴か？

「シャンジュ広場でのファッションの勝利」と題された、一六五〇年の作者不詳の版画[1]は、十七世紀、新たな都市計画によって、広場や散歩道が出現したことを暗示するだけにとどまらない。シンメトリーと記念建造物に刻まれた、王権のしるしを単に強調するだけにとどまらない。この版画は、交際術《ソシアビリテ》に変化がもたらされたことをも、明らかにする。きどった女たちにうっとりと見とれる観客。あちこちで目につく、下着やコルセット、あるいはまた、帽子の並ぶ露店。自分をいっそう仔細に品定めしようと、各人が腕を伸ばしながらかざす、幾枚もの鏡。版画の作者は、登場人物を戯画化する。装いの技《わざ》が町の中心部に堂々と出現したことを揶揄する一方、新しくできた広場が、交流、儀礼、自らの観察の場となっていることを断言する。作者はまた、フォルムや服装の上品さ同様、物腰の優美さにもこだわり、ほとんど意図せずして、変化を示唆する。

さらに、全体的な外見が、いっそう頻繁に言及されるようになる。例えば、カリカチュアの域に達しているかのような、マントノン夫人が作成したリスト。「ランシー夫人はでぶ、ノガレ夫人は太め、……シャトレ夫人はでぶ、モングー夫人は赤ら顔、レヴィ夫人は痩せっぽち[2]」。こうした全身のヴィジョンは、昔ながらの宇宙との合一という図式から、完全に解き放たれている。それにより、これまでになかった疑問が呈されるようになる。果たして、からだの美しさは、顔の美しさよりも重要だろうか。

町と美的な光景

十七世紀になると、都市社会が組織しなおされ、長いあいだ田舎の領地に引きこもって暮らしていた大貴族たちは、都市に引きつけられる。その昔、「農村芝居」と「田舎家」[3]の主人公だった田舎貴族は、過去の幻影となる。貴族や廷臣は、町で暮らす行政官や商人と合流し、最終的に都市で生きることを選ぶ。「いっそう知性化された場所と結びついた、名士たちの新たな交際術《ソシアビリテ》が出現する」[4]。宮廷文化から着想を得てはいるものの、その宮廷文化自体ともちがう、独自の場所、独自の儀礼を持った文化の出現。そこでは、視線がふたたび方向づけられ、美学は一新される。十七世紀前半、パリ、トゥールーズ、アヴィニョン、ボルドーで生まれた「散歩道」は、「町人たちの快適さのために」という名目でつくられるが、同時に「美しさで人の目を眩ませるため」[5]、つまりは眼福のためでもある。出会いの空間、会話、好奇心。まさにラ・ブリュイエール〔一六四五―九六年。フランスのモラリスト〕の世界そのものだ。「パリでは、人々はたがいに話をするわけでもないのに、公式の会見でもあるかのように、毎晩、きちょうめんに宮廷やチュイルリー宮におもむくが、それはたがいの顔を観察したり、たがいにたがいのことをうんざり思ったりするためなのだ」[6]。このことは、現地の魅力的な人を見定めるという目的で、散歩道を訪れる外国人旅行者の手記からも確認できる。十七世紀半ば、イタリアを旅行したソフィー・ドゥ・アノーヴルは、行く先々で、必ず「コルソ」と「パラッツォ」を散策する。ヴェローネでは、「奥方たちが晩餐のあと、徒歩で散歩する」[7]場所で、「醜悪な顔」しか見られないことに驚き、ヴェネツィアでは「貴婦人の美しさをじっくり観察する」[8]ために、大運河を行き交う数隻のゴンドラを止めさせている。ソフィーはこうした貴婦人たちの美しさを見世物に置き換え、旅行の出来事を、あたかも研究成果を発表するかのような口調で語る。例えば、ローマの散歩道では、「美しい貴婦人には二人」[9]しか会えなかったと言い、ヴィツェンツァのカンポ・マルツィオでは、「この国の貴婦人たちは幸運にも人を喜ばす」[10]と記す。旅行も終わりに近づいたころ、ソワニーで「噂に名高い、この地の美しい在俗修道女[11]」を見るため、教会に立ち寄る。

十七世紀半ば、ロンドン中心街を飽くことなく歩き回ったサミュエル・ピープス〔一六三三—一七〇三年。イギリス王政復古期の海軍省官僚、のちに海軍大臣。彼の日記は、イギリス日記文学の傑作と称される〕もまた、散歩道を、美しい人に出会いたいという期待を満足させられる場所とみなす。「キップ夫人と私は、美しい顔を探そうと、証券取引所界隈を歩き、首尾よく幾人かの美人に出会った[12]」。このイギリス海軍配給主計官は、足を止めて「思う存分観察し[13]」、論評する。だが、ホワイトホールへ行く途上、国王の愛妾である「レディ・キャッスルメーンを飽きるほど眺める[14]」ことはかなわない。そのかわり、馬車の列にそって移動し、「美しい貴婦人たちを眺めて、大いに悦にいった[15]」。また、「ルーペで教会を調べるふりをしながら、美しい女たちを見つけては、有頂天になった[16]」。彼はまた劇場やバレーに足しげく通うが、それは観客の婦人を観察して、「たいそう美しい鷲鼻[17]」を見つけたり、うっとりするような声の持ち主に出会ったりしたいがためだった[18]。さらに、「最上の衣装で着飾った」奥方を連れてボンド・ストリートを練り歩き、「人を見たり、人から見られたりする[19]」ことを楽しんだ、と打ち明ける。さまざまな光景が、公衆の美学をつくり直す。それまでのように、はるかかなたのモデルによって執り行なわれていた、おごそかな入場の儀式を越えたところで、新しい儀式が発明される。そこで重要となるのは、より日常的な美であり、名士の習慣、視線の働き、都会的な礼節の内容さえも刷新してしまう、好奇心の働きである。

胴、ポルトレ、言葉

こうした好奇心が、言葉を豊かにした。からだの美しさは、ニュアンスと広がりを獲得した。例えば「胴体[20]」であるが、ウェストとヒップのデッサンが、存在感と正確さを獲得した。王太子妃の胴は「長くて丸みがあり、細く、窮屈ではなく、完璧な形[21]」である。スペイン王妃のそれは「ゆったりとして、すらりとしていて、両脇腹の線が長く、非常に繊細で、下の方は細く、平均よりやや高い[22]」。また、ビュッシー嬢のは、「稀に見るほど形がよく、まっすぐでゆとりがあり、完璧なプロポーション[23]」をしている。からだの中心をなす、この部分は、以前と異なる方法で存在する。さまざまなフォルムが言及され、輪郭、高さ、流れるようなライン、自由さにはニュアンスがつけられ、「まっすぐ[24]」で、ほっそりしていて、「ゆったり[25]」として、「丸み」と「厚み[26]」があることが求められる。いっぽうで、「大きさ」についても同じように、正確に語られることはないものの、以前よりもいっそう頻繁に引用される。「奥様は、高さはそれ以上必要ないでしょう。私よりも大きいし、じきにもっと大きくなられますわ。胸が出ておられるので、胴がずっと美しくおなりになりましたわ[27]」とあるように。ときとして、シンメトリーを損なう欠点が「わずか」でもあると、鋭くチェックされ、豊富な言葉であばきたてられる。例えば、オルレアン公爵夫人の胴体は、「こぶがあるとか、ゆがんでいる、というわけではないが、片方の脇がもう片方より太い。夫人は斜め歩きをする癖があり、胴体は窮屈そうに見える(…)[28]」。また、一六六〇年になされた王妃についての記述では、「首が短すぎて、胴体に埋め込まれているみたいだった[29]」。高嶺の花のエミリーに対し、サン＝テヴルモン〔一六一六—一七〇三年。フランスの軍人、文筆家）は、「上品さと見目良い姿が台無しになる」ので、「腰をくねらす[30]」ことを一切やめるがいい、と言い渡している。脚と背中もまた、回想録と物語のなかで、新たな存在感を獲得する。例えば、モンテスパン夫人（一六四一―一七〇七年。フランスの貴婦人。ルイ十四世の寵妃）の「驚嘆すべき美しさ」を語るとき、セヴィニエ夫人（一六二六―九六年。フランスの貴婦人。娘に宛てた手紙は、書簡文学の傑作とされる）は、その「まっ平らな[31]」背中に言及する。一六五〇年、ソフィー・ドゥ・アノーヴルは、ある選帝侯夫人の「あまり均整のとれていない」外見を形容するとき、その「長すぎる脚[32]」を見逃しはしない。

しかし、こうした描写にも無論、限界がある。まずは、衣服のフォルムという制約。ドレスの下の部分は、いまだに胸像の台座よろしく、人体のラインから、かけ離れたところに設定される。「自然な」ヒップ全体は、実際には、知覚されることも、記述されることもない。十七世紀半ばには、ゴムを厚く塗った「ゴム引き布」が、そして十七世紀末には、薄い木の板でできた「輪骨」が登場し、ウェストから下の、らっぱ形の部分が維持された。こうした小道具は「生垣[33]」のようだと揶揄されるが、実際は単に、昔ながらの女性の特性を際立たせるための、窮屈な措置にすぎない。すなわち、動きよりも静止が、行動よりも装飾が優先される、という特性を強調するための。

もうひとつの限界は、言葉の限界である。言葉の持つ、一般化の危険性。例えば、一六八〇年に書かれた短編物語は、無名の「女友だち」について、こう記す。「美しい胸、丸々とした腕、見とれるような手を持ち、たいそう自由闊達な人柄なので、この人を見ただけで、踊りが上手であると簡単に推測できる[34]」。この描写では、人物の独自の性格は、ほとんど浮き彫りにされない。とはいえ、その人の身体的な側面と全体のようすについてのリファレンスを長々と積み重ねずに、ある人物を想起させるのは不可能だ。たとえ、用いられる言葉がまったく才気を欠いているとしても、いまだに常套句が勝利しているように思われても。[35] 例えば、サン＝シモン〔一六七五―一七五五年。フランスの貴族。十九歳から覚書を書き始め、十九世紀にその全貌が『回想録』として出版された〕は、胴を形容するのに、「形の良い」、「すらりとした」、「美しい」、「堂々とした」、「ゆったりとした」[36]という言葉を連発する。マドレーヌ・ドゥ・スキュデリー〔一六〇七―一七〇一年。フランスの女流作家〕は、顔を形容するのに、「すばらしい」、「威厳に満ちた」、「優しい」、「まったく申し分のない」[37]という言い回しを多用する。

　描写の試みが体系化されるあまり、文学的な人物描写は、サロンと社交界の手習いとなり、十七世紀半ばには、ひとつの独立したジャンルを形成する。[38] 絵画のように、言葉による肖像画《ポルトレ》が注文される。こうしたポルトレは、限られた人々の集いで読まれ、また批評される。この試みに斬新な興味を覚えたモンパンシエ夫人〔一六二七―九三年。別名グランドゥ・マドゥモワゼル。ルイ十三世の弟、ガストン・ドルレアンの娘〕は、シャンピニーの館に数カ月間こもって、親しい人々と人物描写に熱中し、多くの証言とテキストを得て、一六五九年、一連のポルトレにまとめる。[39] それはまさに、前代未聞の「肖像画の陳列室」だ。身体的な特徴と道徳的な性格とが併記され、顔や肉づきはもちろん、さまざまな特徴が加えられている。もっとも、そこで用いられるリファレンスは既存の型を出ず、[40] 宮廷の奥方は「完璧」[41]以外の何物でもなく、その美しさに疑問の余地はない、とされるのであるが。

美は「ありのままになる」

さらに重要な変化。デカルト的世界観で、生命体がもはや天体の上昇と何ら関連がないとされる時代、「宇宙生命学」的な宇宙と人間との比較は、もはや主流ではなくなる。惑星の秩序と霊気《エーテル》の古い秩序に基づいた世界観は、もはや成立しなくなる。人体の「天上」の部分と「地上」の部分とが、対極的なものとして考えられることもなくなる。そして事物は、機械的な法則のみに支配されるようになる[42]。機械と器具の力学的衝撃だけが、何らかの効力を発揮するのだ。からだにかけられていた「魔法は解け[43]」、身体は本来のあるがままの姿になる。すなわち、からだは、直接それ自体に関連づけられ、自らの意志によって、宇宙の秩序とそのグラデーションから解放される。それにより、からだの統一性は、以前とは異なる方法で説明づけられ、新しい部分に価値が与えられる。例えば、ロジェ・ドゥ・ピル（一六三五―一七〇九年。フランスの画家、外交官）は、「機械」について、「人間の手足がたがいに依存しあうように、機械の両輪はたがいに助け合う[44]」と記す。古典主義時代のフランスのテクストには、「上」の部分の「宇宙との」類似という論法は、まったく見当たらない。『メルキュール・ギャラン』（一六七二年、ドゥノー・ドゥ・ヴィゼによって創刊された刊行物。当初は不定期に刊行されていたが、七八年より月刊となった）は、身体の美学の優先的な指標は何であるか、かつてないほど強い口調で問いかける。たとえ、繊細な上の部分と粗野な下の部分との対比は存続し、下の部分はあいかわらず、女性の衣服の広がりとひだ、「裾飾り」の中に埋没しているとしても。女性のからだのうち、いちばん美しい部分はどこか。一六八四年、『メルキュール・ギャラン』に掲載された詩は、このような質問を投げかける。

顔か、胴か。顔立ちの美しさか、それとも胴体の魅力であるか。

この問いについての『メルキュール・ギャラン』の答えは、依然として伝統的で、「胴よりずっと魅力的だから[45]」という理由で、顔に軍配を上げる。だが、この回答自体は、たいして重要ではない。真の変化は、比較の原則にある。つまり、胴体に対して顔が勝利したのは、顔が球体に似ているから、天使や天に近いから、という理由ではなく、顔が、霊性、魂、内面性と同等であるためだ。サン＝シモンも、同様のことを示唆する。彼は、「感じの良い」、「厚かましい」、「魅力的な」、「見分けやすい」、「威厳のある」、「興味深い」、「開けっぴろげの」、「語りかけるような」、「奇妙な」、「ほろりとする[46]」という形容詞を顔に用いる。つまり、顔は、もはや天体を反映するのではなく、突如として、内なる心の動きを独占的に表現するものとなる。顔は、内部から来る効果をあらわす。それまでの、オカルト的な力を受けたからだに、理性の規則を受けたからだが、とって代わる。このことは、クレオミンヌの美しさを強調した、マドレーヌ・ドゥ・スキュデリーの記述にも見てとれる。「彼女を見ただけで、すべての情熱が理性に従っていることがわかる[47]」。あるいは、女主人公の美しさを強調しながら、モンパンシエ夫人は、「美しい肉体を活気づける[48]」ことができるのは、「すばらしい精神」のみだ、と述べる。十六世紀にも言及された、「ようす」や「気品」というテーマを超越して、「活気」という、体に及ぼされる内部の効果が、新たなテーマとしてつけ加えられる。

そのとき、十七世紀の美の概論は、新たな対象を指名する。一六六六年、ボドー・ドゥ・ソメーズ（十七世紀半ばのフランスの作家。モリエールと敵対し、『プレシューズ大辞典』を著した）は、美の二つのタイプについて力説する。ひとつは「活気のある」美、そしてもう一つは「活気のない」美。後者はフォルムの美しさに限定され、前者は「魅力」と「活力[49]」を、ただ魂だけがつけ加えることのできる、過剰なまでの力と表情を放つ。

「輝き」が示され、それまでとはちがう方法で語られる。長い間、この「輝き」という言葉は、からだのオカルト的な光を意味していたが、それが今や、「鋭敏さ」、「刺激的なもの」をあらわすようになる。例えば、モングラ夫人の輝きについて、『ガリア人恋愛史』〔フランスの貴族でセヴィニエ夫人の近親でもあるビュシー・ラビュタンが一六六五年に著した、実名入り風刺物語。若いルイ十四世の恋愛遍歴をすっぱ抜いたため、国王の逆鱗に触れ、短期間ながらも、作者はバスティーユ幽閉の憂き目に遭った〕は、「彼女の顔の色があらわすように、ときとして過剰なまでの鋭い機知と洞察力に富む[50]」と記す。それに対し、一六六六年のグラン・ジュール・ドーヴェルニュ〔一六六五年九月から翌年一月にかけて、パリ高等法院の代表団がオーヴェルニュ地方のクレルモンに派遣され、特別法廷を開廷したことをさす。十七世紀の聖職者で作家のフレシエは、このときのことを記録した〕の際、フレシエが描写した「クレルモンの町いちばんの美女」は、プラスアルファとしてなくてはならない、この美点を持ちあわせてはいなかった。「何やらいいようのない魅力が、彼女には欠けていた。そうした魅力は、通常は才気に由来するものだ。輝きはあるが、火が燃えていない。それは、俗に言うところの、優しくはあるが、十分な活気のない美女のひとりだった[51]」。

美しさは各人の性格によって異なるため、そのヴァリエーションを規定する、さらに繊細で、いっそう隠されたカテゴリーが生まれる。「人の心を奪う美しさ」、「悲壮な美しさ」、「真面目な美しさ」、「若々しい美しさ」、「芽生えたばかりの美しさ」、「人をひきつける美しさ」、「快活な美しさ[52]」。これらは、同時代のもっとも注目に値する美女を網羅したと豪語する、サン゠ガブリエル〔十七世紀フランスの司法官、作家〕の人物描写集に引用されたカテゴリーの一部である。これらは確かに、心理的空間、その働きと独自の論理がいまだ構築されていない時代の、形式的な形容詞ではある。サン゠ガブリエルがこうしたカテゴリーを提案しながら、文学的な遊戯を楽しんでいることは、まちがいない。ちょうど一六五六年、ピュール〔十七世紀後半のフランスの聖職者、作家〕が、プレシューズ〔上品で凝った言い回しを好んだ十七世紀の才女〕たちの美しさを描いた人物描写集で、「峻厳な」美、「日常見られる」美、「変わりやすい」美、「誇り高い」美、あるいは「希望の美」[53]を分類したように。こうしたあやふやな形容詞からは、正確な内容がまったく伝わってこない。ニュアンスは人工的で、記述は直感的だ。その重要性はむしろ、まったく別なところにある。これらの形容詞から認められるのは、外見の美しさを規定する新しい原則の存在であり、ガブリエル・ドゥ・ミニュが行なった古い分類方法、つまり徳性のみに頼った識別方法が放棄されたことである。例えば、十六世紀、「扇情的な美」、「上品ぶった美」、「宗教的な美」[54]が序列化されていたことを思い出されたい。それに対し、より内面的で、ひそかな、新しい空間の広がりが決定的に獲得されたように思われる。からだが表現しうる、隠された、この独特の側面。からだの「本当の」美しさは、こうした内面性と切り離すことはできないのだ。

第6章

魂とフォルム

十七世紀、身体の美学において、調和というテーマが新たな意味を獲得するには、「性格《キャラクテール》」と、その多様性がつくりだす、新たな存在感が必要だった。目に見えるものと隠されたものとの適合。外見と内心の望みとの一致。それはまた、十七世紀半ば、ラ・ロシュフーコー〔一六一三―一六八〇年。フランスのモラリスト。フロンドの乱で反乱軍に加担。負傷して軍人としてのキャリアを諦め、ペシミズムに満ちた『箴言集』を執筆〕が、態度と動作の役割を極端なまでに強調するときの手法でもある。「われわれの態度、話し方、物腰、感情が、われわれの状態や顔の表情に則しているかぎり、人から快く思われる。が、そこから遠ざかれば遠ざかるほど、不快に思われる」(1)。

十七世紀、表現というテーマが強烈な効力を獲得するには、魂の重要性に対する新たなこだわりもまた、必要だった。魂は「船の操縦士」(2)であり、外観は内面からもたらされる。それによって、顔は、以前にはなかった深遠さを帯びる。感情と情熱が、それまで知られていなかった顔立ちの美学に、ニュアンスをつり加える。

輝きから調和へ

外見全体は、わずかに定義し直される。「天空」ではなく、「才気《エスプリ》」、天体の輝きとの連動ではなく、魂およびその活力との連動(3)。

とはいえ、それにより、内面性の把握が可能になるわけではない。輝きという古いイメージにとって代わった新しいイメージは、より個人化されはしたものの、いまだ曖昧模糊としている。「全体の顔立ちのひそかな関係[4]」、「内と外との一致[5]」。こうした新しいイメージを形容するのによく使われるのが、「何やらわからぬ《ジュヌセコワ》」という言い回しだ。「われわれを魅了し」、それなしでは「美しさそのものから、気品も美も失われてしまう[6]」、内奥の神秘。それが、「何やらわからぬ」という言い回しによって想起されるものだ。この言い回しは多用され、常套句となる。「彼女の目にある、何やらわからぬ輝き[7]」、「何やらわからぬ才気の魅力[8]」、「何やらわからない気品らしきもの[9]」。「胴体の、何やらわからぬ、ゆったりした感じ[10]」。神秘的なものが、記録として書きとめられる。宗教的な領域とその神秘性を模倣するリファレンス。とはいえ、もとの宗教色は、完全に換骨奪胎されている。つまりはジャン＝ルイ・ジャムの示唆する、「イデオロギーの重大かつ緩慢なる変化[11]」にほかならない。この「いわく言い難いもの」は、神々しいものを眼前にしたときの、視線の謙虚さではなく、人間の際立った美しさを眼前にしたときの、視線の驚きを前提としている。

　表情に重要性が与えられたことで、十七世紀の美学は、すべての面において変化した。礼儀作法において優先的に扱われる表情というテーマが、その人の「ようす」を決定する。表情は、演劇においても優先的に扱われるテーマであり、それが「恍惚、驚き、興奮[12]」を決定する。表情は、絵画作品においても優先的に扱われるテーマであり、それが姿勢と動作の論理を決定する。プッサン〔一五九四―一六六五年。フランスの画家。古典主義の巨匠。ローマに定住していたところを呼び戻され、一時ルイ十三世の宮廷画家となるが、再びイタリアに渡り、ローマで没〕の絵画に見られる、外見と内面の一致について、フェリビアン〔一六一九―九五年。フランスの美術史家、美術批評家。プッサンと親交を結び、その伝記を執筆〕は、次のように褒めそやす。「すべてが自然で平易、快適で気持ちが良い。それぞれの人物は、自分のすべきことを、上品に礼儀正しく行なっている。（…）作者は魂の情熱を、あまさず表現することに成功している[13]」。人物は首尾一貫して、内面と外見との一致を追求しているように見受けられる。その一致があまりにも強烈なため、マルク・フュマロリ〔一九三二年生。フランスの歴史家、文筆家〕の語るように、「プッサンの絵画では、見る者にただちに伝わる、筋肉質の幸福感[14]」が喚起される。

ここで再度、フェリビアンの言説にこだわる必要がある。調和という新しいテーマ、内と外の一致のテーマは、いっそう豊かになる。それはもはや、単なる理性による制御というテーマにとどまらない。情熱と愛情のテーマ、つまり、拒絶こそされなかったものの、長いあいだ告発されていた世界にまで、その幅を広げる。内的空間が拡大し、そこに情熱が座を占めたのだ。「絵画で、影がしばしば装飾として用いられるように」、ある種の情熱は「その人を美しくするのに[15]」役立つ場合がある。それゆえ、「情熱的な」顔が、心を掻き乱す美しさ、激しい美しさをあらわすものとして、突如、興味の対象に浮上する。コルネイユ〔一六〇六―八四年。フランスの劇作家。悲喜劇『ル＝シッド』が大成功を収めたが妬みも買い、論争へと発展した。ラシーヌが登場してからは劇界を去った〕とラシーヌ〔一六三九―九九年。古典主義を代表するフランスの詩人、劇作家。代表作は『フェードル』『アントロマク』など。恋愛心理を深く探求し、情熱の狂奔を鋭く描いた。ジャンセニズムに共感していた〕は、それぞれのやり方で、英雄的な情熱、あるいは美しい情熱の価値を高める。「キリスト教的絶対主義のこの世紀ほど、情熱の持つ魔力が称賛されたことがあっただろうか[16]」。フランソワ・スノー〔一六〇一―七二年。フランスの聖職者〕とデカルト〔一五九六―一六五〇年。フランスの哲学者、数学者。オランダに移り、それまでのスコラ哲学に代わる新たな思想体系を確立し、近世哲学の父と呼ばれる。著作に『方法叙説』など〕は、情熱には「利用価値」がありうる、という画期的な考えを示す[17]。人間の欲望は、「何物にも従属しない、根本的で自律的、独立した心的内容のレベルを獲得した[18]」。この欲望が、初めて美を語ることができるようになる。

目の輝きから、その奥底へ

このような変化全体を象徴するのが、一六五〇―一六〇年以降に出現した、視線の喚起力である。注目されるのは、もはや矢としての視線ではなく、刻印される視線の痕跡だ。重要な動きは、放射ではなく、放出されたものを受け止めることにある。ちなみに、十七世紀初め、身体理論が変わり、視線はもはや火を放射する標識灯ではなく、感情や状態を放射するものとなる。視線は光を放つのではなく、光を受け止め、光を反射させる。[19] すでに目の液体も、古代のモデルとは正反対に解釈される。「視覚をつかさどる器官は、本来、水でできている。ところで、水の特質とは、受けとることである」[20]。それにより、古くからの比喩は消え去るものの、そのあとに、また別のさまざまな幻想が生まれる。例えば、猫や狼の目が輝くのは、「その中で火が燃えているからではなく」、「その眼球膜」が「平坦で、なめらかな」[21]鏡のようだからだ。バシリスク〔古代に、その眼光で人を殺す、と信じられていた蜥蜴〕、もしくは「バジリコの花を持った」女性は、視線によって病気を感染させるのではなく、肌からたちのぼる「有害な湯気」[22]のせいで、からだから病気をうつす。ティベリウス〔前四二―後三七年。ローマ帝国第二代皇帝〕は、「目から光線を発射して兵士たちを震えあがらせるのではなく、ぞっとするようなおそろしい視線で恐怖させる」[23]。こうした視線の性質、ならびにその奥深さは、これまでとはちがう方法で解釈され、かつてないほど大きく、内面性の扉を開く。

とはいえ、目の輝きが失われたわけではない。内面から来る不思議な存在感、あらわになったもののリファレンスがそこに加わり、目の美しさをつくりだす。「目がいくら雄弁であっても、魂を感じさせるものがなければ、その目にはひとかけらの美しさもない。目の語りかけが魅力的となるのは、目がひそかな感情や気品を受け取り、それらを説明するときのみである[24]」。知覚できないほどかすかな、内面の動き[25]。目の色さえもが、内面の心の動きに有利に作用する。とりわけ、もっとも「優しい目」、もっとも美しい目は、「顔の花である、物憂げな青[26]」からもたらされる。目の資質が、表情のなかで開花する。これが、十七世紀の古典主義の美が十六世紀の美につけ加えた、新しい要素である。

　モンテスパン夫人の仇敵たちが、渋々ながら口をそろえて認めるのは、その不思議な目の魅力だ。「夫人の胴体はぶ厚くて醜いが、目はすばらしく、きらきら輝き、才気に富んでいた[27]」。単なる視線の強さや日の色を越えたところに、メッセージや感情、心の動揺、憂愁を想起させるニュアンスが蓄積する。隠されたもの、そしてその効果と戯れながら、しるしもまた蓄積する。モットヴィル夫人〔一六二一—一六八九年。フランスの貴婦人。ルイ十三世の妃、アンヌ・ドートリッシュの腹心の友で、回想録を執筆した〕の記す「優しさと重々しさが心地よく混ざった[28]」王妃の目。ヌーヴォー夫人の「憂い[29]」に満ちた目。サン＝レアル〔一六三九—一六九二年。歴史作家〕の女主人公の、「ひそかな憂愁と情熱[30]」を含んだ目。はかなさ、不安定な情感、トーンの変化がつけ加わり、新たな厚みを増した表情。活気と多様性から成る、表情のうつろい。例えばクレリー〔スキュデリー嬢の書いた小説の女主人公〕の、「世界でいちばん美しい、（…）黒く、きらきらして優しく情熱的で、才気にあふれた目。その輝きは、何やらわからぬ、言葉では言いあらわせないものを秘めている。ときおり、優しげな憂愁が、ほかのさまざまな魅力とともにあらわれ、快活に振る舞うときには、喜びから生まれるすべての魅力がそこにあらわれる[31]」。あるいはグラモン伯爵夫人の目については、「大きくて生き生きとしており、彼女の望むことすべてを映し出していた[32]」。目は活気づき、激情に燃え、あるいはうろたえ、突如として、美のニュアンスに彩られる。

十七世紀の画家たちは、ときとして隠された、このひそかなしるしを増殖させ、かつてないほど、内心の透明度と表情の移り変わりの綾を楽しむ。例えば、フェルメール〔一六三二―七五年。オランダの画家。静謐な雰囲気の室内風俗画を得意とした〕の「赤い帽子の女」[33]。驚きの色を浮かべ、真珠色に光る女の視線は、やや振り向けられた顔の動きとは反対の方向に、鑑賞者を引きつける。また、フランツ・ハルツ〔一五八〇―一六六六年。オランダの画家。集団肖像画や人物像を多く描き、瞬間的な表情に現われる人物の性格・特徴を巧みに捉えた〕の女たちの、にこやかな視線。その価値は、ひとえに、それがほとんど瞬間的に捉えられたことにある。一六三三年にレンブラント〔一六〇六―六九年。オランダの画家。明暗を駆使した独特な画風から「光の画家」と言われる。サスキアは妻〕が描いた、サスキアの肖像画[34]。影のなかに入り込んだ、視線のうねりが入念に描きこまれている。

そのうえ、十七世紀には、表情についてなされた考察が、視線に関する考察を充実させる[35]。一六七八年、シャルル・ル・ブラン〔一六一九―九〇年。フランスの画家。ルイ十四世の庇護を受けた〕は、絵画彫刻アカデミーで講演を行ない、この点に強い興味を表明する。この国王付き画家は、あらゆる情熱の表現全体を、もっぱら目に集中させる。「残忍で卑しい」情熱は、視線を光からそむけさせる。内心を隠し、光を避けるため、目は下向きになる。それに対し、偉大で気高い情熱は、視線を光の方に向かわせ、目を上に向けさせる。優しい情熱は、視線を水平方向に向けさせる。ル・ブランの研究は学問的であることをこころざし、目は「内部」から来るものの命令に従う。角と三角は、絵画のモデルとして推奨される、古代彫刻の頭上に高く掲げられる。方法もまた、検証可能であることをこころざす。「(それぞれの人物の目の端を通過する)水平線は、自然から与えられた穏やかな節度によって、情熱を緩和された人々のみが持つ[36]」ラインである。こうした情熱のうち、「偉大な」情熱は確実に、はっきり表にあらわれる。それは、「精神を高揚させ[37]」、「魂の動きと自然な共通点[38]」を有する。そして、「崇高なもの」に触れつつ、可能なかぎり広がる美の世界や威厳と戯れながら、気高くなる。ル・ブランの計算はすべて、プロフィールにおける眉の動き、目尻のしわ、視線の水平性、伏せられた視線をすべて計算したうえで、美しいものと、そうでないものとを区別する。「目の位置と形態についての知識が、かつてないほど内部の動きに関する理解を導く[39]」。このような知識が、かつてないほど美を輝かせる。

女優の魅力

情熱の操作、ならびにその表現の繊細さは、俳優の演技において、初めて開花する。この文化は、サミュエル・ピープスの証言に、みごとなまでに明らかにされている。ピープスは町を見世物に変貌させ、とりつかれたように劇場や女優のもとに通いつめ、そのせいで後ろめたさを覚え、みずから常軌を逸している、と感じるまでになる。彼は、自分が演劇という見世物に期待するのは、美がもたらす、身体的と言ってもいいくらいの感動なのだ、と告白する。例えば、一六六一年十月二十八日の、ピープスを驚かせたシーン。「ひとりの女がパルテニアを演じ、そのあとで、今度は男の扮装をして舞台に現われた。これほど美しい脚には、それまでお目にかかったことがない。私は陶然となった[40]」。脚のフォルムがあらわになる唯一の機会は、女優が少年に変装する場合だ。がしかし、重要なことは、それとは別のところにある。十七世紀中期、大昔の笑劇に登場する、顔を真っ白に塗りたくった主人公に代わって、女優が地位と名声を獲得する。女優による気品のある演技が、パンタローネの大袈裟な身振りにとって代わる。女優の勝利はすなわち、時間をかけてコード化された、演劇の勝利である。女優の美しさを認めずに、その演技を評価することは、およそ不可能となった。ル・ノワールは、「世間で稀なほど、きれいでかわいい」[41]。ヴィオレットは、「めったにないほど見目麗しい」[42]。レザンは、「背が高く、見目麗しく、気品に満ち、自然な感じ」[43]。舞台には美女が不可欠となった。例えば、一六七〇年九月、シャンボールで催された「町人貴族」で、ボーヴァル嬢がニコル役を演じるのに、国王はもろ手を挙げて賛同したわけではなかった。それというのも、「彼女の顔と声がまったくお気に召さなかった」[44]からだ。一方、モリエール夫人、アルマンド・ベジャール〔一六四〇年頃―一七〇〇年。フランスの女優。姉とされるマドレーヌがモリエールの愛人だったため、実は二人のあいだに出来た娘ではないかとの噂が絶えない〕は、ファッションリーダーとして、胴の形を決定するまでになる。「今ではどの女性のコートにも、プリーツはつけられていない。胴が美しく見えるよう、どれもからだにぴったり沿ってつくられるようになった。そう考案したのは、モリエール嬢である」[45]。

とはいえ、無論のこと、女優が胡散臭いものとして見られていた上流社会で、彼女たちが決定的な敬意を獲得したわけではない。また、女優の「軽薄な」行動、つまりはその不品行についての当てこすりが、いっさいなくなったわけでもない。舞台での演技には、まだかなり不自然さが容認され、喜劇には真面目さが著しく欠如しているように思われる。が、同時に、宮廷、巷を含めて、社会が外見と物腰の役割を再び発見するとともに、演劇の名声はますます高まる。「現在、劇の演目に」[46]示される人々の熱狂は、社会の著しい演劇化、「演技」と同時に進行する。そのもっとも顕著な例は、宮廷である。自分を見せ、演じる技術が欠かせなくなった。それにより、美しいものを判断する方法が磨かれる。[47]そして、それまでまともな名前すら与えられていなかったものが、奨励される。それはすなわち、表現力である。

セヴィニエ夫人はマリー・ドラムの演技を思い起こして、そのことについて語っている。このドラムという女性は、夫人の息子を誘惑した女優で、その美しさは舞台によって七変化した。「近くで見ると彼女は醜く、この女がそばにいると、息子が息が詰まりそうになっても不思議はないと思います。けれども、彼女が韻文のせりふを口にすると、とたんに愛らしくなるのです[48]」。マリー・ドラムは美を変貌させるのです、とセヴィニエ侯爵夫人は断言する。ただ動作だけで連想を誘い、演じながら感情をかきたて、その動作によって美しくなるのだ。「彼女は、あなたが生涯でこれまで一度も見たことがないような、常識を懸け離れた人物なのです。人々は劇ではなしに、この女優を見に来るのです。かくいう私も、彼女を見るためだけに、『アリアーヌ』に足を運びました[49]」。非常に特異な身体能力を持った、マリー・ドラム。ラシーヌ、そしてまたオルレアン公爵〔一六七四―一七二三年。フランス国王ルイ十三世の孫。ルイ十五世が幼い頃、摂政をつとめた〕とも親しい[50]この女優は、自己表現という方法だけで、完全に「欠点を消す[51]」ことができた。ひとつの技芸が生まれたのだ。その技芸が完全に理解され、評価されるためには、美が欠かせない。美学はもはや、表現力と切り離せない。

唯一の美？

このように、表現に寄せられる強い関心は、しかしながら、古くからの確信を揺るがすまでにはいたらない。すなわち、理想の美の存在は断言できる、という確信だ。唯一の変化は、この理想へのアプローチの仕方である。その結果、必然的に、自分を美しくする習慣にも変化が生じる。
古典主義時代の理性は、十六世紀の新プラトン主義のように、もはや鑑賞者を完璧なイデアの天空に導きはしない。[52]具体的な事物から切り離された「知的なもの」に、根本的な原理を求めようとはしない。古典主義時代の理性は、事物の物理的な秩序にのっとって事実を研究し、法則を見つけ、美のモデルを構築する。たとえ、デカルトが考えたように、神的なものが明証を保証するのだとしても。別の言い方をするならば、良い趣味の普遍性は、「理性によって明らかにされた客観的世界との関係」に起因するのだ。[53]唯一の美が勝利できるとしたら、まず誤りから解き放たれ、事物の本質に具体的に迫るときなのだ。「偽りのなかにある真実が凱歌を揚げ、いたるところで人の目につき、心をつかむ」。[54]そのとき、美は、十六世紀に持っていた、謎めいた神秘的な輝きを失い、[55]知的なもの、明晰なものにいっそう近づくのだ。たとえ「いわく言い難いもの」が、依然としてそこに残るとしても。それは、魅力と蠱惑的なものの障害物であり、かつまた純化され、支配された自然に課される、曖昧な部分である。[56]
この発見はさらに、行動原理となる。もはや、美をただ凝視するのではなく、近代的意識の顕著な特性にしたがい、変化させる。そこから、美を理性に従わせるため、計算に頼りたいという誘惑が生じる。そこから、事物を直接規定する、美の法則のヴィジョンが生じる。例えば、ボワロー〔一六三六—一七一一年。フランスの詩人、批評家〕の「韻を服従させる理性のくびき」。[57]あるいは、ル・ノートル〔一六一三—一七〇〇年。フランスの造園家。透視図法理論に影響され、独自の幾何学式庭園を考案した〕の「フランス式」庭園の枠組みであるシンメトリー。[58]事物を知の規則に服従させる、新たな方法。無論、身体の美にも、同じ方法が用いられる。すなわち、明晰さによって再検討され、理性的な思考によって造形しなおされる。プロフィールは描きなおされ、顔は髪形やかつらによって構成しなおされ、肩と胴を矯正するため、かつてないほど体系的にコルセットが着用される。姿勢と服装には、厳格なシンメトリーが要求される。絶対的なものは、もはや啓示されたモデルとしてではなく、入念に手入れされたモデルとして夢想される。「自然の本質」[59]である絶対的なものは、純化され、「修正された」デッサンに従う。そのとき、美に対して行なわれる行動は、これまでよりいっそう人工的なものとなりうるのだ。とはいえ、あらゆる「化粧品」と完全に無縁の、「天然の」美の威光が、いっさい消失するわけではない。例えば、サン＝テヴルモンは賛辞のありったけをこめて、ドロンヌ夫人をこう評する。「夫人の美しさは、すでにもう出来あがった美しさで、そこには他人の技術も、彼女自身の秘策もいっさい関与していない[60]」。とはいえ、技巧は、以前とはまったく異なる地位を得た。一六四六年のデュ・ボスク神父〔十七世紀後半のフランスの聖職者〕の『淑女』は、そのことを簡潔にあらわしている。「装いのための手入れが非難されるのは、それに費やされる時間が極端に長いとき、あるいは邪《よこしま》な意図がそこに働いているときだ。だが、そうした濫用を除けば、顔を美しくすることに、宝石をはめこんだり、大理石を磨いたりする以上の危険があろうとは、私は思わない。適度な化粧を、なぜ禁止する必要があるのか。その他もろもろのことでは、きれいにすることが許されているというのに[61]」。からだを調整し、身支度をすることが、正当性を獲得する。だがそこには、新たな困難がつけ加わる。それは、美は欲望にも、ある程度の地位を許しながら、理性的なものを優先させる、ということだ。おそらく、この欲望という情熱は、制御されることが望まれながらも、ここで初めて美の源泉となり、しかも多くの場合、「美徳の種子[62]」にすらなる。

第7章

純化と圧縮のはざまで

理性はフォルムを従え、勝利する。この理性の勝利は、依然として、第一のテーマだ。からだを生き生きとさせる魂への、系統的な言及。よりよく制御された、機械としてのからだへの、同じく系統的な言及。これらの言及が、装いの技術、美しくなるための技術を強化する。それはまた、近代社会において、自己に対する新たな関心が芽生えたことを示す(1)。宮廷のモデルはさらに深まり、自己へ向けられる視線が、美しくなるための習慣をますます発展させる。外見に対する期待はいや増し、要求は高くなる。外見の細部と問題点を指摘したい、という欲求が、明確に表明される。

体液の重さ

まず、からだの手入れに関する処方には、ほとんど変化がない。体液の浄化作用を持つ妙薬の成分は、十七世紀でも、それ以前と大差はないのだ。芳香を放ち、透明で、蒸留された成分。かつてないほど純粋なイメージを喚起するためにつくられる成分。効能があると判断される液体は、香水が混ぜられ、蒸留器に入れられて火にかけられなければならない。それと同じく、肌の色の悪さは体内の液体に関係がある、とする説明も、それ以前と大差はないのだ。ルイ・ギヨンの『美の鏡』は、一六一二年に出版されて以来、十七世紀に次々と版を重ねるが、その内容は、一五八七年に出版されたジャン・リエボーの著作とほとんど変わらない。顔のトラブルの描写も同じなら、香油の成分も同じ。肌の色の欠点をなくすには、年齢を問わず体液の排出が有効である、とされる点にも、独創性はまったく見られない。ローヌ河とセーヌ河にまたがる地域を旅行したロカテッリは、一六六四年、フランスの婦人について、次のように強調する。「フランスの女性は、生まれたときの白い肌をそのまま保っていて、そのためにワインを断ってミルクをたくさん飲み、しじゅう瀉血をし、浣腸その他、いろいろな処方を行なっている。だから、彼女たちの頬が薔薇色で、胸が百合のように白いのにも、おのずと納得がいく」[2]。

一般民衆の習慣については、旅行者の意見には、多少のちがいが見受けられる。例えば、ブラッケンホッファーは、一六四四年、ブロワの若い娘たちについて、「手と顔色をみずみずしく保つため、こと細かな躾を受けている」[3]と語る。そうかと思うと、同じころ、ジャン＝ジャック・ブシャール〔一六〇六―四一年。フランスの聖職者、文筆家〕は、ロワール河下流に住む娘たちを、「色黒で醜い」[4]と評する。レオン・ゴドフロワは、アルマニャック地方の「民衆」を「真っ黒とはいえないまでも、極めて茶色い」[5]と馬鹿にする。言うまでもなく、顔の色は、注目を集める点だ。モンプリエの娘の「美しさ」は、「やや茶色がかった」[6]顔の色のために減じる。リヨンの娘も、やはり顔の色が悪いことに加え、歯や髪の毛が少ないことが影響し、美しさが損なわれる。それは、「数日にわたって街をすっぽり包み込む、霧のわざわいのせいだ」[7]。環境のおよぼす作用は、ますます多く書き記されるようになり、「風土に馴化された」からだのヴィジョンを確定する。

十七世紀、手入れの習慣がますます熱心になされるようになったことは、数多くの手がかりが示唆するところだ。そうした手がかりの頻度は増し、細部はさらに多様化し、手入れに対する関心の高まりを明確にする。近世の社会では、自己に対する要求は高くなる。まずは、「ほてりを冷まし」[8]、顔を若々しくするための浣腸に新たに与えられた、「簡単な治療法」という名称が、手入れの特性をいっそう明確にする。次に、それまでになかった、下剤という手段。それは、怪しげな医者、商人、もしくはカプチン会修道士などが調合した「ミネラル」ウォーターで、『メルキュール・ギャラン』は一六九三年、この水の、控えめながらも確かな効果に対し、幾度となく惜しみのない賛辞を贈る。「ベッドにじっと横たわっている必要はまったくなく、自由に出かけたり、動いたりしてもいい[9]」。手入れの習慣は、ありふれて「手軽」なものになる。それまでは、単に季節的な行為にすぎなかったのだが。こうした手入れの習慣は、回想録と物語に頻繁に記載されるようになる。例えば、一六六五年、ドノー・ドゥ・ヴィゼ〔一六三八―一七一〇年。小説家、劇作家。『メルキュール・ギャラン』を創刊し、人気を集める〕は、中編小説『優秀な薬剤師』で、このテーマをとりあげる。これは、さわどいエピソードだと言ってかまわないだろう。というのも、恋する男がこっそり女中の身代わりになり、アマントに浣腸をほどこすのだから。このアマントという女は、「美しい顔の魅力を長いこと保っていられるから[10]」という理由で、しじゅう浣腸のお世話になる。貧しい人々を診る医者たちまでが、体液を清浄に保ち、顔の色を「よみがえらせる」ためにできた、この新たな緩下剤を、頻繁に処方する。フィリベール・ギバールは、一六六一年の『情け深い医者』のなかで、「庭や牧草地の果樹、草の根、ブドウ、ワイン、肉、スープなどを摂取することは、穏やかにからだに下剤をかけるための、心地よく簡単な方法だ[11]」と強調する。おそらく、からだを浄化する、というテーマそのものは、以前とまったく変化していないのだろう。だが、そのテーマは、以前より明白な地位を占め、行動においていっそう強調され、顔の色を保つために有効である、と位置づけられるようになる。

　そこに、いくつかの極端なしぐさが加わると、それだけですでに、顔の色に対する注意がいかに増したかが、明確になる。例えば、マリオン・ドゥ・ロルム〔一六一一―五〇年。フランスの高級娼婦。美女の誉れ高く、時の有名人の愛人となった〕は、体液を下げ、鼻の赤味を薄らげたい一心から、「午前中ずっと足を水に浸けている[12]」。また、アンギタール夫人は、顔が冷気にさらされてダメージを受ける心配から、森の空気を吸うためだけに散歩を行ない、「春のあいだ三日間しか[13]」散歩をしない。ブードゥヴィル夫人は、「肌をいっそう白く見せるために、ベッドに生成り色のリネンの布団をかける[14]」。

からだを圧縮する

上流社会では、それまでとはちがう注意深い視線が、胸と胴体に注がれる。十七世紀、ベクトルと梃子でできた、機械化された人体のイメージは、必然的に、欠陥を修正する器具の使用を促進する。ちょうど、理性の行使が身体に不可欠となったことが、やはり修正器具の使用を促進するように。歯車と滑車でできた機械のモデルは、古典主義時代の町の工房に普及し、時計や風車、滑車巻き上げ機やクレーンの威信は高まり、そこからさまざまなリファレンス、ならびにアナロジーが生まれる[15]。一六四七年、ファブリス・ダカポンダントが考案した器具の出現によって、矯正というテーマは、ひとつの象徴にまでなる。その器具は、金属のジョイントで衰弱した関節を補い、手足がどんなに変形していても、頑丈な薄板で矯正することができるという、幻想の産物だった[16]。ラックやネジ、ボルトがついた、現実には不可能な、このスチール製の器具は、病理学用に考案されたものだ。だが、コルセットは、謙虚にも、日常的に着用する道具となる。すなわち、優美さと体型維持のための道具に。十六世紀の簡素な器具は、複雑になり、進化を遂げた。その重要な鍵を、ショワジー神父〔一六四四―一七二四年。フランスの聖職者、文筆家。幼い頃より女の子の服装をさせられ、大人になってからも好んで女装をしていた。著作に『回想録』がある〕が一六九五年に執筆した記述に求めることができる。将来のアカデミー会員であるこの神父は、男子として生まれたからだの女性化について、次のように述べる。「彼の胴は十二歳にして、すでに形が整っていた。実は、腰をつくり、胸を持ち上げるため、幼いころからときどき、鉄のボディを装着させられていたのだ。その試みは、完全に成功した」[17]。十七世紀のコルセットの斬新さは、次の三点にある。まず、さまざまな材質が用いられるようになったこと。いちばん多いのは、身体をきつく締めつける枠に、クジラの骨を使う方法だ。次に、胸をなるべく高くするため、脇腹のラインを長くしたこと。それから、特に注目すべきなのは、できるだけ早いうちから姿勢を矯正するため、子どものうちからコルセットを装着したこと。コルセットは、予防と教育という分野に、美学を強制する。[18]マントノン夫人は、サン＝シール（一六八六年にマントノン夫人によって設立された、貧しい子女のための学校。のち、ナポレオンが陸軍学校とした）で、美しさへの配慮とモラルへの懸念の両方から、コルセットの着用を絶対の掟とする。「生徒たちのスカート・ボディ（コルセットのこと）は前が下がりすぎで、謙虚さ（服の上の縁のこと）には、充分な高さがありません。つまり一言で言うと、胸あきが大きすぎるのです」[19]。アブラム・ボス（一六〇二―一六七六年。フランスの素描家、版画家）は、このコルセットが、ブルジョワ階級の学校の生徒たちの上半身におさまっている様子を描く。ジャック・カロ（一五九二―一六三五年。フランス（当時はロレーヌ公国）の版画家）は、コルセットを着用した妻と娘の姿を描く。セヴィニエ夫人は、一六七六年、孫がコルセットを着用することを望み、「少し辛いかもしれないけれども」、「胴の形を維持するためです」[20]と、言い切る。また別の原則。「ひもをゆるめに縛った、前が見えるコルセット」[21]。十七世紀中頃には、「胸の調整」[22]という新しい技巧が欠かせなくなり、そのための技術、商品、業者が不可欠となる。一六九〇年、パリの『便利帳』には、コルセット専門の仕立て屋が八軒、掲載されている。[23]

この器具は、結局、かなりの規模で普及し、一六九三年、ロック（一六三二―一七〇四年。イギリスの哲学者、政治思想家、医学者〕の批判の矛先は、多くの人々に向けられることとなる。「きつすぎるボディ〔コルセットの別名〕に、細すぎる服を着せられた子どもは、ほぼ例外なく、自然に肺が狭まり、息はせわしく、臭くなる。こうした子どもたちは、肺の病気にかかり、猫背になってしまう[24]」。だが、実のところ、そうした批判には、ほとんど効果がない。多くの人から見られるときの服装に、コルセットの着用が必要条件であることは、自明の理だからだ。特に、宮廷は、この点について敏感だ。「マルリー〔パリ近郊。ルイ十四世の建てさせた城館があり、宮廷はしばしばここに滞在した〕では、ご婦人方の盛装が廃止されたが、それでも貴婦人たちが、ボディと部屋着を着用せずに人前に出ることは、ありえなかった[25]」。

成人女性は、コルセットを使用しながらも、それと同じくらい重要な、別の方法に頼ることもある。つまり、フォルムと胴を修正して完璧にしつつ、体型そのものを作り直すのだ。セヴィニエ夫人の記す「生活の規律」は、そのことを示唆する。「私は遊蕩にいっさい身を投じませんし、くたくたに疲れることもないので、スカート・ボディを、両脇でそれぞれ小指一本くらい、詰めさせました[26]」。もうひとつの方法は、自分の細さを、別の人と比べることだ。「あの人のスカート・ボディと私のとには、もはや大差がない[27]」。こうした記述から明らかになるのは、数字なしで指摘され、想起される、おおざっぱな測定とフィット感である。

貴人の胴、庶民の胴

コルセットの着用とともに、シルエットの社会的領域は、決定的に分裂した。昔から、すべての点において、村の女性の球形のフォルムと、上流階級の女性の「か細い[28]」フォルムとは対立し、農婦のからだの丸い輪郭と、貴婦人の引き締まった輪郭とは、対立していた。しかしながら、十七世紀、貴族たちによって示唆されるちがいは、細さと丸さもさることながら、もっぱら「直線」と「たるみ」にある。もちろん、これは、完全に社会的なヴィジョンである。それによると、貴婦人の上半身は、コルセットの形状どおり、常に紡錘型であるのに対し、その他の女たちの上半身は、自由さを維持する。風俗版画は、対照的な両者の姿を、カリカチュアすれすれに描く。アブラム・ボスの版画では、貴族の夫婦が館の入り口に立って、「腹をすかした人々に食べ物を与える」(29)場面が描かれている。二人の貴族が、外壁と平行の、まっすぐな姿勢をとっているのに対し、パンをもらう男女はお辞儀をしている。従順さをあらわす行為であることに間違いはないが、同時にそれは、形態学的な表現でもある。庶民の上半身は、ほどこしをする側にくらべて、いっそう短く、どっしりしており、曲がっている。格差は、人体構造にまで及ぶ。コントラストは、垂直性に起因する。アブラム・ボスの放逸な版画では、社会的距離は一目瞭然だ。そこには、一組の恋人と、ベッドを整える女中が描かれている。若い女主人の背中がぴんと伸びているのに対して、カーテンを上げている女中の背中は丸く、もっこりと肉がついている(30)。

十七世紀後半の版画では、差異は体系化され、社会的プロフィールへのほのめかしが増える。なかでもセバスチャン・ルクレール(一六三七—一七一四年。フランス(当時はロレーヌ公国)の素描家、版画家、軍事技師)の習作では、庶民の女はずんぐりむっくりした上半身、ゆったりしたドレスにだぶついた腹部、という姿で描かれ、極度に先細りした上半身、絞り込まれた腹部の貴婦人と、はっきり区別されている。しかも、コルセットは、時代とともにどんどん長くなり、同時に両脇がさらに細く、ウェストの位置は下がり、胴体は長くなる。際立たせるべきなのは、鞘のようなラインなのだ。美しくなるには、ある一定の形態へと方向づけられた作業が、前提となる。「こうした装いの世界では、自然のままの、手入れされていない美しさなど、考えられない」[31]。引き締まった垂直形が、なくてはならない図形に変わる。

十七世紀、これらの差異に加え、ブルジョワの美が出現し、町と宮廷との対比は、かつてないほど鮮明になる。そこから、「上流階級の出ではないが、まさにその魅力のために愛された愛人たち」[32]が、あるいは次の詩に見られるような、若いブルジョワ娘が登場する。

質素なグレーのドレス着て
小町娘と大評判
これでもかと大金かけた
淑女の魅力もかなわない。[33]

宮廷に続いて、町にも、「模範的な魅力をふりまく人々」[34]があらわれる。それらの人々の資質は、シンプルな身ごなしと服装の下から、透けて見える。例えば、フュルティエール〔一六一九―八八年。フランスの小説家、詩人〕の小説に登場する店の女主人は、「やや間の抜けた風貌」[35]ではあるものの、魅力的に映るし、ドノー・ドゥ・ヴィゼの描くお針子娘は、「たいそう質素な外見」[36]ではあるが、魅力を感じさせる。偉大なる世紀〔十七世紀のフランスを指す〕のブルジョワ階級は、模倣によって生き、プレシオジテ〔言葉や物腰の洗練を競う、十七世紀上流階級の風潮〕の仲間入りをし、クリームと化粧品を消費する。「プレシオジテは、精神と使命という点では貴族的であるが、それが誕生した土壌は、ブルジョワ階級に行き渡っている、優雅で便利な生活、理想と気品の延長線上にある」[37]。「普通の」美人が、美と認知される。しかしながら、逆に言うと、その美には限界がある、ということでもある。というのは、そのような美には、貴婦人だけが持つ、「堂々とした態度」や「上品な態度」が欠如しているからだ。宮廷が勝利する世界では、身ごなしが美の基準を決定する。物腰が美学をつくりだす。もちろん、ブルジョワ階級と貴族階級の距離は、曖昧だ。両者の距離は、頭の位置、固定された背中、歩幅に関係する。両者の距離は、ダンスの師匠を真似する「町人貴族」〔一六七〇年に上演されたモリエール作のコメディ・バレーの主人公〕が、いくら身振り手振りよろしく振る舞おうとも、結局は無力であることにあらわれる[38]。両者の距離は、『女房学校』〔一六六二年のモリエールの性格喜劇〕のアニエスが、水も滴るような美女であることにあらわれる。その美しさは、彼女が貴族の出自であることと、暗に結びつけられている。というのも、アニエスは、裕福なエンリクの殿を父に持つのだから[39]。逆に、「食料品店の美人店主」であるガブリエル・ペローの美しさには、異議が唱えられる。十七世紀末、姦通事件の裁判で被告となった彼女は、夫を騙し、不運な男を誘惑したとして糾弾され、パリ中の耳目を集めた。それだけではなく、罪状には、本来彼女のとるべきではない「堂々とした態度[40]」をとったから、という点も含まれていた。ここでは、「物腰」が美に組み込まれている。

女性の姿勢、男性の姿勢

物腰はさらに、男性と女性とを対立させ、古典主義の世界では美しさがいかにまだ女性の特権であるかを、明白に物語る。「昼間が夜にくらべてずっと明るいように」、女性は「美しさの点で男性をはるかにしのぐ[41]」。

女性と男性では、顔の色もちがえば、態度もちがう。ルイ十四世が「寒さも太陽もおそれなかった[42]」ように、男性の肌の色は、濃い「褐色」になってもかまわない。そして、「激しやすく」、荒々しく、「断固たる[43]」態度をとることが許される。つまりは、従来の伝統が、いっそう強化されているにすぎない。しかしながら、重要な点はほかにある。すなわち、これまでにはなかった姿勢が生まれ、男女ともが、それを共有した、ということに。

肖像画の描き方とファッションのあり方を追っていくと、十七世紀、気品と美しさを示す、新しい身体の姿勢が登場したことが確認できる。すなわち、肩を後ろに反らせ、腹を前に突き出すというポーズである。胸の上部をぐっと後に引くことによって、自尊心をあらわす姿勢。垂直性のみならず、そこから生まれる緊張感。垂直性はさらに拡張され、弓なりに描かれる胴体の輪郭にまで及ぶ。テクストでは触れられないが、絵画には、はっきりとあらわされる、この強調された姿勢。「引き伸ばし」。ボナールやサン゠ジャン[44]の描く貴婦人はみな、この、肩を反らせ、顔を上向きにした姿勢を取っている。アブラム・ボスの描く貴婦人も同様に、ウェストとコルセットの裾をわずかに突き出している[45]。栄誉、血統という土台の上に築かれ、平等の上に成り立ってはいない社会。そうした社会では、「気高さ」は、からだのデッサンによってあらわされる。男性の身体のデッサンでは、その「気高さ」が、なおいっそう強調される。気高さは身分のあかしであり、地位は血の絆によって決定され、「名を汚さないことが絶対の掟とされる[46]」。大きく反らされ、「遠ざかった」位置に固定された頭は、庶民とのへだたり、そしてまた誇り高さを、人体に具現化する。幼いときから培われた貴族のアイデンティティーは、からだのすみずみにまで行き渡り、形となって示されなければならない。

ここで問題となるのは、優美さの直感的かつ文化的なしるしである。それは、顔を遠ざけ、上半身を反らせることによる社会的効果と意志主義によって、成立するしるしである。それは、同じ階級に属する男女によって、共有されるしるしである。一六九三年、ボナールが制作した、「散歩する紳士淑女」と題された版画[47]には、姿勢も肩の引き具合もそっくり同じ、貴族の男女が登場する。だが、二人につき従う召使の姿勢は、主人のようではない。セバスチャン・ルクレールの版画では、長いステッキにもたれた、貴族の男たちが描かれている。彼らもまた、反っくり返った格好をしているが、道を行く庶民のシルエットは、その姿勢をなぞってはいない。からだを反らせるのは、おそらくは威厳をあらわす態度なのだろうが、それはまた、男女ともに同じ、身体的な優美さの世界、「繊細さ」の世界が存在することを、独特の方法で示している。それはまた、男性にとっても、女性にとっても、文化的に異なる美の基準にのっとった振る舞いが存在することを、独特の方法で示している。

とはいえ、無論のこと、美が特定の性別によって優遇されているという事実を、宮廷社会がくつがえすわけではなく、男性が美しいとみなされるわけでもない。その代わり、宮廷社会は、男性に特殊な身体的努力、身体的な手直しを行なうことを強制する。それにより、力は別の基準、すなわち、節度、貫禄、洗練という基準に服従する。十七世紀の版画に描かれた、貴族の男性の細長く引き伸ばされた上半身には、それらの基準が美しいものとして、あらわされている。男性の美学は、かつてないほど、力強さという唯一のしるしから遠ざかり、より明確に、女性と共通の美の基準にしたがって思考される。たとえ、女性のみが美を体現していることに、変わりはないとしても。

「化粧をほどこされた美」に対する「武力闘争」

「美しさを獲得し、欠点を修正する」[48]ために、装身具とコルセットという、技巧を用いる権利を有するのは、明らかに女性のほうである。さらに、化粧品、つけぼくろ、髪にまぶす髪粉、香水が、そこにつけ加わる。つけぼくろは、タフタでできた小さな飾りで、十七世紀、人々はこれを顔につけた。技巧が普及した。美しくなるための道具は、文明が進むとともに多様化する。

まず、物品の数の多さ。それまでは、香油、化粧クリーム、バージン・ウォーターにほぼ限られていたが[49]、オイル、タルク水、パウダー、化粧用ハンカチなどが、そこにつけ加わる。次に、色の多様さ。同じ白といっても、古典主義時代のヨーロッパでは、その色味が複雑になり、色の数も豊富になる。十六世紀、白はほかの色を圧倒し、顔といえば、白一辺倒だった。フォンテーヌブロー派の「化粧をする貴婦人」[50]、ジュネーヴ美術館収蔵のイタリア人画家による「サビーナ・ポッパエア」[51]では、一様に白い顔が描かれていた。これに対して、十七世紀になると、そこに紅がつけ加わる。ルイーズ・ブルジョワは、一六三六年、化粧品の処方のなかで、紅について言及した最初の人物である[52]。モンテスパン侯爵夫人は、頬骨の上とくちびるに紅をさす[53]。ラルジリエール〔一六五六―一七四六年。フランスの画家。肖像画を得意とした〕が描く、ストラスブールの若い娘の顔の色は、人工的なまでに赤く塗られているし[54]、レンブラントのサスキアは、自然を賛美するはずの花の女神、フローラに扮しながら、顔に紅を飾る[55]。アメリカから輸入されたエンジムシ、ブラジルの木、プロヴァンスやラングドックで採れるアルカンナの根、水銀や硫黄からつくる朱。こういったものが、良質の紅の原料になったが、ものによっては、さまざまな害をなした。例えば、「シナーブル」には硫黄と水銀が含まれ、肌が荒れるという副作用があったが、その有害性については告発されない。

化粧品の使用もまた、使ってもいいものと、禁じられるものとの戯れを発展させた。コードは深化し、複雑化した。化粧品を用いる際の規則は数を増したが、隠然たる警戒心が消えたわけではない[56]。例えば、寡婦となったとき、あるいは歳をとったときは、「あらゆる遊び心[57]」を禁止しなければならず、技巧ときっぱり手を切るべきである。マントノン夫人は、ルイ十四世の崩御に際し、「手につけるクリームと髪用のエッセンス」の使用をあきらめるが、それは「こうした製品をつけて喜ばせる人がいなくなった[58]」ためだ。また、アンヌ・ドートリッシュ（一六〇一—六六年。スペイン国王フェリペ三世の娘。ルイ十三世に嫁し、フランス王妃となる）も、夫ルイ十三世の死に際し、紅をつけることをやめる[59]。マリー＝テレーズ・ドートリッシュ（一六三八—八三年。スペイン国王フェリペ四世の娘。ピレネー条約によってルイ十四世に嫁し、フランス王妃となる）は、三十九歳になって歳をとりすぎたため、紅の使用を控える[60]。あるいは、人それぞれの立場、時機、相手によって、技巧の使用が放棄される。フロンドの乱が勃発してから、モンパンシエ嬢は髪粉をつけなくなったが、その理由を、王妃に誠意を見せたいからだと説明する。「わたくしは、たとえそれがごく些細なことでも、とにかく陛下を偽りたくないのです。ですから、今日はありのままの髪を見ていただこうと思って、髪粉をつけてきませんでした[61]」。一六六〇年代のロンドンで、ペギー・ペンとその妹は、自宅に戻ったとたん、つけぼくろをはずす。「たぶん、ペギーの夫のウィリアムが、自分のいるところでつけぼくろはやめてくれ、と言ったからだろう[62]」。あるいは、マリー・マンシーニ（一六四〇—一七一五年。イタリア出身の貴婦人。マザラン枢機卿の姪で、若きルイ十四世と浮名を流した）は、そうしないと夫が口をきいてくれないから、「つけぼくろをはずす[63]」と打ち明ける。十七世紀、道徳的な疑念は、あいかわらず女性の決定と男性の権威、公の習慣と個人の習慣を対立させ、美しくなるための「技巧」に重くのしかかる。技巧の使用は、容認されていると同時に禁止され、盛んになると同時に、さし控えられる。「塗りたくられた顔」からは「熱愛される恋人」[64]が想起されるため、化粧品の使用には、常に胡散臭さがつきまとう。

一本の分割線が、男性と女性を対立させる。例えば、父親や夫は、女性が化粧品に頼ることによって、自分が「騙されている」と感じても、不思議ではない。厚化粧の顔は、女性が、自分の従属する後見人の手から逃れて、男を誘惑する手段を講じていることを示唆する。それは、気まぐれの代名詞、自由の表明。権威が失墜する、という確信。「美しく見せようとして行なう手入れが、夫のためであるとは、到底思えない」[65]。それはまた、『才女きどり』〔一六五九年のモリエールの風刺喜劇〕に登場する町人ゴルジビュスが、自分の姪と娘に対して抱く確信でもある。「ポマードのつけすぎだ（…）いたるところ目につくのは、卵の白身、ミルク、それにわしの知らない、ごちゃごちゃした代物ばかり」[66]。『貴婦人がたの朝のお目覚め』のなかで、「ラ・セールの殿」〔ピュジェ・ドゥ・ラ・セール。十七世紀のフランスの作家〕は、後見人、夫、両親に対する、ありとあらゆる「ごまかし」[67]と裏切りを可能にするとして、化粧品を糾弾する。一六九三年の『流行語』によれば、若い男の、「あの女は化粧をしている」[68]という一言は、それだけでもう「不快さ」の表明なのだ。化粧品は、秩序に違反するものであり、女性の側からの挑戦なのだ。

二本目の分割線。最初の分割線とは部分的に矛盾するが、二本目の分割線は、私的なものと、社会的なものとを対立させる。つまり、化粧品は社交上の演出の道具としては許容されるが、私生活の演出のためには、それほど容認されない、ということだ。公式の場での、装いの演出では受け入れられても、私生活の場での、

「誠実さ」の演出では拒絶される。家のなか、夫のいる前で、親しい者の視線にさらされるとき、つけぼくろをつけることが許されないのは、そのせいだ。だが、同じひとりの人物にとって、技巧が複数のしるしを表すとき、この境界線はさらに混乱する。例えば、上品さのしるしから下品なしるし、さらには売春のしるしまで。一六六〇年のある日、ピープスは、オランダで同じテーブルで食事をした女性たちが、「つけぼくろをつけ、たいそうきれいでファッショナブル[69]」だ、と感じた。その同じピープスは、一六六七年、ロンドンで、「きれいに飾った顔[70]」の、「売春婦」ではないかと思われる女性のあとをつけた、と告白している。また、一六六七年のある日、親しい女友だちが「顔に化粧をしている」ことを知り、突如として「嫌気がさし」、この女性を「大嫌い[71]」になった、と認めている。実のところ、十七世紀、化粧というテーマには、売春婦の影がちらつく。例えば、ソレル〔一五九九―一六〇二年? フランスの作家。弱冠二十歳で『フランシオン滑稽譚』を書いた〕の小説で、フランシオンは、高級娼婦たちが「顔中に白粉を塗り、肉のたるんだ胸を持ち上げようと、ありとあらゆるくふうをしている[72]」と酷評する。

そこに、信心深い人々と「堕落した人々」のあいだに引かれる、三本目の分割線がつけ加わる。この分割線は、先鋭化した反宗教改革、硬化したカトリック、ならびにその攻撃的な布教によって、早くも十七世紀初頭、鮮明となる[73]。そこから派生するのが、「化粧品を塗ってできた美しさ」など、「麝香の香りをつけた死骸」や「薔薇水をふりかけた汚水だめ[74]」と大同小異だ、という極言であり、「虚栄心の偶像」に対して仕掛けられる、「真実の武装闘争[75]」である。そしてまた、言葉や名詞の遊び。例えば、悪魔ベルゼブスは「つけぼくろの神[76]」と呼ばれるが、それは、化粧品をつけた女はサタンと同一視され、堕落の象徴であるとされるからだ。宗教文学は、今日、非常に詳しく研究されている。一六二〇年代になると早くも、「今どきのだらしない女たち[77]」、「世俗の女たちの虚栄心を映す鏡[78]」、「正体のわかりにくい高級娼婦[79]」、「世俗の女たちの欺瞞[80]」を糾弾するテクストが、数多く生まれる。それらのテクストは、いずれも、化粧品は死を隠すもの、避けられない腐敗から目をそらすためもの、という病的なテーマにまで、話を発展させる。「石膏で白く塗られた罪人の女[81]」は、「堆肥を父に、腐敗を母に[82]」持っているのに、そのことを忘れ、もっとも卑しく悪臭を放つ女は、自分が「麝香の香水がなければ到底我慢できないにおい[83]」であることを失念している、というように。リファレンスは際限なく陰鬱で、そこでは反宗教改革が化粧品に対し、ますます過激な呪詛と拒絶を言い渡す[84]。十七世紀、厚化粧された顔に対する批判は、カトリックの陰鬱なペシミズムの色を濃くする。

十七世紀後半、「信心派」に改宗した人々の最初の行動は、化粧品の使用を断念することである。ティアンジュ夫人は、「信心深く、立派な態度」をとると決め、「もう紅をつけるのをやめ、胸元を隠す[85]」。ダルクール妃は、一六七三年、最近の「清く信心深い心[86]」をはっきり示そうと思い、「紅をつけずに宮廷に」あらわれる。技巧を拒否することで、すべての人の目にまざまざと感じられる意識。それはすなわち、肉体は「本当は」貧しいものだ、ということだ。化粧品をつけない顔には、肉体の惨めさが露呈される。もちろん、このような宗教上の回心が大幅に広まった、と結論づけることは不可能だ。セヴィニエ夫人は、懐疑的な見解と皮肉っぽい解釈のあいだでうまくバランスをとりながら、ティアンジュ夫人の行動を観察する。彼女は、信心家のティアンジュ夫人の「善意[87]」に何回か「笑い」を誘われたことがある、と正直に語り、宗教の教義を、単純に身体的なしるしに変換する危険性を説く。「というのも、その紅が法であり、預言者であるからです。キリスト教の真髄がすべて、紅の上に成立してしまうのです[88]」。「その胸を隠すんだ（…）[89]」というタルチュフ〔モリエール作の喜劇『タルチュフ』の主人公〕の反論にも、セヴィニエ夫人と同じ皮肉が潜んでいるが、このせりふは十七世紀の観客の微笑を誘いこそすれ、不安を喚起することはなかったと思われる。

　とはいえ、宗教的な厳格さが、まったく影響を及ぼさなかったわけではない。『子女の教育』のなかで、フェヌロン〔一六五一―一七一五年。フランスの聖職者。デカルト主義者、自由思想家に反駁する書、『神の存在の証明』を書いた。ルイ十四世の孫ブルゴーニュ公爵の教育係に任ぜられ、教材として『テレマックの冒険』を執筆。のちにカンブレーの大司教に叙任された〕は、飾り気を見逃さず、美しさは「娘を有利な結婚に導くとき以外は、有害なものだ(90)」と言い切る。しかしながら、既成のファッションに従うべし、ということは、道徳についての多くの説教のなかで、依然として支配的である。例えば、フォルタン・ドゥ・ラ・オゲット〔一五八五―一六五二年。フランスの貴族、軍人、文筆家〕は眉をひそめながら、自分の子どもに向かって、こう勧告する。「お父さんがおまえに願うことは、ただ、頭の外の支度にあまり時間をかけないでほしい、ということだ。だが、頭の中身については、数時間かけてほしい(91)」。十七世紀末、ランベール夫人は、『母から娘への訓戒』のなかで、「若い人たち」が「化粧」や「雅《みやび》のためのあらゆる道具(92)」を用いることの正当性を認めている。

　おしろいと紅の実際の使用に関して、宗教文学は、直接的な効力をまったく発揮しなかった。一六五六年に描かれたヴェラスケス〔一五九九―一六六〇年。スペインの画家。フェリペ四世の宮廷画家〕の「女官たち(93)」では、女官たちの化粧のほどこされた顔が、後景に配された修道女の普通の顔と対比されている。十七世紀に制作された多くの絵画には、群集が登場するシーンがあるが、上流階級の女性の顔は「細工され」、一般の人の顔とはっきり区別される(94)。とはいえ、道徳を、実際の習慣の領域にまで当てはめようとする、社会的な雰囲気は存在する。技巧についての極めて古典的な論理は、それよりもずっと伝統的な、おしゃれに対する批判に遭遇する。だが、いずれにせよ、化粧品の使用は、もはや不可欠となった。

十八世紀、美は、もはや知的なものではなく、感覚的なものに従う。もはや絶対的なものではなく、相対的なものが基準となる。一七五四年、アントワーヌ・ル・カミュ〔一七二二―七二年。フランスの医者、詩人〕は、医者と女性患者の対話の形式で美を論じたが、そのとき、身体の美の古典主義的な目じるしの大半が、新しいものに変わった。まず、リファレンスの世界から始めよう。美を測る巨大な秤で、突如として、唯一「感情」だけが、欠かせないものとなったかのようだ。形式的な完璧さの古めかしい理想は、十八世紀、印象と嗜好をよりどころとする、より日常的な理想へと、座を明け渡す。ル・カミュの作品の主人公、アブドケールは、記述の雰囲気、トーンを大切にする。そして、自分について話し、自分の心に響くことを思い浮かべ、自分の感じることを指摘する。「彼がこれほどまでに激しい欲望を感じたことは、かつてなかった」(1)。フォルムの美学が、これほどまでに肉欲と一体化したことは、かつてなかった。腕のまろやかさは「世界を服従させるためにつくられ(2)」、「ほっそりした胴は、きわめて繊細な欲望を告げ知らせ(3)」、小さな足は「もっともお堅い男(4)」の欲望をすらそそる。別の言い方をするならば、美は「情欲を喚起する(5)」ときにのみ存在するのだ。

このように、感覚的な判断が優遇されたことによって、さらに深いところからの変化が示唆される。それはすなわち、神によって「啓示された」美をとらえることの不可能性。基本的なものへの、まったく新しい好奇心。ほぼ心理的といってもよい、嗜好の統一性。とどのつまり、美の基準は、もっとも奥深いところからくつがえされ、よりいっそう実用的で、親しみやすいものとなる。同時に、美の基準は、集団の目じるしと個人の目じるしとに分かれ、さらに細分化する。

個人的な基準への道すじは、決定的となる。主体は、美しくなるための習慣を通して、以前よりもはっきりと自己を主張する。美の探求は、個人個人の好みに合わせて行なわれるようになる。身体の美学が形成されるにあたって、自己解放が、ひとつの役割を果たす。

第8章

機能的なものの発見

このような、感覚的なものに対する確信があらわす、「心的空間の完全な突然変異[1]」がどの程度のものか、見きわめる必要がある。それまでとは一線を画するような、劇的な変化が明らかになった。すなわち、「キリスト教主義の考えにとって代わる、人間重視の考え[2]」。啓蒙主義は、さらに奥深いところで、人間の美のヴィジョンを、神的なヴィジョンから完全に分離した。「われわれの目からあの世の秘密を覆い隠す、気の遠くなるような高みに浮かぶ雲。その雲を切り裂く[3]」「翼」を、理性は用いる術《すべ》を知らないのだ。触知できない美、ヴェールの向うからあらわれる美を、人間は、それと特定することができないのだ。

とはいえ、超自然的なものが否定されたわけではない。ただ、リアリズムが欠かせなくなった[4]。美しいものは、「人間のためにしか存在しない[5]」。そこには、不確実性さえもが入りこみうる。ヴォルテール〔一六九四―一七七八年。フランスの文学者、啓蒙思想家の代表的人物〕は、「美しいものについて論じる[6]」試みは、すべて妄想であるとまでは言えないものの、以前よりはるかに難しくなった、と判断し、そのあやうさを強調する。「美とは何か、とカエルにきいてみたまえ。（…）すると、こういう答えが返ってくるだろう。小さな頭から飛び出した大きな目、長くてまっすぐな口、黄色いお腹、茶色い背中の雌ガエル。それが美ですよ、と[7]」。しかしながら、十八世紀、美をめぐる考察は、時代が進むとともに深く掘り下げられ、美の「統一性」、より機能的なリファレンスが追求される。例えば、「関心[8]」をさし示すリファレンス。すなわち、即座に感じられる親密さ、感覚的なもの、好意。そしてまた、身体の性能、健康の強化である。

感覚と感情の記録

　感覚的なものが地位を獲得したことの、最初の結果。それは、観客の「意表をつく驚き」である。そのような驚きが、それまでにない重要性を帯びる。十八世紀の絵画には、そのことが顕著にあらわれている。一瞬の動作、中断された動き、思いがけないフォルム。画家や版画家は、好奇心をより鋭く研ぎ澄ますために、たちまちにして消え去る瞬間、「捉えられた一瞬」[9]に足を止める。ブーシェ〔一七〇三―七〇年。フランスの画家。優美な作風で風俗画、肖像画を描いた〕の「美しき女庭師」[10]の、ドレスの裾からかいま見える素足。フラゴナール〔一七三二―一八〇六年。フランスの画家、版画家。軽妙なタッチ、甘美な色彩が特徴〕の「ぶらんこ」[11]をこぐ女の、露出した脚。コシャン〔一七一五―九〇年。フランスの銅版画家、美術評論家〕の「婦人服の仕立て屋」[12]の、サイズを計る手に委ねられた胸。さらに、画家の選択した角度、物事を見通す視線によって、こうした情景が観客に驚きをもたらす。そしてまた、遠近法によって、それまで忘れられていた形状があらわになる。特に、背中全体、あるいは七部丈コートの眺め。背中の力強い動きとその美学は、長いあいだ一顧だにされなかったが、ここに至り、一瞬を捉えるための格好の題材として、画家たちによって体系的に研究される。例えば、ヴァトー〔一六八四―一七二一年。フランスで活躍したフランドル生まれの画家。華麗な風俗画を描き、「雅宴の画家」と呼ばれる〕の「ジェルサンの看板」では、段差を上がる女性のドレスの動きから、強調されたヒップが想像できる。同じくヴァトーの「つまづき」で描かれる娘は、からだを支えられ、アンバランスな姿勢をとっているせいで、上半身と首のカーブが強調される。[13]これらの絵には、はかなく壊れやすい美の世界が、かいま見える。つかのままのもの、繊細なもの、思いがけないものが、美の世界を輝かせる。十八世紀、盛んに用いられたパステルは、こうした移ろいやすいものの感覚を研ぎ澄ます。かろうじて紙に乗るくらい軽い、パステルという素材が、切り取られた瞬間を想起させる。ラ・トゥール〔一七〇四―八八年。フランスの画家。ルイ十五世時代の代表的肖像画家で、パステル画を得意とする〕の「見知らぬ女」[14]や、ペロノー〔一七一五―八三年。フランスのパステル画家、版画家〕の「猫と女」[15]には、画家がためらいながら描いた線の痕跡までがとどめられ、素描の不安定さが保存されている。

感覚的なものが重視されたことの、第二の結果。感覚は、時間を引き延ばし、美しいものの記録を、別の方法でいろどり豊かにする。もはや、ひとつの瞬間だけではなく、瞬間のくり返し。さまざまな印象の比較、連続性。例えば、ティリーは、最初に生じた効果を、そのあとに生じた別の効果と区別する。「ポリニャック伯爵夫人に最初にお目にかかったとき、私は強烈な第一印象を受けたが、おかしなことに、その印象は完全にそのときだけのもので、まったくあとに残らなかった」[16]。伯爵夫人の動作、物腰、「魅惑的な投げやりな態度」から生じる効果を検討し、より明確な判断ができるようになる前に、第一印象が消えてしまった。ティリーは、最初に受けたインパクトを掘り下げながら、すべての手がかり[17]を時間のなかに置く。同じことをルソー〔一七一二―七八年。スイス出身、フランスで活躍した作家、思想家。その思想は革命前のフランスに大きな影響を与えた〕も行なう。「最初見たとき」[18]には、美しさが欠如していたソフィーが、そののち次第に人を魅了し、驚かせるようになったさまを、ルソーは記述する。「人から見られれば見られるほど、彼女は美しくなる」[19]。時系列に沿ったソフィーの記録、その驚くべき効果、そして深まりを測定するには、感覚の分析が必要だ。

思いがけないからだの動き、くり返される動作が、突如として、それまでとは異なる密度を獲得する。動作は目の前で行なわれ、時間を動かし、連続性と変化とを現出させる。ハミルトン〔一六四六年―一七二〇年。スコットランド貴族、文筆家〕は、将来、自分の妻となる女性のからだの動きに、執拗にこだわる。「この女《ひと》が手、脚、足を動かすたびごとに、すぐさま彼は目にとめ、その動きがいかに品があって美しいか、感心する[20]」。一七八七年、ゲーテ〔一七四九―一八三二年。ドイツの詩人、作家〕は、時間のなかで作りだされる印象を強調しながら、同じ若い女性について、ハミルトンと同様の判断を下す。「この女性は、物腰、動作、表現を変化自在に操るので、しまいには、心地よい夢を見ているような気になってくる[21]」。とりわけ、女性の歩みがカテゴリー別に分類され、頻繁に言及される。レティフ・ドゥ・ラ・ブルトンヌ〔一七三四―一八〇六年。フランスの作家。好色文学を含め二五〇余に及ぶ作品を遺す〕は、女性の歩みをしじゅう記述し、その外見を褒めたたえ、自分の嗜好がどこにあり、何によって刺激がかきたてられるか、おのずと白状している。パランゴン夫人〔以下の女名は、レティフ作『ムッシュー・ニコラ』の登場人物〕は「品がありながら官能的な歩き方[22]」をする。マネットの歩き方が「いたく官能的」なのは、どこかしら「なよなよした感じ[23]」がするからだ。さらに、ユルシュル・メロの描写には、十八世紀の記述のあらゆる特徴、すなわち、観察とその継続時間、震えるような動作、ほのめかされた秘密が交錯する。「彼女は、たいそう興味深いようすをしていた。魂に届くかのような声音、欲望をそそる歩き方と外見、しなやかな胴体、フランシュ・コンテ女特有の細くくびれたウェスト、息をするたびに白く盛りあがる胸（…）。この娘は、つま先から頭まで、全身が欲望の火花で、私の情熱を、もっとも激しい状態のまま、とどめ置いたのだった[24]」。

こうした印象の記録に注がれる観察者の注意深いまなざしは、観察された美に直接、影響する。それが、感覚的なものが重視されたことから生じた、第三の結果だ。同じ身ぶりが連続的にくり返されるうちに、習慣が染みついた肉体が、反復される感情を映す顔が、変化する。啓蒙主義時代の人相学者たちは、感受性によって、美がゆっくりと浸透していくさまに、細心の注意を払う。「人間にとって大切なのは、教育、教養、模範であり、生まれ持った素質や、最初に与えられる養育ではない[25]」。態度や顔立ちは、何を「経験した」かによって変化しながら、最後に、その人のものとして定着する。

美しさとは、根本的に、顔立ち、もしくは人の「とる」態度、つまりは表現に属するのだ。表現は、それ自体として捉えられ、かき乱されればかき乱されるほど、さらに魅力的になるのだ。表現は人の心を打ち、感動させるものでなくてはならない。そこに感情があらわれ、「感覚に訴える」ものがなくてはならない。デュ・デファン夫人〔一六九七―一七八〇年。フランスの貴婦人。大貴族、文人を集め、サロンを主宰〕の言葉を借りるならば、「優しく正直な心[26]」が、あらわれなければならない。このように、啓蒙主義の世紀には、情熱のひとつの種類として、情熱以上に繊細で、陰影に富んだ領域が確定する。すなわち、それが「感受性[27]」だ。『百科全書』は、このテーマに長い項目を割き、「感受性の強い魂には、それ以外の魂よりも存在感[28]」があること、「感覚」とその力、そのインパクトについての問いかけの重要性を認めている。それにより、美のリファレンスはいっそう豊かになる。例えば、デュ・バリー夫人〔一七四三―九三年。ルイ十五世の愛妾。革命によって処刑された〕と、彼女の「感受性に満ちたアクセント[29]」を褒めたたえるリファレンス。ベルナルダン・ドゥ・サン＝ピエール〔一七三七―一八一四年。フランスの作家。小説『ポールとヴィルジニー』が大評判となる〕が言うところの、「善良な心、優しさ、思いやり、感受性[30]」から来る、「心の琴線に触れる」美しさを褒めたたえる、リファレンス。涙も、重要な役割を演じる。アンヌ・ヴァンサン＝ビュフォーは、十八世紀の美を示すものとして、涙の重要性を挙げる。セシル・ヴォランジュが「手練手管としてではなく」涙を流すのを見て、メルトゥイユ夫人は、「ああ、神さま、彼女はなんと美しかったことでしょう！」と洩らす（両者ともラクロ作『危険な関係』の登場人物）。感動のあまり、恋する女たちが流す涙について、バキュラール・ダルノー（一七一八―一八〇五年。フランスの劇作家、小説家）は、次のように言う。「恋する女の涙にあふれた目は、なんと魅力的なことだろう！　心がまるごと、その涙の中に浸っている」[32]。感受性が、気品や精神に「人間らしさ、寛大さ」[33]をつけ加える。十八世紀末、セバスチャン・メルシエ（一七四〇―一八一四年。フランスの文筆家、劇作家。革命前のパリを活写した『タブロー・ドゥ・パリ』が有名）は、その特徴を熱心に探し求めて、パリの町を徘徊する。「十八世紀半ば、フランスでは感情の波が押し寄せ[35]」、美や感情と戯れる。この、「さらに重要なものとなった感情[36]」のせいで、人は、それまでとちがうものに喜びを感じ、魅了される。十八世紀、この「感情」という言葉が、情熱という言葉のあとを継ぐ。情熱以上に複雑であるとはいえないにしても、この「感情」は、情熱よりもいっそう豊かなニュアンスを帯び、より控えめだ。「感情」もまた、美の領域の記録を強調し、「崇高なもの」に到達する。ディドロ（一七一三―八四年。フランスの啓蒙思想家、作家。ダランベール、モンテスキューらの協力を得て、本文一七巻、図版一一巻からなる『百科全書』を完成させた）が、『百科全書』のなかで述べるように。「人間の関係や精神のさまざまなちがいに応じて、きれい、美しい、魅力的、偉大な、崇高な、神々しいなどの言葉がつくられた。美しいものには、これだけのニュアンスがある[37]」。

感受性から感情へ。身体の美とその表現の世界が、形成されたのである。それまでは、知覚されることがなかった世界が[38]。

美学と機能

啓蒙主義の自然主義が生んだ、もう一つの結果。それは、美についての考察を発明したことである。それはつまり、感受性は人それぞれなのに、なぜ嗜好は統一されるのか、という問題を理解しようとする試みである。[39] 経験そのものをもとに、美の原理をカテゴリーに分類する、と称するテクストが、十八世紀、数多く出現する。つまり、「神学」的省察を「人類学的[40]」省察へと移転させ、「人間についての最初の科学[41]」を創立する試みだ。このような、原因と事実の探求から、からだに対する新しい見方が生まれ、以前にくらべ、さらに説明的で技術的なアプローチが誕生する。それとともに、比率というテーマが、以前にもまして糾弾されるようになる。『百科全書』は、比率があまりにも画一的で、融通がきかなさすぎると判断し、「芸術家はおのおの、自分の好きな比率をつくりだせばいい[42]」と述べる。

身体の美を、経験に照らし合わせて探し求めることにより、さまざまな基準が、積み重ねられる。ヴァトレ〔一七一八―八六年。フランスの作家、素描画家。『百科全書』の絵画と版画の項を執筆担当した〕にとっては、「若さ」がそれであり、バーク〔一七二九―九七年。イギリスの政治家、著述家。『美と崇高について』を執筆〕にとっては、「小さくてすべすべしていること」。ルッセルにとっては、「大きいこと」であり、ホガース〔一六九七―一七六四年。イギリスの画家、版画家。カリカチュアに近い手法で同時代の風俗を活写した〕にとっては、「くねくねと波打つもの」。ヴァンデルモンド〔一七二七―六二年。フランスの外科医〕やラクロ〔一七四一―一八〇三年。フランスの軍人、作家。書簡体小説『危険な関係』で十八世紀貴族の退廃した風俗を描写した〕にとっては、「力強さ」。それから、多くの人にとっての「繊細さ」。あるいは、スペンスの『気品のアカデミー』に見られるように、単なる「その国特有の嗜好[43]」。いっぽう、ヴィンケルマン〔一七一七―六八年。ドイツの美術史家、美学者。古代ギリシア文化の栄光を説き、美術史学に多大の功績を残した〕は、「理想的な美しさ」を古代ギリシアに求め、そのような美が生まれたのは、かの地の気候と住民の「自由[44]」な風紀のせいである、と説明する。そこから、絶対的な理想の肉体は存在しうる、そして、その肉体を可能にするものは歴史と環境である、という考えが導きだされる[45]。これはまちがいなく、卓越した説明である。その説明によって、完璧な肉体に対する信仰、古代ギリシアを「美の国である、とする先入観[46]」が支えられる。しかしながら、啓蒙主義の美学の独創性は、それとは異なる。美の定義に不協和音があることを、あらかじめ確かな事実であると認めたうえで、人間について思考をめぐらすことによって、改めて美を定義しようと試みる。そのとき、現実的であると称する十八世紀の文化において、ひとつの基準が不可欠となる。それは、実用的な合目的性、つまりは「自然[47]」と美とを、結びつける基準である。この基準は、人間の持つ、もっとも具体的なものに照準を合わせ、次第に、美に向けられる注釈やまなざしを変化させる。「種の利益」と「われわれの快楽[48]」の利益のなかの「美しいものを、不意に感じさせる」。

始めは曖昧な、もしくは、ありきたりで実践的なテーマであったものが、ディドロの強調する、すべての部分は美学的に美しいからだのなかに集約されている、という記述により、いっそう豊かになる。「動作の全体的なつながりは、学校などでは学べない。頭からつま先にまで行き渡り、うねうねと続く、目で見て、感じられる動作のつながり。一人の女が前に頭《こうべ》を垂れるとき、すべての四肢はその重みにしたがう。頭をまっすぐ上げるとき、同じように、からだの残りの部分はすべて、それにしたがう[49]」。こうした機械工学は、全体に対する細部のステータスを変える。もはや十七世紀のように、意図と行為の単なる調和[50]、あるいは機械の各「要素」のあいだの一致ではなく、行為そのものの、一つひとつの細かい部分のつながりが、重要なのだ。

別の言い方をすると、このようなこだわりが確定するには、技術に対する、より要求度の高いヴィジョンが必要だった。十八世紀を通して、人々は工芸に対し、教養に裏打ちされた好奇心を抱いていた。なかでも『百科全書』は、労働の作業にかつてないほど敏感だ。『百科全書』は、手とからだを用いた職人芸のなかに注ぎ込まれる知識に、鋭い視線を注ぐ。荷揚げ人足、屋根拭き職人、大工、布を幅出し枠に嵌める職人。これらの職人の世界では、板きれと精密さとが堆積する。[51] 実用的なものを、美的なものにまで発展させる方法。機能に向けられる好奇心を、感情に向けられる好奇心にまで発展させる方法。ディドロは、画家の卵たちに、次のようにアドバイスをする。「モデルから自我を解放し、(…)通り、庭園、市場、家で観察者となるがよい。そうすれば、日常生活で行なわれる本当の動作について、正しい考えが持てるようになる[52]」。

美しいものは、もはや部分のみではなく、いくつもの部分が集約するところに存在する。ちなみに、ホガースは、それまで統一されたテーマとしてはとりあげられていなかったものをあらわすために、「波打つもの」という言葉を発明する。すなわち、「入り組み、しなやかに曲がりながら[53]」、「美のライン[54]」となって、からだ全体に広がる、途切れることのない曲線。ディドロは、統合された因果関係にさらなる立体感を与え、上から下まで、部分の連結によってつくられたものを丹念に調査する。それこそ、醜悪な外見に至るまで。「この男を眺めるがいい。背中も胸も、凸状に突きだしている[55]」。外観は窮屈そうで、顔は苦しげ、たえまない努力を強いられているように見える。その男の足を眺めるだけで、姿勢の欠陥が指摘できる。足首まで衣服で覆い隠されていても、「自然」はだまされず、「ただちにこう言うだろう。この足は、せむしの足だ、と[56]」。

統合され、上昇する力が、第一の目的である。緊張と機能からつくられた、身体の「全体性」が出現する。ヴァトレは芸術についての論考のなかで、からだの「全体すべて」[57]を重要な事実として、優先的にとりあげる。同じように、人相研究家のラーファター〔一七四一―一八〇一年。スイスの文筆家、思想家。人間の顔立ちを分析し、性格を割り出そうとした。著作『人相学』は大評判となった〕も、人間の顔立ちは、全体の外見に分散してあらわれる、と考える。「植物では、それぞれの部分が茎の特徴を残している。人間のからだも、植物と同じようになっていると思われる」[58]。

とはいえ、もちろん、ディドロは、このような緊張関係の、機械的で明白な分析を提示するわけではない。その論拠は曖昧で、直感頼みであり、全体性がいかに特別な注目を獲得したか、ということを認めているだけだ。「からだのすべての部分は、美に貢献している」[59]。この身体の全体性の分析には、「フォルムの美学」が働いている。たとえ、からだの均衡がことごとく調査されるには程遠い状態にあるとしても。たとえ、「形態学」という言葉自体、まだ発明されていないとしても。たとえ、この一七六〇年から七〇年の時代、女性のドレスは、依然としてからだの輪郭を露出させず、上の美しさばかりを際立たせるようにつくられているとしても。「常に全体を、すべてを念頭に入れる」[60]という目標は、くり返しとりあげられ、強調され、反復される。十八世紀末、ロラン夫人〔一七五四―九三年。パリのブルジョワ家庭に生まれ、夫とともに革命政府に参加したが、山岳派の勝利とともに投獄、処刑される。獄中で『回想録』を執筆〕は、十八世紀末、自分についての記述のなかで、この目標を意識しているように見受けられる。「そのとき、私の身長はだいたい五ピエ〔約一六二センチ、一ピエは約三二・四センチ〕で、もう充分に成長していました。脚はきれいで、足は形がよく、腰はたいそう高い位置にあり、胸はすばらしく張っていて、肩は控えめで、揺るぎなく気品のあるたたずまい。歩き方は、すばやく軽快。これが、ぱっと見たときの私の姿でした[61]」。ロラン夫人は、身長の「数値」、からだを支える胴体、その力強さ、腰の位置に注意を払い、視線をめぐらす順番さえ昔とは逆にするなど、古い記述のきまりを完全に破る。数知れない文学的な人物描写が顔に集中していたころ、視線はもっぱら上から下へと移動していた。が、ここでは、視線はもはやその順序を守らず、その人のシルエットを際立たせ、姿勢をより強調するために、下から上へと向かう。からだは、それを支える力と一体となって描写され、上昇のイメージが提示される。レティフ・ドゥ・ラブルトンヌは往々にして、人物描写の出発点を足に定め、このイメージをさらに鮮明にする。「ハイヒールの短靴は、脚を細くし、からだ全体をすらりと見せる[62]」。カンペール（一七二二―八九年。オランダの解剖学者、医者）は、ハイヒールが全体の姿勢にどのような効果を及ぼすかについて、初めて研究する。ハイヒールをはくと、「腰はへこみ、体は前のめりに[63]」なりやすい、と。

一七六〇年から七〇年にかけて、人体構造は、幾重にも重なりあった布やひだの奥に、完全に隠されてはいるものの、美を見つめる視線は、人間の外見を、機械の働き、また均衡と軽さの成果と同一視する。そして、そのことがさらに、顔に関する目じるし、性的な指標の目じるし、空間や人間性に関する目じるしなど、その他の目じるしの方向を変化させる。

からだ全体の「構造」から顔面角へ

まず、顔は、ひとたび縦型の構造に服従させられてしまうと、それまでとは異なる方法で描かれる。均衡が、できるだけ重さを免れようとするとき、想定されるのは、あごが引っ込み、額が前に突き出た顔である。

美は、上昇する力を強固にしながら、その力を溜めこむ。一七七〇年代、カンペールによって初めて、「顔面線」[64]が定義される。額と鼻の線、そして両者のつくる十字線は、まず人体解剖学者にとって、次に、教養ある一般の人々にとって、差異と美をあらわす指標となる。まっすぐな額、垂直な鼻、顎と唇の平衡は、縦線の流れと、高い美的価値を生む。確かに、きわめて理論的な論拠ではあるが、それによって美の分析は、ひとつのシステムのなかに設置される。ここに至って初めて、動物から人間までの段階的な差異が広がる。「顔面線のゆがんでいる」黒人は、猿とヨーロッパ人の中間の位置を占める。おそらく、ヨーロッパ人は、ギリシア風の横顔に代表されるのだろうが、それさえも、縦型メカニズムと緊張によって説明される。

美学のさまざまな段階。これは、言うまでもなく、新しい領域である。もっとも「閉じた」ものから、もっとも「開いた」ものまで。もっとも「水平なもの」から、もっとも「垂直なもの」まで。それにともなう説明も、また新しい。姿かたちは、明らかに、均衡と垂直性の法則をもとにして、骨格の仕組みと構造の論理に基づいて説明される。観察者の視線は、表面から、その下の土台へと移動する。「頭蓋骨の法則」[65]は、顔と表情の論理を、新たに定義しなおす。それにより、十八世紀の文化における「自然史学」の重みが、骨とその機能を初めて比較する「自然史学」の重みが、確認できる。それにより、直立姿勢の見直しが確認できる。例えば、顎が前に突き出れば突き出るほど、肩はそれだけ前向きになる。「人間がこうした姿勢に順応すればするほど、直立したときの姿は、無頭人に近くなる。ちなみに、無頭人というのは、現在ギアナに住むといわれる種族である」[66]。

カンペールの論評には、間違いなく「学識的」[67]人種差別が認められる。その数年後、ブルーメンバッハ〔一七五二―一八四〇年。ドイツの医学者、人類学者。系統的頭蓋学の分野を開拓し、人間を五つの種に分類した〕も、頭蓋骨の円周と陥没に関して、カンペールと大同小異の意見を唱える。[68] そこでは、ある集団に属する人間の顔立ちが、骨の形や背中の湾曲具合によって、初めて序列化される。[69]

顔面角のヴィジョンは、垂直性と機能性の関係、骨格の検討という点で、きわめて斬新でありながら、等級づけと支配への意志という伝統を強化する。顔面角のヴィジョンは、その伝統を、「人種」のカテゴリー化へと、この先の歴史に記される悲劇的な結末へと導く。

からだ全体の「構造」から、性別の差異へ

機能の分析は、女性の人体に対するイメージ、ヒップラインに向けられた興味を、さらに深いところから変化させる。女性のからだのイメージは、器官と機能が授かった「使命」、「すぐにそれとわかる、男性との明白な差異」[70] に応えるためにある、と考えられる。一七七五年の『女性のからだと徳性の仕組み』という基礎的な著作のなかで、ルッセルは女性の使命に、決定的な特殊性を見る。十八世紀末、モロー・ドゥ・フ・サルト〔一七七一―一八二六年。フランスの医者、解剖学者〕は、幾何学的な人体の描写にいたるまで、男女の差異を詳細に説明する。すなわち、女性はひし形、男性は台形をしており、「胸と腰の大きさは、男女でちょうど逆になっている」[71]。男性の力強さと女性の美しさもさることながら、そこに、「妊娠」という使命が入り混じる。このイメージは、重要不可欠となった。女性の腰の広がり、特別に張り出した脇腹は、美の論理同様、器官の論理のなかに組み込まれる。「生殖と美がともにつくりだす、密接な結びつき」[72]。ここで再度、強調しておく必要がある。女性のひし形と男性の台形という、ふたつの図形が出現する。おのおのの図形は、明ら

かに身体的な論理に応えるものだが、むしろ、その中心にある考えに従っている。すなわち、男性と女性の使命は異なっており、女性には、ただ妊娠が約束されているだけだ、という考えに。

こうして、機能というヴィジョンから、シルエットと輪郭のイメージは、少しずつ、また部分的に、つくりかえられていった。

静止した女性像の再検討は、さらに、力学の見直しを導きだす。歩き方そのものは、腰の開き具合から考えられる。移動のしかたは、大腿骨の傾きの度合いによって異なる。「女性が男性よりも片方にからだを傾けながら歩くのは、腿の間隔が一つの原因なのだ」[73]。開いた骨盤が、ゆったりとして美しい、「ふらふらした」[74]歩き方を引き起こす、とカンペールは言う。ルソーは、論拠を人類学的視点にまで広げ、きゅうくつそうな歩き方は、逃げるのを妨げ、女性の依存と服従を容易にする、と考える。「女のからだは、走るようにはできていない。女性が逃げるのは、つかまえられるためだ」[75]。

啓蒙主義がいかにして、女性の美と男性の権力の論理をつくりなおしたかが、よくわかる。骨格を根拠に、女性は強制される。女性の唯一の運命は、母性にあるのだ、と。それにより、女性の劣位性、優しい気質、内面の弱々しさに関する古い徳性の論理は、失墜する。女性の依存性は、自然と「機能」を理由に、正当化される。女性は、真っ向から物事に取り組むことができないのだ。それは、女性の責任が、もっぱら子どもを産み、育てることにあるからだ。女性は、公的活動に参加できないのだ。それは、子どもの人生を豊かにし、私生活を充実させるためだ。この論理が斬新で、説得力があることは、まちがいない。女性は男性と「対等」であり、その責任の重要性は男性と「同等」だ、とする論理。だが、その反面、結論は従来の枠から、はみ出さない。というのも、からだの目的とフォルム、そしてその美しささえもが、女性を、依然として支配された存在のままにするからだ。[76]

ともかく、この論理は画期的で、限界はあるものの斬新であり、きわめて「学問的」であるために、依然として保守的な民衆文化には即座に浸透しない。このことは、シルヴィ・スタンベールが、アンシャン・レジーム〔フランス革命以前の王制時代をさす〕を対象にした詳細な研究で提示する、次の例にあらわれている。それは、男性の服を着て、徴募官の目をあざむき、軍隊に編入された女たちである。彼女たちは、女性のからだであることが長いあいだ疑われず、男性との身体的な差異に疑問が呈されない。男性であることを確信させる、唯一の特徴。それは、男性性をあらわすものとみなされる、無骨さである。前世紀の古い論拠。顔の醜さが、ほぼ唯一の男女の分かれ目であるとされる以上、からだの輪郭を「確かめる」必要がどこにあろうか。その格好の例が、マドレーヌ・ケルランだ。マドレーヌは、十八世紀中頃、女であることが露見されないまま、数年間にわたって軍務に服した。「マドレーヌは、男の扮装をしてもぴったりな容姿を天から授かっていた。つまり、たいそう醜かったのだ（…）そして、非常に勇敢で、粗暴な兵士だった」[77]。あるいは、マルグリット・グブレ。一七六〇年に騎兵連隊に配属され、女であることが長いあいだ判明しなかった。「背が高く、顔がいかつかったため、プルジュデュス中隊の騎兵として受け入れられた」[78]。ごつい顔、見たところ、いかにも逞しい肢体のせいで、すべての外形が男性へと転換される。フォルムを調査するという考えは、思いつきもされない。

しかしながら、「からだの健康状態」は、より精密に計測され、調査される。「衛生管理官、医師、外科医」が「徴募評議会」[79]に参加する。「身長不足」、「明らかな欠陥」、「身体障害」、「四肢欠損」[80]など、兵役免除の等級づけが以前よりはるかに明確になり、フォルムに対する意識がゆっくりと形成される。一七九〇年代早々、正体の露見した女たちに対する世間の非難は、少しずつ変化する。神が与えたもうた性の秩序に背いたことよりも、子どもを産むという任務を蔑み、責任を放棄したことが、糾弾される。軍隊に志願したことで、この女たちは、いちばん大切な義務を拒否したのだ。本人たちは、その行為によって、「市民共同体への所属」[81]を表明しようとしたのだ、と主張したが、最も「愛国的な」女をも含め、彼女ら全員の言い分が受け入れられなかった。この女たちの過ちは、身体的な秩序に従わず、みずからの使命を拒否し、機能を忘れたことに起因する。すなわち、産み、育てるという機能を。

母としての役割こそが、もっとも重要なのであり、第三身分の女性たちの、母性を強調した嘆願書に示されるように[82]、最優先されるべきなのだ。そのとき、美の属性は変化する。十六世紀、十七世紀の概論が望んだように、女性の美しさは「疲れた男たちを楽しませる」[83]ためにあるというよりも、むしろ、国民公会議員の演説で好んで表明されたように、男を引きつけ、種を永続させるためにあるのだ。優先されるべきは、神の規則よりも、血縁の規則である。[84]なるほど、美は「女性だけに与えられている」のだろうが、その美しさは、「種の繁栄」[85]に貢献するためにある。魅力的な容姿は、子孫と健康を約束するためにある。

より自由なシルエット？

身体の機能と実用性への関心が及ぼした、最後の影響。それは、制約を受けたフォルムが公然と非難された、ということだ。圧迫されすぎたからだの輪郭。「つくられ」すぎた美しさ。器官の機能性に与えられた重要性と、十八世紀末の政治的抑圧に対する反抗とが、ここでひそかに、ひとつに収斂する。すなわち、器官の働きはもっと自由であるべきだ、という考えに。それによって、姿勢に向けられた注意、姿勢自体の持つ力への関心、機動性への言及が、発展する。十六世紀のように、人間の姿を単なるファサードに比することは少なくなり、[86]たがいに結合し、緊張関係の上に成立する全体に比されることが多くなる。機能的なものは「解放」されなければならない。解放されるべきは、部分間の配置だけではなく、安楽さの専有であり、さらには、将来の市民のイメージを予見させるような、より自由な存在と行動のありかたなのだ。

まず最初に、さまざまな器具が標的とされ、解放のシンボルにまでなる。肌着、コルセットなど、これまで伝統的に胸や胴を締めつけるために使われた道具。そうした道具からの解放が、また別の解放に飛び火する。人体構造という視点から、また同時に美学的な視点から、批判がなされる。槍玉に挙げられるのは、「楕円系の塔のようなものの上につけた、借り物の胸[87]」、「箱に植わったオレンジの木[88]」のような胴体。上半身はぎゅうぎゅう締めつけられ、本来の機能が失われることによって、美しさまでが損なわれる。シルエットはごくわずかずつ自由になり始める。しなやかさと、流動性への期待が高まる。

子ども用コルセットは、すでに歴史家によって詳しく研究されているとおり、まず最初に、お役御免となる[89]。一七七三年に出版された豪華本、『衣装の記念碑』の版画には、アシルとファニーという少年少女が、模範としてとりあげられ、「二人とも、これまで一度も、型に押し込められたことがない[90]」と記される。著者はこの点について、さらなるこだわりを見せ、「ただ自然のみが、二人の姿形を造作した。二人は見目麗しく、たいそう健康だ[91]」と述べる。子どもに求められるフォルムのありようが、変化したのだ。胸はもっとゆったりと、物腰はしなやかに、動きはさらに自由に。十八世紀末、アルフォンス・ルロワ〔一七四二―一八一六年。フランスの医師〕は、はっきりと語る。「私は、この子どもの胸を仔細に調べ、胸のフォルムから、この子の自然の発育状態を予測する」[92]。

逆に、成人女性のコルセットは生き残ったものの[93]、その形はかなり変化する。ここでも、批判が功を奏する。一七七〇年、『先駆け』は、ランスの仕立て屋、ジェラールの店で売られているフェルト製のコルセットを着用するように勧める。理由は、「軽くて着心地が良いから」[94]。『モードの陳列室』は、タフタのコルセットについて言及する。これにもワイヤーは使用されておらず、ピンク、ブルー、グリーンなどの色ちがいが用意されている[95]。フランソワーズ・ヴァロ゠デジャルダンの調査によれば、一七七〇年以前、ヴェクサン〔フランス北西部の地方〕の中心にあるジュナンヴィル教区で、労働者階級の妻は、一人あたり平均三枚、職人階級の妻は三・三枚、日雇い労働者の妻は二・六枚のコルセットを所有していた。それが、一七七〇年以降では、コルセットの枚数にも、質にも、変化が見られる。労働者階級の妻は、一人あたり平均一・三枚、職人階級の妻は三・五枚、日雇い労働者の妻は六枚のカザキン〔一種の胴着〕を所有するようになる[96]。コルセットの定義もまた、新しくなる。一七九三年の『新フランス語辞典』をひもといてみよう。この辞典には、「数年前から、われわれの用いる言語に採用されるようになった言葉が、収録されている」。コルセットの項では、この道具に、これまでとはちがう役割が期待されていることが、強調されている。「通常、合わせ縫いの布でできた、ワイヤーなしのボディ。女性が普段着のときに着用する」[97]。厳格さは後退する。より軽い動作が好まれたように、美しさにも、動きやすさが求められる。

それは、全体的な外見のフォルムにも及ぶ。できるだけ制約を少なくしようとする試みは、ドレスのラインの下に隠された、からだのラインを浮き彫りにすることを目ざしているのではないだろうか。それにより、美を、これまでとは異なる方法で評価できるようになるのだ。モスリン、ガーゼ、ローン、「やわらかなタフタ織の布[98]」は、まさしくからだの輪郭にぴったり添わせるのに適している。「ファッションで好まれるのは、フォルムを描く布だ[99]」。十八世紀末、『アルルカン』は、このように強調する。一七三〇年、コワペル〔一六九四―一七五二年。フランスの画家〕やヴァトーが描いた、古めかしい輪骨で膨らませたスカートは、もはや異様で滑稽なデザインになり下がった。レティフ・ドゥ・ラ・ブルトンヌは、それを「飛び回るミツバチ[100]」のようなシルエットだ、と酷評し、カラッチオリにいたっては、「聖堂の巨大な鐘[101]」のようだ、と揶揄する。同様の言説は、当時のエピソードにも表明される。一七八三年のサロンに出店された、エリザベス・ヴィジェ＝ルブラン〔一七五五―一八四二年。フランスの女流画家。肖像画によって名声を博した〕の描いたマリー＝アントワネットの肖像画で、王妃は「かなりぴったりした」白いモスリンのドレスを着用し、しなやかな輪郭のラインをあらわにしていた。「意地の悪い」連中は、それを見て、こう皮肉った。「なんとまあ、王妃さまは、シュミーズを着たところを描かせなすったよ[102]」と。シルエットが変わったのである。より統合され、自由になって。

しかしながら、こうした機能性への志向のせいで、人体構造そのままの輪郭がチュニックの下からあらわになり、全面的に勝利したのだ、と考えるとしたら、それは、思いちがい以外の何物でもない。例えば、先に言及した、一七八三年のマリー＝アントワネットのシルエットは、そのようなイメージを提供するものではない。下半身は裾広がりのスカートのなかに埋没し、あいかわらず、昔ながらの台座と胸像のテーマを際立たせているからだ。より開放的であるとみなされた、「簡素な[103]」ドレスもまた、無数のプリーツの中に埋もれている。「自然を復権させる」、「シルクの生地で、からだの線を浮き出させる[104]」という意図が、それ以前になかったほど明確に示されているのは確かだとしても、下半身は、いまだに茫漠とした広がりのなかに投げだされている。「自然なもの」のヴィジョンは、いまだに特殊であり、時代遅れのままだ。日常の美しさは、からだそのもののラインの美しさから、程遠いところにある。

ドレスの下の部分をより自由に、まっすぐにしようとする動きに対し、隠然たる抵抗が存在する。なかでも、十九世紀初頭、『婦人モード新聞《ジュルナル・デ・ダム・エ・デ・モード》』には、それが顕著にあらわれている。「女性がみずから容器のなかに身を納めるのは、決して羞恥心がそうさせるからではありません。そのような努力は、ひたすら、醜さやみっともなさから救われたいという気持ちに由来するのです」[105]。抵抗は、それに見合う鏡の使い方をも普及させる。例えば、「身づくろいする女」をテーマにした、無数の画像。枠にはめられた、薄い鏡に映っているのは、顔や胸だけで、ドレスの下の部分は型どおりの、個性のない輪郭にゆだねられている。それは、鏡に映して乳房の大きさを競い合う女たちが描かれた、ジャニネ〔一七五二―一八一四年。フランスの版画家〕の放蕩な版画[106]でも、同様である。全身を映せる大きさの、脚台つきの姿見に関するリファレンスは、皆無である。化粧用の鏡は、「中くらいの大きさ」で、「長さは一八から二〇プース」[107]（四五から五〇センチ）の範囲を決して出ない。背の高い鏡は、極めて稀だ。『商業辞典』の編纂者であるジャック・サヴァリ・デ・ブリュロン〔一六五七―一七一六年。フランスの経済学者〕の兄、フィレモン＝ルイ〔一六五四―一七二七年。演説家、聖職者。弟とともに『商業・自然史・技芸辞典』を編纂〕は、一七四一年、ヴェネツィアの職人が丹精こめて作った、長さ一〇〇プース（二・五〇メートル）もあるすばらしい鏡を見た、と打ち明ける。その大鏡は、通常の人が財布の紐をゆるめられるような値段ではない。なにしろ、当時、施療院の外科医が一年に二〇〇リーヴル稼ぐのに対し、その鏡は三千リーヴル〔フランス革命以前の通貨単位。本来、一リーヴル貨は重さ一リーヴル（約四〇九グラム）の銀に相当したが、実際には価値は変動した〕もした[108]。このことから、啓蒙主義の時代、自分の全身像を見る機会がきわめて稀であったことが、浮き彫りになる。このことから、自分のからだのラインを美しく保つこと、そしてまた機能的な輪郭、あるいは自然のままの輪郭を全体的に把握することが、十八世紀、そう簡単ではなかったことが、浮き彫りになる。大型で楕円形の姿見が、「閨房に君臨」[109]し、上流のご婦人方に「頭からつま先まで、自分の姿をじっくりと眺める楽しみ」[110]を提供できるようになるには、十八世紀の最後、フランスのガラス産業が隆盛を見る時期まで待たなければならない。

いずれにせよ、啓蒙主義の社会の、以前より制約が少なく、動的な美学において、ひとつの夢が表明される。それは、新しく生まれた社会を古い社会と対立させ、外見を変え、力を投入することであり、凝り固まったとまではいかないものの、しゃちこばっているように思われる、貴族的な古い「儀礼」を拒絶することである。活動と、機能の自由な戯れに関するリファレンスが、今後の長い道のりを歩みだす。

第9章　個人の美しさ

フォルムはいっそう自由になり、制約は告発される。それは、人それぞれが持つ独自の特徴、とりわけ解放と個性をあらわす特徴に、ますます大きな注意が払われることを示唆している。十八世紀は、主体が発展した世紀である。パリのエリート階級では、個人の肖像画がますます頻繁に遺産目録に記載される、という事実に示されるように。肖像画の数は、十七世紀には一八パーセントであったのが、十八世紀になると二八パーセントにまで上昇する。その反面、宗教画の数は著しく減少し、二九パーセントから一二パーセントにまで落ち込む[1]。主体の重要性は、肖像画の内容からも判明する。厳格さは影をひそめ、個人的で、私的なしるしが散りばめられる。そのことは、ジャン゠エティエンヌ・リオタール（一七〇二―一八九年。スイス出身の画家。特にパステル画を得意とした）が一七五九年に描いた、デピネー夫人（一七二六―八三年。フランスの貴婦人。サロンを主宰し、グリム、ディドロ、ルソーを庇護した）の肖像画にあらわれている。片方に傾けられた頭、顔の下方に当てられた手、尖った鼻。問いかけるように、わずかばかり上目遣いのまなざし[2]。あるいはまた、グルーズ（一七二五―一八〇五年。フランスの画家。同時代の市民生活を多く画題にした）の描く婦人たち。それぞれのしるしは、親密とはいえないまでも、「親しみやすさ」と「簡素さ」をあらわしている[3]。何もかもが、「二つとない、その人のアイデンティティーの勝利[4]」を表現し、個人に対する関心の高まりを強調する。それがまた別の方法で、絶対的な美への確信を失墜させる。

個人化された美？

「何千人もの人間がいるなかで、同じ顔立ちの人は、二人と見当たらない[5]」。『百科全書』はこのように断言し、人間の顔かたちの驚くべき多様性について、感嘆を表明する。ラーファターに代表される人相学者たち自身、これまで伝統的に言及されてきたタイプを超越したところに、個々の「独創的な」主体を発見した、と主張する。「あらゆる顔、フォルム、そしてあらゆる人間は、ひとりとして同じようにはつくられていない。そのちがいは、階級、性別、種族のせいだけではなく、人の個性に属している」[6]。実際、人相学の実践方法は、一七八〇年頃、ラーファターの出現とともに様変わりする。それまでは、十六世紀、ポルタが行なっていたように[7]、ラクダ、猛禽、雄羊など、人間以外のモデルを人の顔に当てはめていたが、ラーファターはそれをやめ、個人をもとにして、フォルムを明確にしようと試みる。それゆえ、人の顔がまるで「症例」ででもあるかのように呈示される。「一二五種の頭部」、「五種の頭部」、「一二種の頭部」[8]が、相次いで研究される。ラーファターの研究からは、美しさとは具現化された原則であり、そこに、ばらつきと偶然が伴うのだ、という考えが読みとれる。それゆえ、感受性と自発性のテーマが強調される[9]。その実、ラーファター自身は、理想的な美があるという考えを、完全に捨て去ったわけではないのだが。

一人ひとりが持つ特異性のなかにも、美はあるのではないか。『新エロイーズ』〔一七六一年のルソーの小説〕のなかの、ジュリーの肖像画を受けとったサン＝プルーの返事は、この最初の疑問の核心を突く。サン＝プルーは、絵のなかにジュリーの気持ちを込められない、画家の無能を嘆く。特に、ジュリーだけが持つライン、肖像画の規則からは完全にはずれてはいるものの、彼女にしかない優美さが現出されず、絵がアカデミズムに凝り固まっていることを残念がる。画家は、「顎と頬をわかつ、微妙な曲線に気がつかなかったのです。その曲線こそが、均整を損ないながらも、輪郭をさらに優美なものにしているのに」[10]。画家はまた、唇の下にある傷跡、額に浮き出る血管にも、気がつかなかった。ジュリーに恋するサン＝プルーは、理想的な美の存在よりも現実的な存在に、触れることのできないものよりも生きているままのものに、執着する。顔立ちがゆがめられたり、再構成されてはならない。「僕が恋しく思うのは、あなたの美しさだけではなく、あなたのすべて、ありのままのあなたそのものなのです[11]」。つまりは、主体が表現するものから切り離すことができない美しさだ。

見る人の主観的な評価、つまり観察者自身の感受性にゆだねられた評価に、観察される対象の特異性[12]、すなわち、全体的な特殊性の表現が、つけ加わる。例えば、ジュリーの視線は、純粋に個人的な側面である、不思議な「穏やかさ[13]」を宿しているのに、画家はその「繊細さ[14]」を表現することに失敗した。このテーマは、十八世紀、はっきりと指摘される特徴によって、いっそう豊かになった。すなわち、視線はもはや十七世紀のように、単なる魂の窓ではなく[15]、その人の特異性、私的な響きであり、主体のみに属する内容なのだ。それゆえ、『告白』〔一七八二―八九年のルソーの自伝的作品〕のなかのテレーズの視線は、きわめて貴重になる。彼女の視線は「たいそう生き生きとしていて優しく、私にとってかけがえのないものだ[16]」。それゆえ、二つとない容貌が、いっそう特殊になる。デピネー夫人の、目から直接もたらされる、「すばらしい表情の戯れ[17]」に彩られる容貌。ポンパドゥール夫人〔一七二一―六四年。平民の出身だが、美貌によってフランス国王ルイ十五世の心をとらえ、寵妃となってからは文芸を保護した〕の、「あまりにもたぐい稀な[18]」容貌。視線によって明らかにされる内容は、誰の目にも明らかな美しさに、その人だけが持つ、明らかな特異性を混ぜ合わせながら、かつてないほど個人化されたのである。

個性化の技

肖像画の技法の刷新もまた、変化の広がりを示している。とりわけ、ひとつの原則が、徐々に放棄される。それは、あらかじめ構築された、顔のデッサンの原則である。均整のとれた容貌を確実に描き、なめらかな筆使いを促すために、キャンバスの上に前もって配置される、帯や円。誰にでも当てはめられる図形、没個性的な描線。もはや技巧でしかないモデル。顔のデッサンの原則は棄却され、肖像画の新たな源泉が誕生する。もはや、ピエロ・デッラ・フランチェスカやエルハルト・シェーン〔一四九一―一五九二年。ドイツの木版画家〕によって大昔に体系化された、卵型もしくは楕円形の、出来合いのイメージではなく、直接引かれる描線であり、生きたまま把握されるライン。あるいは、ひとえに眼前の存在のみから着想され、その人だけが持つテクスチャー。例えば、コンスタブル〔一七七六―一八三七年。イギリスの風景画家。本国よりもフランスで認められ、フランスの画家たちに影響を与えた〕は、画家にこう呼びかける。素描をする前は常に、「自分がかつて絵を見たことがあること[19]」を忘れよ、と。また、ルソーはエミールに、ラインと特徴を自然のままに具現化すべし、と斬新な忠告をする。「からだや外見を、じっくり観察するように心がけてほしい。実際にはありもしない、まがい物を手本にしないように[20]」。ゴンブリッチ〔一九〇九―二〇〇一年。イギリスの美術史家。図像学者〕は、この劇的な変化の重要性を強調する。美のモデルは、もはや固定されない。そのような美に、近代美術は直面する。ゴンブリッチは、そこに「近代芸術のジレンマ[21]」をすら見る。

からだの個人化の探求において、さらに目を引くのが、カリカチュアの役割である。一七七八年のアレキサンダー・コーゼンス〔一七一七年頃―八六年。ロシア生まれの画家。イギリスでデッサンを教え、成功した〕の試み[22]は、規格をもとに、わずかずつ変化する顔のヴァリエーションをつくり、そこに「性格」を見出そうとする。ル・ブランのように、人物のタイプと情念ではなく[23]、一人ひとりの特徴を見出そうとする。一七八八年、フランソワ・グローズが著した、『カリカチュアを描くための法則』は、「アカデミックな」美の純粋なラインとのあいだの距離を体系的に変化させ、「表情[24]」を生みだそうとする。変化は、ひとつの方向に向かう。「極度に現実的」で、「極度に表情豊か[25]」なカリカチュアは、それが成功したこと自体に、個人化の追求の成功があらわれている。

十八世紀、二つの動きが、はっきりと表明された。ひとつは、総体的な美しさへの愛着であり、全身のシルエットのヴィジョン、全体的なバランス、ヒップ、上半身、しなやかな動作への愛着である。そして、もうひとつは、個人の美しさへの愛着であり、抗いがたい特異性のヴィジョン、それを示すしるし、そしてまた美を具現する、その人だけが持つ優美さへの愛着である。

ヘアスタイルが頭部を「整える[26]」

個性化はさらに、技巧と戯れ、美しくなるための手順を変化させる。最初にその対象となるのは、頭部である。十八世紀、かつら師たちは、次のように主張する。つまり、われらかつら師は、各人のフォルムに合う、微妙な調整技術を習得しているのだ、と。かつら師の見解では、巻き毛と縮れ毛は、顔立ちにふさわしいものでなければならない。このことは、一七五七年の『かつら百科』に示されるとおりである。そのなかでは、さまざまなモデルが研究され、「あらゆる種類の頭部[27]」が調べられる。調査された頭部は、段階ごとに体系化され、五〇のタイプに分類される。その成果は、依然として、慎ましやかなものにとどまっている。それぞれの顔は、単一の選択としてよりも、むしろ、まず出来合いのモデルとして、提示される。「軽薄な顔」、「色好みの顔」、「気まぐれな顔」、「不精者の顔」というように。このことから、「個性化」の困難さが認められる。

それに対して、理髪師は、その数年後のことではあるが、個人化に向けた努力をいっそう力強く表明する。一七七三年、モレ〔一七四二―一九〇年。フランスの弁護士。主著に『フランスの服飾史』〕は、ファッションの歴史を著し、そのなかで、「縮れ毛の種類は、ほぼ無数といっていい[28]」と請けあう。ここに至って初めて、顔立ちによって「理髪の技[29]」を研ぎ澄ますことが不可欠となる。それは、「美しい性[30]」を象徴する顔の価値を高める技術であり、各人の顔立ちに合うように巻き毛を整える技術である。ちなみに、一七六九年、理髪師とかつら師の係争がパリ高等法院にもちこまれた。それまで理髪師は召使の身分に甘んじ、「身のまわりの世話役」もしくは「着つけ役[31]」といった、古くからの権限で我慢していた。それが、この係争をきっかけに、理髪師という職業を公式に認知するよう要請がなされ、その特殊性がはっきりと主張された。「額が広いか狭いか、顔が丸いか細長いかで、処置の仕方はまったく異なります（…）。さらに、肌の色や色調に合わせて、整髪方法を変える必要があるのです[32]」。理髪とは、ほとんど「才能[33]」だのみの「リベラルアート」であり、ルーチンワークの「機械的な技術」とは完全に異なる。これが、理髪師の言い分である。そして、むしろかつら師の仕事のほうが「純粋な手作業[34]」であり、「機械的な技術」に限定されるのだ、と主張する。むろん、業種の分類自体に重要性はほとんどなく、数年後、訴訟に勝利したのは理髪師のほうだった。一七七七年、ルイ十六世〔一七五四―九三年。フランス国王。国民に対する反逆の罪を問われ、断頭台の露と消えた〕は、理髪師の公職を六百人分設けた。[35]十八世紀末、かつらの使用が減少したことが、おそらく理髪師の成功に一役買ったのだろう。だが、それ以上に、「調髪術」というテーマが欠かせなくなったのである。つまり、各人の顔立ち、その人らしさを生かせれば生かせるほど、完成度が高くなる技術が。このことを、より明白にあらわしているのが、一七七三年の事件である。この年、ルーアンの「女性理髪師、帽子製造業者、装飾品製造業者」は、古来より女性がこの職業に従事していることに言及し、男性だけを認知するのではなく、自分たち女性にも職業としての認知を行なうよう、要求した。彼女たちの言い分は、次のようなものだった。「女性であるがゆえに、身づくろいについての感覚が細部にいたるまで優れており、そこに含まれる付属品の考案やアレンジに細かな気配りができ、うわべにとどまらない美しさを引き出すための装飾品については、いっそう洗練された趣味を有しているのです[36]」。

有名な職人がぞくぞくと登場し、「優美な毛髪の仕上げ職人[37]」の見本となることで、理髪師の才能は、ますますもてはやされる。フリゾン、ダジェ、ルグロ、ラルスヌール。そして、マリー＝アントワネットに高く評価された、レオナール。このレオナールは、顧客たちを追って亡命し、回顧録を著して、おのれの職業を賛美している。[38]理髪はまさに「アレンジメント」になった。「顔の外見[39]」と毛髪の技巧とは、ひとつに収斂したのである。

顔の色を選ぶ

十八世紀、顔立ちに関する問いと同じ問いかけが、化粧品についても発せられる。例えば、紅やおしろいは、各人に合うものがよい、と見なされた。必要なのは、「あなたにとってピンとくるような[40]」紅なのだ。一七八〇年代、サン＝シモン公爵の子孫である、デミエ・ダルシャック嬢は、「昼の自然光か、ろうそくの灯りか[41]」、そのときどきのシチュエーションにぴったり合う化粧品を選ぶ術を知っていることで、賞賛を集めた。一七七〇年の『通知、掲示板、各種情報[42]』には、「クリーム状の紅」の宣伝が掲載されている。広告主は「モロー氏」という人物で、サン＝マルタン大通りの小間物卸売り商である。それを見ると、この紅に、いかにさまざまな色調がとり揃えられているかが、わかる。混合と加圧の仕方によって、六種類の色調が得られる。「ドムソン氏」の店でも、同様の配慮がなされる。一日のいつ何時に使うのか、あるいはまた顧客の女性の年齢、訪れる場所に応じて、一〇種の紅が用意される[43]。さらにまた、身だしなみの方法を説いた指南書でも、同じような配慮がなされ、フランス、スペイン、ポルトガルなど、産地による色のちがいが説明される[44]。ごく微妙な色調の差異が大袈裟に取り上げられていることといったら、それによって個別化の追求、複数の美の並存が認められることを考慮しないならば、滑稽なほどだ。色の効果は、増幅する。「紅を選ぶことは、大切な仕事なのだ[45]」。

さらにまた別の原因が、ニュアンスを助長する。それは、感受性を表現する必要性、感情を目に見えるようにする必要性である。感覚的なもののレベルがどの段階にあるか、いっそうわかりやすく示すため、顔の色はより淡い色、より控えめなトーンでなければならない。これまで見てきたように、そうした感覚的なものの領域は、大幅に広がったのである。鋭敏なものが、あらわにされなければならない。それにより、化粧という仮面をつくる技術に率直さが、合成されたものに純朴なものが、不可欠になる。「誠実さは、心の駆け引きにおいて、大きな長所となる」[46]。それゆえ、マリー・ドゥ・サン＝テュルサンは、十八世紀末、この「顔立ち全体に生命を与えるためにつくられた、無尽蔵のパレットのニュアンス」[47]である顔の色を、控えめにすることが欠かせない、と強調する。それゆえ、ジョンリス夫人は、一七八〇年代、宮廷で、「前に自分が持っていたものより、ずっと地味な色」[48]の紅をつけざるをえないことを、遺憾に思う。

こうしたことから、十八世紀、化粧品についての議論は様相を変え、誠実さというテーマに重点が置かれるようになる。その論旨は、以前のように、化粧品は神に対して嘘をつく、というものではなく、他人に嘘をつく、という考え方だ。化粧品は、社会の透明性にとっての障害なのだ。ルソーはソフィーに、化粧品の使用を禁止する。「彼女は、花の香り以外の香りを知らない」[49]。ルソーはジュリーにも、化粧品の使用を禁止する。「きみの顔の化粧品は、きみの心のなかにある。そして、きみの心は、まがい物ではない」[50]。デピネー夫人にとって、化粧品は「刑罰」、欺瞞以外の何物でもない。「一日中、嘘をつく」[51]ための手段だ。モンテスキュー〔一六八九―一七五五年。フランスの思想家、法学者。主著『法の精神』は、のちの政治・社会思想に大きな影響を与えた〕は、化粧品は画一性のあらわれでしかない、と考える。個人性が勝利すべきであるのに、「どの顔もみな同じだ」[52]。

しかし、化粧品に疑義をさしはさむ議論は、本質からかなりずれて、尻つぼみになった。その使用については、以前ほど警告が発せられることはない。習慣は、もっぱら自然なもの、表現力の豊かなものを育みながら、多様化した。つまり、ニュアンスがつけられていれば、つけられているほど、その習慣は受け入れられたのである。

アカデミーの関与

習慣はまた、微妙に変化した。製品には、よりいっそう厳密な検査が、販売には、よりいっそうの専門性が不可欠となり、その結果、製造においても販売においても、わずかずつではあるが、さらなる多様化が進行した。つまり、個人化が、より重きをなすようになったのである。

『通知、掲示板、各種情報』に掲載された広告を見るだけで、予防策の誕生、学識的な鑑定の誕生が確認できる。コラン氏は、自分の販売する「植物性紅[53]」は、一七七三年、王立科学アカデミーから承認を得た、と断る。モロー氏は、自分が扱う「王太子妃風紅[54]」は、同じ年、医学部長からお墨付きをもらった、と語る。有毒な効果は、以前にもまして告発される。一七六一年、国王の侍医ゲタールは、『王室付き香水師』第二版の手稿を読んだあと、「酸化鉛、白鉛、塩化水銀、明礬、硝石を成分として入れる[55]」という箇所を削除すべきだ、と提言する。一七七三年、『技芸辞典』は「鉛、白鉛、ビスマス華の沈殿物[56]」を成分とするおしろいについて、一七七〇年代にはあまり使用されなくなったことを認めつつも、なおその害を説く。とりわけ、硫黄と水銀を混合してつくるあざやかな深紅は、「健康を損なう[57]」という理由から、香水師たちは使用を控えるようになる。『自然史辞典』はさらに厳しく、一七六五年以来版を追うごとに、金属物質の有害性を声高に叫ぶ。なかでも良くないのが、白い色を出すためのビスマスで、これと砒素、コバルト、もしくは銀との混合物は最悪だ、と警告する。その混合物は、「腐敗物、糞尿、硫黄、潰したニンニクなど[58]」から立ち昇る「フロギストンの蒸気」と混じりあい、「著しく肌を損なう」と考えられる。一七七〇年以降、化粧品の「発明家」たちは、以前よりいっそう頻繁に、王立科学アカデミーにお伺いを立てる。しかも国王ルイ十六世は、「秘法[59]」に認可を与える権限を支配しようと、一七七八年、王立医学会を設立する。それゆえ、十八世紀末になると、「害が少ない[60]」と判断される植物性物質が、勝利を収める。『フローラの化粧法[61]』では、紅はサフラン、植物性「カルタム」からつくられるようになり、ビスマスからとれるバーミリオンからつくられることは少なくなる。それにより、自然なものと顔立ちが作用し、より穏やかな顔の色が生まれる。

物質の成分に、またその多様性に、より大きな注意が払われる。一七七七年、ドゥジャンが著した『匂い概論』には、九「段階」の紅が紹介されている。そこに記されているのは、溶かしたカーミンと同じ量の滑石粉を半オンス（一オンスは約三〇グラム）ずつ加えていく、という方法である[62]。「色の代わり具合」が測定され、色調は安定する。「分量」が、第一原則となったのだ。同じドゥジャンの著書、『蒸留概論』では、このことがいっそう明確に表明されている。「われわれは以上のように、一定量に対しての薬剤の分量を定める。各自、色づけすべき溶液の量に応じて、薬剤の分量を加減しなければならない[63]」。一七五五年、ポンスレ（一七八八―一八六七年。フランスの数学者、機械工学者）は、『味と匂いの化学』のなかで、「両腕に抱えられるだけの量」あるいは「片手で握れる量[64]」を単位として、さまざまな分量について言及する。十八世紀末になると、製造プロセスという点において、料理と化粧品は決定的に別々の道を歩みだす。化粧品の世界では数字と計測が勝利した。化学の導入は、外観の個人化同様、製品にも変化をもたらしたのである。

差別化のビジネス

十八世紀後半、さらに活発になった化粧品の商業化が、この結果を強化する。自家製造は減りゆく一方で、専門職人の手でつくられることがますます多くなり、市場と製品が発展する。モリエール〔一六二二―七三年。フランスの喜劇作家、俳優。独自の性格喜劇を完成させ、鋭い観察眼によって社会風俗を批判。そのせいで宗教界から攻撃されるも、国王ルイ十四世の庇護を受け、後世の演劇に大きな影響を与えた〕の『才女きどり』に登場するような、家の私室で、いろいろな成分を混ぜ合わせて、こっそりつくる「自家製」クリーム[65]は、衰退する。以降、ルメリー〔一六四五―一七一五年。フランスの医学者、化学者〕やボーメ〔一七二八―一八〇四年。フランスの薬学者、化学者〕の薬品便覧が、紅とおしろいの調合法に言及する際、相手にするのは、もっぱら薬剤師や香水師である[66]。ビジネスは盛んになり、序列化される。取次ぎ業者と下請け業者が参入して地位を確保するかたわら、行商人は、かつらにかける髪粉、ハンドクリームといった、ありきたりの製品を普及させる。カトリーヌ・ラノエの研究は、一七七六年、ヴェルサイユで香水と服飾品の商いをしていたルイエ夫妻が破産したことにともない、大手香水商の周囲に群がる転売業者たちが、いかにして収入を得、またどのような社会的効果をもたらしたのかを明らかにする。これらの転売業者のなかには、違法すれすれの商売を営んでいる者たちもいた。「服飾品販売業者」、「貴婦人専門美容師」、「女理髪師」、「小間使い」、「女洋裁師」、「女仕立て屋」、「お針子」が、ルイエ夫妻の債務者の大半である。彼女たちはそれぞれ、自分の顧客に、化粧品と香水をまた売りしていたものと思われる[67]。ささやかな店舗、兼業、個人の裁量によって、製品は、さまざまな社会階層に行き渡る。

召使い階級もまた、化粧品の普及に一役買う。主人のために化粧品を購入しながら、自分でも使用を真似し、主人の作法を普及させる。ダニエル・ロッシュ〔一九三五年生。フランスの歴史家。アンシャン・レジーム期の社会文化史を専門とする〕が衣服に関する研究で示しているように、文化の仲介者である召使いは、アンシャン・レジーム末期になると、消費の普及における立役者として浮上する。[68]

特に紅、そして良質の紅は、人々の目に「社会的地位と富を表すしるし」[69]として映る。十八世紀初頭には、店の奥にほとんど置かれていなかった紅が、その後、数十年後を経て多様化し、種類が増え、洗練の度合いを増す。「特上品」、「良品」、「一般品」、「普及品」というように、さまざまなレベルの製品が、さまざまな値段で売られるようになる。それこそ、一瓶八〇リーヴルのものから、三〇ソル〔フランス革命以前の通貨単位。「スー」に同じ。二〇ソルが一リーヴルに相当した〕のものまで。[70]こうした光景は、メルシエの手で、一七八〇年代のパリ風俗として活写される。「肉屋の小僧のいやらしい愛人たちは、道端に腰掛けて、血のように真っ赤な紅を塗りたくる。(…)パレ・ロワイヤルの尻軽な高級娼婦たちは、ばら色の紅を塗る(…)。金に糸目をつけず、無茶な賭け事をする宮廷のご婦人方は、小さなびんに一ルイ払い、貴族の奥方は六フラン〔かつては実際の通貨として存在したが、ルイ十三世によって廃止された。十六世紀には、リーヴルをあらわす言葉として使われ、革命後、フランスの公式の通貨単位に採用された〕、高級娼婦は一二フラン払う。そして、ほとんどわからないくらい薄く紅をつけるブルジョワ階級のご婦人は、金を出し惜しんだりはしない[71]」。

ここで、消費の広がりについて強調する必要がある。一七八〇年、「高級紅[72]」の販売特権を取得するため、ある団体は、五〇〇〇万個の販売を申し出る。『通知、掲示板、各種情報』の推測では、一七八一年、フランス王国で売れた紅の小びんの数は、年間二〇〇〇万個である。[73]一方、『通知、掲示板、各種情報』は、化粧品が新しい課税品目（「徴税請負制度の対象品」）となり、塩やタバコのように課税され、使われている成分や害毒の有無について監視される可能性を示唆している。実際には、化粧品に徴税請負制度は導入されなかったが、市場は不可欠となった。美容概論では、もはや私的につくられるクリームについては稀にしか言及されず、どこに行けば既成品が買えるかが記される。しかし、微妙なニュアンスによる顔の色の演出は、洗練された製品でしか得られない。個人化のしぐさは、いわば選別のしぐさの域を出ない。

第10章

引き締まるからだ、美しくなるからだ

十八世紀、美しくなるための習慣の独創性は、こうした化粧品の使用のみに限定されるものではない。純化するしぐさが比較的なおざりにされ、引き締めるしぐさが重視される。これもまた、この時代の独創性である。もっとも、一七七一年の『身だしなみ教本』[1]では、あいかわらず、顔が優先されてはいるのだが。神経を「強壮にする」トニックローションが、体液を「排出させる」シロップを圧倒する。特に、感覚的なものの勝利が、感覚を司るものの勝利をうながした。すなわち、鋭敏な感覚を伝達するとされる、繊維や筋のたぐいである。からだの表現は、器官のリファレンス全体を巻きこみながら、変化した。望まれるのは、繊維という、この繊細なものが、ますます活性化されることだ。それまでの、体液の軽減に向けられた注意に加え、繊維とその緊張、その「調子[2]」に向けられる注意が、欠かせなくなった。そこからさらに、「活力をつける」ために有効だとみなされる、新しい習慣が生まれる。それが、引き締め効果のあるウォーキングであり、冷気や風呂の利用である。引き締めは、健康同様、美容にも作用する。

繊維を強化する

繊維に関するリファレンスに、あるイメージが割り当てられる。例えば、一七四〇年から五〇年頃にかけての、電気に似たものとしての繊維のイメージ。無数に枝分かれし、「知覚できないほど」細い線で物質化された、管、電流、ショックのイメージ[3]。ハラー（一七〇八―七七年。スイスの解剖学者。筋の収縮性は筋肉組織の特別な性質であることを示した）、オルバック（一七二三―八九年。ドイツ生まれ、フランスで活躍した哲学者。ディドロ、ルソーらと交わり、『百科全書』で化学・鉱物学などの項目を執筆）、あるいはディドロの生理学的世界[4]は、そうしたイメージと一致する。すなわち、神経、刺激に対する感応性。感覚への、高まる一方の好奇心。繊維は、きわめて深いところから、からだの特質を、「動物間の差異[5]」を引き起こす。それがすなわち、「多様性[6]」だ。「古代の人相学者たちは、その多様性を、体質のちがいと同じように、ただ体液のみに関係すると考えていた」。繊維はさらに、性別によるちがいを引き起こす。「女性の繊維は、男性のものよりも、ずっとかぼそく、小さく、繊細でしなやかである[7]」。そのため、女性には、弱さがつけ加えられる。神経症、憂鬱症という、いっそう心理化された弱さが[8]。もはや「柔らかな」肉体だけではなく、「興奮しやすい神経」、「ひきつけ」、「痙攣[9]」が、女性特有のものとなる。一七六〇年頃、デピネー夫人はこれらの害悪を、健康のみならず、美容をも損なうものとして、畏れている。

繊維は、身体の美学に、堅さのイメージを定着させる。十八世紀の言葉は、繊維に命じられて、肉体を語る。ディドロは『修道女』のなかで、「たいそう堅く、柔らかで、白い[10]」肉体について触れ、『おしゃべりな宝石』では、ミロンザのからだを「たいそう堅い[11]」と形容する。ラクロは、理想化され、第一級の人格を備えた女たちについて、「その肉体は堅く、活力にあふれ、常に新鮮な空気にさらされている[12]」と述べる。ひとつの確信が、表明されたのだ。「度を超した繊細さは、健康同様、美容をも損なう[13]」という確信が。

過剰な「たるみ」が、リスクになる。たるみの危険は、あらゆる部分にひそむ。それこそ、ごくささいな箇所にいたるまで。ジェームズ（一七〇三—七六年。イギリスの医師）の浩瀚な辞典で、「目の下のたるみ[14]」が言及されているように。必要なのは、「強靭でしなやか、しかも弾力性に富んだ繊維[15]」であり、「各人の顔立ちに生命を吹き込み、表情をたちまち豊かにする、顔の繊維のなかのバネを増やすこと[16]」なのだ。啓蒙主義は、繊維という単純化された図式のなかに、活力に関する無尽蔵のリファレンスを見出す。おそらくは、新しい社会が、みずから思い描き、探しあてるべきことを課していた、活力のリファレンスを。

「美容風呂」[17]

繊維や感覚的なものに対する関心は、さらに、大気の要素への新たな興味へと発展する。それがすなわち、気候、空気、水であり、これらの要素は、繊維や感覚的なものを変化させる、と考えられた。美化されたからだとは、「刺激された」からだのことである。例えば、冷気。そして、繊維を硬直させる、その効果。デピネー夫人は、トロンシャン〔一七〇九―八一年。スイス生まれの医師。ワクチン接種の意義を唱え、特に女性と子どものために簡便で自然な健康法を広めた〕が提案する療法[18]に注目し、スイスの山岳地帯におもむき、冷気と対決する。アーバスナット〔一六六七―一七三五年。イギリスの医師、著作家〕は、「人体に及ぼす冷気の効果」に関する最初の概論のなかで、「新鮮な」空気は、「顔の色を白く、生き生きとさせる[19]」と、推奨する。こうしたことから、肌の状態や弾力性など、顔を超越したところで肌に大きな関心が向けられたこと、及び腰ではあるものの、からだ全体に範囲を広げた美容術が生まれたことが、明らかになる。

十八世紀末、特に水が、身だしなみの主要な道具として用いられる。確かに、「水は貴重[20]」で、多くの人にとって、いまだ容易に入手できないものではあるが、快適さのためにはもっとも便利な道具である、と考えられるようになる。ビュッコズ〔一七三〇―一八〇三年。フランスの弁護士、医師、植物学者〕は、著書『フローラの化粧法』のなかで、「ルピナス、ルリチシャ、ストック[21]」を混ぜた「美容風呂」に入ることを提案する。モロー・ドゥ・ラ・サルトは、『女性の自然史』という記念碑的な著作のなかで、風呂だけが、肌を「白く、艶やかに、きめ細かく」[22]できるのだとして、入浴を第一の化粧品と位置づけている。ドゥ・ラ・サルトは、風呂には、からだを清潔にする効果と、「強壮と刺激」の効果[23]がある、と強調する。そして、活力を蘇らせる成分、すなわち収斂性のある「刺激剤」[24]を、水に混ぜて使用することを勧める。同じ時期、マリー・ドゥ・サン＝テュルサンは、自著の美容概論を、水の効果を論じた書に変貌させる。とりわけ著者は、体力を活気づけると考えられた冷水の効用を説き、著作の主な部分をその記述に割いている。「繊維は、急激に収縮されると新たなエネルギーを得、その分子は、あたかも真っ赤に焼けた鉄を冷水につけたときのように、凝縮する」[25]。水が「美を高める」[26]のは、繊維を凝縮するからであり、突如として、もっとも重要なものとして浮上した感覚能力に、働きかけるからである。つまりは、「触覚の感じを知らせる、神経網の開花」[27]である。

十八世紀後半になると、風呂についての論文や概論が、数多く出現する。[28]『百科全書』の長々しい項目ひとつに目を通しても、風呂の「数えられないほどの」効能と可能性とが、ぎっしりと要約されている。「繊維を穏やかに整え、これを維持するもの。繊維が緊張しすぎるときは、これをほぐし、あまりにもゆるいときは、これを緊張させるもの（…）。これらすべては、有効な治療法である」[29]。衛生面からの風呂の特別な効果が、これほど明るみに出されたのは、かつてないことのように思われる。とはいえ、入浴は、未知の体験とまではいかないにしても、いまだに違和感のある体験として捉えられる。入浴とは、かすかに敵対的な、好ましくない環境と対決することであり、制御不可能な要素と接触することである。あるいは、からだを包み込み、しだいに侵食するものに触れることでもある。衛生面からは、もっぱら、入浴の持つ衝撃効果が強調され、水の温度や成分によって、肌の色あるいは感度がどれだけ変わるか、さまざまな実験が積み重ねられる。[30]とはいえ、新たな感受性が入浴と呼ぶものは、いまだに風呂桶と風呂場が備わっただけの、議論の余地なく貧弱な世界である。洗浄は部分的にしかなされず、入浴は定時の儀式のように行なわれ、お湯は手桶で持ち運びされる。入浴という習慣は、人々にとって、いまだにとまどいの対象であり、神秘的で、理想の域を出ない。

とはいえ、からだの美的な手入れが考慮された、いくつかの事業が、個別に実施される。そのひとつに、一七六一年、セーヌ河につくられたポワトヴァン風呂がある。これは縦長の船で、そこでは「医師が処方するとおりの、天然もしくは人工の鉱水風呂[31]」が提供される。船内には、二、三〇の個室、ならびに銅製の風呂桶が、中央通路の左右に設置されている。『先駆け』の評によると、設備には「考えられる限りの工夫が凝らされている[32]」。入浴料は三リーヴルで、『先駆け』は「かなり安い[33]」と評しているものの、実際には「日雇い労働者」の数日分の日給に相当する。これよりさらにゴージャスで、客の美意識に訴えかけるティヴォリ風呂が、十八世紀末、サン゠ラザールに設置される。そこには、「爽やかな木陰、ほとばしる水、清浄な空気、心地よい散歩、広々とした空間、数多くの個室[34]」が用意される。「自然のセメントであり、最重要の液剤[35]」である水の使用は奨励され、美しくなるための技術が、ますます求められる。

衛生面での水の効用の発見。推奨されはするが、実際にはそれほど実践されない入浴。これらは確かに、十八世紀後半、感受性に変化があったことを示している。それまで、衛生的な清潔さと女性の美しさとが、曖昧な方法で結びつけられていたが、水の使用は、両者を具体的な方法で結びつける。そこには、女性の特有の機能、妊娠、授乳、養育を強化しようという意図が働いているのだろうか。啓蒙主義は、女性を解放するといいながら、その実、そうした機能のなかに女性を閉じ込めてしまった。かつて道徳が用いていた言葉を、今度は科学が語る。すなわち、「たいそうか弱く、著しい興味の対象であるゆえに、上手に導き、監視しなくてはならない存在[36]」に関する目じるしを。

長い杖を手にした歩き女《め》たち

空気と水を活用する試みに、いまだ体操は、まったくとり入れられない。とはいえ、ひとつの活動が、新たに発見される。それがウォーキングであり、緊張と衝撃をともなう早歩きであり、古風さと近代性とが混交する散歩である。まずは、「自由に、楽な姿勢での[37]」歩行。とはいえ、制約に関するほのめかしは、骨盤の開き具合、またそこから生じる「よちよちした歩き方[38]」のテーマへと、移行するのではあるが。ともあれ、『モードの陳列室』は、謙虚さと卑下をあらわす、凝り固まった姿勢に代わるものとして、「気高い誇り[39]」を持つべきことを強調する。「あなたの歩みに自信を持ちなさい。思い切って、頭を上げなさい[40]」。言葉は、女らしさの領域の広がりを示しながら、解放と戯れる。次に、歩みの効果。それは、筋肉の効果からはまだ程遠い、揺れと衝撃の効果である。動作は、振動となることが望ましい。振動による揺れが、美を引き出すのだ。「くり返される小さな揺れ[41]」が、部分を活性化する。ウォーキングは、わずかな発汗を促がし、繊維を動かしながら、繊維に柔軟性と堅さを与える。これが、動きについての前科学的なヴィジョンである。

十八世紀末になると、健康的な散歩のコードができあがる。短いドレスを着用し、長い杖を持った「歩き女《め》」たちが、ファッション画に登場する[42]。その姿は、それ以前の女たちの、不動の姿勢で固められたような姿とは、まさに対照的だ。着ているドレスには、名前がつけられる。それを発明したトロンシャン医師に倣って、「トロンシーヌ」と呼ばれる。ジュネーヴ在住のトロンシャン医師は、ヨーロッパの教養人たちの来訪を受ける。また、ステッキはステッキで、専門の商売が成立する。特に、もっとも目立つ商売人のひとりが、サン＝トノレ通りのルナール夫人で『各種広告と意見』に、数多くの宣伝を掲載する。[43] 散歩には、相応の儀式ができあがる。もっとも重要なのは、「朝の散歩」と「夕方の散歩」で、一七七三年の『衣装の記念碑』は、この両者をとりあげ、そのちがいを論じる。[44] 新種の歩き女《め》たちは、手足の動きにより、構築しなおされた立居振る舞いと物腰を獲得するのだ。「自分の脚が本来何のためにあるのか、そろそろ女性たちが気づいてもいいときだった」[45]。

当然のことながら、このような散歩は、まだ、ささやかといってもいいくらい慎ましやかな試みであり、筋肉の鍛錬からは完全に程遠いところにある。それでも、こうした試みは、美しくなりたいという欲求を、かつてないほど強く、身体を引き締めたいという欲求に結びつける。姿勢を強化し、形態を改善し、脚と腕を動かす。ファッション雑誌に登場する歩き女《め》たちは、萌芽したばかりの、けれども非常に特殊な活動のヴィジョンを示す。

姿勢と矯正

姿勢に気を配り、矯正したいという欲求はまた、十八世紀の、動きに関する、いまだ混乱したヴィジョンをもち、くっきりと浮き彫りにする。アンドリー・ドゥ・ボワルギャール（一六五八—一七四二年。フランスの医学者。寄生虫の研究により、「寄生体学の父」と呼ばれる。八十歳を越えて、ギリシア語を転用した「整形外科《オルトペディー》」という造語をつくり、同名の著作を執筆した）は、それまでほとんど分類されることのなかった人体の変形の調査を行ない、一七四一年、初めて「整形外科」なるものを提案する。「スプーンの背中のような胴体、(…) 寸胴、(…) 丸い肩、(…) 陥没、(…) 湾曲 (…)」[46]。突如として、ありとあらゆる不規則なデッサンが、からだから表出する。いっそう鋭い視線が、多くの異常変形を見抜く。とげ状突起、肩、脚、足の異常変形。アンドリーはまた、矯正をも提案する。つまり、器具と治療の世界である。その反面、特別な訓練については、まったく触れずじまいだ。ゆがんだ四肢を曲げるための、局部の筋肉を鍛える動き。筋肉の正確な利用。これらは、ごく稀にしか言及されない。では、アンドリーが動きをなおざりにしたかというと、そうではない。彼は、動きにはコルセット以上の効用がある、と最初に説いた人々のうちのひとりだからだ。動きはからだをほぐし、がんじがらめにされている部分を解放し、繊維を引き締め、堅くする。動きは肉を動かし、締まりを良くし、ひとかたまりにする。動きは、旧来のからだの経済学を変革する装置となりうる。「すべては、内側から来なければならない」[47]と、アンドリー・ドゥ・ボワルギャールは強調する。すべては、本人の自発性に起因する。解放の新しいヴィジョンに合致して、教育の磁極は、以前とは逆方向に働く。このような、自分による自分のための行動は、ファッション雑誌の歩き女《め》たちの、自分でからだを揺らして新たな美を引き出す行動と並行している。

とはいえ、このような動作の役割は、全体的なものにとどまる。十八世紀後半の医師たちは、くり返し、次のように強調する。「奇形の主たる原因は、衰弱であることが判明している」[48]と。それでも、局部の動きが例外的になされる場合もあった。片方の肩が極度に下がっているケースについて、アンドリーは、下がっている部分に錘を置き、そこを刺激するといい、と提案する。脊椎が非常に湾局しているケースでは、反対側に体を傾けるよう、勧める。

その数年後、『百科全書』は、こうした指摘を記録し、それにさらなる重要性を与える。逆に言うと、『百科全書』は、数多くの項目をもうけて人体の局部について記述しながら、生まれたばかりの整形外科のヴィジョンが、局部的かつ機械的な矯正運動のヴィジョンから、いかに遠いところにあるかを、明らかにする。異常な変形は、人体がまるで蝋《ろう》でできてでもいるかのようにして、矯正される。肩に「めりこみ」[49]すぎている「首」は、椅子の肘掛けの位置を下げて治す。「片方に傾きすぎている」肩は、反対側の脚に体重をかけて治す。[50]内側を向く足は、矯正用の「足台」[51]に数時間乗って治す。部分は凝固され、繊維は固定される。肉体を堅くするために有効なのは、唯一、全体的な動きのみであるのに。

大衆の美

これらの解剖学的変形は、ここに至って初めて、その集団的インパクトの観点から、すなわち、それが大衆に与える影響の観点から、考察される。[52]美は、かつてないほど、ひとつのグループに所属し、そのグループの行動、生活習慣に属すものとしてあらわれる。そのとき美は、教育と同じように、習慣と知識によって、かつてないほど多彩になりうる。美は、集団のなかではぐくまれ、成長し、放棄されると、萎み、衰弱する。

一七六八年、空想力豊かな旅行者であるスターン〔一七一三―六八年。イギリスの牧師にして作家。『トリストラム・シャンディ』で一躍有名になった。フランス、イタリアに旅行し、『感傷旅行記』を執筆〕のまなざしには、このことがはっきりと見てとれる。スターンの描く「パリの訪問者」は、当地で出会う光景、衰弱した民衆の姿に心を痛める。「長い鼻、虫歯だらけの口、ゆがんだ顎」の顔。「くる病に侵され、発育不全で、せむし」[53]のからだ。

そこでは、何もかもが醜い。成長しきらない胴、変形した顔。そこでは、何もかもが弱々しい。疲れきった姿勢、止まった成長。訪問者は、不具者の世界、小人の世界を観察する。哀れを催し、怒り、これはいったいなぜかと問いかける。これらの奇妙な欠陥、見るもおぞましい人体構造の原因は、どこにあるのだろうか、と。町を見通す視線は、早くも、反論の余地のない答えを見出す。飽和状態の空間、不足する空気、狭い街路。そこで暮らす人々は憔悴し、からだの弾力性は失われ、はては、育ちが悪く、ゆがんだ形をした「矮性のリンゴの木」のように、「普通の人の脚の長さにも満たない背丈の、虫けらみたいな姿[54]」になってしまうのだ。

もちろん、これは架空の旅行であり、提示されるイメージはグロテスクでさえある。とはいえ、このエピソードは、十八世紀最後の三〇年間、文人や医師によって、たびたびとりあげられたテーマを補強している。すなわち、人間のフォルムの悪化は、近代性と一致する、という考えだ。ビュフォン〔一七〇七―八八年。フランスの博物学者。パリ王立植物園の園長を務め、三六巻に及ぶ『博物誌』を執筆〕が研究したように、動物のフォルムは、脆弱さと家畜化によって退化する。[55]それと同様に、人間のフォルムもすべて、生活習慣と怠惰によって退化するのだ。メルシエはそれに、売春が原因での「衰弱[56]」をつけ加える。新たな確信が、自然史と交差する。すなわち、「ヨーロッパでは、人類は退化している[57]」、「フランスでは、人類は退化した[58]」という確信が。身体は「悪化の一途」をたどるだろう。時間は逆行するだろう。『百科全書』は、「種の退化」という確証にこだわる。[59]『百科全書』が、「種」の定義自体を正確なものにすべく、時間的な視野を前提として行なうため、なおさらだ。「今日《こんにち》ある自然と、別の時代の自然との比較[60]」、フォルムの継続的変化に向けられた注意。そのような注意を払った結果、退化が確認される。「われわれのからだは活気を失い、衰弱し、自然から賜った美しい均整を失う[61]」。ゆえに、美を獲得するため、万人に有効な、新しい投資が必要となる。

　この退化のイメージは、二つの要求を軸に形成される。ひとつは、集団的資源に対する国家の責任であり、もうひとつは、後退と前進をコード化する、進歩のリファレンスである。一七六〇年以降の、教育は「公け[62]」でなされるのが望ましいという、革新的な教育のテーマ。そして、衛生は「公け[63]」で管理されるべきだという、やはり革新的なテーマ。これらのテーマはそれだけで、国家に何が期待されているかを語る。もはや、単なる軍事的かつ身体的な保護だけではなく、安楽と健康を国に保障してもらいたい、という期待。そこから、集団のイニシアティブによってもたらされる、美しく均整のとれたからだについての考察が生まれる。例えば、十八世紀末、古代を舞台にした文学によって、まるで約束のように普及される[64]、古代ギリシア市民のゆったりとくつろいだ容姿。

　進化のテーマ[65]は、このような期待に加え、新たな懸念を示唆する。もしも前進への歩みが閉ざされてしまったら？　そして、衰退が定着してしまったら？　さまざまな差異が推測され、さまざまな例が指摘される。例えば、『新エロイーズ[66]』で語られる、田舎の住民とくらべたときの、都市住民の顕著な脆弱さ[67]。モンティヨン〔一七三三―一八二〇年。フランスの官僚、慈善家〕の計算のなかで言及される、「昔の騎士たち[68]」とくらべたときの、「貴族たち」の顕著な脆弱さ。ブーゲンヴィル〔一七二九―一八一一年。フランスの軍人。当時植民地だったカナダに派遣され、イギリス軍と戦った。後に、世界一周の航海に出、タヒチ、サモア、ブラジルを訪れた〕やクック〔一七二八―七九年。イギリスの航海者。生涯で三回の探検航海を行ない、南太平洋諸島を訪れ、南極などに到達した〕の旅行記で報告される、旅で出会ったタヒチ人とくらべたときの、ヨーロッパ人の顕著な脆弱さ[69]。美はもはや、土地、気候、子午線によって左右されるだけではなく、風俗習慣、監禁、労働にも依存する。

からだのフォルムは、使用を怠ることによって、あるいは節制と緊張の欠如によって、失われる。ここでもまた、機能が勝利する。有効なしぐさのみが、美に有利に働くのだ。それ以外のもの、人工的なものと都市は、限りない足かせとなる。タヒチ人のあいだには、「ただひとりの不具者しか」[70]見出せない。しかるに、ヨーロッパ人のあいだには、「ゆがんだからだの」都会人が無数にいる。「パリの街路に一歩踏み出すごとに、小人、せむし、ガニ股、いざりに出会う。政府の指揮権を握る人たちは、いったい、こうしたことに驚かずにいられるのだろうか」[71]。町の通りや広場で、これまで日常的に見かけてきた、身体障害者のいる光景が、突如として、新奇で仰天することとして判断され、容認しがたい脆弱さ、管理の不行届きと結びつけて報告される。

農民やある種の野蛮人が、旅行者によって、刷新された美のモデルとして推奨される。そのこと自体は、さして重要ではない。むしろ注目に値するのは、身体的外見を集団的資産の指標にする、そのやり方である。「種を完璧にする」[72]、「種を豊かにする」[73]、「種を保存する」[74]。一七六〇年から七〇年以降、それまでなかった社会的展望への意志、「疲労」、「退廃」[75]と戦おうという意志が、ひとつの呼びかけに収斂する。それは、「われわれの気質と精神の、腐敗の源を刷新しよう」[76]という呼びかけだ。生まれつつある新しい社会を、古い社会と対立させる。外見を変貌させ、力を投入する。凝り固まっている、とまではいかないにしても、しゃちこばった旧弊な礼儀作法を拒絶する。こうした挑戦は、生活様式にまで及ぶ。昔ながらの貴族的なからだの手入れのモデルを、より活動的なモデルと入れ替える。物腰と動作を、活力と健康をあらわすしるしにする。以前は先祖に求めていた栄光を、いまは子孫に求め、父親の気高さのうちに見ていた理想を、息子の頑丈さのなかに見る。身体、衣装、教育の新たなヴィジョンを示唆する、奥深いところからの変化。それは、政府は外見とその美学に関心を払うべきだ、という働きかけである。

このように、十八世紀末には、いくつかの美の原則が変化する。顔立ちと表現という、完全に個人的な原則が。そして、骨格と人体構造という、さらに集団的な原則が。それぞれの原則は、たがいに無関係というわけではない。だが、前者は感覚と感情に、後者は衛生と健康に支配されている。

ロマン主義の美によって、顔はさらに深みを増す。双眸《そうぼう》は肌の青白さとともに、強く魂に訴えかけ、うかがい知れぬものを想起させる。ウージェーヌ・ドラクロワ〔一七九八―一八六三年。フランスの画家。ロマン派の指導者〕の描く女たちは、薄明かりの奥へと目を凝らし、カスパー・フリードリッヒ〔一七七四―一八四〇年。ドイツのロマン主義絵画を代表する画家〕の描く女たちは、無限のかなたを見渡す。(1)ある特徴が、かなたの美学を支配する。それがすなわち、内面性だ。

とはいえ、十九世紀の美で、それよりいっそう重要なのは、フォルムのゆるやかな逆転である。時代とともに、徐々に、「下」が、それまでとは異なる地位を獲得する。身体のラインは、以前より存在感を増す。ごくわずかずつ、服の「下にあるもの」が、からだとして意識されるようになる。二十世紀初頭、からだの輪郭が頑丈な拘束具から自由になり、ラインの明白な「シンプルさ」にゆだねられ、勝利するときまで。肉体の存在感は、より「全体的」になり、よりダイナミックで引き伸ばされた美しさへと向かう。顔は昂然と持ち上げられ、穏やかになる。それは、女性が、いっそう容認された仕方で、活動的に公けの空間に座を占めるようになったことを物語っている。

人体の構造的なラインが、より明確に見えるようになったことから、さらに、別の確信が生まれる。それは、欲望の告白である。例えば、ゾラ〔一八四〇―一九〇二年。フランスの小説家。自然主義小説理念を確立し、社会的歴史を描く『ルーゴン・マッカール』叢書を構想した〕の小説の悪魔的なヒロイン、ナナ(2)〔ゾラの小説『ナナ』の女主人公〕が持つような美しさと、それによって呼び覚まされる盲目的な力とが、突如として結びつく。そのせいで、美の記述は、またもや新たな言説の困難さと対峙し、新たな種類の無限へと運ばれる。それがすなわち、体験される欲望の際限のない激しさであり、神秘的とまではいかないにしても、曖昧模糊としたものであり、フォルムのみでは解明しきれない「磁力」である。

このように、美によって提供されるものは、徐々に定義しなおされる。それを如実に示すのが、十九世紀の、美しくなるためのこのうえなく独創的な手順である。以前は黙認されていたにすぎない技巧が、体系化され、大規模に普及し、正当化される。それにより、以前はおよそ考えられなかった「権利」が示唆される。すなわち、各人がそれぞれの美しさを獲得する権利だ。断っておかねばならないが、このような各人の美の取得は、美の技巧化と同じく、まだ純粋な理論の域を超えはしない。だが、それこそが、変貌する美を生む、原動力なのである。

第11章

ロマン主義の美

ロマン主義の美が、当初、行なったことは、身体のすばらしさの基準を増やすことだけだった。内面性、ひいてはその先の深淵にいたるまで、内奥の効果にいっそう熱心な注意が払われる。フォルムと輪郭にいっそう熱心な注意が払われる。からだに向けられるまなざしは、美の詳細な記述、指標、言葉を加えながら、明らかに豊かになる。

シルエットは変化する。貴族的な基準は放棄され、その結果、十九世紀初頭の身体的特徴に変化がもたらされる。以前にはなかったラインと動き、より実用的なスタイル、解放の宣言。確かに、まだ現実というよりも、夢想の域を超えはしないのだが。

目と無限

ロマン主義的鑑賞者は、みずから進んで、彷徨と思索の世界にさまよいこむ。そして、詩的ないろどり、「突如として暴露される、秘密の人生との驚嘆すべき対決[1]」に、身を投じる。衝撃は絶望となり、激高となる。『世紀の申し子』たちは、ひたすら夢をはぐくむ。おそらくは、フランス革命が変えられなかった現実に絶望したために[2]。かれらが惹きつけられるのは、「物思いに沈む」顔、「憂愁をたたえる目」を持った顔。あるいは、「夢見る視線[3]」で、この世を「凝視する[4]」顔だ。そうした顔に、以前よりもいっそう自由になった微笑が、つけ加わる。「もうひとつ別の視線、思索のひらめき[5]」である、微笑みが。

特に目は、この沈潜する意識との出会いを示唆する。極限とその衝撃を語る、新しい方法。目は、「無限へと開かれた窓[6]」なのだ。

上を見上げる、あなたの目が、天井を空にする。[7]

そのとき、顔立ちは、それまでとは異なる方法で想起される。内面性は、無限へと向かう。モルソフ夫人〔バルザック作の小説『谷間の百合』の女主人公〕をいっそう魅力的にしているものは、彼女の内面性だ。「口にされない考え、胸に含まれた感情、苦い水に漬けられた花がいっぱい詰まっているかのような、モナ・リザのように突き出した丸い額[8]」。ウージェニー・グランデ〔バルザック作の同名の小説の女主人公〕の魅力も、また然り。ウージェニーが「愛について深刻に考える[9]」とき、突如として美が花開く。ボーサン夫人〔バルザック作『見捨てられた女』の登場人物〕の魅力もまた同様で、その顔は「思考によって、さらに気高くなる[10]」。内なる力が、顔立ちに染み出るのだ。それとまったく同じものが、画家たちの描く卵型の顔から「放射している」ように思われる。コロー〔一七九六―一八七五年。フランスの画家。繊細な詩情に満ちた独特の画風で、風景画や肖像画を描いた〕の描く「真珠の女[11]」、クールベ〔一八一九―七七年。フランスの画家。リアリズムを追求し、日常生活をテーマにさまざまな作品を描いた〕の描く、セーヌ河畔の「娘たち[12]」。あるいは、もっとも顕著な例として挙げられるのは、プチパレ美術館所蔵の、アリー・シュフェール〔一七九五―一八五八年。オランダ出身、フランスで活躍した画家。神秘的な画風を得意とした〕の「カイヤール夫人[13]」だ。

変化は、鑑賞者自身にも起因する。とはいえ、その変化は、啓蒙主義によってすでに言及されたような、鑑賞者の感覚[14]よりもむしろ、見る者の意識に起きる。美の効果に出会ったとき、鑑賞者の意識に、突如として急激な変異が生じる。それは、モルソフ夫人をひと目見たときの、フェリックス・ヴァンドゥネスの体験でもある。「新しい魂、極彩色の翼の生えた魂が、幼虫である彼を切り裂いた」[15]。フェリックスは、自分を再発見する。ちょうどレナール夫人に出会ったときのジュリアン・ソレル〔スタンダールの小説『赤と黒』の主人公〕のように。「慎ましやかで、見る人の心にしみいるような、それでいて、下層階級には見られない、思索に満ちた夫人の美しさは、ジュリアンの魂に、これまで決して感じたことのなかった力を呼びさましたかのように思われた[16]」。美の効果は、もはや十六世紀のように、ヴェールに覆われていた神の存在をあらわにすることではなく、十八世紀のように、感受性をあらわにすることでもない。それは、自己をあらわにする効果である。内面の意識は、突如、美によって増幅される[17]。「崇高なもの」という、古くからの概念は、昔から、美をきわめて高貴なもの、あるいは偉大なもののほうへ方向づける、と考えられていた。それがここでは、ほぼ心理学的な再発見、私的空間の拡張、つまり内面の急激な自己の「拡張」として広げられた、内奥の感情になる。

このことから、次のことが認められる。それは、十九世紀の文化が、かつてないほど個人がみずからを開放した文化である、ということだ。その個人は、すでに、現代のそれに近い主体である。このテーマに付随して、日記が更新され、意識の移り変わりに興味が持たれ、エクリチュールにおいて「私[18]」が勝利する。ロマン主義的な感受性は、数世紀にわたってなされてきた、体験と交際術《ソシアビリテ》の成熟を明白に示す。ロマン主義的な感受性は、「内的世界[19]」を探査する。

技巧への讃美

物思いにふけり、夢想する顔。そうした顔は、特別な作業によっても、つくり出すことができる。顔の色の補正、入念に細工された白さは、十九世紀の初め、以前よりはるかにたやすく受容される。選択の自由が、明らかになる。「民主化された」社会では、各人が好きなように自分を用いることが可能になるべきではないか。これが完全に理論の域を出ない確信であることに間違いはないが、ファッション関係の定期刊行物では、敏感に意識される。王政復古と七月王政の時期、こうしたファッション雑誌はますます広く普及する。[20]ジラルダン夫人〔一八〇四―五五年。フランスの作家。夫は一八三六年に保守系機関紙『プレス』を創刊したエミール・ドゥ・ジラルダン〕は、一八三六年から一八四八年にかけて、定期的に機関紙『ラ・モード』に寄稿し、同様のことを表明する。すなわち、「自ら望んでなる[21]」美しさと、「意図しない」美しさとがある。自ら望んでなる美しさとは、別の言い方をすると、知性と知識でできた「社会的な[22]」美しさである。このような、作業された美しさのほうが、何もせず、自然発生的「すぎる」もうひとつの美しさよりも、はるかに重要で、貴重なのだ。「自分を美しいと思う、この女性の容貌のほうが、何も考えずに美しい女性の容貌よりも、確かに、くらべものにならないほど感じがよい[23]」。ジラルダン夫人は、七月王政期のパリの大通りを散策し、ブティックを訪れる女性たちを観察しながら、次のように強調する。技巧、ファッションと化粧品の秘訣によって、必然的にある確証に導かれるのだ。すなわち、「美は進歩している[24]」と。そのうえ、ひとつの言葉が、重要性を獲得する。それまでは、いかがわしいとされていたにも関らず。それが、「おしゃれ《コケットリー》」という言葉だ。「おしゃれ」の巧妙さが魅力を強化し、女性の身だしなみを「かぐわしく」、「もっとも峻厳な美人に優しさを与え」[25]、単調さを破る手助けをする。おしゃれは、それまでは重く、過剰であった[26]「喜びに変化をつける」[27]ことができる。十九世紀半ば、『万人新聞《ジュルナル・プール・トゥス》』は、自己変革を「民主主義的」に呼びかける。誰にでも、自分を変えることが許されているのだ、と。「われわれは、完全に自由な時代に生きている。このような状況で、女性は、みずからの美しさに責任を持たねばならなくなった。もはや言い訳は通用しない（…）[28]」。

この断言は極めて重要である。というのも、かつてないほど技巧を正当化しながら、追従すべきモデルのテーマをも、かつてないほど刷新しているからだ。理想とは、もはや与えられるものではなく、獲得すべきもの。しかも、理想を「創造」することすら、可能なのだ。ガヴァルニ〔一八〇四―六六年。フランスの石版画家。当時の風俗を活写し、貧富の差を対照的に描いた〕を評して、テオフィル・ゴーティエ〔一八一一―七二年。フランスの詩人、小説家、批評家〕は、次のように述べる。われわれの「シルエットは変化している[29]」と。また、ボードレール〔一八二一―六七年。フランスの詩人、批評家。代表作『悪の華』は、のちの詩人に多大な影響を与えた〕は、『審美猟奇』のなかで、次のように述べる。「時代、流行、道徳、情熱[30]」が、美を指図する、と。自発性や「その日の気分[31]」、習慣によって、何もかもが、がらりと変わりうる。十九世紀の最初の三〇年間、『近代百科全書』は、早くも次のように断言する。「生活習慣は、美しさの判断に、微妙な差異を生じせしめる[32]」と。フランス革命によって人々は、突然、時間的な断絶の意識を抱くようになった。急激な変化は、不変の美、高圧的なモデルの放棄を助長した。革命を超えたところで、歴史は「ますますみずからを生みだすようになる[33]」。

一八五九年、ボードレールが早くも、「マキヤージュ[34]」という新しい言葉を採用したことは、なにも驚くに値しない。詩人は、化粧の持つ神秘的な力を強調し、これをスペクタクルやアートと同等のものと見なす。

その例としてとりあげられるのが、コンスタンタン・ギース〔一八〇二—一八九二年。フランスの画家。ボードレールと親交があった〕の描く女たちで、どの顔にも、弓型の線で縁取られた目、青く塗られたまぶた、くっきりした線で縁取られた唇が認められる。[35]どの顔も、色彩と線の人工的な戯れによって整えられている。「黒い縁どりは、まなざしをいっそう奥深く、奇妙に見せ、その目に、無限へと開かれた窓のような、いさぎよい風貌を与える。頰骨にさされた燃えるような紅は、眸の輝きを際立たせ、美しい女の顔を、巫女の持つ神秘的な情熱でいろどる」[36]。目の周囲は、はるかに入念に描きこまれ、しばしば「アンチモンのライン」[37]で、目尻へと引き伸ばされる。物質ははるかに多種多様で、ヘアブラシから歯ブラシにいたるまで[38]、こまごました道具が引き合いに出される。しかしながら、斬新さはとりわけ、化粧品に対する考え方にある。特に、化粧品の提案する、「自己を凌駕する」効果に。もはや幾分かの欠点を修正するだけではなく、「性的魅力」を深める、その効果。そしてまた、色気の持つ、周知の、そして明白な力に及ぼす効果。ボードレールにとっては、研究、熟考、技術を尽くしてつくりこまれた美しさが、「技巧とファッションという、まがいものの魅力を通して出現する、近代的な美」[39]を完成させるのだ。このような美しさは、各人が「自分をつくりだす」[40]ことを強いられる、近代性のもっとも重要な特徴でさえある。

紅やおしろい、ならびにその他の化粧品の消費は、時代とともに増大する。化粧品のゆるやかな上昇は、香水店のカタログに如実に反映される。一八三〇年頃、サン゠マルタン通りのディッセー・エ・ピヴェ香水店「花々の女王」のカタログに、五フランから八四フランまでの「小瓶入り植物性紅」[41]一式が掲載される。ちなみに、パリの労働者の日給は、十九世紀中頃になって、ようやく三フランに上がったご時世である。[42]その後、「製造元」シェルシェールは、「ありとあらゆる社会階層に」[43]「用途を広げる」ことを目ざして、一八五一年、一箱一フラン、半箱六〇サンチームの「ホワイトパウダー」と「ピンクパウダー」を大型ポスターで宣伝する。「家庭の香水店《パルフュムリ・デ・ファミーユ》」は、一八五六年、顔用の化粧品を、高級品としてではなしに紹介した、最初の店のひとつである。そして、「オー・ドゥ・トワレット、ポマード、コールド・クリーム、パート・ダマンド[44]」が、「通常の半値」で買える、と約束する。さらに時代が下って一八六八年になると、一八五〇年からアンギャン通りに店を構えていたエミール・クドゥレーが、サン＝ドゥニの「模範的蒸気機関工場[45]」で、初めて化粧品の大量生産を開始する、と発表する。

　化粧品は、十九世紀半ば、差異の微妙な原則を明らかにする。『レ・ミゼラブル』〔ユゴー著の長大な小説〕のファンティーヌのように、貧しさのどん底であえぐ者にとって、美しくなるための手段は皆無である。ただ「こわれた櫛」を使って髪を整え、「つかのま、おしゃれの幸福[46]」を味わうのが、身だしなみのすべてだ。若い娘たちもまた、「水こそ最高の化粧品[47]」という証言が重きをなし、化粧品を用いない。化粧品のくり返しの使用は、そのたびごとに必ず糾弾される。「今どきの若い娘たちは、ときおり、チョーク、スレート、粉末のお茶を服用し、肌の色を明るくする[48]」。その反面、紅やおしろいは庶民にも使われており、トロロプ夫人〔一七八〇―一八六三年。イギリスの小説家〕は、一八三〇年から四〇年にかけて、パリの通りで、頰に「薔薇色を巧みにつけた[49]」女たちを目撃する。また、一八四五年、ベルタル〔一八二〇―八二年。フランスの挿絵画家、写真家〕のポスターに描かれた、「いささか惨めな夫婦生活」の若い女性たちも、やはり頰を薔薇色に染めている[50]。化粧品の使用には、いまだにためらいと、おそらくは抵抗感がともなっていたのだろう。十九世紀半ば、このテーマに関して意見を求められたアミアン大司教は、教会の見解自体が分裂していることをとりあげ、あえて皮肉めいた態度をとる。「私は、この問題を完璧に解決できるほど研究しなかったものですから、よろしければ、その話は脇に置きたいと思います」[51]。「おしゃれ」という言葉そのものは、以前よりもすんなり受け入れられるもの[52]の、いかにささいな「おしゃれ」に対しても、いまだ警戒心を解かない農村世界では、抵抗は根強い。例えば、『労働者』のエピソードのなかで、「町帰り」のシドニーは、一介の農夫であるジュールの父親から、軽蔑をこめて次のように言われる。「あの子は身づくろいが大好きで、たいそうなおしゃれじゃ[53]」。ゆえに、極端な警戒心が発生する。実際、「おしゃれ女」たちの恋愛沙汰は、例外なく絶望的な結末を迎える。エンマ・ボヴァリー〔フロベール作『ボヴァリー夫人』の女主人公〕の結婚式に出席した若い女たちは、みんながみんな、「脂じみた髪を薔薇のポマードで、てかてか」させただけの、化粧をしていない自分たちの「赤ら顔」に満足していたではないか[54]。

一方、上流の集団では、目を黒く縁取る化粧法が用いられ、社会的な距離はますます広がる。一八六五年、コローの「中断された読書[55]」に描かれた、宝石をつけた女がその良い例だ。つるつるした顔、上がった眉、黒い睫毛の女は、十九世紀初頭の、墨で描かれた黒いアイシャドーを知らないまなざしにくらべ、いっそう鋭い視線を放つ。

さらに上層の集団では、眉は巧みに描き直され、まぶたには線が引かれ、目は長く引き伸ばされ、楕円形に囲まれる。一八五六年、ル・グレー〔一八二〇—八四年。フランスの写真家。ナポレオン三世の公式写真家となる〕が撮影した、ウージェニー皇后〔一八二六—一九二〇年。スペイン出身。ナポレオン三世と結婚し、一八五三—一八七〇年までフランス皇后の地位にあった〕の肖像写真に認められるように[56]。十九世紀半ば、化粧品は、まさしく「マキヤージュ」になった。もはや肌と色の補正だけではなく、フォルムと顔立ちにも、働きかける。巧妙な建築家のように、化粧品は、層と階を組み合わせる。まず乳液の白色が、「キャンバスの下地づくり[57]」として用いられる。これはのちに、ファンデーションと名づけられるようになる。次に、「肌の色を補ったり変えたりする[58]」ため、ピンクのパウダーがはたかれる。それから、「軽く湿した」筆でラインが描かれ、顔立ちが整えられる。このような化粧品は、「青ざめも、活気づきもせず、赤くなりもしない[59]」顔をつくるものだとして、数々の辛口の批評を浴びる。とはいえ、それが社会的距離を確定し、階級制をさらに深化させる。

「湾曲《カンブリュール》」と言葉

十九世紀には、全身のフォルム、そのしなり具合、その細部を言い表す言葉もまた、豊かになる。女性のシルエットを明示するリファレンスが、追加される。それが「湾曲《カンブリュール》」である。これは、「腰のくびれから臀部」に至る曲線に「すばらしい[60]」フォルムを与える、弓形の反りのことだ。この「湾曲」という、まったく新規な言葉からは、立ち姿を決定する表現がますます洗練されていることが、確認できる。この言葉からは、立ち姿に働く力とバランスとが、さらに深く掘り下げて分析されていることが、確認できる。女性の胴がさらに自由になるには、腰が引き伸ばされなければならない。腰はへこんだ曲線を描き、胴はからだを支え、しなやかさと縦長の線が強調されなければならない。その対象は、もはやドレスではない。ドレスはすでに、昔から、腰の曲線を強調している。必要なのは、人体構造としての湾曲なのだ。ヒップ特有の緊張感。その部分の筋肉と関節の戯れ。湾曲は自己主張し、それとわかるように、外にあらわれ出なければならない。「女のからだが、かぼそく、湾曲《カンブレ》していればいるほど、われわれは、腕の中に包み込みやすい[61]」。一八二〇年代、アレクサンドル・デュマ（一八〇二―七〇年。フランスの作家。多作で有名。代表作に『三銃士』、『モンテ・クリスト伯』）

が恋した若い女の美点のすべては、「大胆に開いた胸、湾曲した腰、燃えるような視線[62]」だった。

このテーマはありきたりのものとなり、バルザック〔一七九九―一八五〇年。フランスの小説家。人物再登場の手法を用いて、約九〇篇の作品から成る壮大な『人間喜劇』を完成した〕は斬新な比喩を用いて、次のように強調する。『金色の目の娘』の容姿の価値を、さらに高めるもの。それは、「湾曲した胴、競艇用につくられたフリゲート艦のように、すらりとした胴[63]」である。『イヴの娘』の容姿を「救う」のも、これまた湾曲だ。「娘は中背で太り気味だが、かなり湾曲しており、形が良い[64]」。湾曲は、ワルツを踊る女の美点ともなる。パートナーどうしが抱き合って踊る、初めてのダンスがワルツであり、当時は目新しい踊りだった[65]。「私の腕は、ふっくらとして湾曲し、よく動く胴に、巻きついていた[66]」。十九世紀初頭のファッション雑誌の表現を借りるならば、湾曲とは、単なる「胴体の特徴[67]」にすぎないのだが。

ここでは、湾曲は、まさに女らしさの美学の核心部分である。湾曲は、その美学に含まれる、もろさと優美さとをあらわす。力強いラインというより、むしろ空気のように軽々としたライン。湾曲は、動作の直接的な簡素さからは程遠いところにあり、ポーズ、装飾に味方する。威厳がありながら気どったイメージ。湾曲は、控えめな動きのなかに、へこんだフォルム、優雅さ、そしてそのなかに含まれる無力さをたがいに結びつけ、混ぜ合わせるのだ。湾曲は、啓蒙主義の発明した性的な差異、特に女性の骨盤に見られる、性的な差異の延長線上にあるのだ。すなわち、豊かなヒップ、明白な腰の外形。女性の人体構造は、かつてないほど女性と生殖力を密接に結びつけ、依然として明確に目的化される[68]。「男性の（骨盤の）構造は力強いイメージを与えるが、女性のそれは、その目的が出産とかかわりあいのあることを示している[69]」。こうしたイメージは強化され、医者、仕立て屋、そして旅行者の視線を方向づける。プリチャード〔一七八六―一八四八年。

イギリスの人類学者、医者。人間と地理的環境との関係を研究）は、「男と同じ形[70]」のヒップをしているからといって、ペシュレの女たちを不恰好だと評する。ドルビニー（一八〇二―五七年。フランスの古生物学者。調査のため南米を旅した）は、「胴のどこを取っても、まったく同じ直径をしている[71]」からといって、チキータの女性を醜いと考える。それに対し、ヨーロッパ人女性のヒップは、明らかに男性とは異なる「豊満な形[72]」をしている。このテーマは、ありきたりのものとなった。「（女性の）その部分は、肉づきがずっと豊かで、丸々しており、広がっている[73]」。「みごとな胴体[74]」は、フォルムと言葉という点から、豊かになった。要《かなめ》となるのは、湾曲、広い腰、細いウェストだ。

ブルジョワ的外形

湾曲やその記述以上に、重要なこと。言葉以上に重要なこと。それは、十九世紀になると、シルエットが逆転したことである。シルエットのバランスとデッサン。外形が、構築しなおされる。これは、まさに決定的なことだ。貴族的な身体のモデルが、くつがえされる。まずは、男性から。もはや「高貴な」尊大さを想起させる、突き出た腹、後ろに引いた肩ではなく、「ブルジョワ的な」毅然とした態度を連想させる、まっすぐで堅い胸部と、抑制され、絞られたウェスト。曲線的な外形であらわされる名誉ではなく、力強い胴体に見られる逞しさ。おそらくは、傲慢さよりも実行力を感じさせるもの。衣服においては、活動性が全面的に重視され、幅広になった胸部が、力強さと能力のしるしになる。十九世紀初頭とともに、何もかもが、がらりと変わった。何もかもが、例えば、新しく登場したルダンゴトを、伝統的なプールポワンから分離する。

安定、ライン、垂直性。巨大な折り返しのついた肩は、ぐっと広くなる。引き絞られた腹の上部に、張り出した胸がそびえる。ベルトの使用、特に、一八三六年の『家事辞典』が推奨する、調節のできる「バックルつき」[75]ベルトが一般的になる。上着の裾はしばしば裏打ちされ、なかに詰めものがされることすらある。ボリューム感とこわばりを出すため、「閉じた半球形のように丸い」[76]形につくられる。それに対し、胴体は厳しく引き締められ、あざやかなコントラストをなす。ウェストのところで引き絞られ、上に向かってラッパ形に開いた、ルダンゴトに象徴されるもの。そして、服から出現する胸部を過度に強調し、「マスター・ピース」[77]となったジレが象徴するもの。それは、「一人の男のジレを見せてごらん。そうしたら、それがどこのどいつか、言い当ててみせよう」[78]という言葉に要約される。ブザンソン美術館に収蔵されている、アングル〔一七八〇—一八六七年。フランスの画家。ダヴィッドの弟子になり、新古典主義を指導者と目された〕の「デスデバン」[79]を見るがいい。大きく開いた胸が服を明るく照らし、胸部が圧倒的な存在感を誇る。ヴィクトル゠ユゴー博物館にある、ドゥヴェリア〔一八〇〇—一八四年。フランスの版画家。初めてカラーリトグラフを製作した〕の「デュマ」もまた同様に、折り返しのついた異様に高い襟が、肩と腕の上にそびえている。[80]男性のシルエットは変化する。胸は極度に丸く張り出し、腹部はかっちりと引き締められる。[81]

変化は、女性のシルエットにも及ぶ。圧縮されたウェストの上にそびえたつ、広がった胸部。ドレスにはパニエが着用され、スカートはかつての広がりを取り戻す。大きくふくらんだ袖は、胴体の左右にバランスよく配置され、スカートは「つりがね型」となり、体の真ん中は「スズメバチのように細くくびれる」[82]。最後に、肩は以前より強調され、プリーツの中に埋まったヒップの上方に張り出す。一八三五年の『若者新聞』には、女性のさまざまなシルエットが一二体紹介され、そこには、いま挙げたような特徴が、誇張して描かれる。「夏の装い」も、「冬の装い」と同様に。革命を機に、従来よりあらわになったフォルムは、再びドレスのギャザーとひだのなかに埋没する。風紀は昔ながらの伝統を取り戻し、外見はふたたび覆いを身につける。衣服は輪郭を「裏切り」、おのれに従わせる。下肢は裏地、輪骨、ヘムの中に隠れ、どこにあるのかわからない。このような「巨大なドレスの膨らみ」[83]を評して、『ラ・モード』誌自体が、「ショックを受けた」[84]と述べる一方、美術学校の校長は、そこに、拡張と威厳とが戯れる、「美的な」[85]ラインを見る。その結果、胴体のボリュームはさらに増大する。一八三九年、「パリでもっとも美しい女性」[86]のひとりに名前の挙がった、ドゥ・オン夫人のまとう、「肩が極度に張り出した様式」の服。あるいはまた、一八三五年十月、『若者新聞』で取り上げられた、「スコットランド風と名づけられた下着ドレス」[87]。三角形が強調された胴着《コルサージュ》の肩幅は、ウェスト幅の倍以上ある。胸部は上に向かって開いたラッパ形となり、くびれたウェストの上に、肩がそびえる。

このような、胸を強調するための新しい方法について、こだわらなければならない。というのも、そこでは、筋肉と呼吸の仕組みが重視されているように思われるからだ。もっとも、服の製造業者は、そのことを服作りに適用しながらも、いっさい説明してはいない。とはいえ、十八世紀末、酸素が生命に及ぼす影響が発見されてからというもの、医師や生理学者は、筋肉と呼吸の重要性を次第に認識し、かつてないほど思慮をめぐらす。「胸が広ければ広いほど、肺は広がり、容量は増す」[88]。空気を多く吸引すればするほど、生命力が強化されるように思われる。突如として、肺は「モーター」になる。このエネルギー燃焼の原理を、ラヴォワジエ〔一七四三―九四年。フランスの化学者。燃焼の本質と酸素の性質を明らかにした〕の後継者たちは、一生懸命に説いた。「動物が体温を保っていられるのは、呼吸器に起因する」[89]。その結果、胸郭の幅が、突如として、一喜一憂の種となる。十九世紀初頭、胸幅が「極端に」狭いと、肺は「呼吸障害や息苦しさ」[90]に襲われ、結核になる、と数々の警鐘が鳴らされる。老人のシルエットに、そしてまた呼吸器の消耗のせいであると解釈される老人の生気のなさに、数々の警鐘が鳴らされる。老人には、「胸幅の拡張」など「ないも同然である」[91]と判断され、胸部の崩壊のイメージが形成される。さらに、虚弱さを測定するため、新種の計算が実施される。例えば、胸囲。ヴィレルメ〔一七八二―一八六三年。フランスの医師、社会学者。特に労働医学の創始者と目されている〕は、一八四〇年に行なった調査で、初めて検査用メジャーを用いて測定を行ない、工場労働者の子どもたちの胸囲が、極端なまでに小さいことを検証した。[92]昔から存在していたはずの「人体測定」という単純な行為は、突如として、曲面と立体に集中して向けられる。

　胸部が弱くなれば、それだけ生命力が逃げる。胸部の弱体化の影響が、測定され始める。逆に、胸郭のボリュームが増えれば、生命力は満ちあふれる。胸部の役割は、より強調されているように見受けられる。十九世紀、胸部への熱い期待が明確になる。もっとも、それについて雄弁に語るのは、仕立て屋よりも医者のほうなのだが。美しさは、発達した胸部が前提となる。

　十九世紀初め、科学技術はさらに、人体構造の精密な仕組みを刷新する。とはいえ、そうした発見は、実際の習慣にとっては、依然として、はるかに遠い目じるしであるにとどまる。ともかく、以前にはなかった「直立姿勢《スタシオン》」という言葉が、シルエットとそこに働く力を決定する。[93]直立姿勢は、生理学者と医者の、ありふれた研究対象となる。この言葉は、力を示唆する。筋肉と、その緊張。調整され、構築された全体。もっとも、同様の考えは、すでに啓蒙主義者たちの頭を漠然とかすめてはいた。この言葉は、運動の推進力の要求にしたがう、機動性を備えた身体を想起させる。さらに、この言葉は、人間を動物と同列に価値づける考え方を想起させる。種を対比させ、「それぞれのフォルムの特徴[94]」を確立し、動物としての「立ち方の原理」を研究すること。「形態学」はそこから着想を得て、「動くフォルムの学問[95]」となる。それにより、身体は、「筋肉の活動によって、絶えずバランスをとる長いてこ[96]」である、と説明される。ひとつの知が、最終的に形成された。姿勢を決定するもの。それは、筋肉の活動であり、支柱の緊張、ウェストの収縮、背中の伸びである。つまり、「腹部ならびに骨盤に関わるすべての筋肉[97]」だ。キュヴィエ〔一七六九―一八三二年。フランスの解剖学者。比較解剖学、古生物学に貢献した〕は、そのように強調し、垂直性の効用を明言する。またリシュフン〔一七七九―一八四〇年。フランスの外科医、生物学者〕は、「突き出た腹」の異常性について言及し、「直立姿勢[98]」を損なう障害である、と力説する。

　十九世紀初め、体操に関する概論が新たに執筆されるが、そのなかの人体図に見られる、突き出した胸、まっすぐな肩、平らな腹は、直立姿勢《スタシオン》についての教化が進んだことを示している[99]。効果が保証される体育、労働に注意を払い、産業に敏感な体育は、ここに至って初めて、一つの筋肉からもう一つの筋肉へと続く、動きの連続性を識別する。体育は、ここに至って初めて、頭の位置、脚の置き方、胴体の屈伸を矯正するための、一つの筋肉からもう一つの筋肉へと続く、局部的な運動を識別する。それにより、シルエットを規定する美の基準に、力と緊張の指標が加わる。クリアス〔一七八二―一八五四年。スイスの体操教師。バトン、ボール、リボン、縄などを用いて、リズミックに行なう体操を考案した〕は、体操の美的なリファレンスを強調して、「カリステニー[100]」と呼ぶ。その体操は、だいたいがひそやかな知識にとどまり、実践されることはほとんどない[101]。せいぜい、一八四〇年頃、若い娘を受け入れる数校の先進的な寄宿学校で、試みに取り入れられるくらいだ。とはいえ、十九世紀初めの版画、ならびに美容概論には紹介される。ひそやかな知識である体操から、顔面体操というものが考案される。一八四〇年代早々、シャルルマーニュ・ドゥフォントネー〔一八一四―五六年。フランスの作家、外科医〕は、「粘着タフタ」を用いて、糸を顔に貼りつけ、それによって顔のさまざまな部分を動かすという、手間のかかった仕掛けを考案する。これを使用すれば、顔の各部が引き伸ばされ、思い通りのフォルムに肉や筋肉がつく。こうして、カリステニーと並んで、「美の形成《カリプラスティ》」[102]も可能になるのだ。

「活動的な」女性、パリジェンヌ

十九世紀初め、また別の変化が、物腰とシルエットに、さらなる影響を及ぼす。その変化の対象は女性であり、女性の「新しい」自由、もしくは、新しいと目された自由である。そのことは、ある人物像によって示される。すなわち、絶えず批評と考察の的にされる、パリジェンヌという人種だ。この人物像は新しく、模範例としてほめたたえられ、「文明の典型[103]」であると考えられる。パリジェンヌは軽やかで、自信に満ちあふれ、田舎の人々の嫉妬を一身に集めながら、パリという都市のきらめきをいっそう輝しいものにする。パリジェンヌは、世界の逆転を象徴する。首都はそれまでのように、国王にそば近いことを理由に地方を支配することができず、もはや国王の目を体現することもできず、貴族の一派を代表することもできない。その代わり、今度は、政治的主導権、権力の坩堝であることによって、地方を圧倒する。[104]それとともに、人々の見る夢も変わる。ジュリアン・ソレルは、パリに行けば最新流行の美のモデルたちに出会えるはずだと確信し、「いつかパリの若い女たちに紹介してもらえるだろう、そして何か、みんなをあっと驚かせるようなすごいことをやらかして、そうした女たちの注目を集めるのだ[105]」と、うっとり夢想する。首都は個性的で魅力的な人々をつくる、とバルザックは請けあう。それに対し、「退屈な」田舎の生活のせいで「女の美しさは色褪せる」[106]。文化の地平が、ひっくり返ったのだ。人口が増大し、地方の反革命に打ち勝ち、ありとあらゆる種類の人々が集う、十九世紀初めのパリ。パリは政治経済の中心地として、また美学的、精神的な影響力の中心地として、賛美される。突如として「光の町」[107]となったパリに、模範と美とが集中する[108]。

その身体的な結果は、顕著である。まず、軽快と鈍重、活気に満ちた状態と麻痺状態との対比とが、あざやかになる。パリジェンヌは、田舎の無気力さとは対極の、動きの感覚と軽快感によって、重要不可欠な存在となる。「器用さとしなやかさ。それが、パリジェンヌのもっとも重要な二つの長所である」[109]。そのため、突如として、歩行が重要な特徴[110]になる。歩行はからだのフォルムをほのめかし、レースを怪しく揺らし、「黒い絹の長い衣服の下で戯れる、優美なからだのうねり」[111]を誘発する。これこそパリジェンヌだと、人を唸らせる特徴。それは「歩行の才」[112]である。人々の視線を集める、まさに「比類なき」[113]技。パリジェンヌはかつてないほど、足さばきの技術によって、自己主張をする。「兵士が剣を誇りに思うがごとく、パリジェンヌは脚を自慢に思う」[114]。流れるような動きを増すことで、より活気に満ちた都市空間に対応し、空に上るかのように軽々と足を運ぶ。歩行は、その人の全体的な物腰のしるしであり、美しさを誇示するための、活発で巧みな方法なのだ。

しかしながら、こうした物腰は、いっそう多くのものを示唆する。それは、平等というテーマにかかわる。一八三〇年の典型的なパリジェンヌ、いわゆる「雌ライオン《リオンヌ》」と呼ばれる女性たちは、活気と動きに満ち、活動と忙しさを貪欲に求め、美しさは平等というテーマの上に成立するのだ、と主張する。そうしたリオンヌのひとりに、『フランス人の自画像』のなかで紹介された、デュレネル夫人がいる。夫人は、「法律や風習によって男性に割当てられている、すべての権利と特権[115]」を女性にも与えよ、と要求するわけではない。彼女はひとえに、一般的に女性には禁じられている活動、自由な振る舞いと遠慮ない話しぶりを表に出せる活動を、女性にも分け与えよ、と要求する。すなわち、「優雅な男性がたしなむ快楽、しきたり、態度、疲労、物腰、悪癖、奇行、気品[116]」を。デュレネル夫人は、百種もの新しい活動に、すすんで身を投じる。射撃、フェンシング、競馬。水泳教室で水泳もすれば、新聞を熱心に読みもする。夫人は、自分は、女性のみが出入りする集いの外に出て行動しているのだ、と胸を張り、自分の行なう活動が「優美な動作や美しさに有利に作用する気晴らし[117]」となることを期待する。とはいえ、自分の姿勢や服装までを、根本的に変えることはないのだが。

当然のことながら、こうした活動はほとんどが絵空事にすぎず、実際に行なわれるよりも、むしろ夢想され、実現されるよりも、むしろ示唆されるにとどまる。女性は「非生産的」という、誇張されたイメージの延長線上にありながらも、こうした新奇な活動は、ひとつの確信を抱かせる。すなわち、文化的な見直しの展望が開けたこと、女性の社会的地位が変化することへの漠然とした期待だ。その一方で、事実や法律は、依然として女性を、「女であるという、ただそれだけの理由で」、支配され、「夫の権限のもとに」置かれ、「数種の契約や職務には不向きである[118]」と認められる存在にとどめる。その意味で、フレデリック・スリエ〔一八〇〇―四七年。フランスの小説家、劇作家〕の小説の登場人物、ヴィクトール・アマブの言説は、新鮮である。ヴィクトールはリオンヌの一人から決闘を挑まれるが、逆に自分の「仇」の「大胆な」行動、同等でありたいという意志、無謀さに、魅了されてしまう。彼は、相手の身体的な美しさがいや増し、その顔立ちが不思議と自信に満ちているように思う。その反面、みなぎる活力と、無視できない弱さとに気づく。そして、「本来の力以上の勇気を持った、か弱い存在に対し、自分は優しい憐憫の情[119]を覚えた、と打ち明ける。こうした「活動」の斬新さは明白だ。たとえ、その斬新さには、限界があるとしても。

ここで、こうしたリオンヌの幾人かは、人々の不安をいっそうかきたてた、ということをつけ加えておくべきだろう。そうした女たちは、境界線の侵犯者であると感じられ、あたかも「自分を美化して人の気に入られようとも、才気によって人を楽しませようともせず、大胆さによって人を驚かし、あきれさせることしか考えておらず」、「女らしい上品さを嫌悪」していると、非難される[120]。彼女たちの落ち度とされる点は、男性の価値観をあまりにもあからさまにとりいれたことなのだ。男装と戯れ、本来の性が持つ外見を放棄し、羞恥心や慎み深さを忘れること。バルベ・ドールヴィリー〔一八〇八―八九年。フランスの詩人、小説家。後期ロマン主義の典型的作家〕をして、「大仰で虫唾が走る[121]」と言わしめたジョルジュ・サンド〔一八〇四―七六年。フランスの女流作家。ミュッセ、リスト、ショパンを支援し、恋愛関係にあった。男性のペンネームで情熱的な恋愛小説を書き、若い頃は男装もしていた〕は、一時期、このように世間から揶揄された人物の代表格でもあった。こうした女たちは、男女平等が意識されていたことをあらわすしるしであったが、風習は、いまだそのしるしに対して、あからさまな拒絶反応を示す傾向にあった[122]。

さらにそこに、また別種の好奇心、すなわち社会的帰属と地位に向けられた好奇心がつけ加わる。それは、「序列の融合[123]」、「不平等の平等化[124]」、無名の人々が原動力となった革命が招いたと考えられる社会的混乱を、克服する試みだ。もちろん、ばかばかしい杞憂だと、一笑に付することもできよう。もしも、こうした危惧から、社会的境界線を引きなおし、ふたたび不均衡をつくるために、かつてないほど甚大な努力が傾けられなかったのであれば。隠されたものを見出し、追跡し、眺めるための、新しい方法。「上流階級の弔鐘[125]」が鳴らされたにもかかわらず、すでに身体に刻みこまれた社会的距離を、再び構築しなおし、定義し直したうえで、把握すること。

ゆえに、早くも一八三〇年代、「前社会学的」文学が誕生する。それは、タブローをつくりたいという夢であり、美学と条件に序列をつけようとする意志である。例えば、一八三〇年のパリを描いたという設定の、『百一の書』には、さまざまな女性像が陳列される。一八四〇年の『フランス人の自画像』も、あるいはまた一八四二年の、『大都市、パリの新しいタブロー』もまったく同様だ(126)。こうした文学テクストのなかで、さまざまなタイプの人間が羅列され、その姿が浮き彫りにされる。あたかも新進気鋭の自然学者が、動物の種を分析するかのように。あるいは旅行者が、初めて訪れた、遠い国の部族について物語るかのように。観察者は自らを探検家になぞらえ、実際の作者は分類学者のようにふるまう。言葉づかいまで探検家をまねて。「この美しい種（「非の打ち所のない女」）は、パリでもっとも暑い緯度、もっとも適度な経度を好み、リヴォリ通り一〇番地から一一〇番地までのアーケードに生息する。ブールヴァール沿いでは、パノラマ座赤道から、（…）マドレーヌ岬までの地帯を徘徊する(127)」。「お針子娘《グリゼット》(128)」については、「気どりのないざっくばらんな」態度の彼女たちは、「パリにしか生えない固有の花(129)」ではあるが、「どこにでも見られ、平凡である」と記述される。当然のことながら、ずらずらと続くこうした批評に、分類の原則はまったく働いていない。ただ、富と貧しさを想起させる原則以外は。例えば、ジャナン（一八〇四―七四年。フランスの作家、劇評家）は、パリの路地にミルクを買いに来る女中たちの長所を、女主人の身分に応じて区別する。女中たちの肌の色、「かわいらしい足」、「みずみずしさ(130)」などを。さまざまな社会的な素描を描きたい、という欲求が重要になる。それと同じく、版画のデッサンでも、人物像の多様性が、突如として重要になる。「ブルジョワ女」、「家主」、

「高級娼婦」、「女優」、「シルフィード」（空気の精のように、すらりとした華奢な女性）、「お嬢さん」、「ボヘミアン」、「貧乏人」、「卸売市場の労働者」(131)。さらに、そこに農婦が加わる。旅行者にとって、農婦の美の基準は、理解不能だ。例えば、バス・ブルターニュ地方での旅行者の感想。「赤ら顔で生き生きしているのが、美しいとされる。地域によっては、おしゃれな娘たちは額に油を塗って、てかてかにする」(132)。だが、こうした特徴を解説する、地方の人自身の声が採録されていることは、極めて稀だ。

一方、挿絵が、かつてないほどテクストと渾然一体となって、文学の新たなジャンルをつくりだす。そのいちばんの例が、一八四一年の『パリは博物館』である(133)。そこには、「雌ライオン《リオンヌ》」、「虎女《ティーグル》」、「女豹《パンテール》」などの人物像が戯画化され、版画家の巧みな手法で表現される。すでに大衆の人気を博していた版画本は、一つの分野を成立させる。それは、人物像の羅列、タブローとパノラマの技である(134)。それを容易にしたのは、新たな木版技術の開発である。なかでもジャン・ジヌー、トニー・ジョアノ(135)（一八〇三—五三年。フランスの版画家、挿絵画家）、さらにガヴァルニ、ドーミエ（一八〇八—七九年。フランスの画家、石版画家。辛辣な筆で庶民の姿を巧みに描写した）の版画では、描線は絶妙に柔らかくなり、人物の物腰や服装は活写され、「ロマン主義様式」に、特有の優しさと大仰さが与えられる。そのロマン主義様式は、書籍や出版物の製作が「機械化」されたことで、いっそう普及が進む(136)。ガヴァルニのデッサンでは、社会的モデルのさまざまな例が、美のモデルに変換されて、出版物に記載される。一方、ドーミエは、「社会主義者の女」、「離婚した女」、あるいは「青踏派の女」を、皮肉と辛辣さを織り交ぜながら描いているが、そこに女嫌いの気が認められることは否定できない(137)。

民主主義社会の新しさは、まさにそこにあるのだ。住んでいる地域、帰属する集団、身なりによって異なる、タイプのちがいについての、これまでよりもずっと鋭敏な意識。一致の逆。人の姿形や美しさを想起させる、新しい方法。いずれにせよ、パリジェンヌは、「社会のありとあらゆる階級に属しているのだ[138]」。パリジェンヌは、これまでになかった自由を約束する。その自由は、現実的な目じるしというよりも、想像上の目じるしであり、美しさと魅力に作用すると考えられるものではあるが。

ダンディと女らしさ

十九世紀初頭、男性の美しさが再検討されるには、このように、以前よりいっそう「活動的な」女性の美しさが、必要だった。例えば、それまで拒絶されていた脆弱さの出現。女性が自信とともに手に入れたものを、男性は粗暴さとともに失う。女性が力強さを表に出す、まさにそのとき、男性は優しさを全面に出す。女性が毅然とした態度を示す一方、男性は優しさを示す。これは、男性の支配力の低下を意味するのだろうか。男性の美は、穏やかなモデルへと向かっているのだろうか。「男らしい」フォルムが、突如として「やわらかく[139]」なったことの背景には、大なり小なり、この両方の意味が潜んでいる。

ロマン主義的モデルは、この点においていっそう研ぎ澄まされているように思われる。一八四五年の『パリの秘密』（フランスの小説家、ウージェーヌ・シュー（一八〇四―五七年）の代表作）に登場するロドルフの外見は、そうした変化を示唆する。「彼の整った美貌は、男としては美しすぎるように思われた。その眸は大きく、ビロードのように茶色く、鼻は鷲鼻で……[140]」。『人間喜劇』の主な男性登場人物の容貌には、いずれも、こうした優しいニュアンスの指標が認められる。マルセイは「若い娘のような肌、優しく謙虚なようす[141]」で、サヴァリュスの首は「女のように白く、丸々と[142]」している。マキシムは「美しい女と見まごう[143]」胴体をルダンゴトできゅっと「絞り」、ラファエルは「若々しい顔を品よく曇らせる」[144]。十九世紀初頭、男らしさは、古くからの美の基準のいくつかを、かつてないほど女らしさと共有する。おそらく、人々の気風から徐々にとげとげしさが消え、とりわけ権威の作用にゆっくりと変化が及んだのだろう。「平等」の世紀である十九世紀の男にとって、支配力を、情け容赦ない粗暴さに移し替えることは、もはや不可能なのだ。

とはいえ、力強さのしるしが後退したわけではない。例えば、『金色の目の娘』で「パリ一の伊達男」と言われるマルセイは、「猿の巧みさとライオンの勇気」[145]を併せ持つ。「優しく謙虚なようす」にも関わらず、「サヴァット〔キックボクシングのようなスポーツ〕や棍棒の荒技」[146]を会得している。『パリの秘密』で「復讐鬼」と化すロドルフは、「ほっそりとした体躯」、きれいな顔立ちをしながら、「とてつもない力」を発揮し、「鋼のような神経」[147]を備えている。このような優美さと力強さの混交を極限まで探求したのは、バイロン〔一七八八―一八二四年。イギリスの詩人。イギリス・ロマン主義を代表する〕である。ボクシング、水泳など、「獰猛な獣のような暴力」[148]で、間段なく身体を鍛える努力と、「繊細な」服装とを結合させる試み。イタリア旅行の際は、医者を同行させ、運動や食事についての指示をあおぎ、優美でほっそりした体型を維持することに腐心する。美学的な計画にもとづいた食餌療法を行ない、外見を磨く。バイロンの手紙には、そうした試みの進展のようす、取り組みの熱心さが、つぶさに報告されている。「私の健康状態について、知らせて欲しいとのことでしたね。運動と節制をした結果、私はちょうどいい痩せ具合です」[149]。ここでは、繊細さと頑丈さが勝利する。

さらに、非常に特殊な男性美の演出が、こうした側面全体と結びつく。すなわち、ダンディの美である。十八世紀末の英国で生まれた、新たな人物像。このダンディの美を奉じたバイロンとブランメル〔一七七八―一八四〇年。イギリスの伊達男で社交界の花形となるも、浪費のために財産を失い、負債のために投獄の憂き目に遭う。最後は貧窮のうちに没した）は、「外側」の自分を、アイデンティティーの中枢に据えた。ダンディは、エレガントであるために自己投資をする。「四六時中、自らの美の概念を養うこと以外の状態にはなく[150]」、自分をどう見せるかという技術を、真の技巧に変えてしまう。例えば、ブランメルは、それぞれ異なる仕事を受け持つ手袋製作職人を二人、理容師を三人、厳密な専門性にもとづく仕立て屋を数名、抱えていた。肝心なのは、もちろん「フォルム」だが、そのフォルムが「どんな状態」、「どんな様相を呈していても[151]」、完璧でなければならないのだ。

こうしたことから、状況と時代とが、明確になる。ダンディ像は、ただ粗暴さの再検討からのみ生まれたわけではない。フォルムを第一とする排他的な選択からは、幻滅がうかがえる[152]。つまり、新しい社会が約束した平等、英国のブルジョワジーないしフランス革命の掲げた平等は、いまだ地平線のかなたに展望されるのみで、「キャリア[153]」が開ける見通しもまた、単なる計画にとどまっている、ということだ。そのため、この「説明しようのない不安感[154]」が湧き起こり、新しい約束事が輝かしかっただけに、昔をなつかしむ思いが強くなる。ダンディにとっては、服装というものが突如として、「誰の力も借りずに、自分が自分でいられる唯一の領域[155]」になる。

おそらくは、極端なイメージかもしれないが、それでもやはり、十九世紀初頭の世界で、ダンディは象徴的な人物像だ。力強さと繊細さとが、頑丈さと弱々しさとが結びついた、男性の美のモデル。例えば、シーモア卿の場合。「パリでいちばん美しい二頭筋[156]」を持っていることを自慢する一方、ほっそりしてデリケートな服装、「まっすぐで引き絞られ、丈の短い衣装[157]」に細心の注意を払う。とはいえ、「美しい性」は、依然として、そして明らかに、女性のほうなのだが。

第12章

人体の勝利

さらに、いっそう顕著な変化が起こる。というのも、その変化は、美のシンボルそのものに関わるからだ。その変化は、女性のからだの輪郭が、徐々にあらわになることから生じる。世紀とともに、からだの「直接の」ラインが徐々に勝利を収め、それまでボディラインを覆い隠していた衣服は、本来のラインにそって造形される。女らしいフォルムが生き生きと動き出し、布すれすれまで迫り、ひいては、さらに後のことではあるが、からだの輪郭を布になぞらせる。「下のもの」が、一つひとつ段階を経て、「上の技巧」を征服する。そのため、十九世紀末になると、身体の美の基準は、大きく方向転換する。ヒップの存在感が強調され、動きは鋭く切りとられる。こうした変化は、身なりやファッションの次元のみで起こるのではない。同じくらい、いや、むしろいっそう著しい変化は、身体の美学にまで及ぶ。すなわち、さらにほっそりしたシルエット、「人体構造」にそったライン、より率直な身振りに。

プリーツの震え

一八四〇年代のパリジェンヌは、他のいかなる女性よりも、布を自分のからだに入り混じらせる術に長けているのだ。「かの女《ひと》は、その肌同様、まとう絹ゆえに、その髪同様、身につけるレースゆえに、愛される。(…)羽がハチドリのからだの一部であるように、レースは彼女の肩の一部であるかのようだ」(1)。この時代のパリジェンヌは、他のいかなる女性よりも、ボリュームを調整し、モスリンやローンを使いこなし、身体の美学を発展させ、服に生命を吹き込む術に長けているのだ。だが、こうしたことは、再度言わねばならないが、ゆっくりと段階を経て進展する。輪郭の美しさは、明確にあらわれるより先に、まず最初は推察されるにとどまり、衣服という境界線のあたりを、わずかにうろうろする。

鏡はおそらく上流社会で、より頻繁に用いられる。特に、丈が高く、上下に傾けるタイプの大型姿見がそうで、エリート階級の閨房で、より頻繁に見られるようになる。こうした鏡が、自分自身に向けられる視線を、以前とは異質なものにする。シルエットとその動きに対する、より鋭敏な意識。自己を観察するための新たな方法。一八四〇年の版画、「パリ・モード」と「斬新な高級ファッション」[2]の版画には、ドレスのドレープを仔細に調べ、姿見に自分を映して、全身の格好をチェックする婦人の例が、数多く登場する。『アルマンス』〔スタンダールの小説〕の主人公、オクターヴ・ドゥ・マリヴェールは、まわりに精巧な縁取り細工がなされた鏡を買いたい、と考える。ブルジョワジーの世界では、サンゴバン社のおかげで、こうした鏡が徐々にありふれたものとなる。「高さ七ピエ〔二・三〇メートル〕の鏡を三枚、自分の趣味に合うように、この居間に配置したい。鏡という、陰鬱で豪華な装飾品が、ぼくは以前から大好きだった[3]」。

ともかく、この一八四〇年代、服のフォルムは前とまったく変わらないのに、衣装の「小刻みの揺れ[4]」もしくは「震え」が求められ、服の動きに特別な期待が寄せられるようになる。ドレスは「風に左右に揺れ[5]」なければならず、「女性歩行者」は、ボードレールが指摘するように、「スカラップとヘムを持ち上げ、バランスをとる[6]」術に長けていなくてはならない。「しなやかに動く[7]」パリジェンヌのドレスと、「鈍重で[8]」もったりした田舎女のドレスは、あざやかな対比をなし、服の奥に埋もれたフォルムが表出しなければならない。それにより、美は等級づけられ、動作と敏捷さが積極的に評価される。たとえ、からだを覆う衣服のほうは、依然として膨らんだ形のままで、外側は「釣鐘型」のラインにデザインされ、楕円形の下半身の上に、動かない胸部が乗っているとしても。ここでは、布の生き生きとした動きのみが、求められる魅力をつくる。すなわち、隠れたかと思うと瞬時にあらわになる、「甘美で危険なフォルム[9]」を。

もちろん、膨らんだ衣服に対しては、女性から批判の声が上がる。「スタイルのよい幾人かの婦人からは、実際、広がりを抑えたスカートのほうが好ましい、という意見があった。だが、体型に難のある大多数の女性の意見が、勝ちを占めたのだ[10]」。シャム、ベルタル、ドーミエのカリカチュアでは、「極度なまでに」広がった衣装が、厄介な代物として描かれる。歩行者に突きあたるドレス。暖炉に触れて、焼け焦げるドレス[11]。滑って荷車の下敷きになるドレス[12]。それなのに、一八六〇年代になってもまだ、贅を尽くした「厄介な」代物がそのまま維持され、装飾的で、硬直した外見をつくるのに手を貸す。フォルムが、自由と同じくらい重要な課題となっている、まさにその時に。

とはいえ、当時のシルエットが、コルセットという制約なくして成り立っていた、と思ってはならない。コルセットの着用により、動きの自由は制限される。この物品が、社会階層のちがいを超えて広く使用されていたことは、数々の指標から確認できる。十九世紀半ば、フランスでコルセットの製造に携わる女工の数は八千人で、年間総売上高は一二〇〇万フランに達する。作られるコルセットの価格は、四〇〇フランから一フランと、それこそまちまちだ[13]。こうした実情は、アンジェルマンの版画から認められる。その版画には、パリの質素な屋根裏部屋で、女がコルセットの「紐を解く」光景が描かれている[14]。ドーミエの版画からは、パリで一番みすぼらしい店のショーウィンドーにすら、コルセットが陳列されているのが見てとれる[15]。コルセットは依然として、子どもには使用されないものの、成人女性には広く用いられる[16]。コルセットは、「美しさ」を保証する。こうした思いをあらわしているのが、ドゥヴェリアの版画だ。そこでは、ひとりの女が鏡の前で、古代の彫刻の湾曲した体のラインと、コルセットのワイヤーで締めつけられた自分のそれとを、心置きなく見比べている[17]。

とはいえ、ドゥベイの『結婚の衛生学』に要約されるように、コルセットに対する批判、特に医学的見地からの批判[18]は、次第に声高になる。この書物は一八四八年に初版が出てから、数回、版を重ねる。「コルセットは、自然に対する冒瀆だ[19]」。それでも、コルセットの使用は減じない。そこから、十九世紀半ば、外見を装飾品として固定し、女性のからだに束縛物を課す美学が、いかに旧態依然として受容されていたかが、明らかになる。「女性のからだに、だぶつき、たるみ、肥満がきざしたら、体型を維持するためにコルセットの着用が求められる[20]」。

唯一、コルセットのラインのみが、変化する。十八世紀末にくらべ、いっそう圧縮機能が増し、引き締めの対象は、ウェストと腰とに絞られる。一八二八年から一八四八年のあいだに、着心地を良くするための特許が六四件、申請される。それに対して一八二八年には、わずか二件の特許しか存在していない[21]。柔軟性の獲得が主要な課題となり、そのため、ありとあらゆる仕組みが考案され、さまざまなモデルの広告がファッション雑誌を賑わせる。「支持板なし[22]」、あるいは「縫い目なし[23]」、もしくは「鳩目なし[24]」のせいで、ずっと柔軟になったと謳うモデル。「端のない[25]」紐がついているため、もっと「扱いやすくなった」と判断されるモデル。「怠け者用[26]」パーツがついているので、使用する女性が「自分で即座に[27]」紐を締めたり解いたりできるモデル。もちろん、現物は、こうした宣伝文句よりも、はるかに散文的で、これまで使われていた型が、補強のために、横糸と縦糸が互いに交差し合う織り物に代わっただけのことだ。

むしろ、これまでの製品との本当のちがい、本当の区別は、仕立ての質にある。「きれいなフォルム」を得るには、「上手なコルセット職人」の存在が前提となる。『地方生活情景』で、ピエレット〔バルザックの『人間喜劇』に連なる小説『ピエレット』の女主人公〉は、プロヴァンで「いちばん上手な仕立て職人[28]」にコルセットを注文する。一八三七年に発行された『上品趣味《ボン・トン》』の編集者は、コルセットづくりの女職人は「保健学、メカニズム、さらには幾何学にも[29]通じていなければならない、と要求する。コルセットがすばらしい出来であれば、詩的な賞賛と賛辞とが、捧げられる。例えば、「蛇のようにくねる鯨骨《ワイヤー》の線」は、「風に揺れ動く若いポプラにも似た優美さ[30]」を想わせる、というように。

ヒップの出現

一八七〇年代半ば、フォルムと布とは、いっそう親密な関係になる。ドレスは「貼りつく[31]」ようにつくられ、衣服という容器は「鞘[32]」になり、鞘のなかのヒップの存在が明らかになる。マラルメ〔一八四二―九八年。フランスの詩人。象徴派の始祖〕は、当時のファッションを評して、過剰なものの「緩慢な排除」である、と主張する。腰をデフォルメする付属品が、変化の標的になる。「バッスルはなくなり、腰当ては消滅する[33]」。スカートを広げるため、長いあいだドレスの下に用いられていた、頑丈で古めかしい道具。いくつかの日記で、忌まわしい「異端審問[34]」の記憶になぞらえて、「足場」、もしくは「恐ろしいもの」と呼ばれた道具。

数々の証言によって明らかになるのは、美学の磁極が変化した、ということだ。例えば、一八七六年、地方出身の若い紳士、エドガーは、買い物にやってきた叔母につきそって、パリに上京する。そして、新しいドレスを着た叔母を見て、次のように語る。「自分の叔母が美しくて魅力的だということを、僕はつい今しがた発見したところだ。二〇年前から叔母を知っているのに、これまで、そんなふうに思ったことは一度もなかった」[35]。マラルメは一八七四年、「生粋のパリジェンヌ」、ラタッツィ夫人とブーローニュの森で出くわしたときのことを「奇蹟のような光景」だった、と反芻する。「からだにぴったりした裾引きの」ドレスをまとった、夫人の美しい姿から、「詩から得られるような、強烈な、それでいてはかない印象[36]」を受けた、と詩人は語る。

このような「下」の出現は、段階的に起きる。まず、からだの前面の部分があらわれる。その一方で、後ろの部分は、依然として高く持ち上げられ、覆い隠されたままだ。例えば、パリ・グランプリでのナナの装いは、次のごとくである。「ブルーの絹の胴着とチュニックは、体にぴったり貼りつき、ヒップは巨大なバッスルで持ち上げられていたので、膨らんだスカートが全盛のこの頃としては、大胆にも、太腿の形が露わになっていた[37]」。一八八〇年、『モードの小さな使者』のシルエットからは、日常空間においても、こうした変化がきざしていることが確認できる。前面はますます直線的になり、「バッスルで支えられたヒップは、ますます湾曲する[38]」。逆転が起こった。曲線は、前部の、欲望の導火線となる部分、すなわち太腿と骨盤を必然的に美に組みこみ、自らの存在を明らかにした。

しかしながら、第二段階として、ドレスの後ろ部分を持ち上げていた補正具が消えるには、十九世紀の終わりを待たねばならない。一八七六年、『モードの小さな使者』で評される「散歩の装い[39]」は、そのもっとも初期のタイプで、「実際、鋳型にはめたようにぴったりしている」。全体は「シンプルに[40]」なった。すとんとまっすぐに落ちるライン。あるいは、『気まぐれ』の言を借りるならば、「スカートのつくる直線[41]」。ほっそりした姿は「波打つように[42]」なり、チュニックは、「パルトー〔両脇にポケットのついた前ボタンの短いコート〕」あるいは「テーラードジャケット[43]」同様、ふたたび幅が狭くなる。いっさいがっさいが、「スマートな人」

には喜びを、「そうでない人には絶望」[44]を引き起こす。

とはいえ、こうしたカーブやスマートさが、今日のそれとはいかにかけ離れているか、ということを強調しておかなければならない。十九世紀末に求められる、ドレスの「貼りつき」、ヒップの丸みには、すべて、コルセットの補正が不可欠だ。そのため、コルセットのフォルムそのものが新しくなる。突如として目につくようになった骨盤のラインを圧縮すべく、コルセットのカバー力は増強される。「今日では、ドレスがきちんと合っていなければ、つまり、からだにぴったり貼りつくようでなければ、そのドレスは格好が悪い、ということになる。ドレスをからだに合わせる唯一の方法は、丈が長く、鯨骨《ワイヤー》のしっかり入ったコルセットを着用することである」[45]。輪郭が、以前よりも人目にさらされるようになった以上、補正具の助けが必要なのだ。女性の人体構造を引き締めるためには、あいかわらず、外からの支援や援助が前提なのだ。そのため、一八九〇年代以降、引き伸ばされた曲線のコルセットが、一般に普及する。「これまで以上に、もっと広い箇所をカバーできる、丈長のコルセットが必要だ。ワイヤーがもっと下の方、ヒップにまで伸びているようなものが」[46]。一九〇〇年、オペラ座のソプラノ歌手、グランジャン夫人が、「みごとなライン」の持ち主であるのは、お抱えのコルセット職人、ルグラン夫人のつくるコルセットが「夫人をそのように変身させた」[47]からだ。逆に、一九〇五年、『モードの小さな使者』に通信を寄せた読者が、自分のフォルムについて不平を洩らすのは、「適正なコルセットを着用していない」[48]からだ。

それゆえ、コルセットという物品が、人々の熱狂を掻きたてる。増える一方の特許。二十世紀初めには、ひと月に三件から五件の特許が申請される[49]。製造のほうも、常に右肩上がりだ。一八七〇年には一五〇万着が、一九〇〇年には六〇〇万着が販売される[50]。ブランドと品質をあらわすのに、あいかわらず似たような名前、似たような宣伝文句がくり返される。「人魚」というブランドからは「とんぼ」、「プラスチック」というモデルが、これを着用すれば「今流行のシルエット[51]」になれる、という謳い文句とともに発売される。「ペルセフォネ」を使用すれば、「びっくりするほどヒップが細くなる」[52]。「ソナコール」の製品は、極めて「衛生的[53]」だ。それぞれのモデルは、もはやバッスルが保証できないフォルムを出現させるかのように、腰の部分をすらりと引き伸ばし、湾曲させながら、古い規範を守る。それぞれのモデルは、特に、ドレスのひだを介して見えるようになったヒップの広がりを抑える、と主張する。突如として、視線にさらされるようになった人体の輪郭を、からだを包む覆いが彫刻する。

このコルセットという装置は、消失したバッスルを巧みに真似るかのように、かつてないほど強調された湾曲を重要不可欠なものにすることによって、からだについての、ある明確なイメージを導き出す。世紀の変わり目に発行された、すべてのファッション雑誌に、くり返しとりあげられるもの。それは、「腰の部分が屈曲した」からだである。絶えず引き伸ばされ、湾曲した腰。流動的な胴体は「S」字型にカーブし、女らしさをあらわす。サン・フランシスコ在住の贅沢な高級娼婦、ニール・キンベルは、このからだのうねりを露骨なまでに強調する。それを見ると、十九世紀末、このラインが国際的であることが判明する。すなわち、「尻と胸以外のすべてを引っ込める」[54]ライン。「S」字のリファレンスは、当時の挿絵やデッサンに頻繁に取り上げられ、ありふれたものになる。例えば一九〇三年、「上と下、あるいは流行の最先端を行く女性の幾何学公式。Sはシルフ〔空気の精〕のS[55]」と題された、ムニエ〔一八三一—一九〇五年。ベルギーの彫刻家、画家〕のデッサン。二十世紀初頭、極端なまでに強調され、極端なまでにコード化された、このカーブしたラインそのものが、からだの美しさなのだ。ジュルジュ・ルコント〔一八六七—一九五七年。フランスの小説家、劇作家〕

の小説の登場人物、ロリオルは、散歩の途中で、突然、目の前にあらわれた「豊満なヒップと柳腰の上にある、居丈高に張り出した胸[56]」のラインに釘づけになる。

　このテーマは主流となり、非常に重要となったため、人類学者によってとりあげられるようになる。彼らは、「南国の褐色の人種には、さらにはっきりとした湾曲が認められる[57]」と確信する。このため、人類学者は、体系的な人体計測を実施しようとするが、実現は難しいことが判明する。一八八五年、記念碑的な著作『人類学』のなかで、トピナール〔一八三〇―一九一一年。フランスの人類学者。人類学用の計測器を多く考案した〕は、「この問題については、すべてこれから手をつけなくてはならない[58]」と打ち明ける。一方で、解剖学者は、同じテーマを学問の対象に変換し、発展させる。実際、十九世紀末には「腰部曲線の形態学[59]」が、より体系的に研究される。例えば、シャルピーはこう結論づける。「女性のほうが腰部の脊柱が長く」、男性のそれとはちがい、いっそう湾曲していて「頑丈」である。男性の脊柱の角度が一五五から一六〇度なのに対し、女性のそれは一四〇度である、と[60]。ここでは、ほかでもない、科学そのものがファッションを追認する。

ほの暗い情欲

　こうした身体の新しい存在感、衣服すれすれにまで近づいたライン、視線に晒される輪郭が、一九世紀末に新たに出現した、また別の現象と交差する。すなわち、欲望そのものに対して、また欲望をほのめかし、告白することに対して与えられる、以前よりはるかに大きな自由。この点、ゾラのナナは、それまでと一線を画する。「大柄で美しく、すばらしい肉体[61]」は、かつてないほど「欲望の未知なるもの[62]」を激しく掻きたてる。「たいそうシンプルで、しなやかで、薄いドレス[63]」にぴったり貼りついた肉体という、ナナのくつろいだ姿を目にした数人の訪問客がとりつかれる、この「狂気[64]」。ナナからは、神秘的なパワー、不思議な磁力が発散する。この、美へと変貌する「別のもの[65]」を、ゾラは名づけることができない。「生命の匂い、女の持つ全能の力。大衆はそれに酔いしれる[66]」。十九世紀末、このエロス化された美は一般に普及する。芝居、カフェ・コンセール、ミュージック・ホールを席巻し、その基準は、版画や写真に固着される[67]。そしてまた、叙述にも。これ以降、ドレスと服があるにもかかわらず、全身が美に参与する。ちょうど、一八九八年の『女とマリオネット』に登場する、アンダルシア女のように。この女は、「しなやかで、全体的に長いからだを「表情豊かに」動かし、過剰なまでに感情を強調する。彼女は「脚で微笑し、上半身で話をする[68]」。

ある種の女たちは、他の女性が及びもつかぬほど、こうした魅力を発揮することができる。その魅力は、顔立ちの美しさだけでは説明できない。そうした魅力に最初に言及しようとしたひとりが、ゾラである。ゾラのすべての独創性は、ナナの引き起こす「熱病」を想起させ、それにこだわったことにある。しかも、研ぎ澄まされた欲望には、文句なく正当性があるかのように思われる。特に、その欲望の変化のありさま、強烈さが、「彼女の肉体に（…）つきまとわれ、離れられなくなった[69]」ミュファの幻惑に至るまで、余さず追跡され、解説される。性的魅力という地下の力をよりよく表現しようとする、その試みは、形成されつつある心理学以外の何物でもない。主体のごくわずかな解放、ごくわずかな自由の感情。それらが十九世紀末、快楽を味わい、快楽を要求する方法を、権利に、否、むしろ義務にすら変える。「もっとも高貴で、神聖な義務として祭りあげられる肉欲[70]」。そこにあるのは、同時に、表現の困難さ以外の何物でもない。美の新たな側面の発見が、突如として、定義不可能で限度のない極端に直面するとき、すべてを言い尽くそうとするのは、きわめて難しくなる。とりわけ、顔立ちは十人並みなナナという女を、他の女から区別するものを、どのように想起させればよいのか。欲望の言葉が近づこうとする、無限の神秘。そこにはまた、「社会を荒廃させて[71]」脅かす、女性という性に対する新たな畏れが見てとれる。ゾラが喚起する、ぞっとするようなイメージ。ナナは、男を魅了して骨までしゃぶりつくす「蜜に群がるハエ」であり、「社会を腐敗させる発酵素[72]」をもたらす。欲望を分析することによって、女の技巧に対する昔からの畏怖が、ふたたび呼びさまされる。奸智によって女は悪魔になる、という考え。その奸智は、ここでは、女が「生まれつき持つ」抗いがたい力として、引き継がれる。女の持つ、不安を喚起する力、暗い官能的な源泉が、男を破滅に引きずり込む。過度に細工された美しさは危険である、という伝統が、女性の劣位性を認める世界で、引き継がれる。女は男より劣っているために、いつ何時、監督者である男の手から、するりと逃げるかわからない。そういった感情が、定期的に湧き起る世界で。

このテーマは、ほぼ身体的といって差し支えない側面を示唆する。この、把握不可能な特質のインパクトを、パリのガイド本のあるものは、いささか下品な表現で、「女の体臭[73]」と名づける。ある種の記述は、それを、やや挑発的に、外見、腰、湾曲、髪の毛にひそむ「自然」に置き換える。なかでも特に、女が男に身をまかせることを想起させ、「ほどかれたウェヌスの髪の毛[74]」と評されるナナの髪。この最初の段階で問題となるのは、まちがいなく、男の快楽である。男の快楽は、美しい女が「主体」であり、「自由」であることよりも、「物体」、「モノ」であることを要求する。そして、視線を変化させながら、美しい女を貪り、不安に思う。

からだのある部分が、突如として、新しい力を獲得する。特に、髪の毛。親密さのしるしである髪の毛が、慎みと解放の際限ない戯れのなかで、ひそかに増殖する。ボードレールにとって、髪の毛は「帆、漕ぎ手、炎、マット[75]」を夢想させる。ゾラにとっては、過剰なまでの生命力を夢想させる。街ではシニョンに「まとめられた[76]」ナナの金髪は、競馬場では風に「なびき[77]」、しっぽり親密な場では「ほどかれて[78]」、豊かに流れ出す。それが「銀の洗面器の上で」解かれ、揺すぶられると、「長いピンが雨あられと降り、ぴかぴか光る金属にあたって、チャイムのような音をたてた[79]」。ふさふさと豊かで、重たげに「波打つ[80]」髪が十九世紀末、突如として、表現の重要な部分を占める。例えば、ゴンクール兄弟（十九世紀後半に活躍したフランスの自然主義派作家）の小説。「髪の毛の波[81]」が首を覆う、とある。トゥールーズ＝ロートレック（一八六四―一九〇一年。フランスの画家。盛り場の踊り子、歌手、客の姿を描いた）の油絵では、踊り子やモデルが髪を結う姿が描かれている[82]。また、アルフォンス・ミュシャ（一八六〇―一九三九年。アールヌーヴォーを代表する、チェコ出身の画家。宣伝ポスター、本の挿絵などを描いた）、ポール・ベルトン（一八七二―一九〇九年。フランスの装飾美術家。版画、装丁、陶磁器・家具のデザインを手がけた）、ウージェーヌ・グラッセ（一八四五―一九一七年。スイス出身の装飾美術家。日本美術から多大の影響を受けた）のポスターを見るがいい。房となった髪の毛が広がり、絵の余白にまで流れ込んでいる。これについて、一九〇〇年の雑誌は、次のように断言する。「髪の毛が多く豊かでないと、本当の美しさを備えているとはいえない[83]」。

裸体の「正常化」

欲望がこれまで以上に「容認」されたことと歩調を合わせて、十九世紀末、ヌードがありふれたものになる。だが、このように裸体が一般的になることによって、からだのフォルムのイメージは、さらに変化する。一八八〇年代早々、裸体はまず、見世物、ポスター、新聞に登場する。肉体は見世物となり、八九〇年代以降、『フランス通信』主催の舞踏会で「造形コンクール」が催される。もっとも美しい脚、もっとも美しい首、もっとも美しい胸の持ち主は誰かを決める、コンクール。[84] ムーラン・ルージュやカジノ・ドゥ・パリのレビューでは、シースルーの衣装がもてはやされ、カフェ・コンセールでは、ペチコートを「泡立たせる」[85] ダンスが盛んになり、版画には、ネグリジェがたびたび登場する。「スカートをまくりあげたり、肌をさらけだす行為、透明な衣服、半裸体の姿。そうしたものの全盛期だった」[86]。

こうしたイニシアティヴの裏には、「礼儀と偏見」[87] に挑戦しようという意欲が透けて見える。『世紀末』『パリ生活』、『フランス通信』に描かれるヌードは、戦闘と同じような紹介のされかたをする。例えば、一八九八年の『フランス通信』には、「一二年の戦い」[88] という見出しがつけられる。だが、こうした「放埒な見世物」[89] に不安を抱く、ジャーナリズムの抵抗や軋轢は、ここではほとんど重要ではない。声高に「助平文学」[90]「卑猥なる敵」[91] として非難する道徳家一派の反応も、ほとんど重要ではない。むしろ、こうした裸体の普及が、からだの表現にどのような効果を及ぼしたかについて、考察する必要がある。

その結果は、すぐにはあらわれない。最初の段階では、胸が均整のとれた曲面を帯び、ヒップが丸くなって腿に続き、腿はヒップの曲線を延長しながら、服装であらわされた「S」[92] 字カーブをなぞる。世紀末の「解放的な」トーンを帯びた定期刊行物においては、こうしたモデルが、あちこちのイラストに飛び火する。セミヌードの服装では、「上」「下」の膨らみが突出する。一九〇二年の『ラブレー』には、海水浴に来た観光客が撮影した写真のなかに、そのようなモデルが認められる。水着に包まれたからだのシルエットは、ヒップと太腿、胸と腕は丸く、ウェストはきゅっと引き締まっている。髪の毛はふわりと広がり、ひそかな合意を求めるかのような視線が、見る人の方へ向けられる。(93)そこから、次のような人物像が認められる。すなわち、あいかわらず「ぽきんと折れそう」なウェストを持ち、「淫らなもの」、「欲情を刺激するもの」をあからさまに示す人物像が。『全国挿絵誌』に記載されたプレジュランのイラストでは、そうしたモデルに、「瞑想(94)」という皮肉めかしたタイトルがつけられている。

その一方で、これら世紀末の通俗化された裸体に混じって、また別種のモデルが描かれる。それは、コルセットで強制された湾曲とはいっさい無縁の、ほっそりしたモデルである。腿の上部が細く、脚はいっそう長くなり、胴体はしなやかに引き伸ばされる。裸体は、コルセットのワイヤーがつくるカーブから解放され、より「自然な」姿となる。まっすぐな腰、なだらかなバスト。『フランス通信』に記載された、シュレ〔一八三六—一九三二年。フランスの画家、石版画家。あざやかな色彩で描いたポスターが高く評価された〕、リュネル、ローデルが描くイラストが、その典型的な例だ。そこに見られるのは、縦長のシルエット(95)、不可欠となった引き伸ばしである。クリムト〔一八六二—一九一八年。オーストリアの画家。ウィーン象徴派の代表的な画家〕やアール・ヌーヴォーのヌードに認められるもの。すなわち、ほっそりした腿の上で目立つヒップ、細く尖った上半身。歌手のイヴェット・ギルベール〔一八六五—一九四四年。フランスの歌手。初めは大衆劇場で女優をしていたが、端役ばかりだったので、カフェ・コンセールの歌手に転向し、成功した。トゥールーズ＝ロートレックは彼女の肖像を数作描いている〕が、自分自身のシルエットを見ながら発した次の言葉は、一八九〇年以降、そのもっとも顕著な例だ。「たいそう細く、たいそう長くてたいそう丸く、たいそうしなやかな首、華奢な撫で肩の肩は、胸はなく、（…）ヒップと、見るからにほっそりした、たいそう長い脚(96)」。イヴェット・ギルベールは、ラインに与えられた意味について、次のように強調する。「私はとにかく、そして何よりもまず、とても上品に見えることを望んだのです[97]」。

二十世紀初頭、ヌード、またはセミヌードのシルエットを見るかぎり、少なくとも二種類のモデルが併存する。そのうちひとつは、弓なりのライン、強調された腿という、エロス化された、カフェ・コンセール型の標準[98]。そして、もうひとつは、引き伸ばされたライン で表される、エレガントな社交界型の標準。そして結局は、後者が前者を凌駕する。

むきだしの夏の装い

十九世紀末、海浜での服装は、さらに湾曲の少ない方向へと向かう。海浜ではコルセットが着用されないため、冬のシルエットと夏のシルエットの差異は、いっそうあざやかになる。

十九世紀を通じて、海に対するヴィジョンには変化が生じるが、その歴史をここで詳しくとりあげるつもりはない。それまで行なわれていた温泉療法の習慣が、田舎での保養や海岸での遊びに移行したこと[99]、リラックスもしくは快楽の場として、海浜の人気が高まったことを断っておけば、十分だろう。服装には変化が訪れ、ごくわずかずつではあるが、からだがあらわになる。一八八二年、『優雅な生活』は、次のように断定する。「じきに、身にまとうものとしては、塩辛い波のせいで肌に貼りつく、フランネルの水着だけになるだろう[100]」。この言葉どおり、二十世紀初めになると、腿の半ばまでの丈の、ぴったりとしたチュニックが登場する[101]。

このときすでに、顕著な変化があらわれる。それは、海浜での美の基準として、脚が重要性を帯びたことに起因する。一八八〇年、ベルタルが執筆した海水浴の物語では、これから結婚しようとする男たちが、将来の配偶者について、次のように語る。「彼女はチャーミングだ。背が高くて格好がよく、文句のつけようのないすばらしいヒップの下に、かわいらしい脚が伸び、胴体は細くて頑丈だ[102]」。バルベックの海浜で、プルースト〔一八七一―一九二二年。フランスの小説家。一五年をかけて、二十世紀の記念碑的大作『失われた時を求めて』を完成させた〕がうっとり見とれるのは、目の前の「美しい脚、美しいヒップ、敏捷でずる賢いようすの、元気で落ち着いた顔、その美しいからだ（…）[103]」である。

さらに決定的なのは、服の中に首が埋もれ、湾曲した冬のシルエットにくらべて、ひとつながりの、流れるような夏のシルエットが、より重視されたことである。世紀末の海浜が、美の規範をつくり直した。ルベル〔一八六七―一九〇五年。フランスの作家〕は、このことを、かつてないほどの気の入れようで力説し、斬新さを強調しながら、驚きを表明する。「若く申し分のない美女たちから圧倒的な人気を博したのは、カジノのお祭り騒ぎよりも、海水浴だった。みずからの美しさに自信のない女性たちは、むざむざ危険を犯そうとはしなかった。物憂げでいたずらっぽく、情熱的な陰影に富んだ表情の女性たち。整った顔立ちをし、センスの良い着こなしが得意で、豪華な衣装をさりげなく身につける術に長けた女性たち。前の冬、魅力的だともてはやされた、これらの女性たちは、自分たちが鼻であしらわれ、無視されることに戸惑った。代わりにちやほやされたのは、名前からいっても、顔立ちや服装からいっても、さほど気品はないものの、がっしりして調和のとれた体つき、豊かな肉《しし》置き、明るい肌の、手と目を楽しませてくれるような女たちだった[104]」。「包み隠す」服の美学と「からだをあらわにする」服の美学との断絶は、決定的となる。一九〇五年前後の『モードの使者』のシルエットには、それがいっそう明白にあらわれる。コルセットから自由になったチュニック、直線のショートスカートを身につけ、すらりとした上半身の水着姿の女は、コルセットをつけ、うねうねした曲線、湾曲した姿で散歩をする冬の女と、あざやかな対照をなす。[105] ギブスン〔一八六七―一九四四年。アメリカの素描家、挿絵画家〕が『ライフ』のために描いたイラストの女たちも、また然り。海水浴の女たちは、腕を上げている。それまでにはなかった、自由な動作。首筋をさらけ出し、脚から背中までの輪郭が、ひとつながりになっている。ギブスンは一目で彼の作だとわかる、しなやかでのびのびしたフォルムの人物を創作した。活動的な服装をした若い女性、「ギブスン・ガール」。[106] その軽やかなポーズは、アメリカ合衆国で、熱狂的なブームを巻き起こした。「ギブスン・ガール」は架空のキャラクターではあるが、模範的人物像としてもてはやされる。その大成功のおかげで、ギブスンは、一九〇二年、新聞紙上で、キャラクターの架空の日常生活を掲載するという名目で、『コリエ』紙と、一万ドルという破格の契約を交わす。[107]

アメリカのモデルが次第にのしあがってきたことを物語っているという点で、これは決定的な例である。アメリカのモデルの、ヨーロッパへの普及。経済的成功と美学の成功との、かろうじて感じとれるほどの、かすかな一致。この一致は、一九〇〇年、パリで開催されたオリンピック競技を観戦した客たちが発した、次の言葉に要約される。人々は、アメリカ人優勝者たちについて、こう語った。彼らは、「新世界で形成された、若くてすばらしい種族」である、と。[108]

戦闘の解剖学

さらに、また別の文化が、新たなモデルにインスピレーションを与える。それは、体操の文化である。体育はその正当性が十分に認められ、いくつかのヨーロッパの国々やアメリカ合衆国の州と同様に、一八八〇年以降、フランスの公立学校でも義務づけられる。[109] 今日よく知られるように、実のところ、体育は複合的な文化であり、十九世紀にゆっくりと時間をかけて形成された。[110] そこには、身体測定とからだの効率性という、新しい世界が反映され、生理学のリファレンスに、機械、モーター、畜産学、自己訓練のリファレンスが混ぜ合わされている。体育は、鍛錬を編み出し、成果を定める。体育が複合的な文化である、もう一つの理由は、十九世紀後半、それが将来の種のフォルムに対する懸念を掻きたてたからだ。町の閉鎖性、子どもの労働、産業の制約がもたらす脅威。「種の衰退[111]」、「文明化された民族の退化[112]」への危惧。エリート階級が無尽蔵の教育学によって想像する、ありとあらゆる「脆弱性」への懸念に応えるもの。それが、体育なのだ。

身体は、種、民族、時間によってつくりあげられる。ラマルク〔一七四四—一八二九年。フランスの博物学者、進化論者。無脊椎動物の分類をもとに、よく使う器官は発達し、使わない器官は衰退するとして、用不用説を唱えた〕とダーウィン〔一八〇九—八二年。イギリスの博物学者、進化論者。『種の起源』を著し、自然淘汰説を樹立した〕は、このように説き、十九世紀の解剖学者はその言葉に従って、身体測定を一般に普及させた。一八八〇年代に出版された、ベルティヨン〔一八五三—一九一四年。フランスの犯罪学者。人体測定による犯罪者識別法を確立した〕、オヴラック〔一八四三—九六年。フランスの言語学者〕、ルトゥルノーの共著『人類学辞典』では、骨の割合、長さや身長の比率に関する数字が、数多く記載されている。この辞典の記述によると、白人の大腿骨が黒人にくらべて長いのは、直立歩行により適応しているからだ。また、白人の骨盤が狭いのは、直立姿勢により適応しているからだ。同様に、白人の撓骨《とうこつ》が長いのは、道具を扱うのにより適しているためだ[113]。白人は「文明の担い手」であるとする、こうした差別観を超えたところで、もっとも影響力のある数字が出現し、重要になる。一八七〇年代初め、すでにクトゥレ〔一七九六―一八七四年。ベルギーの数学者、天文学者、博物学者。統計を学問として確立した〕は身長と体重を区別しながら、身体のサイズに関する最初の統計を行なった。そして、その研究から得た、平均的な数値を報告したうえで、「胸の発達[114]」を最重要のしるしとして優先すべきだ、と主張する。「絶大な効果[115]」を発揮する体操を行ない、胸を発達させるべし。トレーニングを続けることにより、胸が成長するのは「確かな事実[116]」なのだから。そこには、燃え盛る炎で稼動する、エネルギッシュな機械のヴィジョンが反映している。この時代、肺の「炭火」は、モーターのボイラーと同一視される。それにより、肉体の正確な側面図で、胸がいちばん前に突き出していなければならないことが、かつてないほど強く示唆される。「胸郭タイプ[117]」と「腹腔タイプ」との対立。胸郭タイプには燃焼力があらわれるのに対し、腹腔タイプには筋肉とエネルギーの弱さがあらわれる。「身体を発達させるための体操では、胸郭の拡大こそが、もっとも重要な課題である[118]」。腹腔タイプの「たるみ」に、またさらに別の形態学的効果が加わるため、なおさら胸郭の増加が重要視される。それがすなわち、「下腹」の極度の欠乏によって引き起こされる、腰部の過剰な湾曲《カンブリュール》である。十九世紀末、解剖学者たちは、この湾曲に、「腰部の脊椎前湾[119]」という新しい用語を充てた。行き過ぎた腰のくぼみは、美しさよりも脆弱さのしるしなのだ。

そのため十九世紀末になると、体育的観点から見たとき、「現代女性の美の理想」は、不幸なことに、『完全に歪んでいる」[120]と糾弾される。「まっすぐに伸びているのが正常なからだ」[121]であり、姿勢を本来の体型と一致させる必要性が強調される。胸が前に突き出すだけではなく、腰もまっすぐにならなければいけない。コルセットによって強制された湾曲を矯正するため、さらなる鍛錬が考案される。それは、若い女性を「壁もしくは木、あるいは家具を背にして立たせ」、「そのまっ平らな表面に腰、背中、後頭部」[122]を押しつける、というものだ。その数年後、カリスト・パジェスは、「美容体操」について、躊躇することなく語る。その体操は、ひとえに背丈を大きくし、伸張するというもので、「脊柱の湾曲をなくす」[123]ための、極端な提言である。

体操については、二十世紀初めのファッション雑誌に頻繁に言及されるものの、おそらく女性読者自身には、依然として、ほとんど実践されない。その代わり、体操は新しいイメージを普及させる。それはすなわち、湾曲していない体型、「シンプルな」服装のイメージである。体操はもはや、一八五八年のピシュリー体育館でのように[124]、第二帝政期のワイヤー入りのドレスで行なわれはしない。一九〇六年のフィンク学校でのように、『美しくなるための技術』に登場する「しなやかな体操着」[125]で行なわれる。体操は、身振りと活動をありふれたものにする。体操は、コルセットの制約を受けた湾曲した体型にはおよそ不可能な、ダイナミックな動きのイメージを普及させる。

湾曲は、夏の水着によって消滅させられるだけでも、また「公的な」体操によって告発されるだけでもない。二十世紀の初め、いっそう私的で、個人的な意見によっても、手痛く叩きのめされる。特に、歪んだイメージとはいえないとしても、人工的なイメージを強制するものとして、女性たちは、曲線型シルエットを徹底的に槍玉に上げる。多くの人々の目に、女性の身体が湾曲しているのではなく、それまでにはなかった

「しなやかさ」と「直線」を伴ったものとして映るには、新たな活動、新たな自由もまた、必要だ。さらに、長いあいだ求められてきた「S」字型のシルエットが、突如として、窮屈でアンバランスなものとして映るには、それまでとは異なる、新たな女性のイメージが必要だ。二十世紀初めのコルセットと湾曲の終焉は、「装飾」としての女性の終焉でもある。気どった態度、動かずに凝固した振る舞い。ポーズをとり、同じ姿勢を持続させる。そうしたことが長いあいだ、自然で自由「すぎる」動作を、ことごとく抑えつけていた[126]。

二十世紀初め、さまざまなイニシアティヴが、「戦闘」によって美を広める。「女性の服装の改革」を日ざし、オランダ、ドイツ、イギリス、オーストリアの「婦人と医師」協会が寄り集まって、国際同盟が結成され、二十世紀初め、コルセット反対を表明する[127]。「家庭婦人同盟」は、一九〇八年、反コルセット・キャンペーンを推進し、「女性の自然な美のために。コルセットによる身体の矯正への反対」と題したパンフレットを二万部配布し、署名を集め、支援者の名前を公表する。

この運動は、二重の意味で独創的だ。ひとつは、女性のイニシアティヴによって行なわれたこと。もうひとつは、美に対する判断をひとつに結束させたこと。女性の立場からの証言には、日々の仕事と感覚とが反映される。「女性は仕事柄、座ることが多いので、そうするとコルセットに圧迫されて、苦しい思いをしなければなりません[128]」。そして、女性の証言は、日常生活と、自由とを指摘する。「まるで拷問にかけられているかのようにコルセットに胸を締めつけられると、一〇行も満足に書けたためしがありません[129]」。女性たちは「作業場、事務所[130]」での活動について述べ、「しじゅう屈曲[131]」を強いられるため、からだを動かすことができない、と訴える。コルセットは、からだに良くないだけではなく、障害となる。女性の仕事、ますます増える公的空間への進出。実際、一八六〇年から一九一四年のあいだに、事務所に勤務する女性の数は、九万五千人から八四万三千人に、つまり九倍に増える。[132] そうした事情が、おそらくはコルセットの告発に有利に働いた。コルセットに対する批判の声は、医師の側からだけでなく、女性の側からも挙がり、彼女たちはきっぱりとこれを拒絶する。「私はもう一五年間もコルセットを着用していません。そのせいで、歌の勉強はとんとん拍子に進んでいます。コルセットなど着けなくても、私はとても上手にドレスを着こなしていますし、友だちにも褒められるくらいです[133]」。

フォルムの観点からも、コルセットに対するフォルムに対する拒否反応は、きっぱり表明される。すなわち、曲がった服装、湾曲が生み出す、静止と結びついたフォルムに対する拒絶。特に、婦人服仕立て屋でドレスをつくるときに使われる木のボディは、腰の部分がえぐりとられ、輪郭が湾曲し、ウェストが絞られており、「グロテスクで馬鹿ばかしい[134]」姿でしかなくなる。求められるのは、新しい美しさだ。同時期、ポワレ（一八七九―一九四四年。フランスの婦人服デザイナー。独特の斬新なドレスを発表、一九〇六年、コルセットを省略して一世を風靡したが、第一次大戦後、メゾンは凋落した）が発明したような、美しさ。『イリュストラシオン』に描かれた、「直線的で胸がなく、すらりとしなやかな」美しさ。「素材に魂を与える[135]」かのような芸術作品。身体の「建築[136]」という新たなヴィジョンが一変させた、新たな美しさ。「私はたった一つの支点を利用することを学びました。それが肩です。ところが、私より以前には、ウェストがよりどころとされていたのです[137]」と、ポワレは強調する。歩行は、「束縛によって失われていた[138]」柔軟さをとり戻す。ヒップは、これまでよりずっと自由で明確になり、ラインは新たに描き直される。

第13章

美しくなるための市場

十九世紀末のこうしたヒップの出現は、ただモデルのみを変貌させるにとどまらず、習慣をも変化させる。とりわけ、痩身の習慣を。輪郭は以前ほど隠されなくなり、そのせいで、なおさら厳しく監視される。ダイエットや運動への言及は、ますます執拗になる。一八八〇年代になると、自分を細工することが、美しくなるための重要な原則として不可欠になる。例えば、『ボヌール・デ・ダム百貨店』〔一八八三年に出版されたゾラの小説〕に登場する、デフォルジュ夫人の極度の不安。夫人はライバルを前にして、からだの「肉づきが少々よくなった」[1]ため、最新型のコートが着られないことで、「絶望」する。

それだけではない。デフォルジュ夫人の狼狽もさることながら、その消費行動にも、世紀末、自分を美しくする習慣がそれまでとは大きく変化していることが、如実にあらわれている。美を第一の目的とする、ひとつの市場が創設された。「ビューティ・プロダクツ」、「ビューティ・ケア」という新しい表現。広告による、執拗な訴えかけ。「百貨店」を介した、より広い商品の流通。根本的に定義しなおされ、組織的に計画され、多様化された、製品とサービス。それは、もはや逆行が不可能ほど、しっかりと根づく。

「下」を細くする

わずかずつではあるが、人体そのもののシルエットは、衣服でつくられるシルエットに一致し、それによって十九世紀末、からだの手入れの計画が最終的に方向づけられる。年齢を問わず求められる、痩身の占い目じるしに、新たな目標がつけ加えられる。「下」は、それまでとは異なった存在となる。ある期待が表明される。ファッション誌の読者の投稿欄から明らかなように、女性たちは、「太すぎる〈と判断される〉体の部分を、細くしたい[2]」と願う。痩身というテーマの標的が絞られる。肥満は「女性」特有の奇妙な事象である、と考えられるようになり、女性の姿かたちは、男性のそれと比べて特殊化される。特に、以前にもまして、ヒップが言及されるようになる。目標は、「ヒップがぶ厚くならないようにする」こと[3]、もしくは「ヒップの発達[4]」および「ヒップとウェストの肥大[5]」の防止だ。十九世紀末、広告欄にますます頻繁に登場する「痩身」の宣伝も、このことを示している。例えば、カルディナ丸薬は「ヒップ、下腹、胴体を細くする[6]」と主張し、ギガルティナ丸薬は「顎、下腹、ヒップを細くし、胴体の痩身[7]」に効果的だ、と叫ぶ。

そうした宣伝文句は確かに、今日やかましく鳴らされる警鐘とは、まだ似ても似つかぬものだ。身体測定についての正確な説明は、ほとんどなされない。十九世紀末、学校や軍隊では、体重計、身長計、巻尺が、頑丈さや虚弱さのレベルを判定するものとして、わずかながらも用いられる反面、日常的な美学の世界においては、いまだ使用されない[8]。胴回りがセンチで、太り具合がキロであらわされることは、稀だ。女流作家アンドレ゠ヴァルデスは、いとも陳腐に、ひとりの女が定期的にダイエットをくり返し、そのたびに「太く」なったり「細く」なったり、「鈍重に」なったり「上品に」なったりするケースを紹介するが、そのなかで作者は、結果を数字であらわすことはできない、と断る。というのも、この女は「体重を量らなかった[9]」からだ。だいたい、十九世紀末の寝室や浴室の家具に、「体重計」は見当たらない[10]。イヴェット・ギルベールは回想録のなかで、自分のウェストは「五三センチ[11]」だ、と述べているが、これは特殊な例である。同じように、一九〇三年に出版された『婦人手帳』の記事が、次のような明確な基準に言及していることも、注目に値するものの、特殊な例である。「二十歳から五十歳までの人は、身長から一メートルを引いた数字と同じキロ数の体重があればいい、とされています[12]」。一九一〇年には、さらに新たな詳細な記述が見つかる。

ムーゼル体操法の広告は、次のように断言する。この体操を実践することによって、一週間で一キロ体重が減り、「身長に見合った体重[13]」になるまで減らすことができます、と。

その代わり、一八九〇年代になると、提案されるダイエット法は、以前よりいっそう多彩になる。とはいえ、より強いプレッシャーがかかるわけではない。その目的は、まだ体系的な痩身ではなく、むしろ「太らないこと[14]」にある。一八九二年の『エレガントな女性になるための挿絵入り百科[15]』には七種類の異なった方法が、一八九六年の『パリ生活[16]』には八種類、一九〇三年の『婦人手帳[17]』には一〇種類のダイエット法が提案される。議論は数字を交えて、詳細になる。例えば、体内で水分が蓄積されるのを防ぐため、ダイエット期間中には少ししか水を飲んではいけない、あるいは逆に、水がものを溶かす性質を最大限に利用するため、水をたくさん飲まなくてはいけない、など。オルステルは、二四時間のうちに五六二グラムの水をとるべし、と奨励するが、この数字は、エンヌブール、クルッツ、あるいはセーが主張した、一日に数リットルの水を摂取せよ、という数字とは、まったく噛み合わない[18]。だが、ここではそうした数字など、どうでもよい。重要なのは、こうしたテーマが以前よりいっそう頻繁に取り上げられ、詳細に検討されていること、そして、さらに厳密なフォルムの戦いが仕掛けられていることだ。もはや肥満だけではなく、例えば、単に「肉づきがよい」とだけ判断されるラインも、見過ごしてはならない。

なおいっそう重要なのは、下半身部分に向けられる視線の質である。特にヒップ、あるいは脚を吟味する視線。そうした部分の手入れ。それまでほとんど「とりあげ」られなかった部位が、突如として、観察され、触れられるようになる。特に、揉捏《じゅうねつ》法が、素早く痩せるための方法として期待を集め、そのためのローラーが考案される。この器具は、自分でマッサージのしぐさを行なう女性に、みずからの手でからだの造形のしぐさをしているのだ、という希望を抱かせる。だぶついた輪郭を「押し潰す」ための装置ができあがる。ボストン、ニューヨーク、そしてパリに進出したモラ社は、二十世紀初頭、頬の肉の垂れ下がり、二重顎、からだのあちこちについた脂肪をなくす、という謳い文句とともに、ローラーを販売する。そして、「美しさを保ちたい、理想の美に近づきたい、と願うすべての女性にとって、手放せない、まさに宝石のような品[19]」になるにちがいない、と宣伝する。フルール・ドゥ・フランス香水店は、「マッサージ用ローラー」のパッケージに静脈瘤用の針をつけ加え、商品の個人的な使用と多様性とをはかる。[20]この装置は明らかに、上流階層の消費者に向けられたもので、その独創性は、電化が可能な点にある。マッサージ用ローラーには、「直流電気」もしくは「間歇電流[21]」で作動するモデルも用意される。手動でマッサージを行なう場合でも、「振動性[22]」電極を装着することができる。この「電気震動[23]」が、胸をより引き締めるのだ。パリ在住のアメリカ人女性、エリナー・アデールは、二十世紀初頭、「ひととおりの美容術を自宅でできる[24]」装置を、一つのパッケージに納めて販売した。このパッケージの中には、特殊なバッテリーが入っており、それが「小さなグリップ部分」に電気を供給する。このグリップには「親水性コットン」が詰まっており、そのコットンを「局部用の薬剤[25]」に浸して用いる。この装置は、しわをとり除き、筋肉を蘇らせ、肌を刺激する、と宣伝される。「直流電気」と「間歇電流」は用途に応じて区別され、「しわ、静脈瘤、突起物、顔」の手入れには「直流電気」が、「肥満とボディ[26]」の手入れには「間歇電流」が効果がある。それよりもずっと入手しやすい製品、「いかなる財布の持主であろうと、つい紐を緩めてしまう」製品は、販売価格二五フランのローラーだ。「健康を蘇らせ」、「美を復活させる」、このローラー型マッサージ機には、「グリップ部分に電池とバッテリーが装填され」ており、一九〇六年、ポワッソニエール大通りの店で販売される。[27]このことから、電化技術が生活空間に浸透しつつあることが、確認できる。[28] このことから、二十世紀初頭、身体の美学が一新されることが確認できる。美しくなるための技術が広がるとともに、美に向けられる視線の範囲も、また広がった。脚、背中、胸をマッサージする機器が出現し、ローラーは、全身の表面がかかわっているかのように、からだのいたるところに転がされる。

ひそやかな、それでいて決定的な変化が起こったのである。「美化された」からだとは、顔の手入れのみ、あるいは全身の動き、痩身用バスのみが、ほどこされたからだではない。マッサージが、具体的かつ矯正的な手入れが、さまざまな部位の処置が、ほどこされたからだのことだ。第一の理想は、全体的な計画に基づく美を得ることだ。それは、技術や機械設備を用いれば、美は手に入れられる、という約束でもある。みずからに向けて行動を起こすことによって、その約束は叶えられる。

自己観察

十九世紀最後の一〇年間、特にひとつの物品が、ブルジョワジーの文化において、重要性を獲得した。その品物のおかげで、気づかぬくらい徐々にではあるが、それまでとは異なる観察のしぐさと自己矯正とが、なされるようになる。それは、姿見つきの箪笥である。この家具は、鏡とともに、趣味のよいアパルトマンの居間に、寝室に、書斎に、化粧部屋に、あるいは風呂場に、侵入する。ときには、数枚の鏡を組み合わせた三面鏡が用いられる。[29] 三枚の鏡に、いくつもの像を映し出し、着衣のシルエットや裸体を、正面、あるいは横から、よりじっくりと眺めるために。それは、美の概論の推奨するところでもある。「あらゆるサイズ、あらゆる種類（の鏡）を置くべきだ」[30]。鏡は、もっとも私的な空間の敷居をまたぎ、その内側に踏みこんだ。ここに至って初めて、裸体は、上から下まで、それこそ「あらゆる角度から」[31]眺められ、仔細に調べられる。

ある光景が、十九世紀末の小説やファッション雑誌に、何度も登場する。それは、全身を映すことのできる、足台つきの鏡の前で、注意深くからだを点検する女性の姿だ。ナナは、寝室に置かれた鏡でからだの輪郭を調べ、「喉のライン、ふっくらとした腿の膨らみ具合をじっと見つめる」[32]。ジュール・ボワ〔一八六八―一九四三年。フランスの作家。ユイスマンスと親しく交わり、女性崇拝の傾向があるオカルト色の濃い作品を執筆した〕の『心配する女』は、寝台の鏡で「脚がほっそりと伸びて」いるか、あるいはヒップが「前ほど尖っていない」[33]か、どうか、確認する。『パリ生活』のヒロインたちは、化粧部屋に閉じこもり、鏡の前で「ヒップの張りだし具合や、うなじの太り具合」[34]を、ためつすがめつする。まちがいなく新しい光景だ。それまで、大型の鏡は稀であり、あったとしても、せいぜい居間の空間に限られていた[35]。十九世紀前半の美容や身だしなみの教則本が想定していたのは、せいぜい上半身を映すだけの鏡、コンソールの上に置かれた鏡、顔と胸を映す鏡だった[36]。だが、ヴェロニック・ナウム゠グラップ〔現代フランスの人類学者〕は、こう問いかける。「自分のからだを見もせずに」、その細部を知りもせずに「生きることなど、果たして可能なのだろうか」[37]。こうした自己観察は、決定的なものとなる。それによって要求は先鋭化され、「痩せたからだが美しいとされる美学」[38]へと方向が定められ、身体測定が提案され、習慣と視線が研ぎ澄まされる。

世紀が進むにつれて、鏡つきの家具はますます普及し、豪華な部屋以外にも存在するようになる。変化を助長したのは、化学である。十九世紀半ば、硝酸銀と液体アンモニアを混ぜる手法によって、「大面鏡」の製造が工業化された[39]。大型の鏡はありふれたものになったが、それでも依然として、社会的な差異は存在した。例えば、十九世紀末の大衆紙、『プティ・ジュルナル』、『挿絵入り国民新聞』では、鏡といえば、ひとり分の顔しか映さない、寝室用の壁掛け鏡に限定される。(40) さらに顕著な例は、一八八一年に書かれたモーパッサン（一八五〇―九三年。フランス自然主義の代表的作家の一人。農民や小市民の日常生活を描きながら、人間の愚かさ、生活の悲哀を浮き彫りにした）の『農家の娘の話』の主人公、哀れなローズのしぐさだ。ローズは、ある下男と束の間の関係を結んで妊娠し、すぐに男に逃げられてしまう。そしてお腹のあたりが膨らんできたかどうか、不安な気持ちで調べるのだが、そのとき用いるのは、いつも髪を梳かすときに使う、割れた鏡の小さな破片である。(41) ここで、姿見つきの箪笥は、一八九三年、ボン・マルシェ百貨店で六五〇フランで売られていた、と断っておかなければ片手落ちになるだろう。当時、織物製造に携わる労働者の日給は、五フランあるかないかだった。(42) また事務員の月給は、九〇フランにも達していなかった。(43) 底辺の貧困層は、労働や仕事ができ、効率的に動けるかどうかという期待以外の目で、おのれのからだを観察することなどない。そういう人々も、着飾ることとくらいはあるだろう。だが、自分の身体を研究するまでには、いたらない。

その一方で、特権階級の人々は、自分のからだを仔細に研究する。からだは、それまではっきりと線引きがされていた、恥じらいの敷居をまたぎ、鏡の前で、その姿をあらわにする。新しい「技術」が、より人きな「自由」の獲得に一役買う。マリー・バシュキルツェフ（一八五八―八四年。ウクライナ出身の日記作家、画家。十五歳から日記を書き始めるが、結核により二十五歳で死亡。若い女性の心を赤裸々につづった日記は死後刊行されたが、家族の手直しが入っているため、原作に忠実な版が一九九五年より逐次刊行され、二〇〇五年に完結した）は、一八八〇年半ば、自分のシルエットを一箇所一箇所、残らず点検する。比較、そして調査。湾曲を疑いの目で眺め、その正当性をみずからに問いかける。「十三歳のとき、私は太りすぎていて、十六歳に間違われるほどでした。今の自分はほっそりしていて、フォルムが完全にできあがっています。しかも、すばらしいカーブを描いている。もしかすると湾曲しすぎかもしれませんが。あらゆる彫像と見比べても、どれも私ほどきれいなカーブを描いていないし、ヒップも私ほどは広くはない。それが欠点だと言えるでしょうか[44]」。

ここで、再度断っておかなければならないことがある。それは、人を美しくする新しい道具によって変わったのは、特にエリート層の私的空間だった、ということだ。とりわけ、ひとつの場所に注意が集中する。それは、浴室や化粧部屋といった、ひめやかな空間である。そうした場所で、いっそう複雑な美の手入れが、入念に行なわれる。十九世紀末、それらの空間に、新たに水が到来する。水道工事のおかげで「好きなだけ[45]」水が供給され、建物の各階に行き渡る。パリでは、ベルグラン〔一八一〇―七八年。フランスの土木技術者。パリに大規模な上下水道を設計した〕とオスマン〔一八〇九―九一年。フランスの行政官。第二帝政下にセーヌ県知事となり、パリで大規模な都市改革を行なった〕によって、水道工事が行なわれる[46]。水は、ブルジョワジーの住まいで、私的に行なわれるからだの手入れに、変化をもたらす。美の概論では、かつてないほど風呂へのリファレンスが正当化され、冒頭部ですでに、風呂の効果についての言及がなされるほどだ。豊かな水が、からだの外見がもっと美しくなるという夢を膨らませる[47]。

浴室もしくは化粧部屋も、さらに存在感を増す。それは、「自分だけの」空間の勝利だ。「人から見られない」場所。思う存分「美の儀式」に没頭できる場所[48]。一八九二年、スタッフ男爵夫人〔フランスの作家、偽貴族。一八八九年に刊行された『社交術』は、若い女性や貴婦人に向けた生活指南書で、ベル・エポックの上流階級の人々にとっての必読書とされた〕にとって、そこは「何人たりとも、たとえ愛する夫であろうとも、いや特に愛する夫だからこそ、足を踏み入れてはならない聖域[49]」だ。新たな要求が表明される。さらに「美しくなるために」、じっくりと時間をかけること。その作業は「自分ひとり」にならなければ、「効果的かつ決定的に」[50]行なうことができないしぐさだ。ひとりだけの場所で、「必要な手順を踏んで」、「顔のようす」を研究し、「まったく気兼ねせずに」自分を観察しなければならない。[51]それにより、習慣の変化、私的なものの確立が確認できる。そこにはもはや、昔ながらの「身だしなみ」の情景など、影も形もない。観客と手伝い役の侍女がいるなかで、何百回となくくり返されてきた、そのシーンで見られるのは、「上」を映す鏡の前でなされる、髪の手入れと白粉の塗布といった動作に限られていた。だが、いまや登場人物は、本人だけである。ひとりひそかに、全身を映す姿見の前で、化粧、風呂、からだの点検と確認といったしぐさが行なわれる。

百貨店は「女の殿堂」[52]

自分を見つめる視線と手入れの多様化は、依然として上層階級に限られ、しかも稀なくらいであったが、十九世紀末になると、そこにさまざまな美容製品がつけ加わり、より幅広く普及する。工業化が、商品の供給のあり方を変えたのだ。このことは、化粧品店の売上高ひとつからも、確認できる。一八三六年、一二〇〇万フランだった化粧品部門の売上高は、一八六六年、二六〇〇万フランになり、さらに一九〇〇年には、九千万フランにまで膨れあがる。[53]大規模な「美容市場」が形成されたのである。それによって、技巧というテーマはますます広がり、十九世紀末、構成された美のイメージはありきたりとなり、ファッションと慣習以外の場では、ますます規定がなくなる。

こうした枠組みをつくったのは、「百貨店」である。一八六〇年代以降、百貨店は、それまでの「新製品」

のビジネスのあり方を、完全に変革した。その実例は、ロンドンのホワイトリー、シカゴのマーシャル・フィールズである。百貨店は「薄利」[54]の製品を販売する一方、同じ場所で、それとは似て非なる上等の商品を紹介し、人々の購買欲をそそった。一八九〇年、ボン・マルシェ百貨店の来店客数だけで、一日あたり一万五千人近くにのぼり、そうした客のために、ドレス、コルセット、化粧品、香水など、二〇〇品目以上の製品が売られた。[55]確かに、このような販売方法は、さまざまな変化によって、可能になったのである。産業の急激な進展、工業化による製品の大量生産、定期刊行物に頻繁に掲載される宣伝広告、都市交通の発達、鉄道網の整備。売上高は、倍増をくり返す。一八七〇年の半ばに五千万フランだった売上高は、一八八〇年半ばには一億フラン、一九〇六年には二億フランに伸びる。しかもこれは、ボン・マルシェ百貨店だけの数字なのだ。[56]

「巨像」、「バベルの塔」、「おとぎ話の宮殿」、「魅惑的な怪物」[57]。このように名指しされた百貨店は、他に先駆けて、さまざまなものを一堂に集めて、きれいになりたい、お洒落をしたい、という願望を刺激した。女らしさの技巧が、人々の見える範囲に置かれたのである。女性の欲望を掻きたてて、消費させせよ。これが、十九世紀末の決まり文句となる。ゾラはボヌール・デ・ダム百貨店の支配人、ムレに、高揚した口調でこう言わせる。「女たちを、われわれの思う壺にはめるのだ。山積みの商品の前で心を奪われ、夢中で気も狂わんばかりになり、数えもせずに財布の中身を空っぽにするように[58]」。美しくなりたいという各人の期待は、満たされるであろう。ゾラは百貨店を描きながら、新しい教会のイメージを現出させる。ガラスと鋼鉄でできた大聖堂。かつての宗教的な熱狂は、欲望と美への投資へと、座を明け渡す。「信仰がぐらつき、教会は徐々に放棄された。以来、閑を持て余す人々にとって、百貨店が教会に代わる存在となった[59]」。

おそらくは、それが最初の消費の熱狂なのだ。ゾラは、そうした熱狂を描くことで、近代性の素描を明るみに出すのだ、と主張する。消費の熱狂は、「からだ、美、おしゃれ、ファッションへの信仰[60]」に変わる。それはまた、ビジネスの最初の装置でもある。そこでは、美しくなるための膨大な商品が、ほぼ画一的な方法で提供される。一九〇〇年のパリ万国博覧会の会期中、ボン・マルシェ百貨店は、自社の店舗を「パリでもっとも人々の耳目を集める名所のひとつ[61]」として紹介し、通訳と案内係が、訪れる客を迎え、商品の解説を行なうサービスを実施する。

商品の画一的な提供方法は成功するものの、あたりまえのことながら、客は全員が全員、同じものを買うわけではない[62]。ジャック・オズーフ〔一九二八—二〇〇六年。現代フランスの歴史家。専門は十九、二十世紀〕の指摘によると、二十世紀のごく初頭に、田舎のコミュニティで「O嬢」とあだ名されていた若い女教師は、自分が身だしなみのために購入できるのは、せいぜい「香水のエッセンスの入った小びん」数本のみだ、と語る[63]。この教師は、クリームや紅、おしろいについては沈黙している。給金はあっという間に、家賃、食費、衣料費に消えてしまい、そうした品々にまで手が回らない。十九世紀末、パリの女工、ジャンヌ・ブヴィエも同様に、日々の暮らしのための出費をサンチーム単位で差し引き、「金に困っている」と打ち明ける。そして、女工仲間が「やれ手袋だ、やれ香水だと、こまごました身だしなみの品を買うために」、からだを汚しているのではないか、と疑う[64]。二十世紀初頭、若い女事務員たちも、ほぼ同じ経済的困窮に苦しんでいる。彼女たちを主人公にした珍しい小説には、「だらしない服装をして、安物の香水をつけた」女性従業員の姿が描かれている[65]。こうした状況に加え、さらに大幅な社会的差異が働く。ときとして、階層間の差異が激しいあまり、境界線の溝はまるで亀裂さながらで、欲望自体に著しい隔たりが生じる。一八八〇年、ディエップの娼家の女将、ロタン夫人は、「気品がありすぎ」たり、「あまりにも気取った」娘を住み込みで雇わないよう、口を酸っぱくして夫に頼む。「ごたいそうな階級の女を採用したりしちゃあ、絶対にだめだよ。ディエップの男どもは、そういう女には食指を伸ばさないんだから」[66]。ともあれ、下層中産階級の女性読者たちが出現する。彼女たちは、顔や髪の手入れ、化粧品、香水に敏感で、ファッション雑誌を定期的に購読する。二十世紀初頭の電話交換嬢は、「ファッション画」[67]から抜けだしたような格好の、都会の女家庭教師に嫉妬を覚える、と打ち明ける。だが、その彼女たちにしても、電話交換手が一列にずらりと並ぶ当時の写真を見れば、ぴっちりとした服に身を包み、よく手入れされた顔、巧みに結われた髪型をしている[68]。百貨店、なかでもとりわけボン・マルシェ百貨店は、「第三次産業に従事する労働者のあいだに、ブルジョワ文化を普及させ、かれらを中産階級の岸辺へと導いたのである」[69]。

美の大使と「スター」

さらに、こうした市場の力学に、非常に特殊なひとつのモデルが結びつく。実は、その市場自体もまた、版画や写真によって支えられているのだが。そのモデルとはすなわち、美とその普及に尽くすべく召喚された、美の大使である。例えば、世紀の変わり目に、劇と見世物の「貴婦人がた」が、ブランド品の長所を喧伝する。ランテリックの香水、ブロックの鏡、美容医療サロン、ポンスレのトローチ[70]。あるいは「素晴らしくエレガントなパウダー」[71]とたたえられた、サラ・ベルナール〔一八四四―一九二三年。フランスの舞台女優。晩年には初期の映画にも出演する〕のおしろい「ディアファァーヌ」。彼女たちは、広告文やサインで二重に補強された、みずからのイメージを商品にもちこむ。商品の決まり文句は、まだ洗練からは程遠い段階にある。例えば、化粧品店「ペルル」について、一九〇五年、コメディー・フランセーズの女優、バルデ嬢は、「びっくりするくらい、すばらしい[72]」パウダーを見つけたと言い、広告文に自分のサインを記す。こうした手法については、アメリカがヨーロッパに先行する。一八八〇年、サラ・ベルナールはニューヨークに滞在し、それによって「サラ・ベルナール製品」が数を増した。クリーム、香水入り化粧石鹸、ローション[73]。そこから判明することは、二つある。ひとつは、人々を取り巻く社会環境のなかで、女優の価値がゆっくりと上がったこと。もうひとつは、スターの世界、つまり大衆の模範となる人々の世界が、ゆっくりと構築されたことだ。一般大衆を、方向づけられた一団の消費者に変える力を秘めた、ほぼ職業的な偶像。美の大使を演じるのは、もはや単に、版画に登場する名なしの権兵衛、「非の打ち所のない女[74]」、あるいは「ハイ・ライフ」の貴婦人ではない。威厳がありながら親しみやすい「アーティスト」。雑誌や写真で、すぐにこの人だと識別できるモデル。それが、新しい美の大使だ。彼女たちは何よりも、自分の振る舞いを、うまく製品に結びつけられる女性である。そのため、香水店では、新しい決まり文句が用いられるようになる。「女優御用達の石鹸」、「女優御用達のローション」、「女優御用達のおしろい[75]」。二十世紀初頭、美容市場は、製品、モデル、イメージで武装をする。

「ビューティ・ケア」市場

ついに時代が二十世紀を迎えると、それまでにない施設が生まれ、よりいっそう統合された美のヴィジョンを確定する。その施設とは、「ビューティ・ケア」専門の施設である。このモデルはまだ誕生したばかりで、極めて稀ですらあるが、「ビューティ・ケア」という表現とひとつの職業を創出し、「ビューティ・サロン」というビジネスを提案する。それはすなわち、「コンサルティング」を行ない、「施術」、「からだと顔の、不完全な部分の矯正[76]」を実施するために構想されたサロンだ。アベヴィル通りの「ソシエテ・アテナ」、ブランシュ通りの「身体作用医療研究所」、ラ・ブリュイエール通りの「美容科学研究所」は、それぞれ一九〇四年から〇五年にかけて、パリで広告を出し、そのなかで受付時間と施術内容とを記す。ほとんどのサロンは、壁紙、絵画、絨緞、鏡に贅を凝らした豪華な[77]雰囲気の空間で、当然のことながら、選ばれた客たちを迎える。「エレガントで高貴な[78]」お客様のために、とソシエテ・アテナが請け合うように。ビューティ・サロンが用いる手段からは、新たなアプローチが認められる。すなわち、施術は美しさを増強し、そのためのプロセスには機械設備が不可欠である、という考えにもとづいたアプローチだ。この点、もっとも示唆に富むのが、「身体的才能研究所」である。この研究所は、「温熱と冷却（水療法）、あらゆる形態の電気、光（白熱光と色彩光）、動き（体操、機械療法、マッサージ）」と、既存の技術をすべて動員する、と豪語する。その目的はひとえに、「あなた」を「きれいにする、もしくはそのきれいさを維持する[79]」ことにある。美の増強は、万人が利用できるとは、まだ言い難い状況にある。だが、持てる技術をすべて利用した、ビューティ・ケアの世界を出現させるのに十分なくらいには、受容されたのだ。また別の手段からも、二十世紀初期にもたらされた変化が認められる。それは、さまざまな化粧品が、それまでにはなかった「ビューティ・プロダクツ」という表現で、ひとつにまとめられたことである。クリーム、化粧品、オー・ドゥ・トワレット、石鹸、歯磨き粉、さまざまな用途のパウダー。それらの製品が、「新しい方法、新しい製品を用いて行なわれる、フェースとボディのケア」[80]という、ひとつの目的のもとに集約される。二十世紀初めには、キルン、クリシス、エステル、モラなど、さまざまなブランドから、独自の「ビューティ・プロダクツ」が発売される。そのいずれもが、雄弁に物語ること。それは、ここに至って初めて、全体の計画としての美、「トータルな」身体的世界としての美が、ビジネスとケアの目標となった、ということだ。

より広い範囲での身体の美学を専門とする職業が成立し、一連の新しい習慣と製品ができあがる。一九一〇年頃、こうした方向をもっともよく示しているのは、おそらくヘレナルビンスタイン〔一八七二―一九六五年。ポーランド出身の実業家。十八歳でオーストラリアに移住。化粧品会社ヘレナルビンスタインを創業し、メルボルン、パリ、ロンドン、ニューヨークにビューティ・サロンを開設する〕であろう。ヨーロッパ・オーストラリア間の長距離ジェットセッターである彼女は、十九世紀末、肌色を補正するクリーム「ヴァラーズ」を発明し、その後、一連のビューティ・プロダクツを考案した。一九〇八年、ロンドンに最初のサロンを開設、次いで一九一二年、パリのフォブール・サン＝トノレ通りに店を開き、そこで製品を販売した。アメリカに出店したのは、そのあとである。その間、フェース・ケアにボディ・ケアが加わり、「スコットランド式シャワー」、「マッサージ」、「電気分解」、「水療法」[81]といったサービスが提供された。さらに、ケアのほかに、生徒養成のためのプログラムがつけ加えられた。一九一〇年代、ヘレナルビンスタイン研究所は、国際的なモデルを定着させたのである。

それ以来、全身の美に奉仕する職業が形成される。「エステティシャン」という職業。二十世紀初めの辞書には、まだ記載されていない言葉だ。しかしながら、サロンでは、すでにこの職業の働きが、大まかではあるものの、ある程度確定する。さらに、より専門的な職業が、そこにつけ加わる。例えば、ネイリスト。

一九一六年、ジラルドは、ネイスリトについての最初の概論をしたためる[82]。ひとつの市場が、創出された。専門職によって支えられる、十分な規模を持った市場が。そして、ついに二十世紀初頭、その組織のなかで、外科から枝分かれした、ひとつの部門が芽生える。その部門は、いまだはっきりした定義づけがなされてはいないものの、発明の点ではすでに注目されており、「醜さや変形を治す[83]」と主張する。一九一〇年頃、この外科部門は、鼻、耳、唇、頬の変形を矯正すると主張し、初期の鼻形成術の写真を普及させ、「自己形成術、移植、人工装具、そして特にラジウム[84]」といった方法を用いて、あえて「病理学」から外れるという冒険を冒す。間違いなく「新しい科学」である、この部門は、みずからを社会的な権利要求の帰着点であると主張し、対象となる顧客の範囲を極限まで広げようと、野心を燃やす。大規模な美学の修正が開始される。社会は、外見と肉体的条件は矯正可能だ、と夢想し、そのサービスと従業員に深く関与する。外科医は、刷新された技術によって、社会からお墨付きを得た、新しい使命をみずからに課す。「これまでは気にもしていなかった、からだの美学への願望を、人々は表明し始める。問題となるのは、もはやただの純粋なおしゃれなどではなく、個人の社会的価値であり、生きるための闘争なのだ[85]」。とはいえ、一九一〇年代の外科が口にするのは、いまだに「修正」であり、自分たちは社会的な役割のみを引き受けているのだ、と語る。このころの外科は、次のように明言する勇気は、まだ持ち合わせていない。すなわち、個人的な快楽に奉仕することが外科の役割であり、その個人的な快楽こそが、集団にとって必要なものなのだ、と。

第V部

民主化された美?――一九一四―二〇〇〇年

身体の美についての、いかなる規定も不可能だ。今日、美の概論は、個人の好みと嗜好の上昇を敏感すぎるまでに感じとり、このように断言する。[1]固定された不動のモデルへの古めかしい言及は、かなり以前に消失した。身体の美は、もはや単なる顔立ちの美しさにとどまらない。全体的な物腰が、個人が自己のアイデンティティーを確定する手段となるのだ。美しさと、そして美しくなるために求められる手入れは、各人の生き方と切り離すことも、満足感と健康というテーマと切り離すことも、できない。それは、『『自分らしくありたい』という抑えがたい欲求、『自分自身』と周囲の環境の調和を感じたいという欲求[2]」に応えるものなのだ。行動の強烈な心理化は、身体の美と自己認識とを、いっそう緊密に結びつける。

同じく、非常に重要なこと。それは、一九二〇年代とともに始まった、ある急激な変化が、今日の「矢のようなシルエット[3]」をもたらしたことである。それにより、「際限なく伸びる脚と、つる草のようなからだ[4]」が賞賛を得、「安楽さとまっ平らな腹[5]」の混ぜ合わさった、しなやかで筋肉質の人物像が推奨される。このことから認められるのは、不可避的に存在する集団的な規範と、そのインパクトである。個性化という図式は、それ自体、集団的規範のひとつの側面でしかない。活動的になる一方の身ごなし。いっそう色彩に富む化粧。保護され、人目にさらされる肌。それらは、個人的な主張の様相を呈する。その主張においては、よりいっそう新しい方法で、からだ自体が、みずからの自由を演出するのだ。このことから確認できるのは、美しさと満足感とが、重要な目的として結びついていることである。ますます強く求められる痩身は、社会的な期待に合致する。それはすなわち、効率性と適応性への期待であり、女性のからだに与えられる、新たな「自由」への期待である。

しかしながら、このような主体の明白な勝利が、個人のリファレンスと集団のリファレンスの結合を、さらに難解で、さらに複雑なものにしていることに変わりはない。美しくなるための日々の習慣に、失敗のテーマがつきまとう。美しくなれないケース、「何をやっても無駄」なケースでは、各人の責任がますます重きをなす。自己の外見と自由は、一貫して主体の責任に帰せられるようになり、美が手に入らないのは、主体に決意が足りないせいだとみなされる。満足感が唯一の、そして最終的な真実であるとして奨励されるとき、不満足感が生じる危険は、たとえそれが深刻にならないとしても、常に存在する。

第14章

「現代のシルフィード[1]」

二十世紀の美は、シルエットの変化から、すなわち、一九一〇年代から二〇年代のあいだに口火を切る「変身」[2]から始まる。引き伸ばされたライン、軽やかなしぐさ。脚は伸び、ヘアスタイルは高く持ち上げられ、高さが不可欠になる。一九二〇年の『ヴォーグ』や『フェミナ』に登場する人物像は、一九〇〇年のそれと、何ら共通点を持たない。「いずれの女性も、おしなべて背が高くなったかのような印象を与える」[3]。女性の姿は、花のイメージから徐々に茎のイメージへと[4]、「S」字型から「I」字型へと、移行する[5]。二十世紀初め、すでにかなり顕著であった、垂直方向への引き伸ばしは、「度を超すまでに」なる。

こうした垂直的な細さは、単にフォルムのみにとどまらない。極端な垂直性からうかがえるのは、ボディラインのなかに自立性をあらわすことによって、深いところからの女性の変化を示すのだ、という主張だ。狂乱の時代〔一九二〇年から二九年までをさす。第一次世界大戦後から大恐慌までに該当〕の雑誌には、無邪気にも、次のように記されている。「運動や活動に夢中な女性は、無造作で自由に満ちた、適度なエレガンスを求めているのです[6]」。無論、夢にはちがいない。が、その夢には、それまでとの決定的な差異、そして独創性とがあらわれている。

ラインと紡錘形

外見のこの画期的な変化について、こだわる必要がある。マルセル・プルーストの筆で描かれた、オデットのからだの詳細な「読解」。抑制された、それでいて情熱あふれる恍惚感。それは、一九一〇年から二〇年にかけて、女性のシルエットがどのような感銘を与え、いかにそれまでのシルエットをくつがえしたかを、端的にあらわしたテクストのひとつである。「いまやオデットの全身は、一本の『ライン』でとり囲まれ、ただひとつのシルエットに切りとられていたが、そのラインは、彼女の輪郭をなぞるとき、昔ながらのファッションにつきものの、うねうねした道、つくりもののへこみや出っ張り、錯綜する迷路、ちぐはぐで雑多なものを惜しげもなく捨てながら、一方ではまた、実際の人体のほうが過ちを犯し、ここかしこで理想的な設計図からはみ出して、無駄な曲線を描いているようなところでは、本来あるべき自然の形から逸脱している箇所を、大胆な一本の線で修正し、肉体と衣服に欠陥があるところでは、輪郭線の一部分をそっくり補正する術を心得ていた。詰め物や、あの醜悪な『バッスル』の『腰当て』は姿を消し、スカートからはみ出し、ワイヤーでぴんと張られたバスク風胴着もなくなったが、あの胴着は、これまで長いこと、オデットの腹に不自然な膨らみをつけ足し、まるで彼女が、いかなる個性も持たない、てんでんばらばらな部品でできているかのような感じを与えていたのだった。『フリンジ』の作り出す垂直線と、フリルに見られる曲線の代わりに登場したのは、人魚が波を打つときのように、絹を小刻みに震わせるからだのくねりであり、権威を失った古いファッションの長きにわたる混沌と、からだを覆い隠していた衣服から肉体が解放され、生き生きとしてバランスのとれたフォルムになって出現したいま、そのからだのうねりが、ペルカル〔目の詰まった綿織物〕に、あたたかみのある表現を与えているのだった」[7]。さらに、「引き伸ばされ」、上へと方向づけられた先細りの化粧とヘアスタイルとが、そこにつけ加わる。つまり、引き抜かれた眉毛、高い頬骨、そして、ひっつめ髪。一九二〇年代の雑誌は、これについて、次のように断言する。「頭のボリュームを減らすと、実際よりずっと若く、痩せて見えます」[8]。

ファッション関係の本には、「ライン」、「まっすぐ」、「シンプル」といった言葉が目白押しだ。すらりと伸びた縦型のシルエットが、身体のデッサンにとり入れられた。シルフィードのように長く伸びた脚が、手足の関係を変える。狂乱の時代には、「長くて筋肉質の腿」が、体系的に「細いライン[9]」と結びつけられる。ひとつのしるしが、このことを示す。それが、下半身の長さだ。十九世紀の雑誌では、長いあいだ、足先からウェストまでの長さは胴体の二倍に描かれていたが、いまや同じ雑誌でも、その長さは三倍である[10]。「縦方向への引き伸ばし[11]」が、あまりにも唐突かつ過激なため、ファッション関係者自身が首を傾げることもあった。例えば、『美しいあなた』は、このように問いかける。「ひとりの女性がファッションの言うなりになって、こんなふうに自分を醜くするとは、いったいどういうことなのでしょう[12]」と。

新奇なものに人一倍敏感なコレット（一八七三―一九五四年。フランスの女流小説家。代表作は『シェリ』、『青い麦』）でさえ、一九二〇年代に発表した『わがままな旅行』の中で、「紡錘型」女をけなしている。「ソーセージみたいにならなくてはいけないのなら、いっそのこと、ソーセージになってしまえばいい[13]」。とはいえ、この紡錘型のフォルムは定着し、やがて波打つようになり、当初の「幾何学的なそっけなさ[14]」からはだいぶ遠ざかりながら、最終的に、より軽やかな姿となる。そのことは、ヴァン・ドンゲン（一八七七―一九六八年。オランダの画家。のち、フランスに帰化。水夫や娼婦を多く描いた。あざやかな色彩でフォービスム派の一人と目された）の肖像画から認められる[15]。ラブルール（一八七七―一九四三年。フランスの画家、版画家）の風景画もまた然りで、一九二五年の「灯台の散策[16]」には、鉛直型の人物像が数多く見られる。あるいはまた、シャネル（一八八三―一九七一年。フランスの帽子・婦人服デザイナー）の服。シャネルの服を買うとき、女性たちは、「細身のからだを買う[17]」のだ、と言う。

このような女性のラインは、単なるイメージの戯れでもなければ、言葉の遊びでもない。両大戦間時代、それはひとつの意味を持つ。「女性の美しさは、文明の発達のもっとも顕著な兆候のひとつである。それを否定したところで、誰がいったい納得するだろう」[18]。フィリップ・スーポー〔一八九七—一九九〇年。フランスの詩人。ダダイズム運動に携わり、その後アンドレ・ブルトンとともにシュールレアリズムを創始〕は、このように強調する。女性のラインは、さらにその先を追求する。男らしさと張り合うつもりだろうか。あるいは、さらなる自由を手に入れたいのか。ラインの流動性が、その証拠だ。記述は解放を示唆する。そしてまた、広告も。確固たる足取り、引き伸ばし。ヴァリゼールの「下着」[19]や「ケスト」[20]のランジェリー、あるいは「フランスたばこ公社の葉巻やたばこ」が褒めそやす、ねじれたシルエット[21]。それらもまた、解放を示す。数年のうちに、すべてが、がらりと変わった。以前よりいっそう活動的になった外見からは、「新しい女」の姿が浮かび上がる。「権利を勝ちとったのだという幻想。少なくともコルセットを拒否する権利。大股で歩く権利、肩を楽にする権利、もはやウェストを締め上げなくていい権利」[22]。新しいラインは説得力に満ちている。たとえ平凡な毎日の生活のなかで、女性の解放の現実は、明らかにもっと複雑な様相を呈しているとしても。

ギャルソンヌ・ルック

このような急激な変化は、ギャルソンヌ・ルックに認められる。「ギャルソンヌ」という言葉を発明した、ヴィクトール・マルグリット〔一八六六—一九四二年。フランスの作家。社会問題に興味を持ち、『ラ・ギャルソンヌ』で一世を風靡した〕の小説[23]は、一九二二年から二九年にかけて、ミリオンセラーとなった。小説の女主人公、モニック・レルビエは、奔放な性の遍歴とタブー侵犯とを繰り返し、ブルジョワ階級の偽善を告発したあげくに、思いがけない落ち着きをとり戻す。『ラ・ギャルソンヌ』は、かってないほど、文化の動きを身体の美学に移し換えた。「それは、もはや本の題名というよりも、一つのタイプ、普通名詞ですらある」[24]。『ラ・ギャルソンヌ』は、すでに普及しつつあった外見と服装とを定着させた。すなわち、「長く伸びた」ライン、鋭い化粧、ショートカットの髪型である。

作者に対して公の軽蔑が表明されたこと、しかし読者の側からは大歓迎を受けたこと。その効果として、急激な変化が引き起こされたこと[25]。こうした事柄については、言い尽くされた感がある。とはいえ、「身体」の選択は、非常に重要だ。特にショートカットの髪型。ショートカットは次第に多くの女性たちに採用され、「一九二五年には、三人に一人[26]」が髪を短くしていた。髪型はボディライン以上に、からだのイメージを一新した。ショートカットの実用的な側面は、髪の手入れを簡単にし、重苦しく邪魔なものを否定し、流動的なもの、軽やかさを肯定した。髪を切るというしぐさは、時代を画するものだった。そのしぐさが誇示されただけ、余計に時代の変化を示唆し、「女性にとっての賛辞」にすらなり始めた[27]。それとともに、太古の昔から続いていた伝統もまた、形を変えた。つまり、髪の持つ神秘的な力、その秘密。人目を隠れて髪を結い、ほどくしぐさが。一九二〇年代、ビベスコ妃（一八八六―一九七三年。ルーマニア出身の女流作家。フランス語で小説、エッセイ等を書いた）は、ショートカットから受けた驚き、そして何故かはわからないが心を奪われてしまったことについて、次のように語る。「女なら誰でも、まだ年端のいかないころから、男を誘惑するためのもっとも確実で効果的な武器は髪の毛だ、ということを知っています。それなのに、完全に自由の身でありながら、しかも刑の宣告を受けているわけでもないのに、女たちがみな、ほとんど同時に、この武器をあきらめてしまうとは。いったい、どんな無言の脅しに屈しているというのでしょう[28]」。多くの人が「ひとつの時代が過ぎ去り、新しい時代に入った[29]」ような気がする、と打ち明ける。多くの人が、新しいファッションが成功を納めたことを認める。「コンパクトな髪型なしに、本当の美人はありえない[30]」と。

フランス北部のささやかな家の出の帽子デザイナー、フェルナンド・モレールの例は、こうした変化が広がっていることを証言する。この若い女性は二十歳のとき、つまり一九二六年に髪をショートにするが、堂々と両親の前で見せる勇気がない。そこで、三つ編みのつけ毛をつけて、夕方、帰宅する。しかし、それでもリール地方の人々の目には、彼女はギャルソンヌとして映る。それどころか、独立精神、結婚後も仕事を続ける決意、「子どもができる前に人生を謳歌したい[31]」という願いを持つこの娘は、「新しい女」そのものだ。だが、三つ編みのごまかしは、家族の前ではたいして長続きしなかった。冶金工をしていたフェルナンドの父親は、最後には娘の美学上の選択を認め、「今風の」娘を持ったことを誇りに思う、とさえ言った。新しいシルエットは、文化的な賭けだ。その成功は、大衆向け広告にあらわれているように、社会的なものだ。例えば、狂乱の時代の共産党新聞、『労働者』の広告に確認できるように。そこに登場する女性のイメージも、同様の変化を遂げる。もっとも農村社会は、そこからまだ、ほど遠いところにあったのではあるが[32]。こうした変化を如実に示す決定的なしるしは、一九三五年の『ユマニテ』のなかのポール・ヴァイヤン＝クチュリエ〔一八九二—一九三七年。フランスの作家、ジャーナリスト、政治家。平和主義、社会主義を奉じ、『ユマニテ』の編集長を務める〕の言葉だ。「おしゃれは必要だ。しかも、本質的に必要なものだ[33]」。

もちろん、外見は唯一の真実ではなく、現実をすりかえるものにもなりえた。「依然として根強く残る伝統的な規範[34]」、依存の古い仕組みを包み隠すことができた。例えば、女性の給与所得者は次第に数が増えているといっても、そのなかで、既婚女性はいまだに稀であった。一九三一年、アメリカとイタリアでは、既婚女性の一二パーセントが仕事に携わっている。イギリス、ドイツでは、それが一五パーセント、フランスでは三五パーセント。[35] フレール〔一八九一—一九五一年。フランスの女性歌手。二つの世界大戦間を風靡した〕、ダミア〔一八八九—一九七八年。フランスの歌手、女優〕、ミスタンゲット〔一八七五—一九五六年。フランスの歌手、女優〕、ピァフ〔一九一五—六三年。フランスの女性歌手。国際的な名声を得、多くの作曲家にインスピレーションを与えた〕など、両大戦間に活躍した女性歌手は、それまでの常識をくつがえすような大胆な態度をとりながらも、自分の恋人や夫への服従を告白する。一九三二年、グレタ・ガルボ〔一九〇五—九〇年。スウェーデン生まれの女優。初期ハリウッドの伝説的スター〕は、「お気に召すまま」のなかで、こうした従属関係を次のように要約する。「あたしなんて、つまらない女よ、何も持ってやしない。あたしを引きとって、あなたの好きな女に仕立ててちょうだい」[36]。家庭の主婦の理想像が、「かつてないほど揺ぎなく」、巷の名士、道徳家、医者から賞賛されているように思われる。[37]

　とはいえ、その土台は脆弱で、一九二〇年代になると早くも、こうした風潮を時代遅れだと考える女性たちが増えてくる。特に、若い世代。ジェラルディ〔一八八五—一九八三年。フランスの詩人、劇作家〕は、大戦後、それまでとはちがう振る舞い方をする新しい人種について、次のように記している。「戦争から解放された男たちは、故郷に戻ってきた。そして、多くの女たちの態度が、挑発的で短気で、あけすけであることに気がついた。(…)彼らの娘は(…)肌を露出し、化粧をし、気安い口をきき、(…)少年たちとたむろしていた」[38]。そのとき、狂乱の時代の身体のラインは、告知になる。それは、将来への呼びかけ、約束の様相を呈する。つまりは、独立のイメージ化だ。幾人かの女性たちは、こうした「野望」[39]を実際に実現し、その他の女性たちも、そのことについて考え始める。[40] ファッション雑誌は、緩慢なリズムで進む、こうした変化と歩調を合わせながら、エレガンスと活動的な生活、そして美と疲労もしくは仕事を対立させ、女性の日常が「二重の局面」に分かれていることを指摘する。「現代生活の典型的な特徴[41]」である、この二重の局面は、美しくなるための手入れと女性の職業とを密接に結びつける。ココ・シャネルは、自分は、「着心地のよいドレスを必要とする、活動的な女性[42]」のために働いている、と語る。一九三〇年代末、『幸福なあなた』は、女性は「めいめい」三種類の化粧を区別して用いるべし、とアドバイスする。つまり、「戸外」の化粧、「仕事」の化粧、そして「夜」の化粧の三つだ。[43]『フェミナ』は、「若い世代」に顕著な、新種の「スポーツ」、すなわち、「エレガントな女性でいながら、仕事をする技術[44]」を考案する。そこから、「一日中きれいでいるには、どうすればいいのか[45]」という、それまでにない新しい記事が掲載される。広告は、「ビューティ・ケア[46]」は「暇がないとできない、とする考えに対して、怒りを表明する。新種の雑誌には、「きれいになるために何をしていますか[47]」と問いかけられた「女性従業員」や「電話交換手」、あるいは「タイピスト」たちの、ひどく月並みな答えが掲載される。その反面、彼女たちは日々の営みで精一杯で、ビューティ・ケアなどできないのだ。とりあえず、既存の小道具が形を変えて登場する。それは、鏡、コンパクト、口紅、一日中いつでも使える香水、ハンドバッグ、さまざまなアクセサリーなどだ。出社時も退社時も、「働く女性」は「目にも快い[48]」存在でなければならない。それゆえ、「絶対に不可欠な」手入れが、新しいタイム・スケジュールに合ったリズムでできるように、考えがめぐらされる。「さあ！　起きて四、五分で支度しなくちゃ[49]」という具合に。つつましい職業、それは女性の活動の限界をあらわしている。美の基準が仕事と対立させられるとき、美しさと「多忙さ」は、ますます明瞭に混ぜ合わされ、急激な変化が生じる。「男のような生活を送りなさい、でも女らしさを失わないように[50]」と。

「戸外」での生活と美

このような美の基準のうちのひとつが、シンボルとして高い価値を獲得する。それは、「戸外」の活動によってからだに残される痕跡であり、外気、海、太陽に認められる強力な価値である。太陽の光はファッション写真で凱歌をあげ、広々とした空間は外見を活気づける。なかでも海浜は、もはや単なる舞台装置ではない。立派な環境だ。散歩する人が少なくなる一方、自然のなかにからだをさらけだす人がますます増える。洋服姿が少なくなる一方、水着姿がますます増える。[51]「太陽の日射し[52]」は、文学にも入りこむ。叙述は、以前とは異なった方法で、なされるようになる。例えば、一九三六年の『美しいあなた』に登場する、若い娘の描写。「彼女は大股で歩き、あたかも不思議な空気の呼びかけに応えるかのように、歩きながら大気を一緒に巻き込む[53]」。顔は、「ヴァカンスの記憶[54]」を連想させなければならない。からだは、「外気」を想起させなければならない。外気のみが、「本当の美しさを勝利に導く[55]」のだから。

こうした「戸外」のイメージは規範となる。それは、日焼けを賛美し、外界を室内の対極に置く。そして、女らしさと避難所の昔ながらのしるしを侵犯する。戸外のイメージは、外出という、伝統を重んじる娘のあいだでは、たいそう慎まれ、制限されてもいるしぐさを、優先されるべきものとして位置づける。[56]とはいえ、「外出」は、いたるところで認められていたわけではない。それは無論のこと、一九三〇年にピエレット・サルタンが描いたような商店街の「エスケープ[57]」や、シモーヌ・ド・ボーヴォワール〔一九〇八―八六年。フランスの女流作家、批評家、劇作家。サルトルの実存主義の同志として、人間の自由、女性の解放を積極的に主張した〕のえせブルジョワ的パリの町中の「エスケープ[58]」とは、なんら似ても似つかぬものだ。とはいえ、ピエレット・サルタンやシモーヌ・ドゥ・ボーヴォワールの物語もまた、征服の物語だ。両親、年長者に反対される勉強したいという意欲は、美しくなりたいという気持ち、もしくは「外気」への欲求と同じく、独立の感情を想い起こさせる。例えば、『美しいあなた』の一女性読者は、キャンピングを「若さと美を保つための大切な秘訣[59]」である、と考える。

それにより、からだとの関係、手入れの方法は、奥深いところから変化する。ヴァカンスが美をつくるのだ[60]。従来のアドバイスはくつがえされ、これ以降、「外気の化粧[61]」、「治癒力のある太陽[62]」、「脚と足を完璧にするため[63]」の脱毛が、提唱される。日焼けは、美しくなるために不可欠な基準となる。これは、「おそらく文化的な突然変異、あるいは少なくとも、その徴候[64]」だ。その一方、一九一三年の『フェミナ・ビブリオテック』の美容概論では、日焼けはいまだに「醜い[65]」しるしとして受け止められている。何もかもが、がらりと変わった。オペラ・コミック座の歌手、マルト・ダヴェッリは、一九二〇年代初頭、「太陽の賞賛を浴びる[66]」と称して、ビアリッツで日焼けを流行させた。その後、日焼けをすれば「美は急速に開花[67]」する、という原則が採用される。一九三三年の『美しいあなた』は、「太陽に焼かれた自然な肌色[68]」を推奨する。一九三〇年代、それまでとは一転して、赤褐色の肌が理想とされる。一九三八年、『コンフィダンス』の「人魚」の赤褐色は、突き出た頬骨と「マットな顔[69]」を演出する。モンテルラン〔一八九六—一九七二年。フランスの小説家、劇作家。肉体的快楽、スポーツを称揚した作品を書いた。第二次大戦後は、ナチス協力の廉で仮追放を受けた〕のスポーティな女性の肌色は、「明るい砂色、その背後にはとろける夢がかいま見える[70]」。ブロンズ色の顔は「目をいっそう明るく[71]」し、逃避の快楽を想起させ、内に秘められたエネルギーを、快楽を受けるからだのなかに蓄積するのだ。

宇宙論そのものが考え直され、戸外の基準によって検討し直される。一九三〇年代の広告には、ニベアの「太陽のクリームオイル」[72]、「太陽の琥珀」、「ブロンゾール」ローション、「日焼けどめクリーム」、「オリンピアル」クリーム、「太陽バルサム」が、次々と登場する。すべて、「合理的に褐色の肌になるため」[73]のものだ。一九三〇年代には、早くも、各ブランドは、むらなく日焼けできるように「カモフラージュ用ストラップ」[74]のついた水着を提案する。それに続き、冬も日焼け肌を保つにはどうしたらいいか、という議論がなされ、さまざまな方策が考案される。例えば、ヘレナルビンスタインが一九三二年早々に発表した、「日光風呂」[75]。そして、一九三五年に売り出された、アルピナ照明灯[76]。また一九三五年、市庁舎前の雑貨品店、バザールでは、「完璧な肌色」を約束する、「紫外線を放射する個人用の機械」[77]が発売される。

とはいえ、この「社会的なからだの表面への、メラニンの浮上」[78]は、単なる流行として片づけてしまえるようなものではない。それは、まず第一に、安楽さの処方である。それまでの教えは大幅に見直され、それにより、各人が人目を恐れず、快楽を追求しながら自己を改善し、より「美しくなる」ことが可能になる。からだの手入れに対する欲求は、かつてないほどの「放縦さ」を示唆する。その放縦さとは、つまり、『真の休戦』[79]を実施し、「日射しに身をさらし」、そこから「新たな魅力」[80]を引き出すことである。初めて大々的に発され、大衆レベルにまで発展した、近代的個人の宣言。くつろぎが、自分の外見、自分のための自由な時間を支配する。同時期、有給休暇[81]が登場したため、それはなお顕著となり、ある人々にとっては「幸福元年」[82]となった。

確かに、この二十世紀の初め、日焼けの実例は、まださほど多くはない。しかしながら、実例があること自体が、決定的だ。言葉は、快楽主義的なリファレンスを語る。劇的な変化、ますます遠くなる過去、戸外の空間と太陽による高揚感への本能的な確信。[83]「夏がフィアンセ」[84]、「野性的で激しい快楽」[85]、「青春真っ盛りの若々しいからだ」[86]。これら、夏をあらわすシーンはすべて、マック・オルラン〔一八八二―一九七〇年。フランスの作家、詩人〕によって、美化されたしぐさに変えられる。「かぐわしい夜、海を前にして、からだは、若く新しく生まれ変わる」[87]。

だが、この同じ一九三〇年代、当然のことながら、抵抗も存在する。一部の人のあいだには、日焼けに対する不信感が残る。一九三三年、『美しくなるための技術』のなかで、アルフレッド・ビッテルランは「日焼けによるシミ」に言及し、日射しを遮断するために、モーブ色もしくは緑色の日傘を用いるべし、と提言する。[88] さらに一九三五年、アレクシス・キャレル〔一八七三―一九四四年。フランスの外科医、生理学者。一九一二年、ノーベル医学賞受賞〕は、健康と種の問題を混同しながら、悪意のこもった曖昧な理由を掲げて、日焼けを断罪することを辞さない。「からだの表面に太陽の日射しを浴びると、どんな効果があるのかは、正確にはわかっていない。効果がはっきりしない以上、白人種は、自然光や紫外線に肌をさらす裸体主義や日焼けを、安易な気持ちで実施すべきではない」[89]。とはいえ、夏、日光浴で日焼けをする習慣は不可欠となり、それまでの衛生の伝統に、個人主義と快楽主義のニュアンスをもたらす。

数字を見つめる視線

活動的で日焼けした、セミヌードのからだの表現は、それまで持たれていたイメージに影響を及ぼす。すなわち、逞しさと痩身とを、入り混じらせる。そして、肉づきの効果に、筋肉の効果が加わる。『美をつくるもの。それは自在に動く、筋肉質のスレンダーなからだである[90]」。記述は、「紡錘形[91]」の輪郭を想起させる。この、動作を生む要因である筋肉は、女性のからだでは、それまで長いあいだ認知されていなかった。コレットは、ヴァンカ〔『青い麦』の登場人物〕が走るようすを、「ずぶ濡れの彼女は大柄で、まるで少年のようだが、縦長の目立たない筋肉のせいで繊細に見えた[92]」と記す。モンテルランは、ドゥ・プレムール嬢〔モンテルラン作『オリンピック』の登場人物〕が「陸上選手のような動作のせいで、様変わりした[93]」と記し、マック・オルランは、エルザ〔オルラン作『馬上のエルザ』の主人公〕の「丸々として筋肉のついた臀部[94]」に言及する。「活動」の「生理学的」なしるしが、初めて女性のからだに組み込まれる。それまで例外なく男性のものとされていた、「弾力的で[95]」、「鍛えられた[96]」、目に見える筋肉が。このイメージは、一九三〇年代の美容概論に、執拗なまでに、くり返し登場する。「ほっそりとしてスポーティブなシルエット。余計な脂肪のない、細くて筋肉質の手脚。活力に満ちあふれた、屈託のない顔。これが、現代の女性の美の理想である[97]」。「美しさとは、甘ったるい女らしさのことではない[98]」。一九三〇年代早々、シャネルはそう強調する。

　さらに奥深いところで、先細りの輪郭を持った裸体のリファレンスが、両大戦間、主要な基準となる。外見の真実としての「下」。「現代のラインは容赦がない[99]」。特に海浜、そして、からだの鋳型となる水着は、長所と短所を想像させる。「私の胸は、大きくて垂れ下がっているんです。背丈は一メートル七〇センチで、水着を着る勇気なんて、金輪際、持てそうにありません。もう絶望的です[100]」と、一九三七年、『美しいあなた』の読者は打ち明ける。一九〇〇年代の読者通信との決定的なちがい。それは、一九〇〇年代には、まだ顔と化粧が重要[101]であったのに対し、一九三〇年代の読者通信では、ごく詳細な点に至るまで、細いシルエットが重要である、ということだ。

読者は、数多くの疑問を投げかけ、自分の容姿を確認する。例えば、一九三八年八月、『美しいあなた』の読者は、あるテーマから別のテーマへと飛び移りながら、それぞれのからだの部位、裸体から衣服を着用した状態までを仔細に調べ、それを手紙の中で切々と訴え、報告する。「私は、肩とヒップの幅がとても大きいんです。鏡で背中を眺めると、この肩とヒップのせいで、太りすぎに見える。実際は痩せているのに。そもそも太れない体質なんです。お医者さんに診てもらいましたが、ゆっくり休んで、からだを丈夫にするように、と言われただけでした。でも、そんな言いつけ、まったく無視しています。正直なところ、心の底では、太りたくないと思っているんですもの。いまでさえ、裸になったとき醜いのに、これ以上太ったら、服を着たときですら、醜く見えるでしょう。私には、すばらしい言い訳があるんです。どうしようもないって。一月号に乗っていた、脚を曲げる体操、ほんとうに効果があるんでしょうか。ゆがんだ脚でも、本当にきれいになりますの？　どのくらいやればいいのかしら。私、脂肪はないのに、お腹が出ているんです。多分、腰がひどく湾曲しているから、そうなるんでしょう。コルセットよりも、ガードルを着用したほうがいいでしょうか。腰骨がとても太いので。それから、もうひとつ、質問させてください。ありふれた質問ですが、どうしても答えが知りたいんです。胸が二、三センチほど、やや垂れ下がっているんですが、これって、もっとアップさせることができますか。私の胸、若いときから形が崩れているうえ、赤ちゃんが生まれたので、余計に醜くくなってしまったんです。腕を広げて胸を反らせると、ちゃんとした位置についているんですが。不可能を可能に、とは言いません。ただ、いまより少しだけ、ましにできればいいんです。それって、無理でしょうか(102)」。

外側のラインと隠されたラインとの関係について、何度も疑問を投げかけるこの手紙は、必然的に、人体測定の新たな探究を奨励する。実際、一九三〇年代のファッション雑誌と美容概論には、数字があふれている。各人の背丈に応じた、体重と容積。指標は研ぎ澄まされ、背丈と体重の関係は密接になり、以前よりもはるかに厳しくなる。以前は、背丈から一メートルを引いた数字がそのまま体重の目安とされていたが、もはや体重は、そのレベルにとどまらない。一九三〇年の『ヘアスタイルと流行』[103]に言及されるように、背丈一メートル六〇センチの人の体重は六〇キロという基準が、五五キロ、もしくは五七キロ以下の数値になる。さらに、続く一〇年間、体重の減少には、ますます拍車がかかる。

この、体重というテーマは、わずかずつ重要性を帯びる。とはいえ、体重計はまだ貴重な器具で、かなり場所を取り、値段も高いものだった。下には物を乗せる台がついており、上の目盛りを見ながら重さを確認する仕組みだった。一九二四年の『医学ラルース』に紹介されている、カンタンの台秤は、このタイプである。[105]「体重は、誰もが手軽に量れるというわけにはいかないので、むしろ身長を計ることをおすすめしたい。というのも、体重測定をするには、体重計が自宅になければならないが、背丈を計るには、巻尺があれば、こと足りるからだ」[106]。だが、一九三五年以降、体重計は大幅な進歩を遂げ、さらに軽く、持ち運びしやすく、ルーペ型の目盛りが台についている器具が登場する。一九三五年の『フェミナ』は、「設備の整った浴室には、どこにでも小型の台秤があります[107]」と強調する。一九三八年の『幸福なあなた』は、体重計から飛び降り、「私の体重、ちょうどいいわ。一メートル六七

『美しいあなた』が推奨する、身長 1.60 m の女性の体重[104]

年	体重（kg）
1929 年 1 月	60
1932 年 4 月	54
1932 年 8 月	53-52
1939 年 5 月	51.5

センチで六〇キロですもん」[108]と夫に言う、「いまどきの若い女性」を紹介する。一九三八年のオヴォマルティーヌ（一八六五年にスイスで発明され、一九〇四年に発売された、ココアに似た味の粉末状の健康飲料）は、「美と適正体重」と銘打ち、体重計で計った数字を広告に利用し始める。[109]

ひとつのキャンペーンが、明確に打ち出される。「頻繁に体重を量る人は、おのれをよく知る人である」[110]。この警句がくり返し出現し、例と表が増加する。例えば、一九三三年十月の『美しいあなた』の表紙に記載された表のように〔**表1**〕。

一九三〇年代、この数字は急激に変化する〔**表2**〕。

体重は、「女性の美のもっとも重要な要素」[112]である、と宣言されるとともに、かつてないほど強い口調で、健康の目安でもある、と宣言される。体重過多は、危険な兆候なのだ。死亡率のグラフと体重グラフとが引き合いに出され、「太っている」人のこうむる健康被害が強調される。『幸福なあなた』は、五大死因をとりあげることによって、太っている人の危険性を示すのだ、と主張する〔**表3**〕。

同種の病気でくらべたとき、「痩せている人」の死亡者数は、「太っている人」の死亡者数の四分の一である。それゆえ、長いあいだ、病理学の境目に置かれていた糖尿病は、「非常に深刻」[113]な結果を引き起こす、正真正銘の病気に姿を変える。すべての機能が関係するのだ。心臓の「衰えたポンプ」、肝臓の「目詰まりしている廃水機能」[114]までが。それゆえ、病気の進行は段階ごとに紹介され、各段階の境界での監視はいっそう厳しくなる。例えば、一九一〇年代早々、アメリカの生命保険会社は、標準体重の一二キロ以下から二三キロ超まで八つのカテゴリーを設け、顧客の状態が正常な状態とどれだけかけ離れているかに応じて、異なる料金を設定する。やや遅れて、こうした一覧表はフランスの雑誌にも取り入れられるが、そこには、数字

『美しいあなた』1933 年 10 月号の表紙に記載された表〔表 1〕

身長	1.68m
体重	60kg
バスト	88cm
ヒップ	90cm
ウェスト	70cm
腕まわり	27cm
太腿の周囲	52cm
首まわり	34cm
ふくらはぎの周囲	34cm

身長 1.60m の女性の理想的なシルエット[111]〔表 2〕

	1933 年『幸福なあなた』	1938 年『マリー・クレール』	1939 年『美しいあなた』
バスト	83	85	81
ヒップ	87	85	75
ウェスト	65	60	58

『幸福なあなた』1938 年 9 月号に掲載された病気と体重の関係（人）〔表 3〕

死　因	痩せている人	正常な人	太っている人
脳卒中	112	212	397
心臓疾患	128	199	384
肝臓病	12	33	67
腎臓病	57	179	374
糖尿病	6	28	136
合計	315	651	1358

と段階のテーマが導入され、徐々に身近なものとなる。[115]

一九二〇年代以降、表現の変化は、非常に奥深いところで起こる。それとともに、「痩せた人」から「太った人」への漸増的な移行は、画像に変換される。例えば、ポール・リシェ〔一八四九―一九三三年。フランスの医学者、素描家、彫刻家。鋭い観察眼で、生きたモデルを忠実に表現する技術に長けていた。医学用のデッサンも多く描いた〕は、「肥満」による肉体的欠陥の悪化の度合いを段階的にあらわす。目の下のたるみは徐々に増え、二重顎はさらにだぶつき、乳房は次第に垂れ下がり、腰の肉は盛りあがり、腿は太くなり、尻の割れ目は崩れる。[116] 人体のデッサンは、弛緩の連続的な進行を詳細に記すことによって、時間の作用を相貌の変化であらわす。もはや、動物の種との段階的な差異だけではなく、肉体の鈍重さ、肌のたるみ、目鼻立ちのわずかな崩壊の段階的な差異。別の言い方をすると、たるんだラインは、数値化への強い関心を誘発する。これまで科学がおろそかにしていた鈍重なラインが、調査の対象になる。こうしたことがらに、解剖学者と医学者が好奇心を示す。

一九一九年の出版以降、数版を重ねたジョルジュ・エベール〔一八七五―一九五七年。フランスの教育者。野外で走る、跳ぶ、泳ぐなどの運動を行ない、からだを鍛えるエベール式体育法を考案した〕の『筋肉と女性の体型の美しさについて』[117]という著書のなかで、そもそも、それまで存在していなかった症状が明確に調査され、新たに見出される。例えば、エベールは、腹の出具合をタイプ別に分ける。「全体的にぽっこり出た、あるいは膨らんだ腹」、「下が膨張した、あるいは丸くなった腹」、そして「垂れ下がった、あるいはたるんだ腹」[118]というように。「脂肪のつく」場所についても同様に、腹部だけでも「上に脂肪がついたウェスト」、「下に脂肪がついたウェスト」、「臍の周囲に脂肪のついたウェスト」[119]と区別する。いっぽう、胸については、「三段階のたるみの状態[120]」を提示する。このような調査は、脂肪の負荷を、ある一定の脂肪の量に変える。それにより、把握しがたいほどわずかずつ進行する衰えを観察し、脂肪が厚みを増し始める最初の段階を、より正確に監視することが可能になる。

コードとコンテスト

このような数値の偏重、わずかな逸脱に対する警告が、美人コンテストの流行に一役買った可能性がある。一九二一年のミス・アメリカ、一九二八年のミス・フランス、一九二九年のミス・ヨーロッパ、一九三〇年のミス・ユニバース。[121]「ミス」という言葉の採用からは、大衆文化、すなわち画像、映画、音響の大規模な普及において、アメリカの影響力が次第に増してきたことが確認できる。

モデルは、具体的なかたちをとる。規則にのっとった競争のなかで、人目にさらされ、数値化され、明らかに「民主化」される。モデルからはまた、痩身化の進行も認められる。例えば、からだの密度を表す指標(体重を背丈で割った数値)は、両大戦間、一貫して低くなる。一九二一年のミス・アメリカは、その数値が二一・二だったが、一九四〇年では、一九・五に下がっている。[122] 背丈はちがうものの、同様のことが、ミス・フランスとミス・ヨーロッパにも起きている。一九二九年のミス・フランスは一・七三メートル、同年のミス・ユーゴスラヴィアは一・七五メートルで、普通の人とかけ離れた背丈である、と強調されるのに対し、[123] アメリカでは、その程度の高さはありふれている。

これらの美人コンテストは、激しい議論を巻き起こした。フェミニストたちは、コンテストの原則に疑義を差しはさみ、女性のイメージを「極端に」伝統的な美に押し込めるものだ、と糾弾した。他の人々はそこに、心を掻き乱す、魅力と快楽のともなうゲームを見た。「女王に始まり、最後は娼婦で終わる」[124]。さらに他の人々は、いっそう物騒な考えに与《くみ》していることを、あからさまに告白した。例えば、優生学がそれで、狂乱の時代には、必ずしもそうした考えが退けられたわけではなかった。そのひとつが、一九二八年のミス・フランスの主催者のひとり、ワラフによってなされた、悪魔的な選択である。ワラフは、「華々しいコンテストによって、美人を見定める目を養い、そのおかげで、不恰好な肉体どうしが組み合わさった結婚が阻止される」[125]と主張する。みずからを「醜くしている」[126]と糾弾される、フランスのヴィジョン。身体のモデルを、「結婚」相手の模範として反映する考え方。「人類という種をありとあらゆる手段で」[127]改良する必要性の強調。これらのことに、目をつぶることはできない。たとえ、一九二〇年の法律により、避妊の宣伝活動がいっさい禁止され、優生学の働きかけが制限されたために、こうした考えがなおさら巧妙に隠蔽されていたとしても[128]。

さらに通俗的なレベルでは、両大戦間の美人コンテストは、参加者に成功と立身出世を提供し、出版物で賞賛される「スター」をつくる機会である、と解釈される。例えば、『イリュストラシオン』は、一九三九年、新しく誕生したミスたちの行動、結婚、旅行を報じながら[129]、アーガー・カーン〔一八七七―一九五七年。インドのイスラム教イスマーイール派教長。アリガルにイスラム大学を建設。第一次大戦にはイギリスを援助し、プリンスの称号を認められる。一九四四年、エジプトで出会ったラブルースと結婚〕とイヴェット・ラブルース〔一九〇六―二〇〇〇年。二十三歳でミス・リヨンに、二十四歳でミス・フランスに選ばれる。イスラム教に改宗し、アーガー・カーンと結婚。夫の死後、エジプトのアスワンに廟を建て、そこに夫を埋葬した〕の有名なカップルを賞賛する。イヴェット・ラブルースはリヨン出身、洋裁店を営みながら、一九三〇年、ミス・フランスの栄冠に輝いた。スポーツと同じように、コンテストにも、地域どうしのライバル意識、あい継ぐ審査、最終選考での火花の散らしあいが存在する。コンテストは、通信、交通、情報という、国の組織網の加速度的な整備を浮き彫りにする。誰もがもっとも優れた者として指名されるために、同じ武器を手にして戦う。[130] コンテストは、そうした明白な民主主義的な夢を見せてくれる。だからこそ、出版物とその販売網は、二十世紀社会のスペクタクル化をひたすら広める。また、だからこそ、その時代の美が、ありふれたものになる。着衣のからだと水着のからだの両方が結びついた、美しさ。一九二九年の『イリュストラシオン』の表現を借りるならば、「顔の五つの点とからだの五つの点[131]」が結びついた、美しさ。サン＝セバスチャンの海岸で夏の肉体が勝ち誇る、一九三〇年の「ミス・ヨーロッパ」というアウグスト・ジェニーナ（一八九二―一九五七年。イタリアの脚本家、映画監督）の映画に示される、美しさ。[132] コンテストは、からだを細くするための戦いを奨励し、広告を方向づけるまでになる。「多少なりとも審美眼のある人は、たえずあなたを吟味しています。自分が望む望まないにかかわらず、すでにあなたは、美人コンテストに参加しているのです[133]」。これは、一九二八年に発表された、「繊細でデリケートな香りの」ニルデ・パウダーの広告文だ。この文章のあとには、「成功[134]」を約束する文言が続く。

第15章

スターに近づく

からだにつけられた、戸外での活動のしるし。シルエットに向けられる、ますます厳しい監視。念入りな化粧と肌の色の補正。スレンダーなブロンズ色のボディへの賞賛の念。両大戦間、映画は、爆発的な画像の氾濫、アメリカで開発された精巧な複製化の技術[1]によって、こうした基準をさらに研ぎ澄まし、いっそう普及させる。映画はまた、十九世紀末に発明された、女優のスター化を確定する。それはすなわち、モデルとして活用される女優、女優のイメージや名前を用いた広告宣伝だ。このような、広告への女優の起用という原則は、産業システムとして、奨励すらされる。ハリウッド映画は、「夢の生産工場[2]」となり、映画の主題、映画の世界、そこに登場するヒーローたちは、重要不可欠となり、方向づけられたリファレンスと文化とを普及させる。一般人と近いようで遠く、真似できない唯一無二の存在でありながら、「人間的」でもあるモデル。そうしたモデルとの、わくわくするような関係が、美しくなりたいという欲求を民主化し、夢想の方法を、美を入手するための方法へと、徐々に変化させる。

美の製造工場

映画は、想像の世界を一新した。映画は、時代の傾向から着想を得て、外見のモデルをも一新した。九二〇年代、早くも「スター」たちは、自分が演じる登場人物を凌駕する強烈な存在感を獲得し、その輝きは銀幕を突き抜ける。スターたちは、出演作品の上空を飛び越え、ひとつのモデルを課し、ついには、ひとつの神話への同意を強制する。すなわち、スターは、人間のなかから生まれた例外的な存在、「愛し、愛されるためにつくられた[3]」存在である、という神話だ。

身体的な存在が、ただちに見る人に受け入れられなければならない映像の世界で、美しさは、人を魅了するための、もっとも重要な要素である。映画雑誌は、そのことを物語っている。化粧法、[4]写真うつりをよくする技術、[5]「美しくなるための秘訣」[6]についてのスターの打ち明け話を数多く掲載し、広告ページは、「長く濃い睫毛」、「脱毛された」ボディ、「手入れされた」肌、「魔法のように人を魅惑する」まなざし、「完璧な」[7]鼻を約束する。セシル・B・デミル〔一八八一―一九五九年。アメリカの映画監督、映画製作者。映画は大衆の享楽のためにあると位置づけ、巨額の予算を使った大掛かりなスペクタクル映画を制作した。代表作に「十戒」、「クレオパトラ」、「サンセット大通り」〕のお気に入りの女優であるグロリア・スワンソン〔一八九九―一九八三年。アメリカの映画女優。デミルに見出され、小柄ながらサイレント時代を代表する女優となる〕、あるいはエリッヒ・フォン・シュトロハイム監督〔一八八五―一九五七年。オーストリア出身の映画俳優、監督。リアリズムに徹した演技が有名で、のち監督に転身〕のパートナーである、コンスタンス・ベネット〔一九〇四―六五年。アメリカの女優。映画に出演したあと、演劇に転向。その後、化粧品会社を立ち上げ、実業に専念した〕は、一九三〇年代、自身の名を冠した化粧品を所有し、[8]「マダム・ウヴリー」は、フランスで「ハリウッド・パック」[9]を発売する。献呈写真、雑誌、批評がますます大きな反響を呼び、市場を拡大させる一方、スターのメイクを手がけていたマックス・ファクター〔一八七七―一九三八年。当時ロシア帝国領のポーランドの出身。モスクワ近郊に開いた化粧用品店は貴族たちの人気を呼び、ロシア・バレエ団のメイクを手がける。のち米国に移民、ハリウッド映画の黎明期に活躍、自身の名前を冠した化粧品を世界一流のブランドに育てた〕は、自身の開発した製品を販売する。[10]

　こうした仕組みの大きな独創性は、既存の美の基準をさらに研ぎ澄ましたことにある。映画は、身体、照明、スクリーン、観客の感覚と戯れながら、その時代の期待と欲望をはるか遠くにまで運んだ。映画は、女優を「美のメッセンジャー[11]」としてスクリーンに投影し、非現実によって現実に奉仕した。

まずは、顔。画面の中心に、しばしば巨大な顔がアップで映し出され、完璧なメイクと肌の色が、模範として提示される。色は溶け合い、肌は風景となり、目は無限大になる。化粧係は、みずからを「クリエーター[12]」と称する。人物の前に置かれた映写機は、「ハレーション効果を利用して、毛先に光を当て[13]」、幻想を、夢の一歩手前まで演出する。半分透きとおった顔、画面を横切るからだ[14]。技巧が駆使され、スターは否応なく、超自然的な存在になる。スクリーンの上で、美は変身する。「高度に進化した、光輝く不変の[15]」外見。船の舳先に立つクリスチーナ女王を演じたグレタ・ガルボの顔は、髪を風になびかせ、きりりとした表情で、非の打ち所のない、きめの細かな肌を誇らしげに見せる[16]。「ルル」で至純のガルソンヌ役を演じた、ルイーズ・ブルックス〔一九〇六—八五年。アメリカの映画女優。まっ黒い短髪の髪型、自然な演技で一世を風靡した〕もまた、ヘルメットのような短髪に縁どられ、異様なまでにつるりとした顔をさらす[17]。「光り輝く」肌、「彫りの深い」顔の色調、幾何学的な眉のかたち、丁寧に引かれた黒いアイライン、肌の凸凹の消失。これらはすべて、映画の教えである。こうした教えをとりあげながら、一九一九年の『デイリー・リポーター』は、「映画は新しい美のジャンルをつくる[18]」と主張し、一九三〇年の『シネモンド』は、「週一回、薄暗い映画館に通えば」「ありきたりの美容院で教わる以上のことを[19]」学ぶことができる、と断言する。

照明がムードをつけ加え、それが、顔の映りをよくする。脱色によってつくられた明るい「プラチナ・ブロンド」の輝きが、スクリーンを明るく照らす。金髪は、一九三五年の『美しいあなた』が言うように、「現代女性を体現[20]」する。ブロンドをファッションにしたのは、一九三〇年代初頭のジーン・ハーロー〔一九一一—三七年。アメリカの映画女優。プラチナ・ブロンドの髪、豊かな胸、白い肌で男を誘惑する女を多く演じ、アメリカのセックス・シンボルともてはやされた）で、金髪にすることで、輝きが手に入ると確信したからだった。この現象は、広がりを見せる。一九三三年、『シネモンド』は、「いまや、どのスターも、みんなブロンドだ」[21]と宣言する。それに対し、『美しいあなた』は、翌年、あえて断固とした態度を取る。「ブロンド女性は、美人のなかの特権階級なのです」[22]。それに続いて、解説はさらに過熱する。「目の眩むような輝き」、「太陽のような輝き」、「ブロンドへの欲望」[23]。あなたの髪も「光輝くよう」[24]に、あるいは「絹のようにしなやかでキラキラする」[25]ようになります、と謳う広告が出現する。ブロンドの女神は、増殖を続ける。「ブロンドのウェヌス」、「ダイナマイト・ブロンド」、「ブロンドの妖精」、「ゴールドのソフトフォーカス」、「金の髪のスター」。

このようなブロンドへの偏愛は、まちがいなく、見かけよりも、はるかに複雑な現象だ。まず、そこから認められるのは、高まる一方の髪への注目であり、自由になる髪、帽子からのゆるやかな解放である。実際、エルヴィール・ポペスコ（一八九四—一九三年。ルーマニア出身の女優。フランスの大衆演劇、映画に出演した）は、一九三五年、「髪は、とっても大事なものなの」と、打ち明ける[26]。髪は、顔のフォルムを完成させ、手入れを確定する。それゆえ、まず第一に尊重されるべきは髪なのだ、という気持ちが強くなる。それゆえ、スターを表現するときの方法として、髪を引き合いに出すことが、コード化される。例えば、「その下には、ブロンドのミュリエル・エヴァンス（一九一〇—二〇〇〇年。アメリカの映画女優）、ブルネットのジョーン・ゲイル」[27]というように。ジョーン・ゲイルは、その髪の色から、ジョーン・ブロンデルとも呼ばれる[28]。当然のことながら、こうした流行は、映画の題名にも積極的にとり入れられる。一九三〇年の「赤毛の美人」、一九三六年の「ブロンド娘を賭けないで」。あるいは一九三三年の、「赤毛美人ナンシー・キャロル[29]（一九〇四—六五年。アメリカの映画女優）」の「華々しい復活」。帽子、あるいはその他の遮蔽物なしに、自然の風にそよぎ、ウェーブや色に工夫を凝らした髪。そのような髪のヴィジョンが、いっそう重要性を帯び、真の変化をあらわす。映画は、こうした髪のヴィジョンを生じせしめたうえ、さらにそれを助長する。そうしたなか、一九三〇年代半ば、髪のヴィジョンに寄せられる関心は、高まる一方だった。「ホテルのロビー、レストラン、パーティで、最初に目を惹くもの。それは、人がどんなヘアスタイルをしているか、ということだ」[30]。疑問の余地はない。映画は、髪のフォルムや輝きと戯れた。

映画はまた、ごくありふれた身体の移動を表現豊かな動作に変え、からだのフォルムや振る舞い、そして光線と戯れた。一九二三年、デリュック（一八九〇―一九二四年。フランスの映画批評家、脚本家、映画監督。一九二〇年代、映画に前衛的な手法を取り入れた）は、「ナジモヴァとともに過ごしたモノトーンの夜の、われわれの記憶に残る、強烈で手の込んだアラベスク模様の印象」[31]を強調する。マムーリアン（一八九七―一九八七年。アルメニア出身、アメリカの映画監督）は、グレタ・ガルボに、ある一連の動作を「あたかも音楽であるかのように」演技せよ、ひと足ひと足が「優雅なダンス」[32]になるように、と注文を出す。女優は何よりもまず、肉体という密度であり、それがそのまま魅力になる。そのことが、女優のからだに向けられる注意を、強烈なものにする。そのことがまた、女優を、男優とは異なった存在にする。一般的にハリウッド映画では、男優には、アクションや労働が割り当てられる。女優には誘惑が、男優には活動が割り振られる[33]。映画では、からだの動きだけで観客の心を掻き乱すため、女性はなおさら魅力的になるのだ。男らしさと女らしさという、古くからの属性は、スターの神話に残る。そこでは、優雅さと女らしさを排他的に結びつける伝統的な考えが、ひそかに高く評価されているように思われる。伝説的な想像力の産物は、無力化されたわけではなかった。だが、それがすべてではない。「リアル・ウーマン」も、それなりの居場所を見つける。「恋多き女」[34]のグレタ・ガルボは、男と対等に話す。これ見よがしにすぱすぱ煙草をふかし、恋人のヒスパノを運転する。文句なしの「モダン」ガールだ。マレーネ・ディートリッヒ〔一九〇一―九二年。ドイツ出身の映画女優、歌手。二〇年代のドイツ映画全盛期に活躍し、三〇年代アメリカに移り、ハリウッド映画に出演、五〇年代からは歌手として活動をした。ドイツ初のトーキー映画「嘆きの天使」に出演、その退廃的な美貌、脚線美が国際的な人気を呼んだ〕は、いつも優男たちを支配する。『シネモンド』は、「映画におけるフェミニズム」(35)について、討論を行なう。だが、その一方、タイピストから至るまで、女性の新しい職業の現実は、映画のシナリオのようにはいかない。たとえ、映画のなかでは、信じられないような「ハッピーエンド」が用意され、そうした新しい職業が大いに賞賛されているとしても。

「セックス・アピール」の美学

むしろ、刷新されるのは、肉体の美学である。つまり、からだを見せる技術、そして、それを撮影する技術だ。スターが持っていなければならないものを形容する言葉。デリュックによれば、それは「フォトジェニック」という言葉だ。この言葉が、一九二〇年代初頭、大衆化した概念。それは、「映画の持つ特殊性」(36)に合致する、美の概念だ。「本物の」スターは、フィルムの上で、他の何人《なんぴと》よりも強い存在感を発揮するのだ。モノクロが、スターたちにいっそうの輝きを与え、映写角がいっそうの立体感を演出するのだ。一九三〇年代になると、このテーマはありふれたものになり、広告の対象にまでなる。なかでも、ボバルのパウダーは、そのものずばり、「フォトジェニック・パウダー」(37)と銘打たれる。フォトジェニック・コンテストが開催され[38]、ある種の美人コンテストは、「フォトジェニック・コンテスト」と名前を変える。一九三九年、『シネモンド』は読者からの写真を募り、「ミス・シネモンド」を選考する企画を打ち出すが、その際、次のような手続きをとることを強調する。すなわち、候補者は「入念な準備をしたうえで」、上手な写真家に頼んでアングルを選び、ライトの明るさを確かめ、ネガの大きさを計算に入れること[39]。レンズとカメラだけが唯一、美人をつくりだせるのだ[40]。

両大戦間の映画の文化で、また別の言葉が発明される。例えば、「グラマー」。これは、存在の密度と光とが入り混じった、いっそうミステリアスな資質をあらわす言葉だ[41]。さらに執拗で、何度も繰り返し強調される資質。一九二〇年代の解説は、スターには「イット」、つまり、人とはちがう「何か」がなければならない、と述べ、一九三〇年代の解説は、スターには「セックス・アピール」がなければならない、と語る。どちらの場合も、まったく同じ「魅力」を指している。それは、「定義不可能な魅力[42]」であり、そのもっとも重要な目じるしは、官能的なものである。一九二〇年代の「イット・ガール[43]」は、一九三〇年代の「セックス・アピール」のあるスターと同様に、エロティックな存在感を全面に打ち出す。この「秘密の吸引力[44]」を定義することは、無論、不可能だ。『美しいあなた』は、そのことを思い起こさせるため、「チャーム[45]」という言葉を使うにとどめている。それは、ある種のからだの部分へ、注意が向けられることを想定する。胸、脚、「くねくねしたからだがうねるような[46]」歩き方、そして独特の目のやり方。「きちんとした家庭の娘なら、男性を見るときはいつも目を伏せていた[47]」ときに、視線は、共演者や観客の目のなかに、まっすぐ入りこむ。しゃべり方も、また然り。幾人かの女優は、「非常にセックス・アピールのある声[48]」を具現する。このように連ねても、やはり定義は不可能だ。というのも、このような感覚的なものは、きわめて多様な指標の対象となりうるからだ。だが、セックス・アピールへの考慮は決定的だ。それにより、危険を冒してでも、エロティシズムと官能の美学に分け入る決意が強調される。「あなたがたは、スターを絶対的な模範としてではなく、セックス・アピールの一種のカタログとして、あなたがたが自分を演出するときのすばらしいお手本として、考えなければならない[49]」。そのうえ、セックス・アピールという言葉は、ありきたりのものとなる。まずは、広告において。例えば、「ソイサ[50]」の睫毛は、セックス・アピールのある睫毛となる。次に、美容概論において。そこでは、セックス・アピールという言葉そのものが、「欲望と愛を喚起する力[51]」となる。それにより、各人の行動における、セックス・アピールの受容が推測される。それにより、いっそう快楽主義的な美のヴィジョンが正当化される。

十九世紀末の小説が最初に提起したものを、映画がさらに発展させる[52]。映画は、検閲と戯れる。例えば、一九二〇年に起草されたヘイズ・コードは、米国で、映像と不作法な映画表現をなくすためのものである、と標榜しながら[53]、ほぼむき出しの脚を想起させる、「レッグ・アート[54]」を生み出す。例えば、一九三〇年、リリアン・ハーヴェイ〔一九〇六—六八年。ドイツの映画女優、歌手〕が行なったように。彼女は、「美しき種」という映画のなかで、太腿に「あざ」のある女盗賊を演じる。また、一九三〇年、パラマウントの映画、「四本脚の鏡」のなかの、さまざまな思いがけない映像[55]が示唆するように。映画は肉欲と戯れ、それを否定しながら、肉欲をより強く示唆する。例えば、一九二九年の「ルル」のルイーズ・ブルックスが行なうように。この女優は、自然な動作、いたずらっぽくナイーブな表情を、器用に演じる。そのくせ、成熟した女のように投げやりな態度をとるのだが、そのことをまったく意識していないかのような無邪気さゆえに、見る人の心をよけいに掻き乱す。こうした美学は、一九三〇年年代のトーキー映画で、さらに複雑で現実的な人物が登場すると、いっそう深みを増す。演じられる無邪気さに、意地悪さと計算とが加わるがために。マレーネ・ディートリッヒは、念入りに仕組まれた魅力の上に成り立つ、ミステリアスな美を体現する。「こちらが不安になるくらいの落ち着き、(…)背徳的なものを隠しているのか、それとも限りなく純心なのかわからない、言うに言われぬ表情[56]」。そこでは、美学は巧みに計算され、挑発的であることを望むがゆえに、いっそう際どくなる。

手の届くモデル、届かないモデル

こうしたすべてのことが、スターの美しさを、標準規格外のリファレンスにする。光の効果がスターを気高くする。その完璧さが、スターを「非現実的な存在にする」。スターの私人としての行動が、一般の人々との距離をさらに広げる。人々の手の届かないところにいるマレーネは、見る人を、その場に立ちすくませる。たとえ彼女が道を歩き、ブティックを訪れ、パーティに頻繁に姿をあらわしたとしても。「じっと点を見つめるとき、彼女のまなざしには、何か不思議と遠いものがある[57]」。人々とスターを隔てるこの距離は、ガルボにおいては、いっそう大きくなる。彼女は、ファンからの手紙を開封せずに燃やし、公の前に姿を見せることは極めてまれで、「ハリウッドのスフィンクス[58]」という、冷ややかで超然としたイメージを貫く。女王は自分の世界を守りとおす。映画産業は、このような例外的存在を育て、巧みに利用する。

そのとき、雑誌や映画専門誌に掲載される、美に関するスターのアドバイスは、貴重以外の何物でもなくなる。しかしながら、それらのアドバイスには、びっくりするようなことは何もなく、いずれも、両大戦時代の中流階級が抱く心理的決意を追認するだけだ。すなわち、肝心なのは、意志と決意である、ということを[59]。いずれも、粘り強さを推奨するだけだ。セシル・ソレル〔一八七三—一九六六年。フランスの女優〕は、自分が痩せたのは「真剣に、おのれに規律を課した[60]」ためだ、と説明する。ベベ・ダニエルズ〔一九〇一—七一年。アメリカの映画女優。無声映画時代、ハリウッドでデビューした〕は「柔軟体操[61]」を続け、繰り返し疲労することが大切なのだ、と強調する。ジョーン・クロフォード〔一九〇五—七七年。アメリカの映画女優。ハリウッドの黄金時代を代表するひとり〕は、「コンスタントに続ける[62]」運動の例をさまざま挙げながら、「今のラインを獲得するために、まさに殉教者の苦しみ[63]」を体験した、とまで言う。くり返されるのは常に、「規律、身体の鍛錬、ダイエット[64]」という三つの言葉である。そこから、否が応でも、次の確証が得られる。「彼女たちの魅力は、生まれつきのものではなく、獲得されたものだ、ということを心にとどめておきなさい[65]」。

ゆえに、それまで手が届かなかった絶世の美女を、突如として手の届く対象に変える、まったく新しい論理が生まれる。例えば、一九三五年の『美しいあなた』は、「スターのつくり方[66]」と題された特集を組み、「スターも、みなさんとまったく同じようにつくられているのです[67]」と強調する。ただ、スターたちは特別粘り強いのです、と『マリー・クレール』はつけ加え、幾人かの経歴を紹介するが、それはほぼカリカチュアの域にまで達している。「群集のなかから見い出されたひとりの女が、マレーネ・ディートリッヒになるまで」、「むしろ醜いといえるほどの女が、いかにしてジョーン・クロフォードになったか」、「グレタ・ガルボが美しくなれた秘密[68]」。開明的な手入れと絶え間ない注意だけが、彼女たちを変貌させた。スタンバーグ〔一八九四—一九六九年。アメリカの映画監督。マレーネ・ディートリッヒを起用した〕は、自分がマレーネ・ディートリッヒを変身させたのだ、と主張しているではないか。こけた頬、剃った眉毛、とがった細面、ほっそりしたからだ、集中プログラムによる一五キロの減量[69]。ハリウッドのマレーネは、「初期の」ベルリンのマレーネを忘れさせる。いっそうミステリアスな顔立ち、軽やかなボディが、丸ぽちゃ顔で、ぼんやりした目鼻立ちの、かつての女優を生まれ変わらせたのだ。それを真似しない手はないではないか。もちろん、極端な論理ではある。だが、その論理は、スターに対する崇拝を維持しながら、人々の意識を変える。

スターたちは、激しい作業によって磨かれた、柔軟なからだを想像させる。スクリーンが唐突に突きつけるのは、現実には「およそありえない[70]」のに、見る人に親近感を抱かせる人物像だ。無限に広がる、社会的かつまた美学的な夢が、美女たちにつきまとう。つつましい過去、絶え間ない訓練が、彼女たちをさらに親しみやすいものにする。もっとも、彼女たちが希少な存在であることに、依然、変わりはないのだが。彼女たちは、観客の女性と似たものを持っている。もとは「カフェの女給」だった、ジョーン・クロフォード。「歯医者の秘書」だった、ジェーン・ラッセル（一九二一年生。アメリカの映画女優。グラマーで肉感的な役を多く演じた）。「劇場のかわいい子ちゃん」だった、マレーネ。「たかがタイピスト」のスージー・ヴァーノン[71]。いずれも似たような経歴が、彼女たちのイメージを民主化しているように思われる。一般人から、もっとも手の届かないところにいるはずのスターが、「ああいうふうになりたい」と強く願う観客に、希望を与えるのだ。女優の秀でた美しさは、分配されうるのだ。理想は手馴づけることができ、親しみやすい存在となり、手が届かないながらも、同時に手が届くようになるのだ。『美しいあなた』は、一九三五年十二月、こうした考えを証明するために、具体的なデモンストレーションを行なってみせる、と主張する。新聞社のタイピスト、「どこにでもいる女性[72]」を連れてきて、一連の念入りな手入れをほどこした前後の写真を撮影する。すると、変身が起きる。化粧、髪型、服装を変えることで、どこにでもいる女が、ふいに銀幕のスターに近づく。突然変異は可能なのだ。「で、その結論は、というと？　醜い女性など、もはやどこにもいない、ということです（…）。いるのは醜い女性ではなくて、ものぐさな女性だけなのです[73]」。

これは、何も新しい論法ではない。実際、十九世紀にも、美しさを要求する数多くの声が上がり、美が以前より、さらに公平に分配されたことが示唆されている[74]。新しいのは、むしろ、美を解説する方法だ。それは大衆の教育学となり、一般大衆のなかから出現した美女たちを褒めそやす。無名の人物が唯一の長所によって変身し、どこにでもいる人が賞賛を集める。二十世紀、美の民主主義は、映画の周辺で変貌する。その民主主義はまず、意志主義的で、能力主義的な論証の周辺で思考される。それは、自信に満ちた楽観主義であり、『ヴォーグ』はこのことを、次の衝撃的な言い回しで解釈している。「かわいい子ちゃんは偶然の賜物。美女は意志の賜物[75]」。

美学の勝利、意志の勝利

このような意志主義的モデルは、二十世紀初頭、からだはコントロール可能なものだ、という確信をかつてないほど奨励し、ヴァカンスのモデルを複雑にする。心理的空間が掘り下げられ、民主主義社会の個人は、そこで無数の変身を夢見る。特に、外見全体をただ意志の鍛錬のみに従わせることを。新しい「リラックス」は力を示唆し、日常からの逃避は禁欲主義と紙一重になる。さらに高まる緊張、激化する競争、競技が想像され、そうした考えが、厳格さにきわめて有利に働く。

すでに十九世紀末、大衆向けに忍耐を説く心理文学が、重要になった。こうした文学は、節制と忍耐を養った。こうした文学は、社会的に上昇しつつある大衆、つまり行政組織や事務所で働くサラリーマンを読者に想定した。[76] 職場はますます位階に区分けされる。こうした文学の言い分は、そのような職場で働く人々を助け、「自分に自信を持つ」[77] ように諭し、競争と平等が基本である世界に立ち向かえるよう、力づけることだ。こうした文学は、「いま以上に強くなる」[78] にはどうすればいいのか、どうしたら「人生で自分の道を歩める」[79] のか、どのような「身体的態度で自分らしさを表現できる」のか[80] を教えた。こうした文学は、主に、男性を対象とするにとどまっていた。標的にしていたのは魅力であり、美しさではなかった。こうした文学は、かなり以前から開始されていた、行動の心理化を発展させるあまり、自己は完全に制御できる、という希望をすら抱かせた。

男女の性差は、一九二〇年、女性の社会進出が進んだ第三次産業の「爆発的盛況」[81] とともに一変する。実際、第三次産業を見ると、一九〇六年、公的行政部門で働く女性従業員は二八パーセントだが、一九三一年にはそれが四四パーセントに伸びる。同様に、一九一〇年、民間経営部門で働く女性従業員は二六パーセントだが、一九二一年にはそれが四四パーセントにまでなる。[82] 意志主義に傾倒する一方の心理文学は、以前にもまして、美学と自己の美化へと向かう。仕事と外見への関心は、女性において、まだごちゃごちゃに混ぜ合わされたままだった。[83]『マリー・クレール』の女性主幹、マルセル・オークレールは、一九三七年、「幸福は自分のなかにある」[84] ことを読者に向かって説き、運動と継続の必要性に言及しながら、自己確信の大切さに読者の目を向けさせる。「毎朝、ビューティ・ケアをする前に、鏡の中の自分を見てごらんなさい。真正面から顔を見て、自分の目にこう語りかけるのです。生き生きと輝け、誰しもが必ず持つ、内に秘めた炎で明るくなれ、と。これはちょっとした自己暗示の訓練で、実効性があります」[85]。次に、二十世紀初頭に発明された、さらに賢明な心理学を誇張し、通俗的にしたような教えが続く。「定期的に（訓練を）続けると、あなたの内なる自己が、あなたの意志の命令に従う習慣がつきます[86]」。その結果、フォルムを無限に変化させること、主体の意志にボディラインを完全に適応させることが可能になるのだ。

実を言うと、自己暗示による変身はほとんど重要ではなく、むしろ決定的なのは、意志の力への強い信頼であり、内なる声に耳を傾け、自己を厳しく見つめる姿勢の奨励だ。訓練によって筋肉が増強され、実際の、もしくは想像上の体操が促される可能性があるため、なおさらだ。例えば、「考えを呼吸に集中させなさい[87]」、「働いている筋肉に注意を集中させ、筋肉が、その働きをまっとうするのを感じるように努めなさい[88]」とあるように、めざすべきは、「自分が自分のシルエットの彫刻家となる[89]」ことだ。ランヴァン夫人の娘、ポリニャック伯爵夫人は、こうした運動を意外なときに行なっていること、しかも人目につかないよう、注意を傾け、自分に集中しながら実施していることを打ち明ける。「昼間、車内で会話をしながら、私は、誰にも気づかれずに運動をしています。手首を回し、ものすごく重いものを持っているかのように、ゆっくりと持ち上げる。この方法のおかげで、鉄の筋肉が身につきました[90]」。一九三八年の『幸福なあなた』は、暇な時間、例えば「バスを待つあいだ」や「地下鉄のなかで」、誰にも知られずに、だが心を極度に集中させながら実施する、「人目につかない体操」の一連のプログラムを提案する。「膝、腿、臀部の筋肉を強化するには、緊張と弛緩を、それぞれ交互に繰り返しなさい。（…）数分間で、人からはまったく気づかれずに、一連の動作をすべて行なうことができます[91]」。

このような、きわめて実践的な心理学が、内なる意志を試す、新しい技術を発明する。そのような心理学は、いっそう練り上げられ、内面化された、メンタル重視の新しい身体表現を普及させる。よりよくコントロールするために、感覚の声を「聞く」。理想のボディを獲得するために、なりたいフォルムをイメージする。「筋肉で引き締まった、真っ平らなお腹がほしかったら、常にそのことを考えなければなりません」[92]。美は、思考の作業に服従する。もはやフォルムを変える意志だけではなく、からだの内側からもたらされるメッセージに注意を向けることが重要なのだ。「体感、すなわち器官の奥深いところからもたらされる感覚、そして運動感、すなわち筋肉からもたらされる感覚に、集中して注意を向けること。この体感と運動感が、あなたの魂に、自分に対する信頼感を植えつけるのです」[93]。例えば、深々と呼吸する、というときは、動作にとどまらず、「肺の底に空気が浸透するのを感じる」[94]方法までが、関係してくる。感覚のなかまで意志の命令に服従する、精神的で意識的に表現されるからだ。ここに至って初めて、そうしたからだが、自分を美しくするときの対象になる。

このような意志主義の勝利は、権威との関係、そしてまた自己との関係を変化させる。アドバイスは以前にもまして、意志がある者とない者とを区別する。与えられる命令は、もはや純粋なトップダウン型ではなく、主体と自己責任とをひとくくりにし、罪悪感に働きかける。前提とされるのは、本人の積極的な参加、確固たる意志だ。一九三〇年代半ば、一〇万人を超える読者に向かい[95]、『幸福なあなた』は、「怠け者にアドバイスすること」[96]を拒否する。自分のことを「世の中に掃いて捨てるほどいる、悪気のない怠け者」[97]である、と打ち明ける読者を『幸福なあなた』は叱責し、「勇気を奮い起して体操をする」[98]だけの「根気のある人」[99]、諦めない人を褒めたたえる。ほっそりしたからだの中年女性が、子ども時代の友だちにばったり出会ったものの、すぐにその相手が誰だかわからなかったというエピソードが、くり返し披露される。「そんなに脂肪太りしながら放っておいて、恥ずかしくはないのですか。まさに、中年のおばさんそのものではないですか！」[100]

「持続可能な[101]」美というテーマと、「大きくなった息子が自分の腕から飛び出していくのを見る、母親の喜び[102]」というテーマが、頻繁に登場する。そのうえで、美しさを失ったり、美が弱まったりするのは、その人の意志が欠如しているせいだ、とみなされる。「あなたは常に、前より少しだけ余計に、エネルギッシュでいなくてはなりません[103]」。

前提条件は強化された。「みずから苦労[104]」しなくてはならない。明確なスローガンが打ち出された。「恐ろしいのは、ぽっこり腹になることではなく、その状態に慣れてしまうことです[105]」。雑誌と、その大規模な普及によって、大きな希望が与えられる。「からだは粘土のようなもので、それを人知れず形づくるのは、肉体の鍛錬とビューティ・ケアなのです[106]」。シルエットは、もはや十九世紀のように、上手な仕立て屋やコルセットによってつくられるのではなく、適度な運動と意志の力によってつくられる。そのとき不可欠になるのは、「自分が自分のシルエットの彫刻家となる[107]」ことだ。意志の集中が不可欠となったのである。美学と作業への集中が。

全体主義へと流される

一九三〇年代に高まった意志主義の暗黒面は、全体主義的な企てに一役買った。例えば、ナチズムを演出するため、レニ・リーフェンシュタール〔一九〇二―二〇〇三年。ドイツのダンサー、女優、映画監督。三二―三六年まで、ヒットラーの依頼でドキュメント映画を製作。高い評価を得るも、戦後はナチに協力したということを理由に映画界から排斥され、晩年は写真家として活動した〕が賞揚した、「意志の勝利」。そこには、日焼けして筋肉隆々たるボディ、スポーティブなポーズ、引き締まったラインが満ちあふれている。[108] あるいは、国民を総動員して、大々的に奨励された体操。耐えがたい脅威であると感じられる、民主主義の進行、[109]「退廃」、キリスト教の「終焉」、集団の細分化。これらに対抗して、突如、過激化した加盟組織。意志の訓練、頑丈で几帳面な気質（derb und rauh）[110] の約束。それらはすべて、ヒットラーのドイツの利益のための、単なる道具と化す。ゆえに、からだを「ぴんと硬直させる」ために考えられた身体の鋭敏化、力と血で接合された国家という狂気じみたイメージが、生まれる。すなわち、頑丈さと意志の神話になった、「新しい人間」[111]。国民を身体に体現する夢だけが存続する。「からだは神の賜物であり、保護し、守らなければならない民族に属する。意志を鍛える者は、人民に仕える」[112]。

身体の美学は必然的に、方向づけられる。レニ・リーフェンシュタールの「オリンピア」に登場する、フォルムの輪郭、一糸乱さず隊列を組む運動選手。[113] あるいはまた、彫刻家アルノ・ブレーカー〔一九〇〇—九一年。ドイツの彫刻家。ナチ党の公認を得、ヒットラーとも個人的に親しかった。ヨーロッパ人の偉大さをあらわした、巨大彫刻を制作した〕の、均整のとれた曲面から成る巨大な大理石像。[114] これらを、じっくりと眺める必要がある。おしなべて冷ややかな外観、こわばった表情をした、これらの作品は、インスピレーションのもとになったと思われる古代ギリシア人のからだを、単なる抽象的な記号に還元し、美を理論のリファレンスに移し変える。それらの作品では、エロス化も個性化も、拒絶のまなざしはうつろで、外見は「イデオロギー化」された。これらの作品では、エロス化も個性化も、拒絶されている。一九三〇年代のドイツの新聞広告は、「どうすれば美しくなれるのか」という問いを、男女両性にぶつける。寄せられた回答では、力強さと頑丈さが、ほかのすべての資質を引き離して勝利する。[115]

同時に、男性的な面が支配的となる。集団への加盟の計画が約束するのは、「新しい男」であって、「新しい女」ではない。集団の栄光のために利用される、筋肉の力。女性も無視されているわけではないが、奨励されるのは、筋骨逞しく、人口増加の要因として教育される、よき妻、よき母としての女性である。それゆえ、女性のからだの引き締まった肉は、もっとも伝統的な、「母性的」なフォルムにふたたび結びつく。すなわち、「ふっくらした胸、大きな腰、狭い肩」[116]に。「戸外」との対面、自由という、狂乱の時代の美学の独創性は、忘れ去られるか、もしくは方向転換される。[117]それゆえ、一九四二年に出版された『美しいあなた』のある号は、盲目的な頑迷さを露呈する。「これが、ドイツの女性が救われた理由です。種の将来にとって必要かつ不可欠なこと、それは、私たちの国の抜本的な教育制度改革が、精神を養うものとして、身体的訓練を義務化したことです[118]」。ここには、意志の企ての悲劇的な側面が、あらわれている。

化学者から外科医へ

その反面、両大戦間の民主主義世界で、美は、ときとして体系的に用いられる技巧と、個人化という点で、深まりをみせる。技術と物質を活用することにより、美は構築できる、という考えが、ますます先鋭化する。それゆえ、日常的な道具に決定的な変化が生じる。例えば、化粧品は基本的なもの、最終的な真実、現実そのものとなり、単に目鼻立ちを補正するだけのものではなくなる。メイクアップをほどこされていない顔は、「きちんと手入れされておらず」、「なおざりで」、「未完成[119]」であることを露呈しているも同然なのだ。唯一可能な表現、あるいは唯一の真実としての、化粧。完全な自由意志による、顔の構築。それは、根気と執拗さの対象である。このことについて、ビベスコ妃は『ヴォーグ』のなかで、「禁欲主義[120]」も顔負け、と表現する。

一九三〇年代、さらにひとつの確信が、そこにつけ加わる。それは、「科学は美学を改革する[121]」という考えだ。この確信が、実験室、顕微鏡、実験器具のイメージを増幅させ、「自己管理[122]」の感覚を強化する。二十世紀最初の一〇年間の生理学を変革する、もろもろの物質が、来たる次の一〇年間の化粧品研究に頻繁に登場する。内分泌腺とビタミン[123]に注がれる視線が、外皮についての考えを変化させ、放射能に注がれる視線が、起こりうる危険については過小評価しながらも、皮膚組織[124]についての考えを変化させた。卵巣に欠陥が生じたあとに垂れ下がった胸、甲状腺に欠陥が生じたあとにしわしわになった肌が、説明と製品を一新する。ビタミン入りのクリームが肌のくすみに、ホルモン入りクリームが肌の衰えに対抗する。放射能の微粒子は、肌に輝きと弾力性を与えるのだ。一九三二年、ルネ・セルブロー〔一八七一―一九三九年。フランスの薬学者。さまざまな秘薬の処方を広めた〕は、記念碑的な化粧品研究を行ない、危険な放射能すら活用することを厭わず、「もはや化粧品には、薬品をうらやむ理由などない[125]」と、明言する。さらに、化学産業によって開発された素材が、この急激な変化につけ加わる。合成色素が口紅とネイルを発明した、と言っても過言ではないくらいに。

数々の研究が実施された。例えば、パウダーについて。「電気浸透」技術によって、一九二〇年以降、「直径二ミクロン以下の微細粒子から成る、不純物の混じっていないカオリン[126]」の製造が可能になる。色について。水にもアルコールにも溶けない、ラッカーと色素、特に「加硫固定」によって、一九三〇年代初め以降、口紅だけでも百種以上の色調が可能になる[127]。脱毛剤について。一九三〇年代には、やけどや炎症を引き起こさずに、熱風をかけて毛球を破壊することが可能となる[128]。

数々の研究が、皮下脂肪、ならびにその種類と特性に関して、実施された。それらの研究からは、二十世紀、身体のフォルムが人目につくようになったこと、およびその「暴露」のせいで、フォルムを良くする、あるいは悪くする原因についての問いかけが活発になされたことが、確認できる。特にひとつの物質が、両大戦間、まずは医師の話のなかで、その後、早々に美容概論のなかで、新たな地位を獲得する。それが、セルライトだ。一九二四年、ルイ・アルキエは、セルライトの存在を「発見」した、と断言する。[129]その前年、彼はセルライトについて、パリ医学会で短い報告を行なう。[130]アルキエは、明らかでありながら、長いあいだ見過ごされていたものをとりあげる。それがすなわち、「ぽっちゃりした」女性の「肌をつまむと、その下に[131]」感じられる、「結球した粒子」であり、「表皮にひだを寄せた」ときに得られる、厚みとざらつきの混ざった独特の固さを持ったもの、「オレンジの皮のような触感のもの[132]」である。これは、脂肪とは、似て非なるものだ。粒子状の堆積物であるセルライトと、脂肪の柔らかさとは、対照的である。セルライトは繊維質で、密度がある。美容の作業に興味深い視線を向けるだけで、その存在は、たちまち見破られるのだ。

触わったり、つまんだり、あるいはさまざまなマッサージをほどこすことによって、以前から変わらず知覚されていたはずのものが、突如として出現する。セルライトは、視線の効果から生まれる。目の向け方、手の置き方、訓練された検査が、以前にもまして鋭く、裸体と醜さとを対立させる。セルライトは、医学のリファレンスを増やす。「間質性浸透」、「侵襲性」物質、「リンパ性」堆積物。これらは、論文の対象となると同時に、調査の対象にもなる。[133]セルライトはさらに、さまざまな災いの源、痩身を妨げる障害を増やす。「胆汁による消化不良[134]」、「肝・消化器系老廃物[135]」、「長期間にわたる疲労状態[136]」。一九三〇年代を通して、医学はこれらの障害の原因を特定することにためらうが、最終的に、「変化が不完全の」老廃物の詰まり、「結腸環境[137]」における停滞が要因である、と結論づける。

皮膚の下に滞留する、この恐るべき、ぶ厚い物質は、必然的に、さまざまな習慣に着想を与える。一九三〇年代末、『ヴォーグ』はセルライトを、「人々の第一の敵」とまでみなす。「人々の耳に漠然と囁かれる名前。人々を脅かす、科学用語のように謎めいた、その名前。それがセルライトです[138]」。新たな災い、目をみはらせるほどのぶ厚い蓄積。「科学」によって突きとめられながら、なお曖昧模糊としているもの。当然のことながら、このセルライトのせいで、痩身の手順はいっそう強化される。体操、マッサージ、さまざまな種類のローラー（なかでも特筆に値するのが、六〇個の吸盤がついた「ポイント・ローラー[139]」だ）、「電気療法」、「自動マッサージ」ベルト[140]、パラフィン療法[141]。セルライトが最大の「災厄」だとされる、決定的なしるし。それは、一九三〇年代末、ゲランがセルライト撲滅のための特別なスペースを、エステサロンに設けたことだ[142]。医学的な事実確認から美容アドバイスまで、セルライトは科学的に認定された物体として、真剣に検討すべき対象となる。

これに比べれば、ずっと慎ましやかではあるものの、外科手術という手段は、「科学」が変身の希望となったことを明確にする。科学は「妖精の魔法の杖[143]」であり、医師はプロメテウスに変身する。「純粋な[144]」美容外科は、第一次大戦とともに、ふたたび発明された「修復」外科に合流する[145]。しわ、頬、鼻筋、二重顎、乳房、そして腹部さえもが、メスの力に屈する。技術は正確になった。傷跡を隠す、局部麻酔を使いこなす、微細な糸で縫合する[146]。広告は普及した。医学雑誌に掲載された広告[147]、スターの「整形手術」についてのひそかな噂[148]。論法はありきたりになった。整形手術はコンプレックスを取り除き、憂鬱を晴らすものだ、という論法が[149]。とりわけ重要なのが、しわの除去である。一九三一年、『シフォン』は、しわとり手術は毎日のように行なわれている、と主張する[150]。一九一八年から一九三〇年のあいだに、ルネ・パソは三〇〇〇件の整形手術を行ない、そのうち二五〇〇件がしわの除去手術だった。[151]

とはいえ、一九三〇年代のこうした美容整形手術の慣行には、さまざまな制約がある。まずは、費用。一九三四年の『美しいあなた』によれば、鼻の手術には四〇〇〇フランかかる。[152]それに対して、当時のタイピストの月給は、一二〇〇フランである。[153]次に、整形手術を受ける、という行為に対するヴィジョン。そこでは、「深刻な」ケースのみが、言及されているように思われる。一九三五年のマックス・デルヴィウーの小説に登場するフラン嬢は、鷲鼻のせいで長年のあいだ「醜く」かったが、近所に住む外科医の厚意により、「もう一度人生をやり直す」。[154]また、戯曲『昔むかし……』の女泥棒は、偶然の幸福な出会いによって手術を受け、見る人が目をそむけたくなるような顔を治してもらう。[155]一九三六年の『レ・モード』は、整形外科手術は「社会的な役割」を果たし、「愛他主義」のしるしである、と主張する。つまり、整形外科手術は、美しさを増すというよりも、欠点を「人から気づかれない」[156]ための方法、不恰好な部分をなくすための方法なのだ。これは、外科医たち自身が明言していることでもある。彼らは、みずからを「美容師」としてよりも、好んで「修復師」である、と考える。[157]

とはいえ、整形外科手術の重要性は高まる。もっとも、一九三〇年代の広告で、いちばん頻繁に登場するのは、肌を圧迫するだけで欠陥を修復するという、ゴム製の型であるが。[158]「みずからのからだの彫刻家となること」が、可能になる。両大戦間の『医学ラルース』では、「破損した顔面」[159]にほどこされた手術を紹介するのとまったく同等に、美容整形手術をとりあげる。パリでは、数軒の「クリニック」が登場した。それは、近代医学研究所、ケヴァ研究所、コルマン・クリニックなどで、それぞれが多少なりとも、外科と美容術が混ぜ合わさったサービスを提供していた。そのうえ、「手術をせずに」[160]しわを「消す」ことができます、と、いくつかの広告で強調されていることからは、その宣伝文句とは裏腹に、人々の考えのなかに、新しい外科がわずかずつ浸透していることが確認できる。

第16章

「消費のもっとも美しい対象[1]」

一九五〇―六〇年代には、快楽主義とレジャー、そして消費が、勝利を収めるように思われる。なかでも消費は、美の世界全体を引っくり返すような大転換をもたらす。すなわち、より実現しやすく、かつてないほど真似しやすいモデルが、数多く登場したこと。また、そうしたモデルの幅広い普及。「万人」のための美。貧しい人々の美、あるいは年齢別の美。性別による美。これらの美もまた、見直される。からだは、「われわれの消費のもっとも美しい対象(2)」になった。ゆえに、以前はおよそ考えられもしなかった、「一般化された」美が望まれる。たとえそれが、市場のなせる、移り気で、聞く耳に心地よいレトリックに支えられているとしても。それはまた、平等の力学によってひそかに細工された、より解放された美しさでもある。

「解放された」スター

戦後のスター、つまり一九五〇年代のスターたちは、早くも、一九三〇年代のモデルを変化させる。今日の目じるしは、彼女たちが導入した自由によって、少しずつ実現される。

何もかもが示しているのは、まず、官能的なものが、以前よりずっと重きをなすようになったことだ。ジーナ・ロロブリジーダ〔一九二七年生。イタリアの映画女優。近年は、写真家、彫刻家としても活動〕の乳房の魅力、ソフィア・ローレン〔一九三四年生。イタリアの映画女優。初期は、その肉感的なボディがもてはやされたが、演技力も評価され、国際的な人気を誇る〕の「立体的」デコルテ(3)、マリリン・モンロー〔一九二六―六二年。アメリカの映画女優。五〇年代にセックス・アピール女優として人気を得る。突然の死は様々な憶測を呼んだ〕のくねるような歩き方、ブリジット・バルドー〔一九三四年生。フランスの映画女優、歌手。裕福な家に生まれ、映画監督ヴァディムの勧めで映画に出演。その小悪魔的な演技で人気を博する。七三年以降は、動物愛護・毛皮反対運動に身を投じる。愛称ＢＢ《ベーベー》〕の無造作で放埒な動作。カトリーヌ・リオワ〔一九五〇年生。フランスの文筆家。ブリジット・バルドーの伝記を執筆〕は、官能性にますます注意が向けられるようになったことを示す言葉を、挙げ連ねる。「『セックス・アピール』といえば、マレーネ・ディートリッヒ。『グラマー』といえば、エヴァ・ガードナー〔一九二二―九〇年。アメリカの映画女優。長身、エキゾチックな顔立ちで、異色の女優として活躍〕。『コンプ』といえば、ジェーン・ラッセル。『トゥサ』といえば、スージー・ドレール〔一九一七年生。フランスの女優、歌手。映画をはじめ、演劇、オペレッタにも出演した〕。『ペップ』といえば、マリリン・モンロー。ブリジット・バルドーは、これら爆発性の原料をすべて混ぜ合わせ、そこに彼女特有のファンタジックな個性を少々加える。『プシット』は、まちがいなく彼女だろう！」(4)もちろん、こうした用語自体に重要性はなく、その種類の多さから混乱すらきたす。むしろ重要なのは、エロス化であり、いっそう挑発的な美の存在であり、慎みや礼儀と衝突する自由な振る舞いである。例えば、バルドーを想起させるものとして、動物のメタファー、特にネコ属のそれが、圧倒的に引きあいに出される。それにより、本能的とはいえないにしても、原始的な自然の指標が、「戸外」の指標につけ加わる。(5)ぶ厚い唇、小生意気な顔、緊迫した感覚は、「ジャングルの美しくてかわいい獣、膨れっ面で逆毛の獣」(6)を示唆する。頭で考えることをしない、野性の美しさが、存在の曖昧な領域を出現させる。しかも、ＢＢ自身が、「野生児のような人物」(7)になりたいと思う、と語っている。カトリーヌ・リオワは、ブリジットを「ブロンドの黒人女」(8)と評する。ブリジットは、一九五〇年代の観客を、自分の隠された部分と和解させるのだ。踊りを踊るかのような動き、扇情的なからだ。自然と無秩序との、きわめて特殊な配合。そこに本能的なものが流れ込み、「子どもっぽさと動物性」(9)とが、ほどよく混ぜ合わされる。半開きの膨らんだ唇、弾力性に満ちて勝ち誇る胸という[10]、新しいからだの部分が、目立った重要性を帯びる。そこでは、新たなセックス・アピールとして、「セクシー」が不可欠なものとなる。

とはいえ、バルドーの独創性はむしろ、それ以外の点にある。ブリジット・バルドーというモデルは、単に欲望と結びついているだけではない。自己主張とも、結びついている。対象であるよりも主体であり、受動的であるよりも積極的である。ブリジットは自分のリズムにしたがって生き、自分で恋人を選び、自分にしか通じない規則にのっとって恋人を捨てたり、関係を続けたりする。「素直な悪女」で彼女が踊る、孤独で激しいダンスは、その身体的な象徴だ。バルドーの顔立ち全体が、こうした「主体としての主張[11]」を表現する。「暗い[12]」まなざし、よそよそしくむっつりした顔、独立不羈の態度。伝統的な女らしい微笑とは、程遠いところにある。彼女は、自分の意識に従って行動し、ロジェ・ヴァディム〔一九二八―二〇〇〇年。フランスの映画監督。女優との華やかな交際歴が有名で、十六歳のバルドーと結婚、離婚。カトリーヌ・ドゥヌーヴとのあいだに一児をもうけ、ジェーン・フォンダとも結婚、離婚している〕の登場人物が言うように、「好きなときに、好きなことをする勇気[13]」を持っている。ジェーン・フォンダ〔一九三七年生。アメリカの映画女優。ヴァディムと結婚、離婚。ベトナム戦争のときは、反戦運動に熱心だった〕は、映画「素直な悪女」を、身体の美学と文化的瞬間との収斂であると解釈し、次のように評する。「映画は、女性の解放について語った、最初のもののひとつであった[14]」。投票権や職業の解放ではなく、私生活と個人的選択における自由の獲得。ギャルソンヌと形式的な男性の物真似ではなく、さらに深い、自分自身の欲望の告白。ゆえに、シモーヌ・ドゥ・ボーヴォワールは、バルドーという人物に関心を寄せる。「BBは、わざと人々の眉をひそめさせようとしているのではない。彼女は何も要求しない。義務も権利も、頭にない。ただ自分の好みに忠実なだけだ[15]」。一九五〇年代、六〇年代のフェミニズムは、肉欲の罪悪感からの解放と、快楽を権利として要求する声とに敏感であり[16]、バルドーという人物像に、ある意味を見出す。もっとも、バルドー自身は、そのどちらも声高に主張してはいないのだが。

それにより、モデルに似たいという意志に、「態度、服装、言葉の簡素さ[17]」がつけ加わる。そのモデルが、そうした簡素さを誇示するので、なおさらだ。一九五〇年代の若い娘たちは、BB《べべ》のむっつりと怒ったような唇、からだにぴったりと張りついたセーター、「スパイラルを描く[18]」ような歩き方を真似することによって、美学の記録簿を変革しているのだ、という気持ちを抱く。この時代の娘たちはさらに、「男たらしの妖婦という肉体の衣を通して、ある種の生のあり方[19]」を神聖化することによって、行動をも変革しているのだ、という気持ちを抱く。そのとき、「ブリジット主義」は、深みのあるものを導入する。女性の欲望と自由の新たなヴィジョン。以前よりはるかに直接的で「自然」であり、嫌気がさすくらい手の込んだ手入れや、異常なほど厳しいコードの対極にある、美の勝利のヴィジョン。おそらく、その一部は幻想であろう。が、たとえ幻想だとしても、それは、ただ捕らえればいいだけの野性的なもの、原始的なものを連想させる。美学は少しずつ、「自分になる」ことを可能にするもの、「自由を個人化した[20]」ブリジットの「魅力」を身につけるためのものになる。

消費される美

ブリジット・バルドーの出現は、彼女に張り合おうとするライバルたちをつくった。それを後押ししたのは、あらゆる方向に伸びている消費である。消費が、自己主張したいという強い願い、そして銀幕のスターを真似したいという強い願いを、激しく掻きたてた。一九六〇年代に入ると、まずファッション雑誌が雨後の筍のごとく出現し、美容と手入れの文化を、少しずつ一般化した。一九六〇年、『エル』、『ヴォーグ』、『ジャルダン・デ・モード』の全ページの六割から七割を広告が占める。広告に割かれるページ数は、一九三〇年代と比べ、ほぼ二倍である。[21] ヴィジュアルなものが、不可欠になる。ページいっぱいに撮られた顔やボディ。ぎりぎりの大きさにまで引き伸ばされた肌の表面。大きくカーブを描く、つる草のようなからだ。特別に「焦点を絞って撮られた」腰とヒップ。それらは、無限に複製され、強調される。ますますしなやかで、軽くなる一方のからだに、物品と習慣とが、系統的に結びつけられる。例えば、一九五〇年のケロッグスの「ファイン・ボディ」[22]、一九五七年のパンティの「パーマ・リフト」[23]、一九六〇年のオダスのガードル[24]の「弾力チュール」[25]による、からだの先鋭化。

画像の氾濫、一般化された雑誌の文化は、写真映りの良いボディ・ラインを一番の売りものにする、新たな人物の存在を不可欠にした。それが、ファッション・モデルである。ファッション・モデルは、激しい動きのあるスターの美とは異なり、「広告のための美」[26]とまではいかないとしても、「商品のための美」であり、「グラビア」[27]のからだの原則を体系化した。ファッション・モデルは、ファッションと日常的な習慣をいろどる顔として、まったく異なる状況において、きわめて均一な目じるしを広める。ファッション・モデルが映しだすのは、ただひとつの美しさに限定される。彼女たちは、もはや軽さと若さしか要求せず、読者と大衆とを果てしなく拡張する。一九八〇年代初頭には、二人に一人の女性が雑誌を買い求め、それにより、ほぼ三人に二人の割合で雑誌が読まれる。[28]

この大衆化という現象を、強調する必要がある。美しくなることが、かくも一般化され、多様化されるのは、史上初めてのことであり、消費の眩惑は、大衆化と歩みをひとつにする。一九六五年から一九八五年までのあいだに、ビューティ・プロダクツだけで、売上高は四倍になった。[29] また、一九九〇年から二〇〇〇年のあいだに、化粧品の売上高は、六五億ユーロから一二〇億ユーロと、ほぼ二倍に膨張した。[30] 二〇〇〇年から二〇〇一年までに、いくつかのボディ用化粧品の大型店舗での販売は、四割から五割もアップした。[31] いっぽう、一九七一年から二〇〇一年までで、エステサロンの数は二三〇〇店舗から一万四〇〇〇店舗と、六倍に増えた。[32] さらに、美容整形外科手術の数については、両大戦間は年に千件ほどだったのが、今日では数十万件数えられる。[33] しかも、二〇〇〇年代には、フランスだけでも年に一二万件の割合で増えている。米国では美容整形手術が、年に百万件近い割合で増えており、二〇〇〇年の脂肪吸引の件数は、一九九〇年にくらべて一〇倍にもなっている。[34] こうした美容整形手術の飛躍と並行して、新しい現象が出現する。それは、もっとも多く施術されているのが脂肪吸引であり、次がまぶたの手術、それから豊胸手術と続き、リフティングよりずっと件数が多いことだ。[35] シルエットが、活動的で動きのある「下」のリファレンスを不可欠なものにし、長いあいだ、いちばん重要であるとされていた顔に、勝利したのだ。

とはいえ、無論のこと、美容整形手術が一般化したわけではない。二〇〇二年のアンケートによれば、これまでに美容整形手術を受けたことがある、と答えたフランス人女性は、回答者の六パーセントだった。[36] 美容整形手術はむしろ、単に患者を飛び越え、人々の考えに作用する。美容整形手術は、外見はある程度、意のままにできるのだ、ということを保証し、それまではおよそ不可能であった容貌の制御が、可能であることを請け合う。美容整形手術の専門誌、『形成と美』は、一〇万部近い発行部数を誇る。だが、現実の社会的不平等が消失したわけではない。例えば、エステティック・サロンの店舗数は、パリ西部の方が、所得の低い人々の住む東部より、五倍も多い（八区は八七店舗、それに対して十三区は一七店舗）[37]。上級職の人々は、労働者や農民にくらべ、美容に二倍以上の費用をつぎこんでいる[38]。とはいえ、労働者や農民が現実に美容に投資しているということ自体が、手入れの文化の決定的な変化に貢献した。

結論は、美容の習慣の、未曾有の規模での拡大だ。大衆化は、それまで目に見えていた社会的距離をぼやけさせ、外見を変革した。「昔のように、庶民階級の女を見分けることは、ますます難しくなっている」[39]。要求は画一化する。「庶民階級の女」が雑誌を読み、化粧をし、ビューティ・プロダクツを購入し、顔の手入れを行なう。実際、九五パーセントのフランス人女性がビューティ・プロダクツを買い[40]、八七・七パーセントが「日常的な顔の手入れ」を行なっている[41]。彼女たちは、大手スーパーで好きな製品を選択し、「一五ユーロ以下で売られている二百種の化粧品[42]」のなかから、気にいったものを選ぶ。化粧品の使用は、「あらゆる収入の人[43]」に及ぶ。必然的に、その効果は外見にも現れる。「贅沢」は大衆化する。しかも、当然のことながら、安っぽい印象を与えずに[44]。

習慣は、年齢という戦略を軸に、さらに普及し、拡張する。いまやハイティーンが、ほぼ成人女性と同じ地位を獲得し、おとな並みにメイクをし、外科的手段に走り、自己の人工化と美化に努める。「ティーンエイジャーが消費社会に参入する時期の低年齢化[45]」に、拍車がかかる。二〇〇一年、米国で計算された数字はそれだけで、変化を明らかにする。すなわち、三〇〇〇万人から四〇〇〇万人の青少年、もしくは未成年のハイティーンが、化粧品に八〇から九〇億ドルを支出した[46]。

年配女性の場合、美容の習慣は、さらに幅広く普及する。『ル・ヌーヴェル・オプセルバトゥール』が「アンチ・エイジング革命[47]」と呼び、『ル・モンド2』が「生きることへの熱意[48]」と主張するように、今日の『五十代から七十代」は、「それ以下の世代とほぼ同じ[49]」ように生きている。多岐にわたる活動、車の運転、ヴァカンス、身だしなみへの配慮。寿命の伸び、衛生管理の向上、生理学の進歩によって強まる、平等の意識。こうした変化に乗じて、「アンチ・エイジ」文学が繁栄する。「今日の五十代女性」もやはり、「突然変異体[50]」である、という確信。あるいは単に、「美しさに年齢はない[51]」という確信。それとともに、ホルモン治療や「自分に合った」化粧品を用いて、ありとあらゆる類《たぐい》の矯正が可能だ、という夢がはぐくまれる。五十歳から七十五歳までのフランス人は、六人のうち一人が、美容外科手術の助けを借りることを否定しない[52]。そのうえ、「アンチ・エイジングを謳った製品」のフランスでの売上高は、一九九一年には一〇〇〇万ユーロだったが、二〇〇二年には三五〇〇万ユーロに増えた[53]。化粧品全体の売上高の伸びは、すでにそれだけでかなり顕著だが[54]、アンチ・エイジング製品は、さらにそれを上回る勢いで増えている。

両性具有の幻想

このような消費の手法全体は、平等主義ではないとしても、戦後のスターたちが模範を示し、先鞭をつけた決定的な変化と、同時代のものである。その変化とは、女性的なものの最終的な確定である。一九六〇年代以降、すべてががらりと変わる。以前のように、男性的なものと女性的なものの領域を考えることは、不可能になった。「市民権、知識の勝利、生殖の制御、既婚女性の地位、性の自由。男性の牙城においても同様の裂け目が生じ、男女両性の関係にも、同様の混乱が起こった[55]」。抽象的な男女平等を飛び越し、主体の問題、「個人の開花[56]」、自己実現を優先的な課題とする、第二のフェミニズムが主流になった。

もちろん、男性の支配が、すべて消失したわけではない。フランソワ・ドゥ・サングリー〔一九四八年生。フランスの社会学者。家族関係、婚姻関係、個人の社会学を中心に研究を行なう〕の言うところの、「抵抗する男性」[57]。あるいは、フランソワーズ・エリティエ〔一九三三年生。フランスの人類学者〕の言葉を借りるなら、「イデオロギーの歯車」[58]。または、フランソワ・デュベ〔一九四八年生。フランスの社会学者。専門は、教育、青少年問題〕の言うところの、「拒絶行動」[59]。それらが消失したわけではないにしても、事実としての平等、容赦なき女性の自主独立が支配的となり、その結果、集団の行動が変化する。「主体としての女性」[60]にとって、「先の見えない時代」にさしかかったのだ。

フォルムの美学にもたらされた劇的な変化が、性の人類学にも大きな変化を及ぼす。それによって、振る舞いとラインが新しくなり、美のありかたが見直されるようになった。昔ながらの男らしさの蓄積である種々の模範は、一九六〇年代、「衣服のアパルトヘイト」[61]の断固たる拒否を称揚する女性的なものの新たなモデルとなる。ブルー・ジーンズにユニセックス、作業服とTシャツ、チュニックとポロシャツが、「衣服の社会的、そして性的な区別のなかでできあがっていた既成の表現を、ごちゃごちゃに掻き乱す」[62]。二〇〇二年になっても、『ル・モンド』がいまだ言及する「三千年のアマゾネスたち」[63]、もしくは同じ時期、『エル』がとりあげる「ミックス・ファッション」[64]。一九六〇年代以降に好まれた、両性具有というテーマは、その後、一九八〇年代、イネス・ドゥ・ラ・フレサンジュ〔一九五七年生。フランスのモデル、デザイナー〕によって、「男性的なものと女性的なものがシックに体現」[65]されるまでになった。女性のからだの記述は、二十世紀最後の三〇年間、「セクシー度」過剰なフォルムを消しゴムで消し、小さなヒップを強調し、扁平な胸を奨励した。特に独創的なのが、ひと目でそれとわかるような、筋肉の密度の誇示である。[66]例えば、一九八二年十一月十二日の『パリ・マッチ』のカバーを飾ったジェーン・フォンダ。紡錘型のライン、露出され、引き締まった二頭筋、硬直したような微笑。あるいは、一九八三年の『ヌーヴォーF』の記述。「長い脚、広い肩幅をした彼女は、昂然と頭を上げ、征服者のような冷ややかな表情で、熱い砂の上を大股で進んでゆく(67)」。

同様の論理は、男性的なものについても適用され、その多くのしるしが、女性的なものから採られる。例えば「ブルー・ジーンズを穿き、セミロングヘアの女の子を連れた、ブルー・ジーンズを穿いたロングヘアのビートルズ(68)」の姿。権威的ないかつさの古いイメージは、二十世紀最後の三〇年間を通じて、かつてないほどはっきりと打ち消される。戦う男のトルソーという基準は、みごとに崩壊する。男性のからだは細くなり、角がとれる。ウォシャウスキー兄弟監督の映画「マトリックス」に登場する、キアヌ・リーヴス（一九六四年生。カナダ、アメリカ、イギリスの三重国籍を持つ映画俳優。一九九九年の「マトリックス」では、主人公のネオ役を演じた）の流れるようなフォルム、「滑らかな」肌、繊細な顔、ダンスのような戦闘シーン。リーヴスのそうした特徴は、パートナー役のキャリー＝アン・モス（一九六七年生。カナダの映画女優。「マトリックス」でトリニティー役を演じ、一躍有名になった）と乖離してはおらず、その地味な髪型、眼鏡、細く引き締まったチュニックによって、モスとリーヴスとの距離は、いっそう近くなる(69)。さらに、両者の持つ機動性、跳躍力、柔軟性、リズミックで自由な動作、つまり極限まで自分を自由に操る身体的な同等性が、そこに加わる。見る人を興奮させるためのものが、これほど美学にこだわり、これほど「自由」を意味しようとするのは、かつてないことだ。

しかしながら、美が「ユニセックス」になった、つまり性の新たな平等が到来した、と結論づけるのは誤りだろう。言わずもがなではあるが、筋肉の女性化、痩身の男性化によって、二つのモデルがひとつになったわけではない。平等は、むしろ「自由な他性[70]」にあるのだ。「両性の差異は、絶えず構成し直されてはいるものの、決して消えてなくなりはしない[71]」。普遍的な男らしさというものが存在せず、「女性的なものが、さまざまあるように、男性的なものも、さまざまである[72]」。それだけに、両性の差異は開いている。いま現在、外見とからだに起こっている変化の答えを、男女間のイメージが幾分近づいたことに求めてはならない[73]。むしろ、それぞれの性が、美とどのような関係を結んでいるのかを、さらに深く調べる必要がある。

平等の体制における美

実際、その関係は、大きく変化している。例えば、「美しい性」というテーマは、その存在理由を失った。つまり、女性だけが美しくなるにふさわしい性で、男性はもっぱら仕事に精を出していればいい、という存在理由を。平等の原則が、すべてをがらりと変えた。身体の美は、ただひとつしかない「永遠の女性的なもの」から逃れるとともに、依存からも逃れ、受動性、積極性、隷属、自立という、かつて男女のうちの片方だけが独占していたリファレンスを突き抜ける。大転換が起こったのだ。そのすべての広がりを検証するのは、まだ難しい。美は、もはやひとつの性を定義するのではなく、男女両性によって培われ、当然の権利として要求すらされる。美は「力強さ」、もしくは「弱さ」の領域から自由になり、価値の有無を決める領域から解放され、「無制限の美[74]」となる。例えば、二〇〇三年のシャネルの広告写真では、微笑をたたえ、晴れやかな表情の、一組の男女の顔が映し出されている。美は、男性向けの美容やケアの専門誌と、「リラックスでき、美しくなるための男性向けの[75]」文学と、向き合う。昔ながらの筋肉造形美のコンクール、「ムッシュー・ヨーロッパ」や「ムッシュー・ユニバース」は内容を変え、それと同時に、名称も「ミスター・ヨーロッパ」、「ミスター・フランス」に変更される。新しい名称のコンテストでは、アスリートのような輪郭よりも、むしろ「自己の外見と手入れの洗練度、男性特有の美しさをどれだけ誇示できるか[76]」に重きが置かれる。

二〇〇二年、「イギリスで、もっともエレガントでセクシーな男性」に選ばれたサッカー選手、デイヴィッド・ベッカム〔一九七五年生。イギリスのプロサッカー選手〕は、この変化のイメージを極限まで体現しているのだ。手脚が長く、全体的に細いシルエット。しなやかな身ごなし。手入れの行き届いた顔。そうした特徴はすべて、彼の激しいプレイと一体化している。ベッカムは、新種の男らしさ、「メトロセクシャル」の典型なのだ。それは、都会（メトロ）と、これまでにないアイデンティティー（セクシャル）の微妙な混合であり、『マッチョマン』と、自分の姿を鏡に映すことに夢中の優男との、中間[77]」に位置する。あるアンケートでは、この種の男性が「男らしさのコード」を変えた、と記述されており、二十歳から三十五歳までの若者の四〇パーセントが、このタイプに共感を寄せている[78]。

突如として、一つの市場が創設された。ビオテルム、クラランス、ランコム、ジャン＝ポール・ゴルチエ、デクレオール、資生堂、そしてアディダスさえもが、「メンズ」化粧品の必要性を叫ぶ。その主張の正しさは、売上によって証明された。ジャン＝ポール・ゴルチエは二〇〇二年、二〇万個以上のリップグロスを発売した[79]。同じ年、ニベアはメンズ用Q10クリームのみで、四ポイントのシェアを獲得した[80]。ニッケルは男性用化粧品だけで、売上高を倍に伸ばした。二〇〇二年の売上高は、前年度比五〇パーセント増の五〇〇万ユーロにも達した[81]。男性専用のエステサロン、「男性向け美容整形手術[82]」も登場する。こうした傾向に、さらに拍車がかかる。一九八五年、整形外科手術を受けた客の内訳は「女性一五人に対して男性一人」の割合だったが、二〇〇〇年にはそれが、「女性五人に対して男性一人」[83]になった。確かに、男性用化粧品の売上高全体は、二〇〇〇年から二〇〇二年のあいだで、女性用化粧品の売上高全体の一〇パーセントから一二パーセントになる。[84]『コスメティカ』が診断するように「限られた」量にとどまり、「勢いがない」[85]としても、男性の自分への投資は重要であり、その動きが終息に向かいそうにないことは明らかだ。ここで再度、強調しておく必要がある。真の変化はむしろ、「美しくなるための」手入れに、ますます強い興味が示されていることにある。男たちは、「美という資本の概念を発見する。今後は、それを維持し、活用することが必要となる」[86]。『ル・モンド』は最近のレポートで、正統的な美しさから凝りに凝った美しさまで、あらゆる美の規範のイメージを、月並みな型さえも考慮しながら集め、次のように総括する。「競争力のある男性は、力強い容姿を保つよう心がけ、ビジネス手帳と化粧品一式を携えて移動する。化粧品一式は、外見の競争に打ち勝つための必需品であるからだ。男性向け美容市場は二年間で二倍に膨らみ、本物の肉体信仰が浸透していることを示している」[87]。

ゲイカルチャーから「心的抑制から解放された」[88]美まで

とはいえ、こうした変化を、ゲイの存在にかかわる変化と結びつけずに測ることは、不可能だ。その変化とは、雑誌『テチュ』の言及によれば、「別の生き方を世界全体に提示する」[89]新しい方法である。まずは、権利の勝利。フランスでは一九八二年以来、異性愛関係と同性愛関係の開始時期に、同等の自由が認められている。それ以前は、性交渉を行なえる「法律で許された[90]」年齢は、異性愛者が十五歳であったのに対し、同性愛者は十八歳だった。一九八〇年代、一連の政治的プログラムのなかで、「自然と良俗を理由とする、あらゆる差別[91]」を廃止することが約される。次に、文化の勝利。「ゲイ・プライド」、「ゲイ・ゲーム」、「ゲイ・ナイト」、ゲイ専門誌など、目に見える効果を増やしながら、ゲイの存在は、一九九〇年代、それまでにはない力強さで、公共の場で主張される。有名人の「カミング・アウト」は、同性愛関係を少しずつありふれた人間関係にする。[92] もちろん、あらゆる差別がしりぞけられたわけではない。だが、「人とちがうことの権利[93]」が差別を上回り、アンケートや行動において、同性愛者は、かってないほどありふれた存在となった。[94]「近所の人、道で出会う見知らぬ男性、もしくは女性[95]」として。そのうえ、言葉が変わる。その変化を端的に示しているのは、「寛容[96]」という言葉だ。この言葉は、「瑣末事」、もしくは「ありふれたこと」と判断される同性愛関係にとって、徐々に時代錯誤となる。同性愛関係を「ただ寛大に黙認されているだけ[97]」の事実とすことは、容認しがたい否認であるとして拒絶されるからだ。ひとつの指標が、こうした変化を他にもまして雄弁に語る。それは二〇〇四年、「メトロ・セクシャルとホモ・セクシャル[98]」に向けて発売された、『プレフェランス』という雑誌である。この雑誌は、多様な読者を対象とし、従来であれば同性愛者向けと受けとれる写真を、もはやそれらしくなく掲載する。脱毛、肌のマッサージ、けだるいポーズ、「開発が始まったばかりの処女地のように差しだされた[99]」男性のボディ。雑誌には、それとは対極の写真も掲載される。バーベルと器具でつくられた筋肉質の、造形されたボディ。重量感たっぷりの、密度の濃いからだ。「ラコステのポロは、まさにそのためにつくられたのではないかと思えるような、筋肉隆々の腕[100]」のフォルム。男性の美の領域は、ボディ・ビルダーから「ブロンドの天使[101]」にまで開かれ、「性を超越し、型にはまった、ありきたりの表現を拒絶し」[102]、振る舞いと顔立ちに関するイメージを変革する。ゲイ・カルチャーは、さまざまなリファレンス、すなわち、自由なフォルム、多種多様なしぐさと顔立ちというリファレンスとともに、こうした戯れを可能にした。もちろん、それによって「文化全体」が、明らかに「ホモセクシャル化[103]」することはないとしても。

強調しなければならないのは、民主化と結びついて、同じくらい大きな変化が起こった、ということだ。リファレンスと行動における、平等の高まり。また、消費と結びついて、同じくらい大きな変化が起こった。物と商品の、際限ない増加。用途、雰囲気、アイデア商品の典礼。人が美しくなることを阻んでいた、昔ながらの障害は、決定的に譲歩し、今日の美を、強制的で分散された義務に、ますます細分化される期待に、変化させた。例えば、社会階層、年齢、性別、製品、流通といった障害。そして、想像の産物。譲歩は、「すべての」読者の心をつかむためのレトリックにさえも及んだ。例えば、「あなたもRoCレディ[104]」というようなレトリック。譲歩は、技巧にも及んだ。技巧は最終的に自然を凌駕し、美は天から与えられるものではなく、ますます作業のなせる技となる。美は運命ではなく、計画である。一つの主張であり、分散され、創出されるものなのだ。「われわれは今、美の最終段階にいる。それは、美の歴史がここで終わる、という意味ではなく、美が進化するにあたって、制限となっていた昔ながらの壁がすべて崩壊した、という意味においてである[105]」。

第17章

「試練」としての美、現代の美

この分散の程度を、検証する必要がある。自分を美しくすることの、急激かつ爆発的なブーム。その多様性、拡張。実のところ、これらを、消費行動と平等の考えのみで説明づけることはできないのだ。もうひとつ別の変化が、同時に、同じくらい奥深いところで起きている。アイデンティティーにかかわる、劇的な変化が。それはすなわち、個人のイメージとその感覚に対する、特別な関心である。アイデンティティーは、今日、かつてないほど個人そのもの、個人の存在、そして身体に、還元される。「大きな社会[1]」はもはや、各人はこうあるべきだ、と口出しをしない。これまで長いあいだ、体制は、個人の職業、居住地、共同体を支配してきたが、いまや身ごなしと服装は、その預かり知るところではない。体制はもはや、所属のしるしを強制しない[2]。現代は、都市、階級、職業がカテゴリー化されていた昔の服装論から、気の遠くなるような距離でへだてられている[3]。今日では、個人、そう、個人だけが唯一、自己の存在のありかたと、自己の「イメージ」とを決定することができる。まさしくアラン・エーランベール〔フランスの社会学者。おもに現代社会の個人の問題に関心を寄せる〕が言うように、「個人とは、すなわち、その人の外見[4]」であり、それ以外の何物でもない。個人は、言葉によって表明されるものと同じく、身体的に表明されるものと、ますます同一視される。ゆえに、「自分をどう見せるか」という課題が、いっそう重要になる。目に見えるものを、よりよく演出したいという野心が強まり、美をつくるための作業が、あたかも主体を完成させるかのようにみなされる。

　ひとつの時代が生まれる。外見は制御できる、という感情。そして、その外見を、個人化された自己をもっともよくあらわすしるしに変えることができる、という感情。そうした感情を万人が共有する時代が。それゆえ、ついに、新しいタイプの葛藤が、ときとして決定的となる障害が、伝統的な美の二つの側面のあいだに生じる。すなわち、著しく個人的な側面と、著しく集団的な側面とのあいだに。

アイデンティティーの中核にあるもの

現代の数々の分析が評する、「超近代的個人」の勝利に、こだわる必要がある。この「肥大化した個人[5]」にとっては、「もはや、全体の観点に自己を置くことなど、意味がない[6]」。われわれの社会は、このような個人を「一貫性[7]」の新たな中心に据え、彼らの感情が、ありとあらゆる社会的リファレンスに優先することを強調した。

この図式が、それ自体、歴史的、集団的な起源を持つことに、疑いの余地はない。サービス社会の到来、消費の普及。社会生活とはまた異なる、「サークル」への個人の所属[8]。それらが、個人の明白な自立、「分散化」を先鋭化した。その一方で、流動性と市場は、加速する。外見の強度の個性化は、大衆現象として、また価値化の直接的原則として、不可欠になったのである。

「この世ならぬもの」、「偉大なメッセージ」が失墜したせいで、いっそう強固になる確信。すなわち、ジャン＝フランソワ・リオタール〔一九二四―九八年。フランスの哲学者〕が言及する、美の「崇高な物語」の「信頼性」の消失についての確信[9]。たとえそれが、集団的解放の物語であろうとも。ユートピアの終焉に対する確信。フランソワ・フュレ〔一九二七―九七年。フランスの歴史学者。フランス革命に関する著作多数〕が言及する、「いま、われわれが生きている世界で、これからも生きることを余儀なくさせる[10]」、この現実主義への確信。最終的な真実として徐々に押しつけられてきた、政治的、道徳的、宗教的権威の失墜により、身体への意識は強烈になり、重要性を増した。自分をより身近に感じ、隠されたものを見出し、飽くことなく感受性の記録簿を増やすこと。私的なものの世界、肉体的空間の世界において、超越性の古い体験は権威を失った。

それゆえ、早くも一九六〇年代になると、美しくなるためのアドバイスは、著しく個人化する。個人を特権的に表現するものとしてのからだ。六〇年代の雑誌やマニュアル本は、「あなたが自分の個性を発揮できるように、ご指導いたします[11]」、「あなたの個性が輝くような製品を、見つけてさしあげます[12]」と約束し、「あなたの個性を生かす[13]」ようなヘアスタイル、口紅、肌の色を提案する。製品は、客と親密な関係を紡ぐようにつくられる。ジャン＝ピエール・フルリモン〔フランスのメイクアップ・アーティスト。映画・演劇用のメイクを専門に手がける〕のメイクアップ用品は、「あなたの顔の真の個性を引き出します[14]」と謳い、ベルレのブラジャーは、「あなたの個性を表現します[15]」と語りかける。美しさの定義は、変わった。「美とは人が発散するもの、つまり、その人の個性である。その人の身振り、その人のあり方なのだ[16]」。

この極端なまでの個人化は、美の目じるしの明らかな細分化を招いただけではない。それはまた、からだの指標に新たな力を与えた。その力とはすなわち、「その人が本来持っている、何らかの独自の価値を、その人の外観から見出すこと[17]」である。

「奥深い」からだに対する信仰

まず、選択の分散が一般化したのだ。「スタイルは三人三様」、「メイクアップは三人三様」、「ヘアスタイルは三人三様」、「カラーは三人三様」。一九九〇年代、『アシェット実用手帳[18]』は、このようなタイトルをつける。あたかも、その「三人」がそれぞれ、どのような外見を演出するか、自分自身で決められるかのように。独自性は、強制された義務として、実現される。「修正」の手段である美容整形外科は、一般大衆の習慣となり、他のいかなる手段にもまして、単数性と、それを実現するための方法を称賛する。「技術は、それぞれのケースによって、特別なものでなければならない[19]」。外科医は決断し、選択し、くり返されるジレンマを克服しなければならない。それはすなわち、個人の顔には、ありとあらゆる豊かな表現が満ちあふれるのに、目鼻立ちをいかに決定すればいいのか。たったひとりしかいない私という存在を、どうやってメスで描けばいいのか、というジレンマだ。モーリス・ミムーンはこうした困難をさらに鋭く指摘し、みずからを、「触診できない外科医[20]」であると認め、自分は、直感と患者の期待とのあいだで、手探りしながら手術を行なっているのだ、と告白した。そのうえで、彼は次のように語る。「規格化など、もともと不可能なのだ。なぜなら、顔の測定、そしてまた美の測定は、幸いなことに、しょせん虚しい試みなのだから[21]」。古い個人化の作業は、終焉した。外科医は、創意工夫を、顔立ちの独創性を、受け入れる。整形手術によって完成した「完璧」な顔は、常に他人とは異なり、個性化されていることが要求されるのだから。

それればかりか、この外科医は、さらにその先を行く。自分は、主体に奉仕し、その話に耳を傾け、願いに添うようにする、と語る。「内面の幻想は、かくありたいと各人が夢見る、理想的なイメージに一致する[22]」。そのとき、もっとも主観的に望まれる顔立ちのなかに、美が存在することになる。内面の夢から生じたものであると同時に、安心感を得たいという願いから生まれる、この美の効果。その行き着くところは、すでに一九七〇年代の雑誌によって、あっさりと、こう示される。「あなたが、こうありたいと夢見るからだは、必然的にあなたのものです[23]」。思い描く本人の期待と一致すればするほど、いっそう「完璧」である外見。それは、内面の一致の上に、自己と自己の平和の上に成立する。美しくなるための計画が賞賛するのは、「話すからだ、自分の言葉、すなわち個人の欲望の言葉で表現するからだ[24]」と「美」とを同一のものとみなす、一致の原則なのだ。内心の願望と、実際の自分との一致。美しくなるための手段は、この内面の真実を探すことに専念する。つまり、自己のもっとも深い部分をからだに物質化し、そのからだを存在させる。自己をよりよく加工するために、からだを加工する。

このヴィジョンは、雑誌、「よりよく生きる[25]」ための概論、美容概論にとりあげられ、少しずつ普及し、ひとつの俗説を提案する。[26]そこでは、からだは新しい役割を、気分を落ち着かせる「パートナー[27]」としての役割を演じる。存在を主体の内面と一致させ、安心させる役割。隠されているとまでは言えないものの、捉えることが難しい自我の領域の、理解可能な代替物。それが、からだなのだ。突き詰めると、からだは、ほぼ心理的な審級にすらなる。からだは、曖昧な側面を、抑制されない世界をあらわす。その世界では、「よりよく生きる」ため、また存在するために、緊張がときほぐされなければならない。別の言い方をすると、からだは「語る[28]」ことができるのだ。それゆえ、不安を掻きたて、ときとして虚構ですらあるメッセージが、明白な事実として提示される。例えば、肌は「私たちの心の状態[29]」をあらわすだの、「からだの痛みや硬直感」が「私たちの秘密[30]」を明らかにするだの、肥満は「ストレス[31]」のあらわれだの、緊張は「私たちの命を害しながら、組織を継続的に脅かす[32]」だの。その行き着く先は、明らかに、ただひとつしかないように思われる。すなわち、内と外をより密着させるために、両者をよりよく理解すること。開花と自由とを宣言すること。「私たちのボディから発せられるメッセージ」を解釈する方法を学び、意志を明確にし、「うまく行かないこと[33]」を克服して、より美しくなること。そうすれば「望みどおり」、内と外の和解が実現し、目に見える明白な結果がもたらされる。それは、よりリラックスした態度、いっそう「ストレートな」振る舞い、あらゆる類の硬直に対する徹底的な戦いであり、特に、二十世紀初頭に行なわれた、胸を膨らませ、すらりとした腰をつくるための古臭い体操に対する拒絶[34]である。

もちろん、このような計画は、単純化され、誇張されている。が、簡単でわかりやすく、一般に普及しやすい。そのため、この計画は、現代社会の心理学化によってますます深く掘り下げられる私的空間に、目じるしとなるような基盤を与えるのだ。それは、内面性に確かな広がりを与え、自己肯定と解放の美学を正当化し、リラックスを、自己完結のほぼ目に見える原則として位置づける。近世で最初の美は、万人が疑義を差し挟むことのない、外面のモデルであった。個人化がたどる、果てしなく長い軌跡が、そうした古いモデル[35]を少しずつ、内面的で個人化されたモデルに入れ替えたのである。

幸福感の美学

個人的な期待に対する、このような感受性のひとつの結果は、古い意志主義の消失である。もはや押しつけるのではなく、支援する。もはや義務づけるのではなく、対決させる。説得力に富み、明白であること。それは、落ち着きを得たからだは、ぞんざいに扱われることを次第に拒否するようになる、ということだ。そのとき、雑誌は定型表現とスローガンを変え、以前は頑固に信じられていたことを逆転させる。「自分のボディを愛する[36]」、「からだの緊張をほぐす[37]」、「からだが感じるものを受け入れる[38]」。広告は、からだが全体的に主体化され、勝利したことを宣言し、次のような文句を高らかに唱える。「男女両性にとって、美しくあるということは、もはや、何か、あるいは誰かに似ることではなく、自分のからだに満足し、各人の個性に合った製品を見つけることなのです」[39]。「幸福感の優位」[40]は、美容市場における最重要のファクターである、とさえみなされる。美容概論は、このことを独自の方法で語る。「最良のフォルム」は、「からだと心が調和し、自分が心地よいと思える」[41]方法にのっとってつくられる、と。

重大な結果。それは、幸福感が、美しくなるための原則になった、ということだ。一九七五年、ランコムは「自分のボディを大事にしましょう」[42]と提案する。「ゆったりとしたくつろぎ、そして幸福感を、自分のものにしましょう」[43]と、一九八〇年、ソティスは語りかける。二〇〇三年、ガルニエはきっぱりとした口調で、こう呼びかける。「ドライスキンよ、さらば。愛撫よ、こんにちは」[44]。「とろけるクリーム」[45]、「甘いリップ」[46]、「ボディを包み込むコクーン・スキン」[47]。このような言葉は、約束の言葉でもあり、しぐさの中心に、快楽を不可欠なものとして導入する。それは、他のケアも同様である。例えば、「健康の喜び」、「楽しいお手入れ」、「楽しいダイエット」、「植物製品の喜び」、「楽しい食餌療法」とあるように。計画の中心にあるのは、保護である。例えば、化粧は、外見を最適化すると同時に、主体が自然に持つ自我の境界線を強化し、主体を防御し、さまざまなかたちの攻撃から主体を守り、「肌を損なうものすべて」[48]を遠ざける。クリームは、「宝石箱」[49]、「皮膚の鎧」[50]、「生きた鎧」[51]、「バンパーの役目をするスクリーン」[52]、「ストレスと大気汚染の影響に対抗する手段」[53]なのだ。つまり、自己の演出に保護をつけ加えるように思われる、ありとあらゆるもの、自己の開花を助けると思われる、ありとあらゆるもの。それがクリームなのだ。ここに至って初めて、外側のイメージと内面の効果とが、化粧品とケアとが、混ぜ合わされる。「あなたにとって良いこと」[54]であるがために、心遣いはなおさら貴重になる。

「理想」は、以前とは異なる方法で、処方される。権威の論法、議論の余地のない縦型の交流をよりどころとするのではなく、個人の選択、自己実現に力点が置かれる。勉強にとり組む生徒のまじめさではなく、ヴァカンス中の司祭のような微笑みを浮かべることが、重視される。[55] 命令はもはや、強制されない。確信は内側から生まれる以上、命令は各人各様だ。「模範的」人物、「人気スター」、「トップモデル」となったファッション・モデルですら、トーンを変える。つまり、自分に向かって語るのだ。「スター」はもはや、一九三〇年代のように、アドバイスをすることはない。もはや上から見下ろして、命じるようなことはない。自分の好み、趣味を思い出しながら、ひとりごとを語る。エステル・ルフェビュール〔一九六六年生。フランスのモデル、女優〕は、二〇〇三年、『美しいあなた』のインタビューのなかで、自分の使う製品についてはさらりと触れただけですませ、メイクアップ・アーティストへの賛辞を惜しまない。他の人とはちがう、彼女の個性を完璧に理解しながらも、彼女を一つの「ケース」として認識している、という点で。「この人は、私が何が好きか、ということを本当によく理解してくれたの。とはいえ、私だって、自分のことは完全にわかっているつもりだけど」[56]。『美しいあなた』の記事によると、マティルド・セニエ〔一九六八年生。フランスの女優〕は「バックの中身を空けて」[57]、読者にそれを使うよう「命じる」のではなく、なかに入っていた化粧品を列挙してみせた。

こうしたモデルたちは、一定の外見を維持することはほとんどなく、持続的な安定性も持たない。二〇〇三年、『女性問題』は、次のように断言する。「スターは、シャツを着替えるのと同じように、頻繁にルックスを変える」[58]と。パメラ・アンダーソン〔一九六七年生。カナダ出身のモデル、女優〕は、映画の役柄によって、胸のボリュームを調整する。エリザベス・ハーレイ〔一九六五年生。イギリス出身のモデル、女優〕も同じように、役柄によって唇の厚さを変える。[59] 彼女たちはときとして、日常の外見を、そのもっとも私的な表現に至るまで、一貫して造形しなおし、自分を変化させ、何度も見直しをする。そのうえ、同じことは、彼女たちを見る側についても言える。両者ともが強調するのは、過去と訣別したいという望み、「新しいルックス」[60]、連続性の上にある突然の路線変更。「私には、それまでとはちがう自分でありながらも、自分自身のままでいられる、という意識がありました」[61]。かつてないほど逸脱と流動性に敏感な、現代の個人の眩惑。それは、個人が自分自身に対して行使する力の、明白なしるしなのだ[62]。

テレビの魅惑、音楽の魅惑

そのとき、テレビのモデル、特に普通の人の日常を捉えた「リアリティ・ショー」に頻繁に登場する人物が、注目すべきモデルとして、重要不可欠になる。いわば、実物教育としての「ロフト・ストーリー」(二〇〇一年四月から七月までM6チャンネルで放映された、フランス初のリアリティ・ショー。一般から公募した独身男女一三人をひとつのロフトに集め、その生活のようすを二四時間、小型マイクとカメラで追う、という内容。賛否両論が巻き起こるが、番組は高視聴率を獲得した)。そこには、多種多様な言動、流儀、ルックスが登場する。これらのモデルは、類型と対立する。「行動マニュアル」[63]をつくり、またアイデンティティーと同様に、態度をも正当化することによって、モデルは「複数化」し、分散する。これらのモデルは、慣れ親しいものとなる。視聴者は、これらのモデルたちに別の「自分」を投影し、そこに、もはや制度から自由であるかのように見える日じるしを探す。「こういう場合に、人がどのように行動するかを眺め、自分がその人だったら、どう振舞うだろう、と考えます」[64]。選択は、明白に仕組まれた約束であるよりも、むしろ義務化された原則となる。

この仕組みは、美学についても同じだ。外見は細分化され、滑稽とまでは行かないものの、極端なまでに分散化する。例えば、「わたしの選択」という番組のなかで、「今の自分に満足な、太った快楽主義者と、フィットネスに夢中な、筋肉もりもりの人」[65]が対立するように。そこには、強制された個人化への、社会の同意が認められる。テレビ画面に「啓蒙された」主体は、「存在感を強め、さらに強烈にしたい」[66]という気持ち、かつてないほど個人の単数性が正当化されている、という気持ちを抱く。

とはいえ、現在のメディア全体がそうであるように、リアリティー・ショーもまた、統一された外見の存在を、選択の細分化を超越したところでしぶとく存続する規範を、想起させる。それはすなわち、ラインの統一性、動作の軽快さ、身長と体重の割合といった、すべてのしるしだ。「ロフト・ストーリー」の勝利者の外見は、このことを顕著に示している。例えば、二〇〇一年、第一期の勝利者、ロアナのブロンド・ヘア、スレンダーなボディ。番組から派生した宣伝も、また然り。勝利者たちのイメージから制作されたバーチャル・キャラクターまでが、統一された規範を示している。例えば、実在の勝利者、ロアナから着想を得て生まれた、合成画像の歌手、「ロアナ・クロフト」。キャラクターの正確なサイズは、強調されている。背丈一メートル六八、体重四八キロ。スリーサイズは、上から九〇、五八、八八センチ。身長と体重の割合を示す数値が極端に低いため、たいそう痩せていて、ボディラインは、バスト―ウエスト―ヒップの著しいコントラストによって造形されている[67]。ロアナ・クロフトには、現在のシルエットが力強く表現されているのだ。ほっそりと伸びた脚、強調された骨盤、縦に引き伸ばされたシルエット。数字をみごとに証明する、流れるようなからだ。狂乱の時代とのさらに大きな差は、体重とウエストの数字にあらわれている。

現代女性のこうした細さ、サイズに対する厳密さ、痩身嗜好のとどまるところを知らない普及については、

身長 1.68m の女性の理想のシルエット。1933 年と 2001 年。[68]

	『美しいあなた』（1933 年）	ロアナ・クロフト（2001 年）
体重	60kg	48kg
バスト	88cm	90cm
ウエスト	70cm	58cm
ヒップ	90cm	88cm

すでに、すべてが語られている。[69]ここで重要なのは、痩身の要求の高さでも厳しさでもなく、そこから想像されるものと感覚である。つまり、有能さ、優美さ、機動性のあかしとしての、流線形のフォルム。ここでもまた、同じ言葉が登場する。すなわち、「細さ、活力、あふれんばかりのエネルギー」[70]。あるいは、「ネコ科動物のような歩き方、曲線のシルエット」[71]。「縦長に引き伸ばされ、鋭ぎ澄まされたシルエット、そこから発散されるエネルギーが伝わってくるようなシルエット」[72]。もしくは、二〇〇四年発行の『ビバ』の、いっさいの美辞麗句を排除したタイトル、「痩身特集、キロ数が少なければそれだけ、獲物の数は多くなる」[73]。このタイトルは、「女性とそのからだについての、千の質問」と題された記事と同様に、「若返って見える、痩せたボディ」と「余分な体重」[74]とを対比させ、セルライトのテーマから「美」のテーマを論じる。装飾品としてのかつての美は、行動の美にとって代わる。ラインだけではなく、顔立ちに潜在する力、そのダイナミックな先鋭化が、まず第一に、女性的なもの、それ自体の変化を示す。それはまた、職業に対する意欲[75]と実行力を高く評価し、自律性と流動性のヴィジュアルな証拠を強調する。「痩身＝美」は、その結果、肉体の美学と、日常的なしぐさとの融合を完成させる。かつて『古典主義時代の美」が、内と外の調和[76]に言及し、告げ知らせた融合。それまでとは異なるからだのあり方、そして衣服の余白の目に見える振動によって、ロマン主義的な美が特定した融合[77]。狂乱の時代がギャルソンヌによって、さらに具体的に、決定的に約

束した融合。この時期、戸外の空間、レジャーへの言及がなされ、湾曲《カンブリュール》は最終的に消失し、スマートさがいっそう強調された(78)。そして最後に、今日の音楽の爆発的なブーム、ダンス、リズムの融合によって、リファレンスと活気とは、決定的に変化する。

それはつまり、現代文化の音、リズム、動きの世界に関するリファレンスなくして、今の痩身を理解することはできない、ということだ。音と動きの世界、そして痩身は、機能性とエロス化に作用する、二重の記録簿なのだ。より感じやすいからだ、より活動的なからだ。この現象は四方八方に広がりながらも、ほとんど解説されることがない。とはいえ、この現象は、映画、ショービジネスのビデオクリップ、お茶の間のリアリティ・ショーで、大量に、かつ広く存在する。この現象は、音楽を「人間の住む世界(79)」に据えた、若者文化が原動力となっている。この現象が、どれほど目覚しい発展を遂げているか、検証する必要がある。「素直な悪女」で、カルロス・ヴァルデス(80)〔一九二六―二〇〇七年。キューバ出身のパーカッション奏者、編曲家、ダンサー〕のマンボのリズムに乗って、トランス状態に陥った、ブリジット・バルドーのなめらかな足さばき。「紳士は金髪がお好き(81)」で、ボディ・ラインを強調した、金ラメのドレスにからだを包んだマリリン・モンローの、眩しいような波打つ動作。あるいはまた、一九八〇年代、ナルタの広告のヒロインの、はちきれんばかりの若々しさ。この広告では、ほっそりしたブロンドの女性が、シンコペーションのリズムに合わせて、長いテーブルを横切り、ありったけの元気を見せながら、ごく散文的な結果として、脱臭剤の長所を強調する。そのほか、無数の孤独なダンスが踊られ、機動性を、予期しないかたちであらわし、特に、激しさのしるしをからだに刻みこむ。さまざまなダンスが、現代のスリムな美の持つ、ふたつの因子をあらわにする。つまり、エロティックなもののさらなる受容、そして、制御と動きのいっそうの価値化である。

そのとき、空間を存在させる術は、自己の境界線で活発さを示唆する術と同様に、美と切り離すことができなくなる。例えば、「空間を占めるというより、空間を開く[82]」マリリン独特のしぐさ。あるいは、強烈なビートの音楽、腰を振って歩くモデルたち、生き生きと自信に満ちた足取りで盛り上がるファッション・ショーを評価するとき、毎年のように使われる言葉。二〇〇二年のヴァレンチノのコレクションは、「ダンスのステップのリアリティー[83]」と一体化していると評され、二〇〇三年には「サテンのこすれ合う音にリズムが感じられる[84]」とあり、二〇〇四年には「絹ずれの音にリズムが感じられる[85]」とある。

音楽とスクリーンは、満足感と個人化の原則をよそおいながら、集団のモデルと歩調を合わせる。個人的なものと集団的なものという、二つの美の側面は、もっとも現代的な表現において、不可避的に存在する。こうした二重性は、ほとんど言及されることがないが、しかし先鋭化しており、今日の文化の独創性は、この二重性のうえに成り立っている。すべては個人の選択が究極まで優先されるために、なされるかのように思われていても。「限定された」美化というケースで、すべては各人の責任が、そして失敗の感情すらもが勝利するために、なされるかのように思われていても。

「すべて」を選べる

このような選択の魅惑は、あまりにも強烈なので、規範が執拗で、著しく集団的に思えるとき、いっそう重要不可欠になる。それが、今日の美の文化に、きわめて明確な色どりを与える。

痩身は、一般化され、厳格に課される義務である。とはいうものの、それ以上に個人的なことはないのだが。スマートになるための器具は、もっとも単純なものから、もっとも洗練されたものまで、無限に増える。それと同じく、「細胞《セル》」をなくす技術が、手を変え品を変え、増殖する。セルソニック、セルポンクション、セルM6[86]。そして、「脂肪《リポ》」をなくす技術も。脂肪吸引《リポシュクシオン》、リポトミー、リポカプチュール、脂肪分解《リポディソリューション》[87]。ほっそりした紡錘型のシルエットをモデリングすると見なされるもの、すべて。個性が、そして美しくなるための個人的な戦略が、ここでふたたび、太りすぎを解消するための行動に要求される。「あなたの生活スタイル、あなたの体型に適合するように[88]」、「ダイエットは一人ひとりに合わせて行なわれるべき」と、『マリー・クレール』は断言する。からだの手入れも「あなた仕様で[89]」と、『マリー＝フランス』はつけ加える。二〇〇四年三月の「痩身特別号」で、『美しいあなた』は、「一人ひとりでケースはちがう」と断定する[90]。「自分のからだの声に耳を傾け」、「思いやりを持ってからだを扱う」のであれば、「異なる方法で痩せることが可能なのです[91]」と、二〇〇四年の『マリー・クレール』は結論づける。その結果、モデルは到達可能なデータとして、誰もが果たせる約束として提示される。痩身を実現するには、おのれのからだを熟知し、正しい情報を入手し、みずから体験するだけでいいのだ。おそらく、集団的なモデルではあろう。が、それは、柔軟な意見、個人的な創意工夫、調整された選択に、大きく支配されている。

『女性の健康ラルース』は、制御と個別化の感情を極限まで先鋭化し、「体重の問題」を「非常に個人的であるがゆえに、主体的な概念。あなた自身が快適で、自分のからだと調和が取れていると感じたら、それが、あなたにとっての理想の体重、もしくは体型に適した体重です[92]」と規定する。心理的な配慮もまた、重要だ。そこでは、「奥深い」からだとの和解が最優先される。「あなたのお腹は、激しい感情を喜びません。お腹は非常に感じやすく、少しでもストレスを感じると膨らむのです（…）[93]」。「わたしたちの高い要求のつけは、からだが払う[94]」のだから、要求を「軽くしてやって」、からだをリラックスさせ、「本来の姿をとりもどす[95]」だけでいいのだ。

そのとき、太りすぎという障害は、乗り越えることが可能になり、個人化され、各人に合わせた答えによって、解消することができる。技術から心理学へ。器具を用いるのではなく、自分の心に耳を傾けることへ。ジャン＝クリストフ・リュファン（一九五二年生。フランスの医師、外交官、作家）は、いまから数十年後の世界を想定した『グロバリア』のなかで、このテーマをとりあげ、特に詳しく説明する。この未来の民主主義社会の肥満患者たちが、肥満になったのは、自分からそう望んだためだ。「この世界では肥満症が、人生の選択肢の一つとして、また基本的自由として、認知されている[96]」。痩せるという行動も、同様に論じられる。各人は、自分の身体の状態、つまりは美しさに、責任を負う。それは、われわれの社会の期待に対する、あからさまな比喩である。制度の相対的な後退により、各人の「人生の設計図を描き、責任を持つ[97]」義務は強化される。そのなかには、輪郭の詳細な点にいたるまでの、みずからの外見に対する責任も含まれる。成果は、目標にされるものと同じくらい、ヴァリエーションに富んだ方法によって、得られるのだ。

美の規範と自我の試練

しかしながら、規範は抵抗する。気晴らしよりも作業を、リラックスよりも強制を要求する。痩身は「試練」である。単に、社会的な規範が、「試練」であると同じように。それは、広告に用いられる、魅力的なレトリックと対立する。独自の基準と外見をつくる、「孤立」した個人のイメージとも対立するように。七七パーセントの女性にとって、ダイエットはいまだに「難しく」、三五パーセントにとっては「とても難しい」。そして、半数以上の女性にとって、ダイエットは「たえまない戦い[98]」だ。そのとき、「楽しみながら、八キロから一五キロ、体重を落とせます[99]」という約束は、自己を変身させる過程で必然的に生じる制約を包み隠し、幸福感と戯れる。おそらく、不思議でも何でもないことだ。困難なダイエットは、われわれの社会の明らかな矛盾を反映している。つまり、よりよく消費するために、身をゆだね、リラックスする。それでいながら、よりよく自己主張するために、みずからに制約を課し、自己を制御する。この二つは「相反する」行動でありながら、二つとも、自己の深化と強く結びついている[100]。

お決まりの教則本を手本としたダイエットは挫折し、痩身が実現する望みは遠ざかり、決意と結果のあいだに、深い亀裂が生じる。見事にダイエットを完遂して勝利者となった女性は、アンケートの結果、ダイエットを試みた人の四三パーセントにとどまる[101]。それが時間の問題に直面すると、さらに、成功者の数は限られる。「五年間で七五パーセントから九五パーセントの人が、失敗している[102]」。ここでもまた、驚愕するようなことは、何もない。自分を美しくする従来の習慣は、必ずしも真実の習慣ではなかった。肌の色をさらに均一にすることを約束する、ルネッサンス時代の古い秘法。からだをいっそう引き締めることを約束する、十九世紀の痩身風呂。これらは、その約束を守ることができなかった。しかし、自己を変身させることが義務的な習慣となった世界、技術の文化が常に保証されているように思われる世界では、すべてが変わる。各人の幸福感が、一般化された最終的な約束として与えられるとき、すべては変わる。さらに、こうした自己の変身が、ひとえに各人の責任に帰せられ、もっとも深いところでのアイデンティティーの課題となるとき、すべては変わる。そのとき、失敗は別の意味を帯び、罪悪感や被害者意識にまで発展する[103]。成功を断念して悔やむ雑誌の読者は、「耐えがたいくらいのプレッシャー」[104]だった、と振り返る。また、失望する人もいる。「もう、雑誌に書いてあることが、信じられなくなりました」[105]。そして、憤り。「縮んだボディとともに、自分の精神までが縮み、自分自身が縮んでしまったように感じます」[106]。あるいは、最近のイタリアの統計によると、大方の女性が抱く、戯画化された極端な判断。「鏡の前に立った女は、誰もが、同じ評決を下す。『あたしって、イケてない』と」[107]。

今日、これらの矛盾は、ことが痩身に関係するとき、ますます強烈になる。有能さの保証、優雅さと機動性との混合としての痩身。[108]身体的開花をあらわす、ほぼ唯一かつ決定的なものである、痩身。今日の美の変身は、痩身という一点に集中する。それによって、『ブリジット・ジョーンズの日記』〔イギリスの女流作家、ヘレン・フィールディングの作品。一九九六年、イギリスで出版された。若い女性の共感を呼び、各国でベストセラーとなり、二〇〇一年に映画化された〕は、文学的な物語に変化する。ごくわずかな体重の増減が、リズムをつくる。ときとして、その変動は、ごく些細であるにもかかわらず。

一月三日　火曜日。五九キロ（おぞましい肥満の傾向。なぜ？　どうして？……）。
一月四日　水曜日。五九・五キロ（緊急事態。パーティ続きで、嚢《のう》のなかに蓄積した脂肪が、皮下でゆっくりと溶け出したのかもしれない）
一月八日　日曜日。五八キロ（たいへん結構。でも、だからってどうなの？）
二月六日　月曜日。五六・八キロ（あたし、内側から溶け出したのね。謎だわ……）
十二月四日　月曜日。五八・五キロ（クリスマスの強制食餌の前に、絶対痩せておくこと……）[109]

カトリーヌ・リオワの小説に登場する、イザベル・ドゥ・サンティスも、同様の不安にさいなまれる[110]。日常生活で困難が立ちはだかるたびに、過剰な肉のたるみが原因だ、と思いつめるまでに。「あたし、太っちゃった」、「あたし、痩せた」が、自己不信と痩身とを、ごちゃごちゃに混ぜ合わせ、イザベルの恋愛、成功、失敗にリズムを与える。斬新さは、そこにある。すなわち、美しくなることに失敗するのではないか、という問いかけの際限ない拡張に。このテーマは、あらゆる分野でマーケティングの対象となる。痩身のしぐさを阻む原因についてのさまざまな追及が、とどまるところを知らぬ勢いでなされる。この新しい現象において、罪悪感が形成される。期待していた目的を達成することができなかったという、不幸の意識が。「自分の行ないが悪いのでしょうか、それとも、私は単に、いわゆる大食の犠牲者であるだけなのでしょうか[111]」。『スリムになるために』の女性読者は、みずからにこう問いかける。別の読者は、「もうどうすればいいのか、さっぱりわからないんです」と告白する。「あれこれ努力したにもかかわらず、一年で、一九キロも太ってしまいました[112]」。『幸福なあなた』の「痩身特集号」は、「太りすぎ」によって誘発される、「悪魔的な力と、自尊心の欠如[113]」に言及する。それにより、美しいラインの正当性が強化される。それとともに、細分化を超えたところで、個人とその環境とのあいだに、矛盾した統一性が強く結ばれる。主体性が過剰であるにもかかわらず、規範は依然として集団的で、「均一的」だ。規範は、美的なラインから想像されるものが、社会的効率性、優雅さ、欲望に集約することを確定する。規範は、排他的で新しい二つの円の周囲を、少しずつ形を変えながら回っているだけなのだ。すなわち、幸福感と不幸感という、二つの円のまわりを。

今日、美しさの要求がますます高まっていることに、疑問の余地はない。いっそうあらわになるからだ、ますます「肉体と一体化する」アイデンティティー。だが、その要求は、民主化され、境界なく普及され、唯一の幸福感を約束することによって、開花と苛立ちとを同時につくりだした。

結論

身体の美の歴史が映し出すのは、ゆっくりとした征服の歩みである。からだの部分と領域がゆっくりと発見され、ごくわずかずつ価値づけられる。その過程で、外見、立体感、動き、奥行きといった、あらゆる範疇の空間が、時とともに徐々に豊かになり、拡張する。このような探求の広がりは、少なくとも三つのテーマによって認められる。

最初のテーマは、美しさに貢献する身体の部分の、絶え間ない拡張である。まず、からだの「上」の部分に、圧倒的かつ継続的な特権が与えられたこと。顔の色のニュアンス、視線の強さ、整った顔立ち。次に、少しずつなされる、「下」への考慮。わき腹のライン、支柱の出現。いくつかの段階が知覚される。長いあいだ、ドレスとからだの動きによって、それとなく強調されるだけであった脚とヒップは、やがて、顔と上半身の単なる「台座」であることを放棄し、十九世紀末、ついに本来のフォルムのまま姿を現わし、全身に新たな流動性を与える。からだは、衣服の余白すれすれにまで迫り、引き締められたウェストとヒップの楕円形をかつてないほど強調し、長いあいだ無視されていた身体の輪郭の美学をひっくり返す。この変化は、当然のことながら、衣服のファッションにとどまらず、縦長のシルエット、上半身の姿勢、背中の直線という、全体のたたずまいを奨励する新しい方法にまで及ぶ。それがまた、美しくなるための習慣を、ますますからだ全体へと志向させ、変化させる。早くも十九世紀末、美しくなるための習慣は、ヒップを細く、脚を長くすることに魅惑される。それ以前の習慣は、顔に白粉や頬紅をつけ、胴体にコルセットを装着し、肥満防止のため、時たま行なわれるダイエットに限定されていた。それと同時に、男性的なもの、女性的なものの新たな関係もまた、示唆される。例えば、十九世紀末になると、女性のからだはよりいっそう「自由に」なり、公共の空間、すなわち仕事や娯楽の場で、それまでとは異なった存在の仕方をするようになる。女性のからだは、ときとして男性的なものと「張りあう」とみなされ、装飾的な美から自立的な美へと近づき、労働と自由とのあいだで戯れる。それがさらに顕著になるのは、ヴァカンス空間、海浜、外出の場であり、そうした非日常的な空間は、それだけで、からだの価値と露出の仕方に変革をもたらす。

身体の美学において、動作が徐々に重要な要素として考慮されたこと。正確な意味での活動。これが、美の探究の発展を確定する、第二のテーマである。フォルムの美しさから、より動的な美しさ、しなやかさと解放を想起させる美しさへの移行。世界は変化する。古典主義時代の版画に描かれる、不動の姿勢のなかに封じ込められた人物像から、十八世紀末のファッション画に精緻に描かれる、散歩する女たちへ。さらには、ロマン主義時代のパリを散歩する女たちから、際限なく拡散し、軽やかな足取り、強烈な音楽を連想させる、今日のモデルたちへ。彼女たちは、機動性のテーマのなかに、自由のテーマを注入する。機動性という常に潜在するこの力、リズミックなビートが、外見と輪郭の表面に浮かび上がる。

最後に、からだの探求の広がりの第三のテーマは、表現である。早くも十六世紀、近世の社会において、まず最初に「優美さ」が、次いで古典主義時代のヨーロッパにおいて、「生き生きとした美しさ」が注目を集め、勝利を収める。視線は秘められたものをあらわにし、外側は奥深いものを垣間見せる。内なる意識の外への上昇。特に表面は、時とともにますます深く掘り下げられ、厚みを増し、内面からもたらされる力に徐々に場所を譲る。その内面の力が美を変貌させ、よりよく定着させるように思われる。とりわけ目は、たえず問いかけられ、たえまなく探索される「魂」の言葉を伝えるものとみなされ、ついには、ロマン主義者たちとその世界が発展させた、無限の指標にまでなる。こうした「奥深いもの」との戯れは、今日でもいっそう熱心に続けられている。現在、心理的バランスの身体的な痕跡、苦痛とトラウマの身体的な痕跡が言及され、主体が、脅かされている内面と「うまく折り合いをつけていれば」いるほど、その人の美しさは開花するのだ。

ここで再度、強調する必要がある。単なるファッションの影響を超えたところで、美は変化するのだ、と。美は、大きな社会的力学、文化の急激な変化、性の葛藤、あるいは世代間の葛藤に連動する。例えば、ここに、たがいに大きくかけ離れた二つの世界がある。片方はルネッサンス期の肖像画に見られる、繊細で小さい口の世界。唇は薄く、その色は青ざめ、固く結び合わされ、ラインは閉じられている。微笑はすべて、控えめでなければならない。そして、もう片方は、今日の写真に見られる、大きく開かれた口の世界。唇はいろどり豊かで、よく動き、肉厚で大きい。前者には、極度にコード化された恥じらいが、後者には、はっきり表明された主張がある。後者には動きが存在し、エロティックなものと誘惑とが、大幅に許容されている。同様に、貴族社会のシルエットと革命後のシルエットを分かつのも、二つの世界である。例えば、古典主義の宮廷貴族の、与えられた名誉が高慢さとなって露出する姿勢。後ろに引いた肩、前に突き出した腹、後方に反らせた頭。そこには、肩と頭を前に出して上半身を誇示し、ウェストをきゅっと絞り、垂直の姿勢を保つ、「近代的」ブルジョワの姿勢とは、まったく異なった世界があらわれている。ブルジョワの姿勢には、有能でありたいという意志、やる気、調和のとれたからだが力強く表現されている。ここでは、著しく対照的な二つのヴィジョンが対立し、身体的な外見が、それぞれのヴィジョンを体現しているかのように思われる。

文化の変化は、美の「性」そのものに作用しうる。長いあいだ、豪華にめかしこんだ女性に高い価値が与えられ、受身の、非活動的な美が理想である、とされてきた。しかし、女性的なものの規定がひっくり返され、活動的な美、自らイニシアティブをとる美、労働する美が明確であるとき、理想は以前と同じではいられなくなる。女性的なものの昔ながらの従属性は、くつがえされる。仕事と地位が男女で共有される世界においては、もはや性が、美をコード化する必要はない。

近世の始めに奨励された、絶対的な美という夢、特にルネッサンス期の画家や学者が、神のしぐさの現われだとして、探し求めた黄金数字の美の夢から、世界は最終的に距離を置くとともに、身体の完璧さの理想はついに変革する。このことを強調する必要がある。美学は固定しているという確信もまた、現代世界の初め、個人が次第に重要性を帯びるにつれて、さらに薄らぐ。すなわち、単数性の美、その美しさが排他的であればあるほど顕著となる、個性的な美の探究。そのとき、自分を美しくすること、特に外見を再構成する技術は、かつてないほど重要性を帯びる。なかでも、メイクアップ。ボードレールはすでに、化粧を「みずからの手で自分を作る」方法である、と指摘した。ケア、製品、整形外科手術。各人は、これらの手段を用いて、自分の個性をより際立たせたいと願う。技巧は単数性を研ぎ澄まし、可能性を多様化し、かつてないほど重要性を獲得した。それまでは、自然や例外的な作用のあらわれである、としか思われなかったものを、技巧が、「万人のための」美しさに移し変えたのだ。もっとも重要な合目的性は個人の満足感である、と定められているかのように思える現代社会において、技巧は限りなく複雑になる。個人の満足感を実現するための終わりのない探求が、われわれの社会の中心に据えられる。そのうえ、満足感という理想は、入手可能なものであり、手に入れることがあたかも義務であるかのように提示される。それにより必然的に、個人の基準と集団的な基準の対立は、ますます鋭くなる。万人に採用される数多くのモデル、なかでも痩身、しなやかさ、自己制御と適応力のあかしである機動性が、暗黙のうちに、また必然的に、重くのしかかる。そのとき、ある種の人々の前には、美に到達することの現実的な難しさが立ちはだかる。最終的な基準として満足感が課される、まさにそのとき、不満足感が突如として出現する。われわれの世界は、不平不満をつくりだし、ひそかに撒き散らされた居心地の悪さを定着させる。その一方、現代世界は、ほかのどの時代の社会よりも、かつてないほど確実に美を約束するかのように振る舞う。

（102）G. Apfeldorfer, *Maigrir, c'est fou !,* Paris, Odile Jacob, 2000, p. 8.
（103）A. Garapon, « Une société de victime », in *France : les révolutions invisibles,* Paris, Calmann-Lévy, 1998.
（104）« Quand le culte de l'apparence tourne à la tyrannie », *Le Nouvel Observateur,* n° 2045, 15-21 janvier 2004.
（105）*Savoir maigrir,* février 2004.
（106）F. Coupry, *Éloge du gros dans un monde sans consistance,* Paris, Robert Laffont, 1989, p. 144.
（107）*La Republica,* 1er avril 2004. J. Maisoneuve et M. Bruchon, *Le Corps et la beauté,* Paris, PUF, coll. « Que sais-je ? », 1999.
（108）B. Silverstein, L. Perduel, B. Peterson et al., « Possible causes of the thin standard of body attractiveness for women », *International Journal of Eating Disorders,* 1986. 20世紀初頭の雑誌と1980年代の雑誌をくらべて、著者は、もっとも「スマートな」モデルは、1920年代と1970年代のモデルである、と結論づけている。それはすなわち、労働力人口に女性の占める割合がもっとも高くなった時期に相当する。
（109）H. Fielding, *Le Journal de Bridget Jones,* Paris, Albin Michel, 1998. ヘレン・フィールディング『ブリジット・ジョーンズの日記』亀井よし子訳、ヴィレッジブックス、2001年。
（110）C. Rihoit, *Le Bal des débutantes,* Paris, Gallimard, 1978.
（111）*Savoir maigrir,* février 2004.
（112）*Ibid.,* avril 2003.
（113）*Votre beauté,* mars 2004.

(70) *Elle,* 3 novembre 2003.
(71) *Ibid.*
(72) « L'hiver des amazones », *Le Monde,* 15 mars 2003.
(73) « Moins de kilos, plus de pêche », *Biba,* avril 2004.
(74) D. Elia, G. Doucet, *Les 1000 Réponses sur la femme et son corps,* Paris, Hachette, 1989, p. 509.
(75) F. Amadieu, *Le Poids des apparences,* Paris, Odile Jacob, 2002、ならびに、体重が原因で起こりうる「排除のファクター」を見よ。
(76) 本書 97-98 頁を見よ。
(77) 本書 221-222 頁を見よ。
(78) 本書 269 頁を見よ。
(79) F. Ferrarotti, *Homo sapiens, giovani et musica, la rinascita dallo spirito della nuova musica,* Naples, Liguori, 1995, p. 1.
(80)「素直な悪女」監督、R・バディム、1956 年。
(81)「紳士は金髪がお好き」監督、H・ホークス、1953 年を見よ。
(82) B. Amengual, « 37-22-35 ou l'impossible nombre d'or », *Cinéma d'aujourd'hui,* n° 1, 1975, p. 74. 37-22-35 インチは、マリリンの理想的スリーサイズ。
(83) « Le bal des parures », *Le Monde,* 28 décembre 2002.
(84) *Le Monde,* 15 mars 2003.
(85) *Ibid.,* 10 mars 2003.
(86) 特に、« Huit méthodes pour gommer la cellulite », *Santé magazine,* mars 2004 を見よ。
(87) 痩身技術に関する著作は、ありふれたものになった。それらの著作には、身体器官を論じた著作から心理的な著作まで、ありとあらゆる分野が含まれている。特に、C. Flament-Hennebique, *SOS Silhouette,* Paris, Frion-Roche, 1995 を見よ。
(88) « Enfin votre régime perso », *Marie Claire,* mars 2004.
(89) « Fabriquer son soin corps perso », *Marie-France,* mars 2004.
(90) « Spécial maigrir, la fin des frustrations », *Votre beauté,* mars 2004.
(91) « Maigrir autrement. Comment se réconcilier avec son corps », *Marie-France,* avril 2004.
(92) *Larousse de la santé au féminin,* dir. M.-P. Levallois, Paris, Larousse, 2003, p. 162.
(93) *Votre beauté,* juin 2003.
(94) « Maigrir autrement. Comment se réconcilier avec son corps », *op. cit.*
(95) *Ibid.* を見よ。
(96) J.-C. Rufin, *Globalia,* Paris, Gallimard, 2004, p. 205-206.
(97) F. Dubet et D. Martucelli, *op. ci.,* p. 177.
(98) E. Masson, « Le mincir, le grossir, le rester mince : rapport au corps et au poids et pratiques de restrictions alimentaires », *Corps de femmes sous influence, op. cit,* p. 37.
(99) *Votre beauté,* mars 2004.
(100) きわめて古典的な著作である、D. Belle, *Les Contradictions culturelles du capitalisme,* Paris, PUF, 1979（1ʳᵉ ed., 1976）を見よ。
(101) E. Masson, *op. cit.,* p. 42.

(38) G. Harrus-Révidi, « Il faut renouer avec notre sensorialité », *Pshychologies magazine,* novembre 2000.

(39) *Les Nouvelles Tendances de la beauté,* étude Eurostaf, Paris, 2000, p. 9.

(40) *Ibid.,* p. 10.

(41) *Larousse de la santé au féminin,* Paris, 2003, p. 162.

(42) *Votre beauté,* septembre 1975.

(43) *Ibid.,* janvier 1980.

(44) *Top Santé,* mars 2003.

(45) *Marie-France,* février 2004.

(46) *Elle,* 19 janvier 2004.

(47) *Ibid.*

(48) *Votre beauté,* février 1970.

(49) *Ibid.,* février 1995.

(50) *Top Santé,* mars 2002.

(51) *Santé magazine,* mars 2002.

(52) *Ibid.*

(53) *Votre beauté,* mars 2003.

(54) *Elle,* 19 janver 2004.

(55) 美容本のモデルは、体系的に愛想がよくなっている。その愛想のよさは、S. Bertin, *Forme, santé, beauté,* Paris, Aubanel, 2002 に見られるように、一般化している。

(56) *Votre beauté,* juillet-août 2003.

(57) *Ibid.,* avril 2003.

(58) « Ces stars qui changent de look comme de chemise », *Questions de femmes,* août 2003.

(59) « La chirurgie des stars », *Auféminin.com,* 2004.

(60) « J'ai trouvé mon nouveau look », *Bien dans la vie,* octobre 2003.

(61) *Santé magazine,* novembre 2003.

(62) M. Gauchet, « Essai de psychologie contemporaine », *op. cit.,* p. 178 を見よ。「この変化の時において、個人が自己に対する力を得たことをもってして、私は特に、超現代的人格を証明する」。

(63) « Un mode d'emploi des relations humaines », *Libération,* 6 juillet 2001.

(64) D. Mehl, « Entretien » dans « La ruée vers l'intime, vécu à la télévition », *Télérama,* 26 novembre 2003. D. Mehl, *Télévision et intimité,* Paris, Seuil, 1996 をも見よ。

(65) « Le ruée vers l'intime, vécu à la télévision », *op. cit.*

(66) J.-C. Kaufmann, « L'émission a révélé le besoin d'expression publique du soi intime », *Le Monde,* 5 juillet 2001. J.-C. Kaufmann, *Ego. Pour une sociologie de l'individu,* Paris, Nathan, 2001 をも見よ。

(67) ウェブサイト *loanacroft.free.fr.* を見よ。

(68) *Votre beauté,* octobre 1933 et novembre 1946 を見よ。

(69) *Corps de femmes sous influence,* symposium OCHA du 4 novembre 2003, *les Cahier de l'OCHA,* n° 10, 2004 を見よ。

Débat, mars-avril 2002, p. 135.

(7) J.-C. Kaufmann, « L'expression de soi », *Le Débat,* mars-avril 2002, p. 121 を見よ。「一貫性の新たな生産センターとして製造された個人」。

(8) M. Gauchet, « Les deux sources du processus d'individualisation », *Le Débat,* mars-avril 2002, p. 135.「各当事者は、社会生活のいくつかの『サークル』のなかで、否応なく変化する」。

(9) J.-F. Lyotard, *La Condition postmoderne,* Paris, Minuit, 1979, p. 63.

(10) F. Furet, *Le Passé d'une illustion. Essai sur l'idée communiste au XXe siècle,* Paris, Robert Laffont-Calmann-Lévy, 1995, p. 572.

(11) *L'Encyclopédie beauté et bien-être,* dir. A.-M. Seigner, Paris, Culture, Arts, Loisirs, 1964, p. 23.

(12) *Votre beauté,* décembre 1960.

(13) *Ibid.,* février 1970.

(14) *Ibid.,* mai 1970.

(15) *Ibid.,* janvier 1965.

(16) « Entretien avec Virginie Ledoyen », *Mods Marie Claire,* mars-avril 2004.

(17) *Réponses psy,* mars 2004.

(18) « Petits pratiques », Hachette を見よ。『アシェット実用手帳』は 1990 年代から出版されており、2002 年、「美とフォルム」のテーマには、10 のタイトルが含まれている。

(19) C. Mayer, *La Médecine au service de la beauté,* Paris, Amiot, 1955, p. 127.

(20) M. Mimoun, *L'Impossible Limite, carnets d'un chirurgien,* Paris, Albin Michel, 1996, p. 132.

(21) *Ibid.,* p. 133.

(22) J.-C. Dardour, *Les Tabous du corps, la chirurgie au secours de l'esthétique,* Paris, Grancher, 1999, p. 55-56.

(23) *Votre beauté,* janvier 1970.

(24) J. Crestinu, *Du bout du nez aux bouts des lèvres. Réalités de la chirurgie esthétique,* Paris, Éditions Résidence, 2000, p. 23.

(25) J.-P. Pianta, *La Révolution du mieux-être,* Paris, Ramsay, 1998 を見よ。

(26) S. Bertin, *Forme santé beauté,* Paris, Aubanel, 2003 を見よ。

(27) « Mon corps, adversaire ou partenaire? », *Psychologies magazine,* novembre 2000 を見よ。

(28) 文学的体験をも見よ。*Le Corps qui parle,* collectif, Paris, Le Cahiers de l'égaré, 2001.

(29) D. Pomey-Rey, *La Peau et ses états d'âme,* Paris, Hachette, 1999.

(30) R. Evelyn, *À corps parfait. Tensions, douleurs raideurs... Notre corps révèle nos secrets,* Paris, Robert Laffont, 2003.

(31) *Votre beauté,* juin 2003.

(32) *Top Santé,* mars 2003.

(33) « L'avis du psy », *Votre beauté,* mars 2004.

(34) D. Yosifon et P. N. Stearns, « The rise and fall of American posture », *American Historical Review,* octobre 1998 を見よ。

(35) 本書第 I 部「啓示される美」を見よ。

(36) « Santé régime, sans chirurgie, sans complexe, aimer son corps », *Elle,* 20 octobre 2003.

(37) *Top Santé,* mars 2003.

(87) F. Évin, « L'esprit sportswear », *Le Monde*, 17 mars 2004.
(88) « Les gays ont crée une masculinité désinhibée », *Libération*, 27 février 2004 を見よ。
(89) *Têtu*, août 1995. 雑誌『テテュ』については、É. Coin, *Têtu, une représentation du corps masculin dans la presse homosexuelle*, Paris, mémoire de DEA, EHESS, 2003 を見よ。
(90) P. Lascoumes, « L'homosexualité entre crime à la loi naturelle et expression de la liberté », in D. Borrillo, *Homosexualité et Doit*, Paris, PUF, 1998 を見よ。
(91) G. Bach-Ignasse, *Homosexualité, la reconnaissance ?*, Paris, Espace Nuit, 1998, p. 4.
(92) E. A. Armtrong, *Forging Gay Identity. Organizing Sexuality in San Francisco, 1950-1994*, Chicago, University of Chicago Press, 2002, p. 137 を見よ。そのなかでカミング・アウトは、「ゲイというアイデンティティーの中心に」神聖な場所を占めるものだ、と表現されている。
(93) 1970 年代末以降の、アムネスティ・インターナショナルによる「同性愛者の迫害」に反対するキャンペーンを見よ。*Plus fort nous chantrons*, Paris, Amnesty International, 2000.
(94) A. Messiah, E. Mouret-Fourne, « Homosexualité, bisexualité, éléments de socio-biographie sexuelle », *Population*, septembre-octobre 1993.
(95) *Têtu*, mars 2001.
(96) *Têtu*, février 2000 を見よ。「寛容、僕の憎悪する言葉」。
(97) *Ibid.*
(98) Bande publicitaire pour le magazine *Prérérences mag*, mars 2004.
(99) *Préférences mag*, mars 2004.
(100) *Têtu*, août 1995.
(101) *Homophonies*, n° 3, 1986 を見よ。「マッチョからブロンドの天使まで」。
(102) Éditorial, *Préférences mag*, mars 2004.
(103) G. Bach-Ignasse, *op. cit.*, p. 71.
(104) *Le Journal du Dimanche*, supplément *Femina*, 16-22, février 2004.
(105) G. Lipovetsky, *La Troisième Femme, op. cit.*, p. 130.

第 17 章　「試練」としての美、現代の美

(1) F. Dubert, D. Martucelli, *Dans quelle société vivons-nous ?*, Paris, Seuil, 1998, p. 175.「個人は『大きな社会』から解き放たれる」。
(2) そのことによって、フランス社会におけるイスラム教徒の被り物着用の問題に、いっそうの「ずれ」が生じる。重要なリファレンスの的である、「コミュニティ」としての権利の要求。ときとして、その要求は個人的なものである場合もある。この現象は、文化的距離の作用であり、本書において研究されるものではない。
(3) 本書 74-75 頁を見よ。
(4) A. Ehrenberg, *Le Culte de la performance*, Paris, Calmann-Lévy, 1991, p. 281.
(5) R. Castel, C. Haroche, *Propriété privée, propriété sociale, propriété de soi*, Paris, Fayard, 2001, p. 128.
(6) M. Gauchet, « Essai de psychologie contemporaine. Un nouvel âge de la personnalité », *Le*

Michel Lafon, 2000（1er éd., américaine, 1998）.
（52）« Senior, un statut en or », *Le Monde 2,* juin 2003 を見よ。
（53）« Les rides rajeunissent la cosmétique », *Le Journal du dimanche,* 30 novembre 2003.
（54）本書 322 頁を見よ。
（55）É. Pisier, « L'ombre de ton ombre », *Le Débat,* mai-août 1998, p. 166-167.
（56）S. Chaperon, *op. cit.,* p. 198.
（57）F. de Singly, « Les habits neufs de la domination masculine », *Esprit,* novembre 1993, p. 61.
（58）F. Héritier, « Modèle dominant et usage du corps des femmes », *Le Monde,* 11 février 2003.
（59）F. Dubet, D. Martucelli, *Dans quelle société vivons-nous ?,* Paris, Seuil, 1998, p. 204.
（60）G. Lipovetsky, « La femme réinventée », *Le Débat,* mai-août, 1998, p. 180.
（61）O. Burgelin et M.-T. Basse, « L'unisexe », *Communication,* n° 46, « Parure, pudeur, étiquette », 1987, p. 283.
（62）D. Friedmann, *Une histoire du blue jean,* Paris, Orban, 1987, p. 97.
（63）« L'univers des amazones », *Le Monde,* 15 mars 2003.
（64）« Mode mixte, un placard pour deux », *Elle,* 17 novembre 2003.
（65）« Inès de la Fressange, modèle malgré elle », *Mode Marie Claire,* mars-avril 2004.
（66）C. Louveau, « La forme, pas les formes », in *Sport et Société,* dir. C. Pociello, Paris, Vigot, 1983 を見よ。
（67）*Ibid.*
（68）É. Sullerot, *Demain les femmes, inventaire de l'avenir,* Paris, Laffont-Gonthier, 1965, p. 101.
（69）「マトリックス」監督、ウォシャウスキー兄弟、1999 年。
（70）I. Théry, « Les impasses de l'éternel féminin », *Le Débat,* mai-août 1998, p. 174.
（71）S. Agacinski, « L'universel masculin ou la femme effacée », *Le Débat,* mai-août 1998, p. 152.
（72）É. Badinter, *Fausse Route,* Patis, Odile Jacob, 2003, p. 68.
（73）« Le shéma de genre », G. Le Mener-Idrissi, *L'Identité sexuée,* Paris, Dunod, 1997, p. 101 を見よ。
（74）シャネル、2003 年の広告キャンペーン。
（75）É. Favre, *Un bien pour un mâle. La beauté et le bien-être au masculin,* Paris, Jacques-Marie Laffont, 2003.
（76）« Là où ça fait mâle », *Libération,* 21 août 2003.
（77）« Métrosexuels, les hommes d'apprêt », *Libération,* 5 septembre 2003.
（78）Enquête Euro RSCG. *Elle,* 17 novembre 2003 からの引用。
（79）« Sois beau et tais-toi », *Le Nouvel Observateur,* 4-10 décembre 2003.
（80）*Ibid.*
（81）Fédération des industries de la parfumerie, *Statistiques 2000-2001-2002,* Paris, 2003 を見よ。
（82）S. H. Abraham, *La Chirurgie esthétique au masculin,* Paris, Mazarine, 1999.
（83）« Chirurgie esthétique : les hommes aussi », *Le Monde,* 12 janvier 2001.
（84）Fédération des industries de la parfumerie, *op. cit.* を見よ。
（85）« L'homme, une école de patience », *Cosmetica,* septembre 1999.
（86）D. Walzer-Lang. *Le Monde,* 19 novembre 2003 からの引用。

を見よ。

(25) *Elle,* 16 septembre 1960.

(26) G. Lipovetsky, *La Troisième Femme. Permanence et révolution du féminin,* Paris, Gallimard, 1997, p. 183 を見よ。

(27) A.-M. Dardigna, *Femmes-femmes sur papier glacé,* François Maspero, 1974 を見よ。

(28) S.-M. Bonvoisin et M. Maignien, *La Presse féminine,* Paris, PUF, 1986, p. 75 を見よ。

(29) D. Allérès, *Industrie cosmétique, art, beauté, culture,* Paris, Economica, 1986, p. 193.

(30) *Les Marques alternatives de beauté,* Études Eurostaf, Paris, 2002, p. 24.

(31) « La ruée sur le corps », *Cosmetica,* juillet 2002.

(32) *Étude du marché national des instituts de beauté,* étude Arcane, Paris, 1994, p. 15 ならびに M. Cochennec, *Corps professionnel, approche socilologique de l'univers de l'esthétique,* mémoire de DEA, Paris, EHESS, 2002, p. 98 を見よ。

(33) 本書 312 頁を見よ。また « La tyrannie du corps idéal », *Le Nouvel Observateur,* 15-21 janvier 2004 を見よ。

(34) « La chirurgie esthétique dans tous ses états », *Doctorisimo. fr,* 2004 を見よ。

(35) *Ibid.*

(36) Enquête Ifop/*Elle,* juillet 2002.

(37) M. Cochennec, *op. cit.,* p. 106 を見よ。

(38) 1994年に実施されたアンケートから、農業従事者と労働者が「自分のためのケア・サービスに費す平均金額」は年間 800 フランであるのに対し、管理職は 2100 フランであることが判明する。*Étude du marché national des instituts de beauté,* édude Arcane, *op. cit.,* p. 32 を見よ。

(39) C. Fouquet, Y. Kniebiehler, *La Beauté pour quoi faire ? Essai sur l'histoire de la beauté féminine,* Paris, Messidor, 1982, p. 151.

(40) *Les Marques alternatives de beauté,* étude Eurostaf, Paris, 2002, p. 49.

(41) *Ibid.*

(42) F. Pradarci, L. Nahamani, M. Petrovic, *La Beauté au meilleur prix. Plus de 200 cosmétiques de soins à moins de 100 francs pour entretenir votre beauté,* Paris, A. Carrière, 1999.

(43) C. Fouquet, Y. Kniebiehler, *op. cit.,* p. 152.

(44) G. Erner, *Victimes de la mode ? Comment on la crée, pourquoi on la suit,* Paris, La Découverte, 2004, p. 180.「贅沢品も、経済の一般的な法則に従わざるをえない。贅沢品のさらなる普及を望むなら、価格を下げるしかないのだ」。

(45) *Les Nouvelles Tendances de la beauté,* étude Eurostaf, Paris, 2000, p. 7.

(46) *Parfums, Cosmétiques,* juin-juillet 2002.

(47) « Rester jeune, la révolution anti-âge », *Le Nouvel Observateur,* 9-15 novembre 2000.

(48) « La fureur de vivre, enquête sur les cobayes anti-âge », *Le Monde 2,* avril 2001.

(49) *Conditions de vie et aspirations des Français,* Paris, CREDOC, 1978.

(50) N. Chasseriau-Barras, *60 Conseils adaptés, des réponses sur mesure anti-âge,* Paris, Hachette, 2001, p. 5.

(51) D. Haddon, *La Beauté n'a pas d'âge, un guide de bien-être et de séduction pour la vie,* Paris,

1932.
(159) *Larousse médical illustré,* Paris, 1924, art. « Chirurgie ».
(160) Publicité Paulette Duval, *Votre beauté,* février 1934.

第16章 「消費のもっとも美しい対象」

(1) J. Baudrillard, *La Société de consommation. Ses mythes, ses structures,* Paris, Denoël, 1970, p. 196.
(2) *Ibid.*
(3) E. Morin, *Les Stars,* Paris, Seuil, coll. « Point », 1972 (1er éd., 1957), p. 30.
(4) C. Rihoit, *Brigitte Bardot, un mythe français,* Paris, Orban, 1985, p. 170.
(5) F. Sagan et G. Dussart, *Brigitte Bardot,* Paris, Flammarion, 1975, s. p を見よ。「彼女は、自分の美と本性の自然法を身につけ、チータの持つ美しいエネルギーによって、まがいものの義務を拒否したのだ」。
(6) A. Maurois. T. Cowley, *Bardot,* Paris, Henri Veyrier, 1979, p. 28 からの引用。
(7) « Nouveau traité du Bardot », *Les Cahier du cinéma,* n° 71, 1957.
(8) C. Rihoit, *op. cit.,* p. 143.
(9) E. Morin, *op. cit.,* p. 31. F. Sagan et G. Dussart, *op. cit.,* s. p. をも見よ。「彼女は、みずから意を決して秩序に背を向けていた」。
(10) これについては、1930年代にF・パテラーニが撮影した、ソフィア・ローレンとジーナ・ロロブリジーダの写真を見よ。F. Patellani, *La piu bella sei tu / La plus belle c'est toi,* Rome, Peleti, 2002, p. 84 et 94.
(11) J. Baudrillard, *op. cit.,* « La personnalisation », p. 135 を見よ。
(12) J. Baudrillard, *De la séduction,* Paris, Galilée, 1979.
(13) ロジェ・ヴァディム監督の映画「素直な悪女」のなかの登場人物のせりふ。1956年のこの映画によって、バルドーのイメージは決定的となった。
(14) T. Cowley, *op. cit.,* p. 27 からの引用。
(15) *Stars au féminin. Naissance, apogée et décadence du star system,* dir. G. Carafinelli et J.-L. Passeki, Paris, Éd. du Centre Pomidou, 2000, p. 186.
(16) S. Chaperon, *Les Années Beauvoir, 1945-1970,* Paris, Fayard, 2000, p. 197 を見よ。
(17) M. Winock, *Chronique des années soixante,* Paris, Seuil, 1987, p. 145. « Les trente ans de Brigitte Bardot », p. 143 を見よ。
(18) K. Jurgens. C. Rihoit, *op. cit.,* p. 143 からの引用。
(19) « Nouveau traité de Brigitte Bardot », *op. cit.*
(20) F. Sagan et G. Dussart, *op. cit.,* s. p.
(21) P. Laisné, *La Femme et ses imges,* Paris, Stock, 1974, p. 52-60 を見よ。
(22) J. Keimann, *50's All American Ads,* New York, Taschen, 2002, p. 549 のなかの1950年代の広告を見よ。
(23) *Ibid.,* p. 620.
(24)「ガールズ」のイメージの「機械化」と普及については、M. McLuhan, *The Mechanical Bride. Folklore or Industrial Man,* New York, Beacon Press Book, 1967 (1er éd., 1951), p. 100

（127）*Ibid.,* t. III, p. 168 et 202.
（128）*Ibid.,* t. II, p. 610.
（129）L. Alquier, « La cellulite », in E. Sergent, L. Ribadeau-Dumas, L. Babonneix, *Traité de pathologie médicale et de thérapeutique appliquée,* t. IV, Paris, Maloine, 1924.
（130）R・ジジの DEA 論文を見よ。R. Ghigi, *La Beauté en question : autour d'une histoire de la cellulite,* Paris, EHESS, 2002, p. 30.
（131）L. Alquier, *op. cit.,* p. 533.
（132）*Ibid.,* p. 545.
（133）フランスで最初の論文は、P. Lagèze, *Sciatiques et infiltrats cellulagiques,* Lyon, 1929.
（134）I. Fraitag, *Cellulite de la nuque,* thèse de médecine, Paris, 1938, p. 21.
（135）P. Lagèze, *op. cit.,* p. 52.
（136）Wetterwald, « Qu'est-ce que la cellulite ? », *La Médecine internationale,* sept.-oct. 1932, p. 15.
（137）R. Ghigi, *op. cit.,* p. 35.
（138）*Vogue,* août 1939.
（139）Publicité *Votre beauté,* juillet 1936.
（140）Publicité *Votre beauté,* février 1935.
（141）Publicité du Centre de physiothérapie, *Votre beauté,* mai 1939.
（142）« L'institut de beauté Guerlain élimine la cellulite », *Votre beauté,* avril 1940.
（143）M. Dervioux, *Être belle,* Paris, J. Ferenczi et fils, 1935, p. 6.
（144）R. Passot, *Chirurgie esthétique pure,* Paris, Doin, 1931 を見よ。
（145）20 世紀初め、美容整形手術、特に鼻形成手術が試みられる。M. Lagarde, « Esthétique faciale », *Congrès international d'Éducation physique,* Paris, 17-20 mars 1913, t. III, p. 250 を見よ。
（146）F. Bourgoin, *Les Possibilités de la chirurgie esthétique,* Paris, 1933.
（147）特に、« La chirurgie esthétique des rides du visage », *Presse médicale,* 12 mai 1919 を見よ。
（148）マレーネ・ディートリッヒについては、特に C. Join-Dieterle, « De la garçonne à la femme fatale », in *Marlene Dietrich,* catalogue d'exposition, Paris, musée Galliera, 2003, p. 41 を見よ。
（149）A. Noël, *La Chirurgie esthétique, son rôle social,* Paris, Masson, 1926 を見よ。
（150）*Chiffons,* avril 1931.
（151）R. Passot, *op. cit.,* p. XI.
（152）女性読者への返答。*Votre beauté,* novembre 1934.
（153）*Votre bonheur,* juillet 1938 を見よ。
（154）M. Dervioux, *op. cit.,* p. 10.
（155）É. Bourboin, *op. cit.,*p. 8 を見よ。
（156）*Les Modes,* juillet 1936.
（157）M. Mimoun, *L'Impossible Limite, carnets d'un chirurgien,* Paris, Albin Michel, 1996, p. 131. 「医学教授、医師たちは、長いあいだ、名刺に『美容外科医』と記すことを拒否してきた。自分たちは『修復外科医』なのだとして」。
（158）« Les caoutchoucs de Clarks se portent une demie-heure chaque jour », *Chiffons,* juillet

(98) *Ibid.*, décembre 1939.
(99) *Confidences*, n° 3, 1938 をも見よ。
(100) *Votre beaté*, janvier 1934.
(101) S. Merchior-Bonnet, *La Vie devant elles. Histoire de la femme de cinquante ans*, Paris, La Martinière, 2000, p. 253 を見よ。
(102) Publicité L'Oréal-Henné, *Votre beauté*, août 1937.
(103) *Votre beauté*, novembre 1934.
(104) *Votre beauté*, septembre 1935.
(105) « Sports !...Sports !... », *Femina*, avril 1928.
(106) *Votre beauté*, avril 1935.
(107) Publicité Savage Health Motor, *Vogue*, février 1930.
(108) A. Taschen, *Leni Riefenstahl, cinq vies*, New York, Taschen, 2000 を見よ。また、リーフェンシュタールの映画「オリンピア」ベルリン、1935 年を見よ。
(109) M. Gauchet, avec F. Azouvi et S. Piron, *La Condition historique. Entretien*, Paris, Stock, 2003, p. 292 を見よ。「民主主義の悪魔を、宗教の瓶のなかに入れること。それは、全体主義の狂気じみた野望となる」。
(110) « Männliche Literatur », in *Kritik in der Zeit*, Leipzig, 1985, p. 249. G. L. Mosse, *L'Image de l'homme, l'invention de la virilité moderne*, Paris, Abbeville, 1997, p. 164 からの引用。
(111) G. L. Mosse, *op. cit.*, « le nouvel homme fasciste » p. 199 を見よ。
(112) F. J. Kluhn, « Vom Sinn des SA-Wehrabzeichens », *National-sozialistische Monatshefte*, 10, vol. 108, mars 1939, p. 189.
(113) L. Riefenstahl, *Olympiad* (*Les Dieux du stade*), Berlin, 1936.
(114) B. J. Zaynel, *Arno Breker. The divine beauty in art*, New York, 1986.
(115) 従業員に体操と美を要請する、S. Kracauer, *Die Angestellten*, Berlin, 1930 を見よ。
(116) G. L. Mosse, *op. cit.*, p. 199.
(117) J. Solchany, *L'Allemagne au XXe siècle*, Paris, PUF, 2003, « Élimination de toutes les cultures jugées modernes et décadentes », p. 212 を見よ。
(118) *Votre beauté*, septembre 1942.
(119) L. Delarue-Mardrus, *Embellissez-vous !*, Paris, Les Éditions de France, 1926, p. 7.
(120) Princesse Bibesco, *Vogue*, septembre 1933.
(121) Publicité Helena Rubinstein, *Vogue*, mars 1936.
(122) これまでとは異なった方法で、そして体系的に提起される、この「管理」という言葉を見よ。J. Prévost, *Maîtrise du corps*, Paris, Flammarion, 1938.
(123) 特に、Léopold-Lévi, *Vue générale sur l'endocrinologie, d'après 25 ans de pratique*, Paris, Paul-Martial, 1929 ならびに H. von Petra Werner, *Vitamine als Mythos, Dokumente zur Geschichte der Vitaminforschung*, Berlin, Akademie Cerlag, 1998 を見よ。
(124) ラジウムの使用について記された、A. Frouin, *Travaux scientifiques, 1870-1926*, Paris, 1929, p. 250 を見よ。
(125) R. Cerbelaud, *Formulaire de parfumerie*, Paris, Opéra, 1952 (1er éd., 1932), t. III, p. 53.
(126) *Ibid.*, t. II, p. 500.

(69) J. Hampton, *Marlene Dietrich,* Paris, Balland, 1981, p. 99 を見よ。
(70) *Vogue,* janvier 1933.「ここにあるのは、銀幕がかれらに提供する、およそありえないポートレートです」。
(71) B. Mary, *op. cit.,* p. 235 を見よ。
(72) *Votre beauté,* décembre 1935.
(73) *Ibid.*
(74) 本書 198 頁を参照のこと。
(75) P. T. Lakoff et R. L. Scherr, *Face Value. The politics of beauty,* Boston, Routledge & Kegan, 1984, p. 237 からの引用。
(76) A. Daumard, « L'évolution des structures sociales en France à l'époque de l'industrialisation, 1815-1914 », *L'Industrie européenne au XIXe siècle,* collectif, Paris, PUF, 1972, p. 318. を見よ。「1870 年から 1911 年のあいだに、低所得従業員は 142%増えた」。
(77) これらのテクストの最初の作品はアメリカで書かれ、近年、フランス語に翻訳された。R. W. Emerson, *La Confiance en soi et autres essais,* Paris, Payot-Rivages, 2000（1er éd., américaine, 1844）.
(78) J. de Lerne, *Comment devenir plus fort,* Paris, 1902.
(79) S. Roudès, *Pour faire son chemin dans la vie,* Paris, Bibliothèque des ouvrages pratiques, 1902.
(80) W. Gebhart, *L'Attitude qui en impose et comment l'acquérir,* Paris, Librairie des Nouveatués médicales, 1900.
(81) D. Gardey, *La Dactylographe et l'Expéditionnaire. Histoire des employés de bureau, 1890-1930,* Paris, Belin, 2001, p. 64.
(82) *Ibid.* を見よ。
(83) C. Rollet, « L'ingénieur et la couturière, figures antagonistes », *L'Engendrement des choses, des hommes, des femmes et des techniques,* dir. D. Chabaud-Rychter et D. Gardey, Paris, Éd. des Archives contemporaines, 2002, p. 191 を見よ。
(84) M. Auclair, *Le bonheur est en vous,* Paris, Flammarion, 1938.
(85) *Marie Claire,* 12 mars 1937.
(86) *Ibid.*
(87) « Respirez la santé », *ibid.,* 1939.
(88) *Votre beauté,* janvier 1934.
(89) Publicité « Health Motor », *Vogue,* mars 1930.
(90) *Votre beauté,* septembre 1934.
(91) *Votre bonheur,* 27 mars 1938.
(92) *Votre beatué,* janver 1934.
(93) J. des Vignes-Rouges, *Gymnastique de la volonté,* Paris, p. 61.
(94) *Votre bonheur,* 27 novembre 1938.
(95)『幸福なあなた』は、1933 年に 9 万人、1935 年には 10 万人の女性読者を獲得した、と発表している。
(96) *Votre beauté,* novembre 1934.
(97) *Ibid.,* juin 1935.

(39) « Petites réflexions sur un grand concours », *Cinémonde,* 1939, p. 37.

(40) C. Join-Dieterle, « Images de promotion : construction d'une image », *Marlene Dietrich, construction d'un mythe,* catalogue d'exposition, musée Galiera, Paris, 2003 を見よ。

(41) M. J. Bailey, *Those Glorious Glamour Years. The Great Hollywood Consume, Design of the 1930's,* Secaucus, Citadel press, 1982, p. 7.「グラマーは包み込むのだ、すばらしいセット、手の込んだ照明、完璧なメーキャップ、美しい髪、そして、もっともっと多くのものを」。

(42) M. Delbourg-Delphis, *Le Chic et le Look. Histoire de la mode féminine et des mœurs de 1850 à aujourd'hui,* Paris, Hachette, 1981, p. 130.

(43) R. Boussinot, *Encyclopédie du cinéma,* Paris, Bordas, 1980, t. I, art. « Clara Bow ». 1927 年、クララ・ボーは、「性的な挑発をもっとも極端に体現した、史上初の『イット・ガール』である」。

(44) « Le sex appeal », *Vogue,* mars 1936.

(45) *Votre beauté,* décembre 1935.「今日、チャームとは、セックス・アピールのことだと言われています」。

(46) « Sex appeal », *Ciné-Miroir,* 1933, p. 711.

(47) R. Boussinot, *op. cit.,* art. « Vedette ».

(48) J. Talky, *Marlene Dietrich, femme énigme,* Paris, Éd. Nilsson, 1933, s. p.

(49) « Votre beatué et l'écran », *Cinémonde,* 1936.

(50) *Confidences,* n° 58, 1938.

(51) Anonyme, *L'Art d'être belle. Pour plaire et se faire désirer des garçons. Conseils confidentiels aux jeunes filles de la ville et des campagnes,* Paris, Mayard, 1935, p. 5.

(52) 本書 229 頁「ほの暗い情欲」を見よ。

(53) E. de Kuyper, « La guerre des sexes... », *op. cit.,* p. 30-36 を見よ。

(54) *Ibid.,* p. 34.

(55) *Cinémonde,* 1930, p. 480 を見よ。

(56) « Marlene Dietrich menacerait-elle la supermatie de Greta Garbo ? », *Ciné-Miroir,* 1931, p. 31.

(57) « Marlene Dietrich, l'ange rose », *Ciné-Miroir,* 1931, p. 452.

(58) P. Brion, *op. cit.,* p. 8.

(59) 本書 229 頁「ほの暗い情欲」、ならびに 302 頁を見よ。

(60) *Votre beauté,* octobre 1935.

(61) *Ciné-Miroir,* n° 208, 1929.

(62) *Cinémonde,* 1933.

(63) *Votre beauté,* juin 1935.

(64) *Votre beauté,* mars 1935.

(65) *Cinémonde,* 1934.

(66) *Votre beauté,* mars 1935.

(67)「スターのつくり方」は、『美しいあなた』1935 年 3 月号の表紙のタイトル。*Votre beauté,* mars 1935.

(68) *Marie Claire,* 23 avril 1937.

(5) *Ibid.,* p. 139.
(6) *Ibid.,* p. 76.
(7) C.-M. Bosséo, « Le cinéma et la presse », *La Revue du cinéma-image et son,* juillet 1979を見よ。
(8) C. A. Surowiec, « Les stars américaines des années 1920-1930 et l'industrie du galmour », *Stars au féminin. Naissance, apogée et décadence du star system,* dir. G. Carafinlli et J.-L. Passek, Paris, Éd. du Centre Pompidou, 2000 を見よ。
(9) *Votre beauté,* juin 1935.
(10) Max Factor Hollywod, pour « une beauté naturelle », *Vogue,* mai 1939.
(11) *Cinémonde,* 1936.
(12) « Fabrication de beauté », *Cinémonde,* 1931, p. 799.
(13) M. Dietrich, *Marlene D.,* Paris, Grasset, 1984, p. 76.
(14) B. Mary, *La Pin-up ou la fragile indifférence,* Paris, Fayard, 1983, p. 218.「アーティストたちを照らす光源が、かれらを横切るかのようだ」。
(15) E. Morin, *op. cit.,* p. 43.
(16) *La Reine Christine,* R. Mamoulian, 1933.
(17) *Loulou,* G. W. Pabst, 1928.
(18) B. Paris, *Louise Brooks,* Paris, PUF, 1989, p. 132 からの引用。
(19) *Cinémonde,* 1930, p. 425.
(20) *Votre beauté,* décembre 1935.
(21) *Cinémonde,* 1933.
(22) *Votre beauté,* décembre 1934.
(23) *Ciné-Miroir,* 1936.
(24) Publicité « Brillantine Roja », *Confidence,* n° 49, 1939.
(25) Publicité « Dapol », *Votre beauté,* janver 1935.
(26) *Votre beauté,* mai 1935.
(27) *Cinémonde,* 1933.
(28) *Ibid.,* 1936.
(29) *Ibid.,* 1933.
(30) *Votre beauté,* mars 1935.
(31) L. Delluc, « Nazimova », *Cinea,* 18 mai 1923.
(32) P. Biron, *Garbo,* Paris, Le Chêne, 1985, p. 161 からの引用。
(33) É. de Kuyper, « La guerre des sexes : corps féminins et corps masculins », *Stars au féminin, op. cit.*
(34)「恋多き女」監督、C・ブラウン、1929 年。
(35) « Le féminisme au cinéma », *Cinémonde,* 1936, p. 200.
(36) F. Graefe, « Marlene, Stenberg, glamour, beauté née de la caméra », *Stars au féminin, op. cit.,* p. 128.
(37) Publicité Bobal, *Votre beauté,* juillet 1937.
(38)「もっともフォトジェニックな人物」の写真を掲載した次を見よ。*Ciné-Miroir* primant en 1935, p. 706.

(114) *Ibid.* また、H. Vigouroux, *Traité complet de médecine pratique,* Paris, Letouzey et Ané, 1937, t. III, « Le pronostic est sérieux », p. 633 を見よ。

(115) P. N. Stearns, *Fat History. Bodies and beauty in the Modern West,* New York, New York University Press, 1997 を見よ。特に « Fat as a Turn-of-the-Century Target : Why ? », p. 48 を見よ。

(116) P. Richer, *Nouvelle Anatomie artistique du corps humain,* t. III, *Morphologie, la femme,* Paris, 1920.

(117) G. Hébert, *op. cit.*

(118) *Ibid.,* p. 197.

(119) *Ibid.,* p. 198.

(120) *Ibid.,* p. 211.

(121) M. Gartyvels de Walaffe, *Quand Paris était un Paradis, mémoires 1920-1929,* Paris, Denoël, 1947, Le chapitre « Concours de la plus belle femme de France », p. 445 を見よ。

(122) R. P. Seid, *Never Too Fin,* Prentice Hall, New York, 1989.

(123) « Le coucours de la plus belle femme d'Europe », *L'Illustration,* 9 février 1920.

(124) *L'Avanti.* M. de Giogio, *Le Italiane d'all'Unita a oggi,* Rome, Laterza, 1993, p. 162.

(125) M. Gartyvels de Walaffe, *op. cit.,* p. 452.

(126) *Ibid.*

(127) A. Carrel, *op. cit.,* p. 367.

(128) A. Carol, *Histoire de l'eugénisme en France. Les médecins et la procréation, XIXe-XXe siècles,* Paris, Seuil, 1995, p. 308.

(129) « L'élection de Miss France », *L'Illustration,* janvier 1930, p. 69.

(130) M・ガルティヴェル・ドゥ・ワラフは、明確にスポーツのリファレンスを用いている。M. Gartyvels de Walaffe, *op. cit.,* p. 453.

(131) « Le coucours de la plus belle femme d'Europe », *L'Illustration, op. cit.* を見よ。

(132) « Prix de beauté », *Cinémonde,* 1930, p. 303 を見よ。

(133) Publicité Nildé, *Femina*, janvier 1928.

(134) *Ibid.* フェデリコ・パテラーニが、第二次世界大戦直後、イタリアで撮った写真は、「私的なもの計測法」が国によってまちまちであることを示している。1949 年、サン・レモで開催されたミス・イタリアのコンクールでは、応募者の身体測定に、当地の身体教育院の測定器が必ず用いられなければならなかった（F. Patellani, *La piu bella sei tu / La plus belle c'est toi,* Rome, Peleti, 2002, , p. 24 を見よ）。

第 15 章　スターに近づく

(1) W. Benjamin, *L'Œuvre d'art à l'époque de sa reproductivilité technique,* Paris, Éditions Allia, 2003（1er éd., 1935）を見よ。

(2) H. Powdermaker, *Hollywood. The Dream Factory. An Anthropologist look at the Movie-Markers,* Londres, Secker et Warburg, 1951.

(3) E. Morin, *Les Stars,* Paris, Seuil, coll. « Points », 1972（1er éd., 1957）, p. 39.

(4) *Cinémonde,* 1930, p. 250.

(80) Publicité Helena Rubinstein, *Femina,* 1928.
(81) J. Kergoat, *La France du Front populaire,* Paris, La Découverte, 1986, p. 336 を見よ。
(82) M. Léo-Lagrange, « L'an 1 du bonheur », *Janus,* n° 7, *La Révolution du loisir,* juin-août 1965, p. 83.
(83) ヴァカンスのテーマのほかに、週末のテーマと、1930 年代における週末の重要性をも見よ。W. Rybczynski, *Histoire du week-end,* Paris, Liana Levi, 1992（1er éd., 1991）, « Les pionniers du week-end », p. 123.
(84) *Femina,* janvier 1931.
(85) *Vogue,* mars 1935.
(86) *Femina,* juillet 1931.
(87) P. Mac Orlan, « L'été », in *Vogue,* juillet 1933.
(88) A. Bitterlin, *L'Art de faire sa beauté,* Paris, Drouin, 1933.
(89) A. Carrel, *L'Homme cet inconnu,* Paris, Plon, 1935, p. 78.
(90) *Votre beauté,* octobre 1934.
(91) *Votre bonheur,* 20 février 1938.
(92) Colette, *Le Blé en herbe, op. cit.,* p. 308.
(93) H. de Montherlant, *Les Olympiques, op. cit.,* p. 281.
(94) P. Mac Orlan, *La Cavalière Elsa*（1921）, in *Œuvres complètes,* Genève, Cercle de Bibliophile, 1969, t. II, p. 61.
(95) L. François, « Celle que nous préférons », *Votre beauté,* janvier 1936.
(96) G. Hébert, *Muscle et beauté plastique féminine,* Paris, 1919, p. 71.
(97) M. Marelli, *Les Soins scientifiques de beauté,* Paris, J. Oliven, 1936, p. 9.
(98) P. Morand, *op. cit.,* p. 71 からの引用。
(99) *Confidences,* n° 2, 1938.
(100) *Votre beauté,* avril 1937.
(101) 1900 年の定期刊行物では、女性読者からの手紙は稀であるが、1905 年の『美しくなる技術』では、逆に、読者通信は頻繁で詳細であるため、このような比較が可能になる。
(102) *Votre beauté,* août 1937.
(103) *La Coiffure et ses modes,* novembre 1930.
(104) R. Ghigi, *La Beauté en question : autour d'une histoire de la cellulite,* mémoire de DEA Paris, EHESS, 2002, p. 56 を見よ。
(105) *Larousse médical illustré,* dir. E. Galtier-Boissière, Paris, 1924, p. 333.
(106) *Votre beauté,* avril 1935.
(107) *Femina,* juillet 1935.
(108) *Votre bonheur,* 20 février 1938.
(109) Publicité Ovomaltine, *Marie Claire,* 13 mai 1938.
(110) *Votre beauté,* avril 1935.
(111) R. Ghigi, *op. cit.,* p. 56 を見よ .
(112) *Votre beauté,* octobre 1933.
(113) *Votre beauté,* mars 1937.

からだを伸ばして寝転ぶ女性の写真が掲載されている。

(52) H. de Montherlant, *Coups de soleil* (écrit entre 1925 et 1930), Paris Gallimard, 1950.

(53) *Votre beauté,* janvier 1936.

(54) *Ibid.*

(55) *Marie Claire,* 6 mai 1938.

(56) M. Perrot, « Sortir », in *Histoire des femmes en Occident,* dir. G. Duby et M. Perrot, *op. cit.,* t. IV, *Le XX*^{e} *Siècle,* 1991〔M・ペロー「家のそとに出る」、G・デュビィ、M・ペロー監修『女の歴史 IV　②』杉村和子・志賀亮一監訳、藤原書店、1996 年所収〕を見よ。

(57) P. Sartin, *Souvenirs d'une jeune fille mal rangée,* Paris, Pierre Horay, 1982.

(58) S. de Beauvoir, *Mémoires d'une jeune fille rangée,* Paris, Gallimard, 1958.

(59) « La lettre d'une campeuse débutante, à vous la liberté ! », *Votre beauté,* juin 1937.

(60) 第一次世界大戦後、再開された休暇のために大々的な健康キャンペーンが実施される。このテーマを発展させた著作としては、J. Héricourt, *Hygiène moderne,* Paris, 1919, « La question des vacances », p. 204 を見よ。

(61) *Femina,* juillet 1935.

(62) *Votre beauté,* juillet 1937.

(63) *Ibid.*

(64) D. Desanti, *op. cit.,* p. 73 を見よ。1936 年、コレット『青い麦』のヴァンカも、「頬と手が日焼けして黒く」なっていた。Colette, *Le Blé en herbe,* in *Romans, récits, souvenirs, op. cit.,* t. II, p. 305.

(65) *Pour être belle,* « Femina-Bibliothèque », Paris, Lafitte, 1913, « Contre hâle », p. 185. P. Ory, « L'invention du bronzage », *Revue Autrement, Fatale beauté, une évidence, une énigme,* dir. N. Czechowski et V. Nahoum-Grappe, juin 1987 からの引用。本書のテクストは、パスカル・オリーの分析に多くを負っている。

(66) D. Desanti, *op. cit.,* p. 206 からの引用。

(67) Publicité pour la lampe Alpina, *Votre beauté,* août 1935.

(68) Publicité Helena Rubinstein, *Votre beauté,* août 1935.

(69) « Ma femme est une sirène », *Confidences,* n° 4, 1938.

(70) H. de Montherlant, *Les Olympiques* (1924), in *Romans et œuvres de fiction non théâtrale,* Paris, Gallimard, coll. « La Pléiade », 1959, p. 281.

(71) *Votre beauté,* juin 1935.

(72) Publicité « Crème huile solaire de Nivea », *Confidence,* n° 11, 1938.

(73) Publicité « Ambre solaire », *Votre beauté,* juillet 1937.

(74) J. Pinset et Y. Deslandres, *Histoire des soins de beauté,* Paris, PUF, coll. « Que sais-je ? », 1970, p. 107.

(75) Publicité Helena Rubinstein, *Vogue,* 1932.

(76) Publicité pour les lampes Alpina, *Votre beauté,* août 1935.

(77) Publicité pour « appareils purs rayons ultra violet », *Votre beauté,* décembre 1935.

(78) P. Ory, *op. cit.,* p. 150.

(79) *Marie Claire,* 5 août 1938.

(21) « Offrez des cigares et cigarettes de la Régie française », *Femina* 1935.
(22) D. Desanti, *op. cit.,* p. 64.
(23) V. Margueritte, *La Garçonne,* Paris, Ernest Flammarion, 1922.
(24) D. Desanti, *op. cit.,* p. 24.
(25) 特に、C. Bard, *Les Garçonne. Modes et fantasmes des Années folles,* Paris, Flammarion, 1998 を見よ。
(26) P. Faveton, *Les Années 20,* Messidor, 1982, p. 52.
(27) Coco Chanel. P. Morand, *op. cit.,* p. 45 からの引用。
(28) M. L. L. Bibesco, *Le Rire de la naïade,* Paris, Grasset, 1935, p. 90.
(29) C. Bard, *op. cit.,* p. 22 からの引用。
(30) *Votre beauté,* mars 1935.
(31) C. Bard, *op. cit.,*p. 46.
(32) M.-C. Allart, « Les femmes de trois villages de l'Artois : travail et vécu quotidien (1919-1939) », *Revue du Nord,* juillet-septembre 1981 を見よ。
(33) *L'Humanité,* 21 novembre 1935.
(34) A.-M. Sohn, « Entre-deux-guerres, les rôles féminins en France et en Angleterre », *Histoire des femmes en Occident,* dir. G. Duby et M. Perrot, Paris, Plon, 1992, t. V, *Le XXe Siècle,* dir. F. Thébaud, p. 92〔G・デュビィ、M・ペロー監修『女の歴史V　①②』杉村和子・志賀亮一監訳、藤原書店、1998 年〕.
(35) S. Bosio-Valici et M. Zancarini-Fournel, *Femmes et fières de l'être. Un siècle d'émancipation féminine,* Paris, Larousse, 2001, p. 34.
(36) M. Delbourg-Delphis, *Le Chic et le Look. Histoire de la mode féminine et des mœurs de 1850 à aujourd'hui,* Paris, Hachette, 1981, p. 132.
(37) A.-M. Sohn, *op. cit.,*p. 92.
(38) P. Géraldy, *La Guerre, Madame...,* Paris, Jean Crès, 1936, p. 135.
(39) G. Bauer, « Les Français et l'ambition », *Marie Claire,* 3 avril 1937.
(40) D. Desanti, *op. cit.,* p. 119 を見よ。「重要なのは、他の人々も、それを夢想していることだ」。
(41) « Paris travaille », *Femina,* mars 1936.
(42) P. Morand, *op. cit.,* p. 71 からの引用。
(43) *Votre bonheur,* 20 février 1938.
(44) *Femina,* avril 1928.
(45) *Marie Claire,* 2 avril 1937.
(46) Publicité Nivea, *Marie Claire,* mars 1939.
(47) *Votre beauté,* décembre 1935.
(48) *Marie Claire,* 2 avril 1937.
(49) *Marie Claire,* 9 avril 1937.
(50) *Confidences,* n° 53, 1938.
(51) 1933年、『ヘアスタイルと流行』の後継誌である『幸福なあなた』は、この点で特徴的だ。買い物や跳躍のシーンを撮影した写真に混じって、海浜もしくはキャンプ場の草原で、どころがなく、変化し、必ず議論を巻き起こす」もの、と語っている。D. Schefer, *What is beauty, définitions actuelles,* Paris, Assouline, 1997, p. 9.
(2) *Guide santé-médecine,* dir. C.-B. Blouin, Paris, Bordas, 1978, p. 278.
(3) « Shilhouettes flèches », *Le Monde,* 27 septembre 2003.
(4) *Ibid.*
(5) C. Gree, *Le Bien-Être en 28 jours, un ventre plat,* Toulouse, Parragon, 2002.

第14章 「現代のシルフィード」

(1) *Vogue,* avril 1939〔空気の精のように、すらりとした華奢な女性のこと。本書215頁も参照〕.
(2) *Dernières Modes de Paris,* janver 1922を見よ。「シルエットを変えるのに有効な縦長のライン」。
(3) *Vogue,* janvier 1934.
(4) *Femina,* 1937.「今日、美しくなるには、もはや花ではなく、茎のようにならなければいけません」。
(5) C. Meyer, *La Médecine au service de la beauté,* Paris, Amiot, 1955, p. 11.「1900年に主流だったシルエットは、S字型だった。1925年、I字型がそれにとって代わった」。
(6) *Les Modes,* mars 1936.
(7) M. Proust, *À l'ombre des jeunes filles en fleur* (1918), *À la recherche du temps perdu,* t. I, Paris, Gallimard, coll. « La Pléiade », 1962, p. 618.
(8) *La Coiffure et les modes,* septembre 1933.
(9) *Votre beauté,* septembre 1923.
(10) このことは、1920年代末の『ヴォーグ』、『フェミナ』、『美しいあなた』のデッサンに、もっとも顕著にあらわれている。すなわち、脚と胴体の長さの割合に。全身を13センチに描いているデッサンで、脚と胴体の長さは、それぞれ9センチ、3センチであるのに対し、19世紀のファッション雑誌では、それが8.5センチと4.5センチだった。
(11) Colette, *Le Voyage égoïste* (1922), in *Romans, récits, souvenirs,* t. II, Paris, Robert Laffont, coll. « Bouquins », 1989, p. 187.
(12) *Votre beauté,* août 1920.
(13) Colette, *op. cit.,* p. 183.
(14) D. Desanti, *La Femme au temps des Années folles,* Paris, Stock, 1984, p. 72.
(15) ヴァン・ドンゲン「鏡の前に立つ女」1925年、個人蔵を見よ。脚が異様なほど長く描かれた、特徴的な肖像画。
(16) J－E・ラブルール「塔台の散策」1925年、パリ、国立図書館、版画室。S. Laboureur, *Catalogue complet de l'oeuvre de J.-E. Laboureur,* 3 vol., Neufchâtel, Ides et Calendes, 1989をも見よ。
(17) P. Morand, *L'Allure Chanel,* Paris, Hermann, 1976, p. 46.
(18) P. Soupault, « Femme suédoise », *Votre beauté,* janvier 1935.
(19) « Culotte-gaine », Valisère, *Vogue,* 1935.
(20) « Kestos », *Vogue,* 1936.

(59) *Ibid.*, p. 437.
(60) É. Zola, *Carnets d'enquête, une ethnologie inédite de la France* (documents d'archives), Paris, Plon, coll. « Terre humaine », 1986, p. 184.
(61) *Carte du Bon Marché,* catalogue, Paris 1900.
(62) M. Perrot, « Le jardin des modes », *Misérable et Glorieuse, la femme au XIXe siècle,* dir. J.-P. Aron, Paris, Fayard, 1980, p. 112 を見よ。「しかしながら、百貨店の（…）パッサージュは、女性たちにとって、同等性のある風景をつくりだすことにはまったく成功していない」。
(63) J. Ozouf, *Nous les maîtres d'école. Autobiographies d'instituteurs de la Belle-Époque,* Paris, Gallimard-Julliard, coll. « Archives », 1973, p. 52.
(64) J. Bouvier, *Mes Mémoires ou 59 années d'activité industrielle, sociale et intellectuelle d'une ouvrière*, Poitier, Éd. L'Action intellectuelle, 1936, p. 97.
(65) G. Lecomte, *Les Cartons verts, roman contemporain,* Paris, Fasquelle, 1901, p. 14.
(66) Y. Guyot, *La Prostitution,* Paris, 1882, p. 162 からの引用。
(67) J. Bouvier, *Histoire des dames employées dans les postes,* Paris, PUF, 1930, p. 264.
(68) *Standardistes à Londres,* photographie anonyme, in G. Duby, M. Perrot, *Histoire des femmes,* t . IV, *Le XIXe Siècle,* Paris, Plon, 1991, p. 322〔G・デュビィ、M・ペロー監修『女の歴史 IV　19 世紀①②』杉村和子・志賀亮一監訳、藤原書店、1996 年〕を見よ。
(69) M. B. Miller, *op. cit.,* p. 169.
(70) A. Martin-Fugier, *Comédienne, de Mlle Mars à Sarah Bernhardt,* Paris, Seuil, 2001, p. 356 を見よ。本書の分析は、この著作から大いに着想を得た。
(71) *Femina,* février 1901.
(72) Publicité de la « Parfumerie La Perle », *Je sais tout,* 1905.
(73) B. Chevolon, *Sarah Bernhardt,* Paris, Martinsart, 1984, p. 56.
(74) 本書 214 頁を見よ。
(75) Publicité pour la « Parfumerie N. Rigaud », *Fémina,* février 1901.
(76) Publicité pour la « Société Athéna », 3 rue d'Abbeville, *L'Art d'être jolie,* 1904-1905.
(77) É. Adair, *op. cit.* に掲載されている写真を見よ。
(78) Publicité de la « Société Athéna », *L'Art d'être jolie,* 1905.
(79) Publicité de « L'Institut des moyen physique », *ibid.*
(80) *Le Messager des modes,* 1er juin 1912.
(81) C. Jazdzewski, *Helena Rubinstein,* Paris, Assoulline, 1999, p. 8.
(82) A. Girardot, *Petit Traité de manucure idéale ou l'art d'embellir les mains,* Paris, Malouine, 1916.
(83) M. Lagarde, « Esthétique faciale », *Congrès international de l'éducation physique,* Paris, 1913, t. III, p. 254.
(84) *Ibid.,* p. 258.
(85) *Ibid.,* p. 257-258.

第V部　民主化された美？——1914–2000 年

(1) D・シュフェールは、全巻すべて美について論じた著作のなかで、美とは、「とらえ

Pancier, 1909. S. Melchior-Bonnet, *Histoire du miroir,* Paris, Imago, 1994, p. 103 をも見よ。
(32) É. Zola, *Nana,* Paris, Gallimard, coll. « Folio », 1977（1er éd., 1879）, p. 205.
(33) J. Bois, *La Femme inquiète,* Paris, 1897, p. 115.
(34) *La Vie parisienne,* 14 janvier 1899.
(35) 本書 222 頁を見よ。
(36) P. Villaret, *Art de se coiffer soi-même, enseigné aux dames,* Paris, 1828, p. 160.「必要なものすべてを置ける、コンソールつきの姿見」が推奨されている。
(37) V. Nahoum-Grappe. A. Corbin, « Le Secret de l'individu », *Histoire de la vie privée,* dir. P. Ariès et G. Duby, Paris, Seuil, 1987, t. IV, p. 423 からの引用。
(38) *Ibid.*「脚台つきの鏡は、痩身の美学の出現を許し、食餌療法を新しい方向に導く」。
(39) C. Laboulaye（dir.）, *Dictionnaire des arts et manufactures,* Paris, 1870（1er éd., 1845）. art. « Verre », t. II を見よ。
(40) *L'Illustré naitonal, op. cit.* この「20 サンチームの風刺週刊誌」に掲載された、貧しい人々の住居をあらわした版画は、脚つきの姿見がちらほら見られるようになるのが 1900 年以降であることを示している。
(41) G. de Maupassant, *Histoire d'une fille de ferme*（1881）, in *Contes et nouvelles*（1875-1890）, Paris, Laffont, coll. « Bouquins », 1988, p. 173.
(42) *Grande Encyclopédie. Inventaire raisonné des sciences, des lettres et des arts,* Paris, 1890, art. « Salaire ».
(43) L. Franck, *Les Femmes dans les emplois publics,* Bruxelles, 1893, p. 58.
(44) M. Bashkirtseff, *Journal,* Paris, 1887, t. I, p. 257.
(45) J.-P. Goubert et M. Chotard, *L'Eau, puissance civilisatrice,* Paris, C. I. EAU, 2002, p. 39 を見よ。
(46) J.-P. Quéré, « La leçon d'urbanisme d'Haussmann », J. des Cars et P. Pinon（dir.）, *Paris-Haussmann,* Paris, Picard, 1991 を見よ。
(47) R. Vaucaire, *La Femme, sa beauté, sa santé, son hygiène,* Paris, 1896 を見よ。この本の題名がすでに、いかに清潔さが重要と考えられていたかを物語っている。
(48) B. Staffe, *op. cit.,* Paris, 1892, p. 4.
(49) *Ibid.*
(50) *Pour être belle, op. cit.,* Paris, 1913, p. 107.
(51) *Ibid.*
(52) É. Zola, *Au Bonheur des dames, op. cit.,* p. 437.
(53) A. Picard, *Exposition internationale de 1900, le bilan d'un siècle,* Paris, 1901, t. V, p. 115.
(54) G. d'Avenel, *Le Mécanisme de la vie moderne,* Paris, Armand Colin, 1902, t. I, *Les Magasins de nouveauté,* Paris, 1896, p. 13.
(55) *Ibid.,* p. 14.
(56) M. B. Miller, *Au Bon marché, 1869-1920,* Paris, Armand Colin, 1987（1er éd., américaine, 1985）, p. 59.
(57) P. Giffard, *Grands Bazars,* Paris, 1882, p. 2, 9, 17 et 296.
(58) É. Zola, *Au Bonheur des Dames, op. cit.,* p. 76.

(138) « Paul Poiret, les essais d'une mode nouvelle », *L'Illustration,* 18 fév. 1911, p. 103.

第13章　美しくなるための市場

(1) É. Zola, *Au Bonheur des dames,* Paris, Garnier-Flammarion, 1974（1er éd., 1883）, p. 337〔エミール・ゾラ『ボヌール・デ・ダム百貨店――デパートの誕生』吉田典子訳、藤原書店、2004年〕.

(2) *Le Messager des modes,* 16 juillet 1905.

(3) *Le Caprice,* 1er août 1876.

(4) *La Vie parisienne,* 14 janvier 1899.

(5) *Pour être belle,* Paris, Femina bibliothèque, 1913, p. 12.

(6) *Le Caprice,* 16 janver 1904.

(7) Publicité Gigartina, *L'Art d'être jolie,* 1905.

(8) L. Dufestel, *Le Médecin inspecteur des écoles,* Paris, 1886 を見よ。

(9) C. Boeswiwald（pseudo André-Valdès）, *Encyclopédie illustrée des élégances féminines, hygiène de la beauté,* Paris, 1892, p. 220.

(10) 20世紀初頭のこの時期、体重計だけを描いたいくつかの挿絵が、定期刊行物に登場する。特に、*L'Illustré national* の挿絵を見よ。

(11) Yvette Guilbert, *La Chanson de ma vie,* Paris, Grasset, 1927, p. 50.

(12) *Le Carnet féminin,* 1903.

(13) *Le Messager des modes,* avril 1910.

(14) *Le Carnet féminin,* 1903.

(15) C. Boeswiwald（pseudo André-Valdès）, *op. cit.,* p. 212.

(16) « Comment elles se font maigrir », *La Vie parisienne,* 25 avril 1896, p. 236.

(17) *Le Carnet féminin,* 1903.

(18) セーは、「痩身食餌療法」で大量の飲料水を飲むことを、精力的に支持している。G. Sée, *Du régime alimentaire, traitement hygiénique des maladies,* Paris, 1887, p. 544 を見よ。

(19) Publicité des Établissement Mora, *L'Art d'être jolie,* 1905.

(20) Publicité de « La Parfumerie des fleurs de France », *L'Art d'être jolie,* 1905.

(21) *Ibid.*

(22) *Le Messager des modes,* 1er juin 1912.

(23) *La Coiffure de Paris,* décembre 1909.

(24) E. Adair, *Conférences sur la culture scientifique de la beauté,* Paris, 1907, p. 43.

(25) *Ibid.,* p. 51.

(26) Publicité de « La Parfumerie des fleurs de France », *L'Art d'être jollie,* 1905 を見よ。

(27) Publicité pour « massage régénérateur », *Je sais tout,* 1906.

(28) A. Beltran et P. A. Carré, *La Fée et la Servante. La société française face à l'électricité, XIXe-XXe siècles,* Paris, Belin, 1991 を見よ。

(29) *Catalogue été du Bon Marché,* 1893 を見よ。「鏡面つき3枚扉箪笥」価格650フラン。

(30) B. Staffe, *Le Cabinet de toilette,* Paris, 1892, p. 89.

(31) M. Pouyollen（pseudo Madame de Gencé）, *Le Cabinet de toilette d'une honnête femme,* Paris,

éd., 1840), t. I, p. 233.
(112) V. Maquel, *Perfectionnement ou dégénération physique et morale de l'espèce humaine,* Paris, 1860, p. 229.
(113) A. Bertillon, A. Hovelacque, C. Letourneau et al., *Dictionnaire des sciences anthropologiques,* Paris, 1886. art. « Bassin », « Nègre », « Pied » を見よ。
(114) A. D. Quetelet, *Anthropométrie,* Bruxelles, 1871, p. 251.
(115) *Ibid.,* p. 250.
(116) C. Collineau, *La Gymnastique, notions physiologiques et pédagogiques,* Paris, 1884, p. 312 を見よ。
(117) G. Demeny, *Les Bases scientifiques de l'éducation physique,* Paris, Alcan, 1902, p. 167.
(118) *Ibid.,* p. 11. 体操の必要性の強調については、D. Yoshifon et P. N. Stearns, « The rise and fall of American posture », *American Historical Review,* octobre 1998 をも見よ。この文献について教示を賜ったナンシー・グレンに対し、この場を借りて感謝の意を表したい。
(119) *Ibid.,* « Types d'ensellure lombaire », p. 245.
(120) J.-P. Muller, *Mon systéme de méthode de culture physique pour les femmes,* Paris, 1910, p. 65.
(121) K. Hanotaux, *Garçons et filles, leur éducation physique,* Paris, 1885, p. 64.
(122) *Ibid.*
(123) C. C. Pagès, *Manuel de culture physique,* Paris, Vigot, 1911, p. 100.
(124)「ピシュリー体育場」1855 年、パリ、国立図書館、版画室を見よ。
(125) *L'Art d'être belle,* Établissements Finck, Genève, 1906 を見よ。
(126) M. Perrot, « Sortir », G. Duby et Michelle Perrot (dir.), *Hisoitre des femmes,* t. IV, *Le XIXe Siècle,* Paris, Plon, 1991〔G・デュビィ、M・ペロー監修『女の歴史 IV ①②』杉村和子・志賀亮一監訳、藤原書店、1996 年〕を見よ。また、L. Bland, *Banishing the Beast, Feminism, Sex and Morality,* New York, Tauris, Park Paperbackes, 2001, « Individualism and the emancipation of woman », p. 36 をも見よ。
(127) フランス学問推進協会で 1902 年 2 月 25 日に行なわれた講演、F. Glénard, *Le Vêtement féminin et l'hygiène,* Paris, 1902 を見よ。
(128) La Ligue des mères de famille, *Pour la beauté naturelle de la femme. Contre la mutilation de la taille par le corset,* Paris, 1908, p. 37.
(129) *Ibid.,* p. 34. J. Rabant, « Ah, la belle histoire du corset », *L'Histoire,* n° 45, 1982 をも見よ。
(130) *Ibid.,* p. 46.
(131) *Ibid.,* p. 20.
(132) D. Gardey, *La Dactylographe et l'Expéditionnaire. Histoire des employés de bureau, 1890-1930,* Paris, Belin, 2001, p. 66.
(133) La Ligue des mères de famille, *op. cit.,*p. 37.
(134) *Ibid.,* p. 14.
(135) *L'Illustration,* 9 juillet 1910.
(136) P. White, *Poiret le magnifique,* Paris, Payot, 1986, p. 73. P. Poiret, *En habillant l'époque,* Paris, Grasset, 1932 をも見よ。
(137) P. Poiret, *Notes inédites,* archives Madame Poiret. J. White, *op. cit.,* p. 78 からの引用。

(85) *Le Monde Illustré,* « Le bouillonnement capiteux de leurs dessous », R. Muriand, *Les Folies-Bergères,* Sèvres, La sirène 1994, p. 27 からの引用。
(86) M. Hervieu, « Cafés-concerts, cirques, music-halls, dancings », *L'Amour et l'esprit gaulois à travers l'histoire,* préf. De Haraucourt, Paris, Martin-Dupuis, 1929, t. IV, p. 309.
(87) L. Morin, *op. cit.,* p. 5.
(88) A. Willette, « Douze années de lutte », *Le Courrier français,* couverture, 1er janvier 1898.
(89) *Le Figaro.* R. Muriand, *op. cit.,* p. 43 からの引用。
(90) A. Lamarre, « L'action des ligues de moralité contre l'écrit pornographique », *Censures : de la Bible aux larmes d'Éros,* Paris, BPI, 1987, p. 107.
(91) *Ibid.*
(92) 本書 228-229 頁を見よ。
(93) *Rabelais,* 1902. M. Gabor, *Pin-up, a Woman History,* New York, Universe Book, 1972, p. 39 からの引用。
(94)「瞑想」プレジュランの素描。*L'Illustré national,* 6 août 1905, p. 5.
(95) 特に、F. Lunel, *Suzanne et les Deux Canotiers, Le Courrier français,* hors-texte, 1894 を見よ。
(96) Y. Guilbert, *La Chanson de ma vie,* Paris, Grasset, 1927, p. 50.
(97) *Ibid.,* p. 51.
(98) 初期のカフェ・コンセールについては C. Condemi, *Les Cafés-concert, histoire d'un divertissement,* Paris, Grasset, 1927, p. 50 を見よ。
(99) 特に、A. Corbin, *L'Avènement des loisirs,* Paris, Aubier 1995〔アラン・コルバン『レジャーの誕生』上下巻、渡辺響子訳、藤原書店、2010 年〕を見よ。また、J.-D. Urbain, *Sur la plage. Moeurs et coutumes balnéaires,* Paris, Payot, 1994 を見よ。
(100) *La Vie élégante,* 1882, t. I, p. 33.
(101) O. Sailhard, *Les Maillots de bain,* Paris, Éd. du Chêne 1998. p. 46, 1905 年の絵葉書を見よ。
(102) Bertal（C. A. d'Arnoux, dit), *La Vie hors de chez soi, op. cit.,* p. 544.
(103) M. Proust, *À l'ombre des jeunes filles en fleur*（1918), *À la recherche du temps perdu,* t. I, Paris, Gallimard, coll. « La Pléiade », 1962, p. 791.
(104) H. Rebel, *Les Nuits chaudes du cap français,* Paris, UGE, coll. « 10/18 », 1985（1er éd., 1903), p. 420.
(105) *Les Messager des modes,* août 1905 を見よ。
(106) M. Gabor, *op. cit.,* p. 16.
(107) *Ibid.* « *Life* et la première pin-up universelle: la Gibson girl ».
(108) *La Vie au grand air,* 1900, p. 582.
(109) A. Buisson, *Dictionnaire de pédagogie et d'instruction primaire,* Paris, 1887, art. « Gymnastique », t. I を見よ。
(110) 特に以下の著作を見よ。P. Arnaud（sous la dir. de), *Les Athlètes de la République,* Toulouse, Privat, 1987. J. Defrance, *L'Excellence corporelle. La formation des activités physiques et sportives modernes, 1770-1914,* Rennes, PUR, 1987. R. Sassatelli, *Anatomia della Palestra,* Bologne, Il Mulino, 2000.
(111) E. Buret, *De la misère des classes laborieuses en France et en Angleterre,* Bruxelles, 1842（1er

(56) G. Lecomte, *Les Cartons verts, roman contemporain,* Paris, Fasquelle, 1901, p. 64.
(57) P. Topinard, *Éléments d'anthoropologie générale,* Paris, 1885, p. 1011.
(58) *Ibid.*
(59) M. Charpy, « La morphologie de la courbure lombaire », tiré à part, *Archives médicales de Toulouse,* juillet-août 1907.
(60) *Ibid.,* p. 27.
(61) É. Zola, *op. cit.,* p. 224.
(62) *Ibid.,* p. 47.
(63) *Ibid.,* p. 104.
(64) *Ibid.,* p. 48.
(65) *Ibid.,* p. 36.
(66) *Ibid.,* p. 47.
(67) 世紀末の西洋に関するこのテーマの分析については、J. D'Emilio et E. B. Freedam, *Intimate Matters. A History of Sexuality in America,* Chicago, The University of Chicago Press, 1988, le chapitre VIII : « 'Civilized morality' under stress » を見よ。
(68) P. Louÿs, *La Femme et le Pantin*（1889）, Paris, Union latine d'éditions, 1935, p. 8.
(69) É. Zola, *op. cit.,* p. 226. また、A. Villiers de l'Isle-Adam, *Contes cruels,* Paris, Gallimard, coll. « Folio », 1983（1er éd., 1883）, p. 290,「からだの線がくっきりと出た」シルクのドレスの光景に挑発され、引き起こされた「陶酔の感覚」をも見よ。
(70) O. Mirbeau, *Contes cruels,* Paris, Séguier, 1990（1er éd., 1887）, t. I, p. 111.
(71) A. Martin-Fugier, *Comédienne, de Mlle Mars à Sarah Bernhardt,* Paris, Seuil, 2001, p. 337.
(72) É. Zola, *op. cit.,* p. 457.
(73) *Guide des plaisirs à Paris,* Paris, 1889, p. 51,「女の匂いがいたるところに漂い、あなたにまとわりつく」。
(74) É. Zola, *op. cit.,* p. 159.
(75) C. Baudelaire, « La chevelure », *Les Fleurs du mal*（1857）, in *Œuvres complètes, op. cit.,* p. 101.
(76) É. Zola, *op. cit.,* p. 104.
(77) *Ibid.,* p. 363.
(78) *Ibid.,* p. 226.
(79) *Ibid.,* p. 346.
(80) J.-K. Huysmans, *Le Drageoir aux épices*（1874）, Paris, UGE, coll. « 10/18 », 1975, p. 375.
(81) E. et J. Goncourt, *Manette Salomon*（1867）, Paris, Gallimard, coll. « Folio », 1996, p. 304.
(82) とりわけ以下を見よ。H・ドゥ・トゥールース＝ロートレック「髪をくしけずる女」1896年、アルビ美術館。A・ミュシャ「ジョブのポスター」1896年、パリ、印刷・シャンプノワ。E・グラッセ「スージー・ドゥゲーズ」1905年、パリ、印刷、G・ドゥ・マレルブ。
(83) *Le Messaager des modes,* 1er janvier 1901.
(84) L. Morin, *Carnavals parisiens,* Paris, 1897, p. 11. また、E. Weber, *Fin de siecle. La France à la fin du XIXe siècle,* Paris, Fayard, 1986, « Transgression », p. 45 をも見よ。

(25) *Ibid.*, 1837, p. 686.
(26) P. Perrot, *op. cit.*, p. 271 を見よ。「召使、夫もしくは愛人の助けなしに、着脱可能な」コルセット。
(27) *Le Bon Ton*, 1837, p. 686.
(28) H. de Balzac, *Pierrette* (1840), in *La Comédie humaine*, Paris, Gallimard, coll. « La Pléiade », 1951, t. III, p. 700.
(29) *Le Bon Ton*, 1837, p. 686.
(30) H. de Balzac, *Modeste Mignon* (*1844*), in *La Comédie humaine*, Paris, Gallimard, coll. « La Pléiade », 1951, t. III, p. 700.
(31) *Le Caprice*, juillet 1876, p. 9.「今日、ドレスは、からだによく合う、つまりぴたりと貼りついたようでなければ、格好いいとはいえない」。
(32) *Allmanach de L'Illustration*, 1878, p. 60.
(33) S. Mallarmé, *La Mode de Paris*, 1874, in *Œuvres complètes*, Paris, Gallimard, coll. « La Pléiade », 1961, p. 831.「バッスル」とは、湾曲を強調するために、ドレスの後ろ側に装着する堅い装具である。
(34) C. de Castelbajac, *Journal, 1885-1886*, Paris, Perrin, 2002, p. 223.
(35) Bertall (C. A. d'Arnoux, dit), *La Vie hors de chez soi*, Paris, 1876, p. 340.
(36) S. Mallarmé, *op. cit.*, p. 832-833.
(37) É. Zola, *Nana*, Paris. Gallimard, coll. « Folio », 1977 (1er éd., 1879), p. 348.
(38) *Le Petit Messager des modes*, 16 avril 1880.
(39) *Ibid.*, 1876, planche n° 668.
(40) 19 世紀末には、「シンプル」という言葉が、「垂直の」フォルムとともに、ファッション雑誌を席巻する。
(41) *La Caprice*, 1er janvier 1890.
(42) *Femina*, 1905, p. 491.
(43) *Le Caprice*,1er janvier 1897.
(44) *Ibid.*, 1er janvier 1890.
(45) *Ibid.*,1er juin 1876, p. 9.
(46) *Le Messager des modes*, 1910. p. 133.
(47) *Le Caprice*, 1er mai, 1900.
(48) *Le Messager des modes*, 16 novembre 1905.
(49) *Les Dessous élégants* を見よ。同誌は、申請された特許について定期的に報告している。
(50) G. d'Avenel, *Le Mécanisme de la vie moderne*, Paris, Armand Colin, 1902, t. IV, p. 67 を見よ。
(51) *Les Dessous élégants*, 1909.
(52) O'Followell, *Le Corset, histoire, médecine, hygiène*, Paris, Maloine, 1908, publicité, planche en annexe, II を見よ。
(53) *Les Dessous élégants*, 1901.
(54) N. Kimbell, *Mémoires, Histoire d'une maison close aux États-Unis, 1880-1917*, Paris, J.-C. Lattès, 1978 (1er éd., américaine, 1970), p. 115.
(55) G. Néret, *1000 Dessous, histoire de la lingerie*, Paris, Taschen, 1998, p. 86 を見よ。

(156) H. d'Alméras, *La Vie parisienne sous Louis-Philippe,* Paris, Albin Michel, 1925（1er éd., 1911), p. 469 からの引用。
(157) *Revue britannique.* J.-P. Saidah, *op. cit.*,p. 139 からの引用。

第12章　人体の勝利

(1) A. Karr, *Encore les femmes,* Paris, 1858, p. 151.
(2) J・グラトワール「パリ・モード。ウールのドレス」J・グラモン商会、1984年、パリ、国立図書館、版画室を見よ。
(3) Stendhal（H. Beyle, dit), *Armance*（1er éd., 1827), Paris, Gallimard, coll. « Folio », 1975, p. 67. S. Melchior-Bonnet, *Histoire du miroir,* Paris, Imago, 1994, p. 97 をも見よ。
(4) H. de Balzac, « La Femme comme il faut », in *Les Français peints par eux-mêmes,* t. I, Paris, 1840-1842, p. 26.
(5) *La Silhouette,* 1829, p. 70.
(6) C. Baudelaire, « À une passante », *Tableaux parisiens*（1857), in *Œuvres complètes,* Paris, Gallimard, coll. « La Pléiade », 1954, p. 164.
(7) H. de Balzac, *Traité de la démarche,* Paris, 1842, p. 112.
(8) H. de Balzac, « La Femme de province », in *Les Français peints par eux-mêmes, op. cit.,* t. I, p. 2.
(9) H. de Balzac, « La Femme comme il faut », *op. cit.,* p. 26.
(10) T. De Beutzen, « La mode », *L'Illustration,* 16 juin 1860.
(11) Bertall（C. A. d'Arnoux, dit), « Essai sur la beauté des crinolines », *L'Illustration,* 24 septembre 1864, p. 26 を見よ。
(12) Cham, *Douze Années comiques,* Paris, 1880, « Année 1869 », p. 47. H. Daumier, « Effet des tourniquets sur les jupons crinolines », *Charivari,* 1855 をも見よ。
(13) *Dictionnaire universel théorique et pratique du commerce et de la navigation,* Paris, 1859, art. « Corset » を見よ。
(14) V・アンジェルマン「身支度」石版画、1825年、パリ、国立図書館、版画室。
(15) H・ドーミエ「こりゃおもしろい！　わしがこれまで関係を持った女たち四人の胴体そのままだ。最初はフィフィーヌ！　ろくでなしの尻軽女！　大柄なミミ、それから女房のは上の隅っこにあるわい」（1840年頃）パリ、国立図書館、版画室。
(16) 本書152頁を見よ。
(17) A・ドゥヴェリア「ちょうどウェヌスのサイズ」1835年頃、パリ、国立図書館、版画室。
(18) 19世紀前半のコルセットの文献については、A. Becquerel, *Traité élémentaire d'hygiène publique et privée,* Paris, 1877（1er éd., 1851), p. 511 を見よ。
(19) P. Perrot, *Les Dessus et les Dessous de la bourgeoisie,* Paris, Fayard, 1981, p. 277 を見よ。
(20) フィリップ・ペロが *Les Dessus et les Dessous...* のなかで、コルセットについて記した章は重要である。
(21) *Dictionnaire universel théorique et pratique du commerce..., op. cit.,* art. « Corset ».
(22) *La Mode, revue des modes, galerie des mœurs,* 1845, p. 59.
(23) *Le Petit Messager des modes,* 16 août 1842, p. 123.
(24) *Le Bon Ton,* 1838, p. 944.

(132) Voyageur du début du XIXe siècle, J.-L. Flandrin, *Familles, parenté, maison, sexualité dans l'ancienne société,* Paris, Seuil, 1984 (1er éd., 1976), p. 114からの引用〔J－L・フランドラン『フランスの家族――アンシャン・レジーム下の親族・家・性』森田伸子・小林亜子訳、勁草書房、1993年〕.

(133) L. Huart, *Museum parisien. Histoire physiologique, pittoresque, philosophique et grotesque de toutes les bêtes curieuses de Paris et de la banlieue pour faire suite à toutes les éditions des œovres de M. de Buffon,* Paris, 1841.

(134) *Panorama des Grands Boulevards. Paris panoramique,* figures par A. Provost, architecture par É. Renard, Paris, 1840を見よ。

(135) J・ジヌーが挿絵を描いた、A.-R. Le Sage, *Gil Blas de Sentillane,* 1835を見よ。

(136) S. Dahl, *Histoire du livre de l'Antiquité à nos jours,* Paris, Éditions Poinat, 1960, « L'industrialisation du livre et la réaction artistique », p. 248.

(137) Gavarni, *Œuvres choisies..., op. cit.*

(138) *Paris et les Parisiens au XIXe siècle, op. cit.,* p. 429.

(139) 19世紀の男らしさと女らしさの関係については、A. Rauch, *Le Premier Sexe. Mutations et crise de l'identité masculine,* Paris, Hachette, 2000を見よ。

(140) E. Sue, *op. cit.,* t. I, p. 10.

(141) H. de Balzac, *La Fille aux yeux d'or, op. cit.,* p. 65.

(142) H. de Balzac, *Albert Savarus* (1842), in *La Comédie humaine, op. cit.,* t. I, p. 767.

(143) H. de Balzac, *Le Père Goriot* (1835), *ibid.,* t. II, p. 894.

(144) H. de Balzac, *La Peau de chagrin* (1831), *ibid.,*t. IX, p. 16.

(145) H. de Balzac, *La Fille aux yeux d'or, op. cit.,* p. 272.

(146) *Ibid.*

(147) E. Sue, *op. cit.,* t. I, p. 3.

(148) J. Roy, « Byron », *Les écrivains célébres,* Paris, Éditions d'Art, 1953, t . III, p. 22.

(149) G. N. Byron, lettre du 15 juin 1811. G. Matzneff, *La Diététique de Lord Byron,* Paris, La Table ronde, 1984, p. 24からの引用。

(150) C. Baudelaire, *Le Peintre de la vie moderne, op. cit.,* p. 906.

(151) J. Barbey d'Aurevilly, *Du dandysme et de George Brummell* (1861), in *Œuvres complètes, op. cit.,* t »II, p. 691.

(152) J.-P. Saidah, « Le dandysme, continuités et ruptures », *De l'honnête homme au dandy,* dir. A. Montandon, Tübingen, Guter Nart Verlag, 1993, p. 147を見よ。ダンディは、「新しい社会が拍手喝采しながら、与えようとしない自由」について苦々しく思い、「化象に逃れる」。また、R. Kempf, *Dandies,* Paris, Seuil, coll. « Point Essais », 1984(1er éd., 1977), p. 10をも見よ。

(153) E. Ronteix, *Manuel du fashionable ou Guide de l'homme élégant,* Paris, 1829, « Toutes les carrières sont devenues accessibles », p. 8を見よ。

(154) A. de Musset, *Confessions d'un enfant du siècle* (1836). M. Delbourg-Delphis, *Masculin singulier,* Hachette, 1985, p. 27からの引用。*Ibid.,* « La mélancolie des fashionables », p. 26をも見よ。

(155) J.-P. Saidah, *op. cit.,* p. 147.

(111) H. de Balzac, « La Femme comme il faut », in *Les Français peints par eux-mêmes, op. cit.,* t. I, p. 26.
(112) *Ibid.*
(113) P. Perret, *op. cit.,* « Cette démarche est unique au monde », p. 27.
(114) *Ibid.,* p. 21.
(115) E. Guinot, « La lionne », in *Les Français peints par eux-mêmes, op. cit.,* t. II, p. 10.
(116) *Ibid.*
(117) *Ibid.*
(118) P.-A. Merlin, *Traité de jurisprudence,* Paris, 1812, t. 5, art. « Femme », p. 193. また、1867年、P・ジッドによる「既婚女性の無能力」についての言及を見よ〔P. Gide, *Étude sur la condition de la femme,* Paris, 1885（1er éd., 1867), p. 433〕。
(119) F. M. F. Soulié, *La Lionne,* Paris, 1856, p. 124.
(120) M. d'Agoult, *Mémoires, souvenirs et journaux*（XIXe siècle), Paris, Mercure de France, 1990, t. I, p. 271.
(121) J. Barbey d'Aurevilly, *Deuxième Memorandum*（1859), in *Œuvres complètes,* Paris, Gallimard, coll. « La Pléiade », 1966, t. II, p. 1017.
(122) V. Steele, *Paris Fashion, a Cultural History,* Oxford, Oxford University, 1988, p. 165を見よ。「男であることはすばらしい」。
(123) A. Dumas, « Filles, lorettes, courtisanes », *La Grande Ville,* Paris, 1842, t. II, p. 329.
(124) *Journal des dames et des modes,* 25 février 1835.「あらゆる不平等を平坦に均らす、偉大なる平等主義者である時間が、その他の特権とともに、この身だしなみという特権を消失させた今日（…）」。
(125) H. de Balzac, *Autre Étude de femme*（1839), in *La Comédie humaine, op. cit.,* t. III, p. 225.
(126) これらの著作に加え、「容貌」についての長い一連の作品があることを断っておかねばならない。特徴的な社会的人物像を描写するために、テクストと絵を交えた、これらの速い筆致の作品からは、1830年以降の、多様性に対する好奇心が認められる。「女性の顔」、「高級娼婦」の顔、「門番女」の顔、「世界でいちばん不幸な女」の顔は、出版社に成功をもたらす。C. Pichois, « Le succès des 'physiologies' », *Les Physiologies. Catalogue des collections de la Bibliothèque nationale,* établi et présenté par Andrée Lhéritier, Paris, Institut français de presse, 1958 を見よ。
(127) H. de Balzac, *Autre Étude de femme, op. cit.,* t. III, p. 227-228. *Les Français peints par eux-mêmes : panorama social du XIXe siècle,* exposition, Paris, musée d'Orsay, 23 mars-13 juin 1993 をも見よ。
(128) J.-C. Caron, *Génération romantique. Les étudiants de Paris et le Quartier latin, 1814-1851,* Paris, Armand Colin, 1991, « Le Triomphe de la grisette », p. 203.
(129) V. Adame, Gavarni, Daumier, Bouchot..., *Paris au XIXe siècle. Recueil de scènes de la vie parisienne dessinées d'après nature,* Paris, 1839, p. 35.
(130) J. Janin, *L'Hiver à Paris,* Paris, 1843, p. 45.
(131) Gavarni, *Œuvres choisies..., op. cit.* を見よ。また、Gavarni, *Masques et visages,* Paris, 1857 を見よ。

(85) C. Blanc, *L'Art dans la parure et dans le vêtement,* Paris, 1875, p. 78.
(86) *Les Plus Belles Femmes de Paris,* Paris, 1839. *Le Petit Messager des modes,* 16 avril 1880 からの引用。
(87) *Journal des jeunes personnes,* 1835, p. 332.
(88) C. Chaponnier, *La Physiologie des gens du monde,* Paris, 1829, p. 114.
(89) C.-J.-F. Richard, *Traité sur l'éducation physique des enfants,* Paris, 1843, p. 222.
(90) M. Courtin, *op. cit.,* t. 18, art. « Poitrine（mal de）», p. 457.
(91) *Dictionnaire de médecine, op. cit.,*t. 20, art. « Thorax », p. 203.
(92) L. R. Villermé, « Stature, conformation et santé des enfants et adolescents employés dans les mines de houille de la Grande-Bretagne », *Annales d'hygiène,* Paris, 1843, p. 33.
(93) *Dictionnaire de médecine, op. cit.,* art. « Station », t. 19, p. 484-503 を見よ。また、*Abrégé du dictionnaire des sciences médicales,* Paris, 1836（1er éd., 1816), t. I, p. 5 をも見よ。
(94) G. Cuvier, *Le Règne animal distribué selon son organisation,* Paris, 1836（1er éd., 1816), t. I, p. 5.
(95) *Dictionnaire de la conversation,* Paris, 1857, t. 13, art. « Morphologie : étude scientifique des formes des êtres naturels ».
(96) *Dictionnaire de médecine, op. cit.,* art. « Station », p. 497.
(97) G. Cuvier, *Leçons d'anatomie comparée,* Paris, 1805, t. I, p. 477.
(98) A. Richerand, *Nouveaux Éléments de physiologie,* Paris, 1802, t. II, p. 273.
(99) M. Spivak, « Francisco Amoros y Ondeano, précusseur et fondateur de l'éducation physique en France(1770-1848) », *Le Corps en mouvement,* dir. P. Arnaud, Toulouse, Privat, 1981 を見よ。
(100) P.-H. Clias, *Callisthénie ou somascétique naturelle appropriée à l'éducation physique des jeunes filles,* Paris, 1843.
(101) L. de Savigny, *Le Livre des jeunes filles,* Paris, 1846, p. 104 を見よ。また、« Éducation physique, gymnastique des jeunes personnes », *Journal des jeunes personnes,* 1833, p. 220, ならびに、A. Dubourg, *op. cit.,* art. « Gymnastique » を見よ。
(102) C. Defontenay, *Essai de calliplastie, étude sur les formes du visage,* Paris, 1846.
(103) L. Gozlan, « La Parisienne », *Le Diable à Paris. Paris et les Parisiens,* Paris, 1843, t. I, p. 44.
(104) A. Martin-Fugier, *La Vie élégante ou la formation du Tout-Paris, 1815-1848,* Paris, Seuil, coll. « Point », 1993（1er éd., 1990), « Deux visions de la mondanité », p. 15 を見よ。
(105) Stendhal（H. Beyle, dit), *op. cit.,* p. 239.
(106) H. de Balzac, « La femme de province », in *Les Français peints par eux-mêms,* t. I, Paris, 1840-1842, p. 3.
(107) A.-J. Tudesq, « La France romantique et bourgeoise », G. Duby, *Histoire de la France,* Paris, Larousse, 1971, t. II, p. 360.
(108) K. Stierle, *La Capitale des signes. Paris et son discours,* Paris, EHESS, 2001（1er éd., 1993), p. 105, *sq.* を見よ。
(109) P. Perret, *La Parisienne,* Paris, 1868, p. 23.
(110) C. Nesci, « Balzac ou la séduction du corps passant », *Orbis Litterarum, International Review of Literary Studies,* no. 6, 2000 を見よ。

た *La Décoration humaine, hygiène de la beauté,* Paris, 1867 のなかで、依然として、この言葉を用いていない。

(60) H. de Balzac, *Béatrix* (1844), in *La Comédie humaine, op. cit.,* t. II, p. 377.

(61) E. Chapus, *Théorie de l'élégance,* Paris, 1844, p. 56.

(62) A. Dumas, *Mes Mémoires* (1802-1856), Paris, Laffont, coll. « Bouquin », 1989, t. I, p. 341. このテーマの国際化については、A. Walker, *Female Beauty. Being a complete analysis and description of every parts of woman's forms,* New York, 1853 を見よ。同書 74 頁で、ウォーカーは、女性の「へこんだ〔*hollow*〕腰」、男性の「広がった腰」について言及している。

(63) H. de Balzac, *La Fille aux yeux d'or* (1835), in *La Comédie humaine, op. cit.,* p. 67. さらに B. Vannier, *L'Inscription du corps chez Balzac. Pour une sémiologie du portrait balzacien*, Paris, Klincksiek, 1972 を見よ。

(64) H. de Balzac, *Une Fille d'Ève* (1839), in *La Comédie humaine, op. cit.,* t. II, p. 104.

(65) G. Houbre, *op. cit.,* « La danse, trait d'union entre les deux sexes », p. 210.

(66) A. Dumas, *op. cit.,* t. I, p. 348.

(67) *Longchamp, revue de mode,* 31 juillet 1840.

(68) L. Bland, *Banishing the Beast, Feminism, Sex and Morality,* Londres-New York, Tauris Park Paperbacks, 2001, « The afflictions of Reproduction », p. 63 を見よ。

(69) *Dictionnaire de médecine,* Paris, 1821, art. « Bassin », t. 3, p. 284.

(70) J.-C. Prichard, *Histoire naturelle de l'homme,* Paris, 1843 (1er éd. anglaise, 1837-1841), t. II, p. 199.

(71) A. d'Orbigny. J.-C. Prichard, *op. cit.,* t. II, p. 217 からの引用。

(72) F.-E. Guérin, *Dictionnaire pittoresque d'histoire naturelle,* Paris, 1839, t. IV, p. 9.

(73) F. Menville de Ponsan, *Histoire philosophique et médicale de la femme,* Paris, 1845, t. II, p. 155.

(74) Stendhal (H. Beyle, dit), *op. cit.,* p. 371.

(75) A. Dubourg, *Dictionnaire des ménages. Répertoire de toutes les connaissances usuelles,* Paris, 1836, art. « Ceinture », p. 132.

(76) *La Silhouette,* 1830, p. 25. J. Harvey, *The Men in Black,* Londres, Reaktions Books, 1997, p. 195 をも見よ。

(77) L. Maigron, *Le Romantisme et la Mode,* Paris, Champion, 1911, p. 69.

(78) A. Dumas, T. Gautier, A. Houssaye, *Paris et les Parisiens au XIXe siècle,* Paris, 1856, p. 439.

(79) J・A・D・アングル「ジャン＝バティスト・デスデバン」1830 年頃、ブザンソン美術館。

(80) A・ドゥヴェリア「アレクサンドル・デュマ」1830 年、パリ、ヴィクトル＝ユゴー博物館。

(81) H. Raisson, *Code de la toilette, manuel complet de toilette et d'hygiène...,* Paris, 1829, p. 68. 胸は、「身だしなみのすべての部分が集まる」中心となる。

(82) L. Maigron, *op. cit.,* p. 180.

(83) « Le bouffant des robes », *La Mode, revue politique et littéraire,* 1845, p. 251.

(84) *Ibid.*

(34) C. Baudelaire, *Le Peintre de la vie moderne, op. cit.,* partie XI, « Eloge du maquillage », p. 911 を見よ。

(35) *Constantin Guys, Fleurs du mal,* catalogue d'exposition, musée de la Vie romantique, Paris, 2002 を見よ。

(36) C. Baudelaire, *Le Peintre de la vie moderne, op. cit., p. 913.*

(37) P. Villaret, *L'Art de se coiffer soi-même enseigné aux dames, suivi du manuel du coiffeur, précédé de préceptes sur l'entretien de la beauté et la conservation de la chevelure,* Paris, 1828, p. 165.

(38) *Ibid.,* p. 160-163.

(39) C. Lancha, « Le peintre de la vie moderne », *Constantin Guys...,* catalogue, *op. cit.,* p. 107.

(40) ボードレールについてのM・フーコーの論評を見よ。「ボードレールにとって近代的人間とは、みずから自己を創出しようとする者のことだ」。« Qu'est-ce que les Lumières ? », *Dits et écrits,* vol. IV, Paris, Gallimard, 1994, p. 571.

(41) *Catalogue des parfumeries superfines et savons de toilettes de la fabrique Dissey et Piver,* Paris, 1827.

(42) G. Duveau, *La Vie ouvrière en France sous le Second Empire,* Paris, Gallimard, 1946, p. 369.

(43) A. Schoelcher, *Fabrique spéciale d'essences et de parfumerie surfine,* Paris, 1851.

(44) *La Mode, le bulletin des modes,* 1er novembre 1856 を見よ。

(45) E. Coudray, parfumeur, *Catalogue,* 1868.

(46) V. Hugo, *Les Misérables,* (1862), Paris, Garnier-Flammarion, 1967, t. I, p. 210.

(47) I. Bricard, *Saintes ou pouliches, l'éducation des jeunes filles au XIXe siècle,* Paris, Albin Michel, 1985, p. 192 を見よ。

(48) Lola Montes. I. Bricard, *ibid.* からの引用。

(49) « Les modes de Paris jugées par Mistress Trollope », *Le Journal des dames et des modes,* 10 février 1836.

(50) ベルタル(本名 C. A. d'Arnoux)「H・ドウ・バルザックによる夫婦生活の悲哀」1845 年、パリ、国立図書館、版画室。

(51) Comtesse Drohojowska, *La Vérité aux femmes sur l'excentricité des modes et de la toilette,* Paris, 1845, p. 20. I. Bricard, *op. cit.,* p. 193 からの引用。

(52) 本書 198-199 頁を見よ。

(53) *L'Ouvrier,* 1862, p. 400.

(54) G. Flaubert, *Madame Bovary*(1857), in *Œuvres,* Paris, Gallimard, coll. « La Pléiade », 1958, t. I, p. 349.

(55) コロー「中断された読書」1865 年、シカゴ美術研究所。

(56) G. Le Gray, *L'Impératrice Eugénie en prière,* 1856, *G. Le Gray, catalogue d'exposition,* dir. S. Aubenas, Paris, BnF, 2002, p. 132 を見よ。

(57) C. James, *Toilette d'une Romaine au temps d'Auguste et conseils à une Parisienne sur les cosmétiques,* Paris, 1866, p. 246.

(58) *Ibid.,* p. 247.

(59) *Ibid.,* p. 249. コンスタンタン・ジャムは 1866 年、「マキヤージュ」という言葉を使っているが、アルフォンス・カズナヴは、1867 年に出版され、人々に非常によく読まれ

(10) *Idem, La Femme abandonnée* (1832), in *ibid.,* t. II, p. 219.

(11) C・コロー「真珠の女」1866-1870 年、パリ、ルーヴル美術館。

(12) G・クールベ「眠り」1866 年、パリ、プティ・パレ美術館。

(13) A・シュフール「カイヤール夫人」1850 年頃、パリ、プティ・パレ美術館。

(14) 本書 136 頁を見よ。

(15) H. de Balzac, *Le Lys dans la vallée, op. cit.,* p. 786. H. T. Finck, *Romanctic Love and Personnal Beauty,* Londres, 1887, « Mental refinement », p. 324 をも見よ。.

(16) Stendhal (H. Beyle, dit), *Le Rouge et le Noir* (1830), in *Romans et Nouvelles,* Paris, Gallimard, coll. « La Pléiade », 1952, t. I, p. 282.

(17) スタンダールの、この「自己観察の二分化」というテーマについては、P. Pachet, *Les Baromètres de l'âme. Naissance du journal intime,* Paris, Hatier, 1990, p. 81 を見よ。

(18) *Victor Hugo, l'homme océan,* dir. M.-L. Prévost, Paris, Bibliothèque nationale de France et Éd. du Seuil, 2002, p. 61 を見よ。

(19) L. Ferry, *Le Sens du beau. Aux origines de la culture contemporaine,* Paris, Éditions Cercle d'art, 1998 (1er éd., 1990), p. 78.「そのとき、ロマン主義の世界の中身を構成するのは、内的な世界である」。

(20) 1820 年から 1845 年のあいだに、約 1 ダースのファッション雑誌が登場する。そのうち、*Le Journal des dames et des modes*〔『婦人とファッション』〕は 1820 年に、*La Mode, revue des modes, galerie des moeurs*〔『ラ・モード、ファッション誌、風俗の陳列室』〕は 1829 年に、*La Petit Messager des modes*〔『ファッションの小さな使者』〕は 1842 年に創刊される。

(21) D. de Girardin, *Lettres parisiennes* (1836-1848), Paris, Mercure de France, 1986, t. II, p. 335. G. Houbre, *La Discipline de l'amour. L'éducation sentimentale des filles et des garçons à l'âge du romantisme,* Paris, Plon, 1997, « La toilette », p. 288 を見よ。

(22) D. de Girardin, *op. cit.,* t. II, p. 336.

(23) *Ibid.,* p. 338.

(24) *Ibid.,* t. I, p. 455.

(25) *Ibid.,* p. 456.

(26)『新辞典……』では、「おしゃれ」(コケットリー)はいまだ「気どり」である。*Nouveau Dictionnaire français composé sur le Dictionnaire de l'Académie française, enrichi d'un grand nombre de mots adoptés dans notre langue depuis queques années,* Paris, 2 vol., 1793 27. H. de Balzac, *Une fille d'Ève* (1839), in *La Comédie humaine, op. cit.,* t. II, p. 81.

(27) H. de Balzac, *Une fille d'Ève* (1839), in *La Comédie humaine, op. cit.*, t. II, p. 81.

(28) *Journal pour tous,* 1857, p. 144.

(29) T. Gautier, « Gavarni », *Œuvres choisies de Gavarni. Études de mœurs contemporaines,* Paris, 1846, t. I, s. p.

(30) C. Baudelaire, *Le Peintre de la vie moderne, op. cit.,* p. 883.

(31) T. Gautier, *op. cit.,* s. p.

(32) M. Courtin, *Encyclopédie moderne,* Paris, 1821-1828, art. « Beau, beauté », t. 4, p. 320.

(33) A. Denis, I. Julia, *L'Art romantique,* Paris, Somogy, 1996, p. 20.

(65) D. Bourg, *Nature et technique : essai sur l'idée de progrès,* Paris, Hatier, 1997 を見よ。
(66) J.-J. Rousseau, *Julie ou la Nouvelle Héloïse*（1761), Paris, Garnier frères, 1960.「一言の言葉で赤くなり、それによってさらにきれいになる、若々しく内気な、美しい人たち」(p. 56) を見よ。
(67) *Degeneration, the Dark Side or Prgress,* dir. J. E. Giman, New York, Columbia University Press, 1985 を見よ。
(68) A. Montyon, *op. cit.,* p. 122.
(69) E. Charton, *Voyageurs anciens et modernes,* Paris, 1861, t. IV, p. 308-309.
(70) *Ibid.,* p. 309.
(71) C. de Peysonnel, *Les Numéros,* Amsterdam, 1783, t. II, p. 160. もしくはガリアニ師が1772年9月5日、ディドロに対して語った言葉。「見たまえ、われわれはいかに無気力かつ軟弱で、堕落していることか」。D. Diderot, *Œuvres, op. cit.,* t. X, p. 951.
(72) C. A. Vandermonde, *op. cit.*
(73) J. Faiguet de Villeneuve, *L'Économie politique. Projet pour enrichir et pour perfectionner l'espèce humaine,* Paris, 1760.
(74) Bibliothèque salutaires, *Préserver l'espèce humaine,* Paris, 1787.
(75) J. C. Desessartz, *Traité de l'éducation corporelle des enfants en bas âge,* Paris, 1760, p. VI.
(76) C. A. Vandermonde, *op. cit.,* p. VII.

第IV部 「求められる」美――19世紀

(1) 特に、E・ドラクロワ「アルジェの女たち」1847年頃、パリ、ルーヴル美術館ならびに、G－D・フリードリヒ「日の入りに立つ女性」1818年、エッセン、フォルクヴァンク美術館を見よ。
(2) E. Zola, *Nana,* Paris, Gallimard, col. « Folio », 1977（1er éd., 1879).

第11章 ロマン主義の美

(1) E. de Keyser, *L'Occident romantique, 1789-1850,* Genève, Skira, 1965, p. 148.
(2) P. Courthion, *Le Romantisme,* Paris, Slora, 1961, p. 7.「ナポレオンが失墜したのち、世の若者を夢中にさせることになる、この悩ましい病」。
(3) E. Sue, *Les Mystères de Paris,* Paris, 1843, t. I, p. 9.
(4) A. de Vigny, *La Maison du berger*（1844), in *Œuvres complètes,* Paris, Galimard, coll. « La Pléiade », 1955, t. II, p. 182.
(5) *Journal des dames et des modes,* 5 octobre 1832.
(6) C. Beaudelaire, *Le Peintre de la vie moderne*（1860), in *Œuvres complètes,* Paris, Gallimard, coll. « La Pléiade », 1954, p. 913.
(7) V. Hugo, *Les Rayons et les Ombres*（1840), in *Œuvres complètes,* Paris, s. d., t. 17, p. 45.
(8) H. de Balzac, *Le Lys dans la vallée*（1836), in *La Comédie humaine,* Paris, Gallimard, coll. « La Pléiade », 1951, t. III, p. 797. A. Michel, *Le Réel et la beauté dans le roman de Balzac,* Paris, Honoré Champion, 2001, « La beauté vient de l'âme », p. 159 をも見よ。
(9) H. de Balzac, *Eugénie Grandet*（1833), in *La Comédie humaine, op. cit.,* t. III, p. 28.

（34）P. J. Marie de Saint-Ursin, *op. cit.,* p. 236.

（35）*Ibid.,* p. 136.

（36）J.-L. Moreau de la Sarthe, *op. cit.,* t. III, p. 224.

（37）*Galerie des modes...,* fév. 1786, p. 154.

（38）本書 148 頁を見よ。

（39）*Galerie des modes....,*fév. 1786, p. 114.

（40）*Ibid.*

（41）J. Le Rond d'Alembert, D. Diderot, *Encyclopédie, op. cit.,* art. « Promenade », t. XXVII.

（42）1778 年から 1788 年のあいだに発行された *Galerie des modes et costumes français dessinés d'après nature* の図版の 4 分の 1 近くが、このテーマで占められている。

（43）*Galerie des modes...,*1786, p. 157.

（44）*Le Monuments du costume*（1773-1774）, Paris, 1883, t. I, p. 11-13.

（45）*Ibid.,* t. II, p. 27.

（46）N. Andry de Boisregard, *L'Orthopédie ou l'Art de prévenir et de corriger dans les enfants les difformités du corps,* Paris, 1741, t. I, livre II.

（47）*Ibid.,* p. 100.

（48）J. A. Venel, *op. cit.,* p. 179.

（49）J. Le Rond d'Alembert, D. Diderot, *Encyclopédie, op. cit.,* t. XII, art. « Épaule », p. 618.

（50）*Ibid.,* p. 620.

（51）*Ibid.,* t. XXV, art. « Pié », p. 772.

（52）A. Montyon, *Recherches et considérations sur la population de la France,* Paris, 1778 を見よ。

（53）L. Sterne, *Le Voyage sentimental,* 1768, publié dans *Voyages imaginaires, songes, visions et romans cabalistiques,* Amsterdam, 1789, t. 28, p. 104.

（54）*Ibid.,* p. 105.

（55）Buffon（G. -L. Leclerc, comte de）, « Discours sur la nature des animaux »（1753）, *Œuvres philosophiques,* Paris, PUF, 1954.

（56）L. S. Mercier, *Le Tableau de Paris,* Paris, Mercure de France, 1994,（1er éd., 1780）., t. II, p. 939, « Le trafic des sens, le dépérissement des races ».

（57）J. Ballexserd, *Dissertation sur l'éducation physique des enfants,* Genève, 1762, p. 25.

（58）A. Montyon, *op. cit.,* p. 122.

（59）J. Le Rond d'Alembert, D. Diderot, *Encyclopédie, op. cit.,* t. XXV, art. « Proportions », p. 604.

（60）*Ibid.,* t. XIII, art. « Espèce ».

（61）C. A. Vandermonde, *Essai sur la manière de perfectionner l'espèce humaine,* Paris, 1756, p. 10.

（62）*Histoire générale de l'enseignement et de l'éducation en France,* dir. L.-H. Parias, t. III, F. Lebrun, M. Venard, J. Quéniart, *De Gutenberg aux Lumières,* Paris, Nouelle Librairie de France, 1981, p. 534, « Suggestions positives » を見よ。

（63）*Les Hygiénistes, enjeux, modèles pratiques,* dir. P. Bourdelais, Paris, Berlin, 2001. P. Bourdelais, « Les logiques de développement de l'hygiène publique » を見よ。

（64）J. J. Barthelemy, *Voyage du jeune Anacharsis en Grèce vers milieu du IVe siècle avant l'ère vulgaire,* Paris, 1788 の成功が、よい例である。2 年間で、相次いで 10 版ほどが出版される。

(6) D. Macbride, *Instructions méthodiques à la théorie de la médecine,* Paris, 1787 (1er éd., 1774), p. 53.

(7) P. Roussel, *Système physique et moral de la femme,* Paris, 1813 (1er éd., 1775), p. 9-10.

(8) このテーマに関しては、P. Hoffmann, *La Femme dans la pensée des Lumières,* Genève, Slatkine, 1995 を見よ。

(9) L. d'Épinay, *Les Contre-Confessions. Histoire de Madame Montbrillant* (XVIIIe siècle), Paris, Mercure de France, 1989, p. 1208, 1253, 1277, 1329.

(10) D. Diderot, *La Religieuse* (1770), in *Œuvres,* Paris, Gallimard, coll. « La Pléiade », 1951, p. 253.

(11) D. Diderot, *Les Bijoux indiscrets* (1748), in *Œuvres, op. cit.,* p. 159.

(12) C. de Laclos, *De l'éducation des femmes* (1783), in *Œuvres complètes,* Paris, Gallimard, coll. « La Pléiade », 1951, p. 440.

(13) J. A. Venel, *Essai sur la santé et sur l'éducation médicinale des filles destinées au mariage,* Paris, 1776, p. 115.

(14) R. James, *Dictionnaire de médecine,* Paris, 1747, art. « Fibra ».

(15) J. A. Venel, *op. cit.,* p. 12.

(16) *Ibid.,* p. 114.

(17) P.-H. Buc'hoz, *Toilette de Flore à l'usage des dames,* Paris, 1771, p. 64.

(18) L. d'Épinay, *op. cit.,* p. 1282 を見よ。

(19) J. Arbuthnot, *Essai des effets de l'air sur le corps humain,* Paris, 1742 (1er éd., 1740), p. 190.

(20) I. Backouche, *La Trace du fleuve. La Seine à Paris (1750-1850),* Paris, Éd. de l'EHESS, 2000 ならびに D. Roche, « Le temps de l'eau rare, du Moyen Âge à l'époque moderne », *Annales ESC,* 1982 を見よ。

(21) P.-H. Buc'hoz, *op. cit.,* p. 64.

(22) J. -L. Moreau de La Sarthe, *Histoire naturelle de la femme,* Paris, 1803, t. III, p. 424.

(23) *Ibid.*

(24) *Ibid.,* p. 229.

(25) P. J. Marie de Saint-Ursin, *L'Ami des femmes, ou lettres d'un médecin sur l'influence de l'habillement des femmes sur leurs mœurs et leur santé, et la nécessité de l'usage habituel des bains en conservant leur costume actuel,* Paris, 1804, p. 157.

(26) *Ibid.,* p. 162.

(27) *Ibid.,* p. 129.

(28) H. Maret, *Mémoire sur la manière d'agir des bains d'eau douce et d'eau de mer,* Paris, 1769, ならびに L. C. Macquart, *Manuel sur les propriétés de l'eau,* Paris, 1783 を見よ。

(29) J. Le Rond d'Alembert, D. Diderot, *Encyclopédie, op. cit.,* art. « Bain », t. III.

(30) なかでも特に、L. C. Macquart, *op. cit.,* p. 349 を見よ。

(31) A. Cabanès, *Mœurs intimes du passé* (2e série), *La Vie aux bains,* Paris, Albin Michel, 1908, p. 333.

(32) *L'Avant-Coureur,* 1761, p. 218.

(33) *Ibid.*

（59）C. Lanoë, *Les jeux de l'artificiel. Culture, production et consommation des cosmétiques à Paris sous l'Ancien Régime, XVIe-XVIIIe siècle,* thèse, Paris-I, 2003, p. 232 ならびに*Réglements, usages et sciences dans la France de l'absolutisme,* dir. E. Brian et C. Demeulenaere-Douyère, Paris, Éd. Tec & Doc, 2002 を見よ。

（60）« Les fards », *Gazette de santé,* 1777［n° 1］.

（61）P.-J. Buc'hoz, *Toilette de Flore, à l'usage des dames ou essai sur les plantes et les fleurs qui peuvent servir d'ornements aux dames...,* Paris, 1771 を見よ。

（62）A. Hornot（pseudo Dejean）, *Traité des odeurs,* Paris, 1777, p. 280-282.

（63）*Idem, Traité raisonné de la distillation, ou la distillation réduite en principes,* Paris, 1777（1er éd.）, p. 120.

（64）P. Poncelet, *Chimie du goût et de l'odorat,* Paris, 1755, p. 126.「一握りというのは、一人の人間が手に持つことのできる量をいう」。

（65）本書 124 頁を見よ。

（66）N. Lemery, *Pharmacie universelle,* Amsterdam, éd. de 1748, p. 666 ならびに A. Baumé, *Eléments de pharmacie théorique et pratique,* Paris, 1770, p. 973 を見よ。

（67）C. Lanoë, *op. cit.,* p. 400-402 を見よ。カトリーヌ・ラノエが行なった 18 世紀の化粧品の消費についての研究は、この分野では最初の研究である。この点、画期的であると言える。

（68）D. Roche, *Histoire des choses banales....,* Paris, Fayard, 1997, p. 223.「召使と下男は、衣服とお仕着せの二つを使用することにより、消費の仕方という点で、主人のそば近くに引き込まれる。そして、今度は彼らが、民衆のなかで、頻繁に付き合いのある人々を、自分たちの方へと引き寄せるのだ」。

（69）J. Le Rond d'Alembert, D. Diderot, *Encyclopédie, op. cit.,* t. XXIX, art. « Rouge ».

（70）C. Lanoë, *op. cit.,* p. 411 を見よ。

（71）L. S. Mercier, *op. cit.,* t. II, p. 1117.

（72）E. et J. Goncourt, *op. cit.,* p. 242.

（73）*Annonces, affiches et avis divers,* 1781, p. 65.

第 10 章　引き締まるからだ、美しくなるからだ

（1）*Manuel de la toilette et des modes,* Paris, 1770. この「教本」の辞書には、身だしなみのための伝統的な品物がふたたび引用されている。それらの用途は、「からだのために用意されるスポンジ」以外、すべて顔に集中している。

（2）Boissier de Saubages, *Nosologie méthodique dans laquelle les maladies sont rangées par classe...,* Paris, 1770（1er éd., latine, 1763）, t. I. p. 48.

（3）D. Diderot, *Le Rêve de d'Alembert*（1770）, in *Œuvres philosophiques,* Paris, Pauvert, 1964, p. 195.

（4）『百科全書』の、繊維に関する数頁にわたる項目は、この点、決定的である。J. Le Rond d'Alembert, D. Diderot, *Encyclopédie. Dictionnaires des sciences et des arts,* Genève, 1778-1779（1er éd., 1751-1772）, t. XIV, art. « Fibre » を見よ。

（5）*Ibid.,* p. 670.

（28）G. F. R. Molé, *Histoire des modes françaises, ou Révolutions du costumes en France, depuis l'établissement de la monarchie jusqu'à nos jours, contenant tout ce qui concerne la tête des Français ; avec des recherches sur l'usage des chevelures artificielles chez les anciens,* Paris, 1773, p. 123.

（29）Lefevre, Maître coëffeur breveté, *Traité des principes de l'art de la coëffure des femmes,* Paris, 1778.

（30）ルフェーヴルは自分の著作を「美しい性」に捧げている。

（31）P. Gerbod, *Histoire de la coiffure et des coiffeurs,* Paris, Larousse, 1995, p. 55 を見よ。

（32）Bigot de la Boissière, *Mémoires pour les Coëffeurs de Dames de Paris contre la communauté des Maîtres Barbiers, Perruquiers, Baigneurs, Étuvistes,* Paris, 1769, p. 4.

（33）*Ibid.,* p. 5.

（34）*Ibid.*

（35）P. Gerbod, *op. cit.,* p. 99 を見よ。

（36）P. Gerbod, *ibid.*, p. 102 に引用されている回想録。

（37）*Ibid.,* p. 104.

（38）J. Léonard, *Souvenirs de Léonard, coiffeur de la Reine Marie- Antoinette,* Paris, 1838（2e éd.）.

（39）Lefevre, *op. cit.,* p. 14.

（40）*Bibliothèque des petits maîtres.* E. et J. Goncourt, *La Femme au XVIIIe siècle,* Paris, 1887（1er éd., 1862）, p. 241 からの引用。

（41）O. Blanc, *Les Libertines. Plaisir et liberté au temps des Lumières,* Paris, Perrin, 1997, p. 26.

（42）*Annonces, affiches et avis divers,* 1770, p. 156.

（43）*Ibid.,* 1773, p. 179.

（44）Anonyme, *Manuel de la toilette et de la mode,* Paris, 1770, p. 9.

（45）L. S. Mercier, *Le Tableau de Paris,* Paris, Mercure de France, 1994（1er éd., 1780）, t. II, p. 1117.

（46）J. Le Rond d'Alembert, D. Diderot, *Encyclopédie, op. cit.,* art. « Sincérité », p. 120.

（47）P. J. Marie de Saint-Ursin, *L'Ami des femmes, ou lettres d'un médecin sur l'influence de l'habillement des femmes sur leurs mœurs et leur santé, et la nécessité de l'usage habituel des bains en conservant leur costume actuel,* Paris, 1804, p. 209.

（48）Genlis（C.-S.-F. du Crest, comtesse de）, *Mémoires*（XIXe siècle）, Paris, 1981, t. I, p. 243.

（49）J.-J. Rousseau, *Emile..., op. cit.,* p. 500.

（50）J.-J. Rousseau, *Julie...., op. cit.,* p. 269.

（51）L. d'Épinay, *op. cit.,* p. 36.

（52）E. Badinter, note de L. d'Épinay, *op. cit.,* p. 1505 からの引用。

（53）*Annonces, affiches et avis divers,* 1773, p. 132.

（54）*Ibid.,* p. 59.

（55）Barbe, *Parfumeur royal ou traité des parfums,* Paris, 1761（1er éd., 1699）.

（56）P. Jaubert, *Dictionnaire raisonné universel des arts et métiers,* Paris, 1773, art. « Toilette ».

（57）*Ibid.,* art. « Vermillon ».

（58）J.-C. Valmont de Bomare, *Dictionnaire d'histoire naturelle,* Lausanne, 1776（1er éd., 1765）, art. « Bismuth ».

(3) D. Diderot, *Salon de 1763,* in *Œuvres complètes,* Paris, éd., chronologique, Le Club français du livre, 1970, t. V, p. 452 を見よ。

(4) P. Goubert et D. Roche, *op. cit.,* t. II, p. 275.

(5) J. Le Rond d'Alembert, D. Diderot, *Encyclopédie. Dictionnaires des sciences et des arts,* 1778-1779（1er éd., 1751-1772）, art. « Visage », t. XXXV, p. 564.

(6) G. Lavater, *L'Art de connaître les hommes*（1780）, Paris, éd., de Moreau de la Sarthe, 1835, t. I, p. 230.

(7) G. Porta, *De humane physionomia,* 1586, 特に « De capite », p. 29 sq を見よ。

(8) G. Lavater, *op. cit.,* t. VII, p. 42-47. ラーファターは必ずしも理想の美の原則を放棄しなかったものの、叙述の手法は重要である。

(9) 本書 136 頁を見よ。

(10) J.-J. Rousseau, *Julie ou la Nouvelle Héloïse*（1761）, Paris, Garnier frères, 1960, p. 270〔ルソー『新エロイーズ』全 4 巻、安士正夫訳、岩波文庫、1960-1961 年〕.

(11) *Ibid.,* p. 271.

(12) 本書 135 頁を見よ。

(13) J.-J. Rousseau, *Julie...., op. cit.,* p. 270.

(14) *Ibid.*

(15) 本書 101 頁を見よ。

(16) J.-J. Rousseau, *Les Confessions*（1782-1783）, in *Œuvres complètes,* Paris, Gallimard, coll. « La Pléiade », t. I. 1959, p. 330〔ルソー『告白』桑原武夫訳、岩波文庫、1965 年〕.

(17) L. d'Épinay, *Les Contre-Confessions. Histoire de Madame Montbrillant*（XVIIIe siècle）, Paris, Mercure de France, 1989, p. 344.

(18) A. Wengel von Kaunitz, *Correspondance secrète,* in *Français vus par eux-mêmes,* t. II. A. de Maurepas, F. Bayard, *Le XVIIIe Siècle. Anthologie des mémorialistes du XVIIIe siècle,* Paris, Robert Laffont, coll. « Bouquins », 1996, p. 917.

(19) J. Constable. E. H. Gombrich, *L'Art et l'illusion. Psychologie de la représentation picturale,* Paris, Gallimard, 1971（1er éd., 1956）, p. 226.

(20) J.-J. Rousseau, *Émile ou de l'éducation*（1762）, Paris, Garnier frères, s. d., p. 154.

(21) E. H. Gombrich, *op. cit.,* p. 226.

(22) *Ibid.,* p. 435.

(23) 本書 102 頁を見よ。

(24) E. H. Gombrich, *op. cit.,* p. 435 を見よ。

(25) J. Starobinski, *Les Emblèmes de la raison,* Paris, Flammarion, 1979（1er éd., 1973）, p. 165.「極度に現実的であるカリカチュアは、必然的に、極度に表現的でもある」。 P. Perrot, *Le Corps féminin*（*XVIIIe -XIXe siècle*）, Paris, Seuil, coll. « Points-Histoire », 1991（1er éd., 1984, sous le titre *Le Travail des apparences*）, p. 98 をも見よ。

(26) J. Le Rond d'Alembert, D. Diderot, *Encyclopédie, op. cit.,* art. « Accommodage ».「調髪とは、頭部もしくはかつらの巻き毛を整える行為のこと」。

(27) H. Marchand（pseudo Beaumont）, *Encyclopédie perruquière, ouvrage curieux à l'usage de toutes sortes de têtes,* Paris, 1757.

を見よ。

(90) *Le Monument du costume*（1773-1774）, Paris, 1883, t. II, p. 28.

(91) *Ibid.*

(92) A. Leroy, *Médecine maternelle ou l'art d'élever et de conserver les enfants,* Paris, 1903, p. 20.

(93) 何はともあれ、婦人用コルセットの伝統は維持される。O・ブランが引用するカジェネックの手紙には、1781 年、マザラン公爵夫人について、「そのからだつきにもかかわらず、細い胴体が欲しくてたまらなかったため、ボディと呼ばれる、この自然に反する鋳型を絶えず着用することを余儀なくされていた」という記述がある。O. Blanc, *L'Amour à Paris au temps de Louis XVI,* Paris, Perrin, 2002, p. 229.

(94) *L'Avant-Coureur,* 1770, p. 501-502.

(95) *Cabinet des modes ou les modes nouvelles,* Paris, 1786, p. 158.

(96) R. Waro-Desjardins, *La Vie quotidienne dans le Vexin au XVIIIe siècle. Dans l'intimité d'une société rurale,* Pontoise, Soiciété historique de Pontoise, 1992, p. 172-174.

(97) *Nouveau Dictionnaire français composé sur le Dictionnaire de l'Académie française, enrichi d'un grand nombre de mots adoptés dans notre langue depuis quelques années,* Paris, 2 vol., 1793, art. « Corset ».

(98) *L'Arlequin, ou collection des modes et des goûts,* an VII, p. 110.

(99) *Ibid.*

(100) N. Rétif de la Bretonne, *Les Contemporaines*（1780）, vol. I. E. et J. Goncourt, *op. cit.,* p. 259 からの引用。

(101) L.-A. de Caracciolì, *Le Livre à la mode,* Paris, 1759, p. 13.

(102) E. Vigiée-Lebrun, *Souvenirs,* Paris, Éd. des Femmes, 1984（1er éd., 1869）, t. I, p. 66.

(103) *Cabinet des modes...,* 1786, p. 154.

(104) E. et J. Goncourt, *op. cit.,* p. 245 を見よ。

(105) *Journal des dames et des modes,* 1807, p. 358.

(106) J－F・ジャンネ「比較」1770 年頃、パリ、国立図書館、版画室。

(107) P. Jubert, *Dictionnaire raisonné universel des arts et métiers,* Paris, 1773, art. « Miroir ».

(108) J. Savary des Brulons, *Dictionnaire universel du commerce,* Paris, 1741, nouvelle édition continuée par P. L. Savary des Brulons, art. « Glace ». アンシャン・レジームの給金については、P. Mantelier, « Tableaux dans lesquels sont donnés, du XIVe au XVIIIe siècle, les prix, en monnaie tournoi, des principale denrées... », *Mémoires de la société d'archéologie de l'Orléanais,* Orléans, 1862, t. V, p. 462 を見よ。

(109) S. Melchior-Bonnet, *Histoire du miroir,* Paris, Imago, 1994, p. 94.

(110) J. Callot, *Mémoires pour servir à l'histoire des mœurs et usages français,* Paris, t. II, p. 99. このなかでカロは、18 世紀の終わりを予見している。

第 9 章　個人の美しさ

(1) P. Goubert et D. Roche, *Les Français et l'Ancien Régime,* Paris, Armand Colin, 1984, t. II, p. 275 を見よ。

(2) J－E・リオタール「デピネー夫人」1759 年頃、ジュネーヴ、美術・歴史博物館。

éd., 1775), p. 44.
(65) J.-J. Courtine et C. Haroche, *L'Histoire du visage,* Paris, Rivages, 1988, p. 126.
(66) P. Camper, *Dissertation sur les variétés..., op. cit.,* p. 46.
(67) T. Todorov, *Nous et les autres. La réflexion française sur la diversité humaine,* Paris, Seuil, 1989, p. 179〔ツヴェタン・トドロフ『われわれと他者――フランス思想における他者像』小野潮、江口修訳、法政大学出版局、2001 年〕を見よ。「人種差別」的手法について、定義がなされている。
(68) J.-F. Blumenbach, *De l'unité du genre humain et de ses variétés,* Paris, 1804（1er éd., 1795）で展開されているヴィジョンをも見よ。その目的は、頭蓋骨の大きさによる人種間の差異を調査することにある。
(69) M. Meijer, *Race and aesthetics in the anthropology of Petrus Camper* (1722-1789), Amsterdam, Atlanta, 1999.
(70) Buffon（G. -L. Leclerc, comte de), *De l'homme*（1755), in *Œuvres complètes,* Paris, 1836, t. IV, p. 99.
(71) この表現は、P. Roussel, *Système physique et moral de la femme,* Paris, 1813（1er éd., 1775), p. 7から採った。それを幾何学的にあらわした図が、J.-L. Moreau de La Sarthe, *Histoire naturelle de la femme,* Paris, 1803, t. I. p. 94, pl. 2 である。S.-T. Soemmering, *Tabula foeminini junct. descriptione,* Francfort, 1797 をも見よ。
(72) G. Fraisse, *Muse de la raison. Démocratie et exclusion des femmes en France,* Paris, Gallimard, coll. « Folio », 1995（1er éd., 1989), p. 146.
(73) J. Le Rond d'Alembert, D. Diderot, *Encyclopédie, op. cit.,* art. « Squelette », t. 31, p. 677.
(74) P. Camper, *Dissertation sur les variétés..., op. cit.,* p. 59.
(75) J.-J. Rousseau, *Émile..., op. cit.,* p. 557.
(76) G. Fraisse, *op. cit.,* « la faiblesse de l'espèce », p. 129 を見よ。
(77) S. Steinberg, *La Confusion des sexes. Le travestissement de la Renaissance à la Révolution,* Paris, Fayard, 2001, p. 166.
(78) *Ibid.*
(79) F. Decker, *La Conscription militaire au département des forêts,* Luxembourg, Niederfeulent, 1980, t. I, p. 432.
(80) *Ibid.*
(81) S. Steinberg, *op. cit.*, p. 267.
(82)「家庭の良き母である（…）わたしたち（…）」。第三身分の女性たちの声明。E. G. Sledziewski, *Révolution du sujet,* Paris, Méridien-Klincksieck, 1989, p. 76 からの引用。
(83) 本書 42 頁を見よ。
(84) J.-J. Barthélemy, *Le Voyage du jeune Anacharsis en Grèce,* Paris, 1829（1er éd., 1790), p. 401.
(85) G. Lavater. S. Steinberg, *op. cit.,* p. 201 からの引用。
(86) 本書 28 頁を見よ。
(87) *Annonces, affiches nouvelles et avis divers de la province du Poitou,* 1782, p. 181.
(88) E. et J. Goncourt, *op. cit.,* p. 268.
(89) N. Pellegrin, *Les Vêtements de la liberté,* Aix-en-Provence, 1989. « des corsets pour enfants »

Fabre, *La Philosophie des Lumières en France,* Paris, Klincksieck, 1972, p. 196からの引用。
(41) A. de Baecque, « 1715-1815 », *Histoire culturelle de la France,* dir. J.-P. Rioux, J.-F. Sirinelli, Paris, Suil, 1998, t. III, p. 110.
(42) J. Le Rond d'Alembert, D. Diderot, *Encyclopédie..., op. cit.,* art. « Proportion », t. XXVII, p. 602.
(43) 特に以下を見よ。E. Burke, *Recherche philosophique sur l'orgine de nos idées du sublime et du beau*（1757）, Paris, Vrin, 1998. W. Hogarth, *Analyse de la beauté*（1753）, Paris, ensb-a, 1991. C. de Laclos, *De l'éducation des femmes*（1783）, in *Œuvres complètes,* Paris, Gallimard, coll. « La Pléiade », 1951, 特に « De la beauté », p. 460. J. Spence, *Le Miroir des belles femmes*（1752）, Paris, 1800. C.-H. Watelet, *L'Art de peindre,* Paris, 1761.
(44) J. Winckelmann, *Histoire de l'art chez les Anciens,* Paris, 1766（1er éd., 1764）, t. I, p. 202〔ヨハン・ヨアヒム・ヴィンケルマン『古代美術史』中山典夫訳、中央公論美術出版、2001年〕.
(45) ヴィンケルマンについては、以下を見よ。É. Pommier, *Winckelmann, inventeur de l'histoire de l'art,* Paris, Gallimard, 2003. C. Barbillon, *Les Canons du corps humain au XIXe siècle, l'art et la règle,* Paris, Odile Jacob, 2004, p. 56.「ギリシア芸術は『理想の美の歴史性』として認知され、それが、古代において芸術的真実をつかさどっていた原則を探求しようという試みを惹起する」。
(46) この「美学的先入観」については、以下を見よ。M. Guédron, « La perception physiognomonique au tournant des Lumières : de quelques convergences entre sciences et arts », *La Physiognomonie entre sémiologie, morale et politique. Pour une méthodologie analytique,* colloque de la Fondation européenne de la science, dir. N. Laneyrie-Dagen, Paris, 4-5-6 décembre 2003.
(47) C. Barbillon, *op. cit.,* « L' éloge de la nature », p. 52を見よ。
(48) C.-H. Watelet, *op. cit.,* p. 93-94.
(49) D. Diderot, *Essai sur la peinture*（1795）, in *Œuvres complètes,* Paris, éd. chronologique, Le Club frnaçais du livre, 1970, t. VI, p. 1117.
(50) 本書99頁を見よ。
(51) J. Le Rond d'Alembert, D. Diderot, *Encyclopédie..., op. cit.,* art. « Rameur », t. XXVIIIを見よ。
(52) D. Diderot, *Essai..., op. cit.,* p. 257-258.
(53) W. Hogarth, *op. cit.,* p. 99.
(54) *Ibid.,* p. 79.
(55) 52. D. Diderot, *Essai..., op. cit.,* t. VI, p. 254. « L' esthétique du bossu » を見よ。
(56) *Ibid.,* p. 79.
(57) C.-H. Watelet, *op. cit.,* p. 80.
(58) G. Lavater, *op. cit.,* t. I, p. 4.
(59) *Le Médecin des dames,* Paris, 1771, p. 155.
(60) D. Diderot, *Essai..., op. cit.,* t. VI, p. 259.
(61) M.-J. Roland, *Mémoires*（1820）, Paris, Mercure de France, 1966, p. 254.
(62) E. et J. Goncourt, *La Femme au XVIIIe siècle,* Paris, 1887（1er éd., 1862）, p. 240からの引用。
(63) P. Camper, *Dissertation sur la meilleure forme des souliers,* Paris, 1791（1er éd., 1780）, p. 138.
(64) P. Camper, *Dissertation sur les variétés naturelles qui caractérisent la physionomie,* Paris, 1791（1er

伝記を書くにあたり、著者は、頻繁にやりとりされた書簡を活用している。

(21) J. W. von Goethe, *Voyage en Iatlie* (16 mars 1787). G. Sinoué, *op. cit.,* p. 115 からの引用。

(22) N. Rétif de la Bretonne, *Monsieur Nicola ou le Cœur humain dévoilé* (1796-1797), Paris, H. Jonquières, 1924, t. I, p. 298.

(23) *Ibid.,* p. 343.

(24) *Ibid.,* t. II, p. 292.

(25) G. Lavater, *L'Art de connaître les hommes par la physionomie,* Paris, 1835 (1er éd., 1780), t. III, p. 249. « De l'harmonie entre la beauté morale et la beauté physique », *ibid.,* p. 231 を見よ。

(26) J. Haecher, *Le Régime des femmes, 1715-1793,* Paris, Grasset, 2001, p. 325 からの引用。

(27) Le « sentiment et la sensibilité », J. Brewer, *The Pleasures of the Imagination. English Culture in the Eighteenth Century,* Chicago, The University Cicago Press, 1997, p. 114 を見よ。

(28) J. Le Rond d'Alembert, D. Diderot, *Encyclopédie. Dicitionnaires des sciences de des arts,* Genève, 1778-1779 (1er éd., 1751-1772), art. « Sensibilité », t. XXX, p. 811.

(29) L.-R. de Belleval, *Souvenir d'un chevau-léger de la garde du roi* (XVIIIe siècle); in *Les Français vus par eux-mêmes,* t. II, A. de Maurepas, F. Brayard, *Le XVIIIe Siècle. Anthologie des mémorialistes du XVIIIe siècle,* Paris, Robert Laffont, coll. « Bouquins », 1996, p. 928.

(30) B. de Saint-Pierre, *Études de la nature* (1784), Paris, 1843, p. 202.

(31) C. de Laclos. A. Vincent-Buffault, *Histoire des larmes,* Paris, Rivages, 1986, p. 58〔アンヌ・ヴァンサン＝ビュフォー『涙の歴史』持田明子訳、藤原書店、1994 年〕からの引用。

(32) Arnaud (F.-T.-M. de Baculard d'), *Les Amants malheureux* (1748). A. Vincent-Buffault, *op. cit.,* p. 58 からの引用。

(33) Le Rond d'Alembert, D. Diderot, *Encyclopédie, op. cit.,* art. « Sensibilité », t. XXX, p. 810. C. Burel, « Le corps sensible dans le roman du XVIIIe siècle » in *Le Corps des Lumières, de la médecine au roman,* dir. M. Delon et J. -C. Abramovici, université Paris-X, 1998 をも見よ。

(34) L. S. Mercier, *Le Tableau de Paris,* Paris, Mercure de France, 1994 (1er éd., 1780), t. I. p. 382〔メルシエ『18 世紀派生活誌――タブロー・ド・パリ』上下巻、原宏編訳（抄訳）、岩波文庫、1989 年〕.

(35) M. Daumas, *La Tendresse amoureuse, XVI-XVIIe siècle,* Paris, Hachette, coll. « Pluriel », 1997, p. 211.

(36) C. Taylor, *Les Sources du moi. La formation de l'identité moderne,* Paris, Seuil, 1998 (1er éd., 1989), p. 373.

(37) J. le Rond d'Alembert, D. Diderot, *Encyclopédie..., op. cit.,* art. « Beau ». D. Peyrache-Leborgne, *La Poétique du sublime,* Paris, Honoré Champion, 1997, p. 41 を見よ。

(38) J.-L. Flandrin, *Le Sexe et l'Occident. Évolution des attitudes et des comportements,* Paris, Seuil, 1981, p. 37〔J－L・フランドラン『性の歴史』宮原信訳、藤原書店、1992 年〕を見よ。「16 世紀には、『感情』という概念は知られていなかったように思われる」。

(39) L. Ferry, *Le Sens du beau. Aux origine de la culture contemporaine,* Paris, Éditions Cercle d'art, 1998 (1er éd., 1990), p. 28.「美的なもの、知覚できる世界は、人間にとってのみ、意味を持つ」。

(40) G・ギュスドルフ〔G. Gusdorf〕「人間論は弁神論にとってかわった」。S. Goyard-

Image, 1944, p. 85 ならびに、P・ブー「村祭り」1658-1719年、ブリュッセル、王立美術館を見よ。

第III部　感じられる美――18世紀

(1) A. Le Camus, *Abdeker, ou l'Art de conserver la beauté,* Paris, 1774, t. I, p. 17.
(2) *Ibid.,* p. 15.
(3) *Ibid.,* p. 61.
(4) *Ibid.,* p. 90.
(5) *Ibid.,* p. 15. A. Farge, « Jeu des esprits et des corps au XVIIIe siècle », *Séduction et société, approches historiques,* dir. C. Dauphin et A. Farge, Paris, Seuil, 2001, p. 88 を見よ。「啓蒙主義の世紀においては、各社会階級で、からだが幸福の追求に参与した」。

第8章　機能的なものの発見

(1) G. Gusdorf, *Les Principes de la pensée au siècle des Lumières,* Paris, Payot, 1969, p. 359.
(2) A. Renault, *La Libération des enfants. Contribution philosophique à une histoire de l'enfance,* Paris, Bayard, Calmann-Lévy, 2002, p. 234.
(3) E. Kant, *Rêve d'un visionnaire expliqué par ses rêves métaphysiques* (1766), Paris, Vrin, 1967, p. 118.
(4) 本書131頁を見よ。
(5) J. Ehrard, *L'Idée de nature en France à l'aube des Lumières,* Paris, Flammarion, 1970 (1er éd., 1963), p. 189.
(6) Voltaire (F. M. Arouet, dit), *Dictionnaire philosophique* (1764), art. « Beau », in *Œuvres Complètes,* Paris, 1827, t. II, p. 1394.
(7) *Ibid.*
(8) J. A. Venel, *Essai sur la santé et sur l'éducation médicinale des filles destinées au mariage,* Paris, 1776, p. V.
(9) J. Starobinski, *L'Invention de la liberté, 1700-1789,* Genève, Skira, coll. « Arts Idées Histoire », 1964, p. 119.
(10) F・ブーシェ「美しき女庭師」1740年頃、ローマ、国立古典絵画館。
(11) J－H・フラゴナール「ぶらんこの嬉しい偶然」1782年、パリ、国立図書館、版画室。
(12) C・N・コシャン「婦人服の仕立て屋」1737年、パリ、国立図書館、版画室。
(13) A・ヴァトー「つまづき」1718年頃、パリ、ルーヴル美術館。
(14) M・カンタン・ドゥ・ラ＝トゥール「見知らぬ女」1750年頃、パリ、ルーヴル美術館。
(15) J－B・ペロノー「猫と女」1750年、パリ、ルーヴル美術館。
(16) A. de Tilly, *Mémoires* (1825), Paris, Mercure de France, 1965, p. 99.
(17) ティリー〔Tilly〕については、O. Blanc, *L'Amour à Paris au temps de Louis XVI,* Paris, Perrin, 2002, « Tilly le Roué », p. 244 を見よ。
(18) J.-J. Rousseau, *Émile ou de l'éducation* (1762), Paris, Garnier frères, s. d. é p. 498.
(19) *Idid.*
(20) G. Sinoué, *L'Ambassadrice,* Paris, Livre de poche, 2002, p. 98. このレディ・ハミルトンの

(64) *Satire Anonyme.* M. Poète, *La promenade à Paris au XVIIe siècle*, Paris, 1913, p. 113 からの引用。
(65) Molière (J.-B. Poquelin, dit), *L'École des femmes* (1662), *Théâtre complet, op. cit.*, p. 437.
(66) *Idem., Les Précieuses Ridicules* (1659), *Théâtre, op. cit.*, p. 197.
(67) J. Pujet de La Serre, *Le Réveille matin des dames,* Paris, 1638, p. 8.
(68) *Les Mots à la mode,* Paris, 1693, p. 52.
(69) S. Peyps, *op. cit.*, t. I, p. 117.
(70) *Ibid.*, t. II, p. 1090.
(71) *Ibid.*, p. 991.
(72) C. Sorel, *Histoire comique de Francion* (1623), in *Romanciers du XVIIe siècle, op. cit.*, p. 269.
(73) J.-P. Landry, « Le corps de la femme dans la littérature fançaise du XVIIe siècle », in *Le Corps de la femme : du blason à la dissection mentale,* actes du colloque, 18 novembre 1989, uiversité de Lyon-III, « La littérature religieuse », p. 33.
(74) E. Binet, *Essai des merveilles de la nature,* Paris, 1621, p. 564.
(75) J.-P. Landry, *op. cit.*, p. 37 に引用されている言葉。
(76) *Ibid.*, p. 34.
(77) P. Juvernay, *Discours particulier contre les femmes débraillées de ce temps,* Paris, 1637. J. Boileau, *L'Abus des nudités de gorge,* Paris, 1675 をも見よ。
(78) L. de Bouvignes, *Le Miroir de la vanité des femmes mondaines,* Namur, 1675.
(79) Anonyme, *La Courtisane déchiffrée,* Paris, 1642.
(80) L. S. Roret, *Le Tableau des piperies des femmes mondaines,* Paris, 1635, p. 29-30.
(81) *Ibid.*, p. 38.
(82) L. de Bouvignes, *op. cit.*, p. 36.
(83) E. Binet, *op. cit.*, p. 563.
(84) M. Fintoni, « L'ingeno negato, l'immaginario antifemminile tra XVI e XVII secolo », *Donne filosofia e cultura nel seicento,* dir. P. Totaro, Rome, Consiglio nationale delle ricerche, 1999 をも見よ。
(85) Sévignée (M. de Rabutin-Chantal, marquise de), *op. cit.*,t. I, p. 655.
(86) *Ibid.*, p. 570.
(87) *Ibid.*, p. 655.
(88) *Ibid.*, p. 656.
(89) Molière (J.-B. Poquelin, dit), *Le Tartuffe ou l'Imposteur* (1669), *Théâtre, op. cit.*, p. 669.
(90) Fénelon (F. de Soulignac de la Mothe-), *Traité de l'éducation des filles,* Paris, Klincsieck, 1994 (1er éd., 1648), p. 82.
(91) P. Fortin de la Hoguette, *Testament ou Conseils fidèles d'un père à ses enfants,* Leyde, 1655 (1er éd., 1648), p. 193.
(92) Lambert (Anne-Thérèse de Marguenat de Courcelles, marquise de), *Avis d'une mère à sa fille,* in *Œuvres,* Paris, 1764 (1er éd., XVIIe siècle), p. 152.
(93) ヴェラスケス「女官たち」1656年、マドリッド、プラド美術館。
(94) L. Andries, *Le Grand Livre des secrets, le colportage en France aux XVIIe et XVIIIe siècles,* Paris,

とばかり陰気に思えるぞ、眠くなるわい……」。

(39) J. Emelina, « La beauté physique dans le théâtre de Molière... », *op. cit.,* p. 204 を見よ。

(40) F. Gayot de Pitaval, *Causes célèbres et intéressantes avec les jugements qui les ont décidées,* Amsterdam, 1764-1766, t. III, p. 281 ならびに P. Darmon, *Gabrielle Perreau, femme adultère,* Paris, Grasset, 1981 を見よ。

(41) A. de Saint-Gabriel, *Le Mérite des dames,* Paris, 1640, p. 15.

(42) R. de Bussy-Rabutin, *Mémoires* (XVIIe siècle), in *Les Français vus par eux-mêmes,* t. I, A. Niderst, *Le Siècle de Louis XIV. Anthologie des mémorialistes du siècle de Louis XIV,* Paris, Laffont, coll. « Bouquins », 1997, p. 473.

(43) A. de Courtin, *Nouveau Traité de civilité qui se pratique en France parmi les honnêtes gens,* Saint-Etienne, PUSE, 1998 (1er éd., 1671), p. 212.

(44) J－D・ドゥ サン＝ジャン「部屋着の貴婦人」1693 年、パリ、国立図書館、版画室ならびにN・ボナール「聴覚」1694 年、パリ、国立図書館、版画室を見よ。

(45) A・ボス「パレのアーケード」1640 年、パリ、国立図書館、版画室ならびにA・ボス「勅令に従う貴婦人たち」1640 年頃、パリ、国立図書館、版画室を見よ。

(46) R. Castel et C. Haroche, *Propriété privée, propriété sociale, propriété de soi,* Paris, Fayard, 2001, p. 59.

(47) N・ボナール「散歩する貴族の男女」1693 年、パリ、国立図書館、版画室。

(48) L. Guyon, *Le Cours de médecine en français contenant miroir de santé et beauté corporelle,* Lyon, 1664 (1er éd. 1615), p. 238.

(49) 特に、M. Meurdrac, *La Chymie charitable et facile en faveur des dames,* Paris, 1666 を見よ。

(50) フォンテーヌブロー派「化粧をする貴婦人」16 世紀、ディジョン美術館。

(51) イタリア人画家「サビーナ・ポッパエア」16 世紀、ジュネーヴ、美術・歴史博物館。

(52) C. Lanoë, *op. cit.,*p. 53 を見よ。

(53) ミニャール「モンテスパン侯爵夫人」1670 年頃、ブルージュ、ベリー美術館。

(54) N・ドゥ・ラルジリエール「美しきストラスブール女」(1700 年頃) ストラスブール美術館。

(55) レンブラント「フローラに扮したサスキア」(1634-1636 年) ロンドン、ナショナル・ギャラリー。

(56) R. Duchêne, *Ninon de Lanclos ou la manière jolie de faire l'amour,* Paris, Fayard, 2000 (1er éd., 1984), « Le fard...preuve de son être pervers et mensonger », p. 122.「化粧品は、背徳的で嘘つきの証だ」。

(57) S. Beauvalet-Boutourye, *Être veuve sous l'Ancien Régime,* Paris, Belin, 2001, p. 134.

(58) Haussonville (J. O.-B. de Cléron, comte d'), et C. Hanotaux, *Souvenirs de Madame de Maintenon,* Paris, Calmann-Lévy, 1904, p. 69.

(59) F. de Motteville, *Mémoires* (XVIIe siécle), in A. Niderst, *Les Français..., op. cit.,* p. 438.

(60) Saint-Simon (L. de Rouvroy, duc de), *op. cit.,* t. 12, p. 302.

(61) Mlle de Montpensier, *Mémoires* (XVIIe siècle), in A. Niderst, *Les Français..., op. cit.,* p. 446.

(62) S. Peyps, *Journal* (1660-1669), Paris, Laffont, coll. « Bouquins », 1994, t. II, p. 794.

(63) M. Mancini, *Mémoires* (XVIIe xiècle), in A. Niderst, *Les Français..., op. cit.,* p. 70.

XVIIe siècle, op. cit., p. 973.

(18) P. Constant, *Un monde à l'usage des demoiselles,* Paris, Gallimard, 1987, « La sublime déformée », p. 125.

(19) A. Geoffroy, *Madame de Maintenon d'après sa correspondance authentique,* Paris, 1887, lettre du 6 janvier 1707, p. 108-109.

(20) Sévigniée（M. de Rabutin-Chantal, marquise de）, *Correspondance,* lettre du 18 décembre 1689, Paris, Gallimard, coll. « La Pléiade », lettre du 6 mai 1676, t. II, p. 284.

(21) J－D・ドゥ・サン＝ジャン「娼婦に扮した貴婦人」1688年、パリ、国立図書館、版画室を見よ。

(22) F. H. Aubignac, *La Nouvelle Histoire du temps ou Relation du royaume de coquetterie,* Paris, 1655.

(23) *Livre commode contenant les adresses,* Paris, 1690, t. II, p. 61.

(24) J. Locke, *De l'éducation des enfants,* Paris, 1798（1er éd. anglaise, 1693）, t. I, p. 54.

(25) Saint-Simon（L. de Rouvroy, duc de）, *Mémoires*（XVIIe siècle）, Paris, éd. Boislisle, 1913, t. 18, p. 25.「ボディ」という言葉は、コルセットに用いられる名詞。ここでは「部屋着」は、「裾長の、ゆったりからだを覆うドレス」を意味する。

(26) Sévigniée（M. de Rabutin-Chantal, marquise de）, *op. cit.,* lettre du 17 novembre 1675, t. II, p. 164.

(27) *Ibid.,* lettre du 1er avril 1672, t. I, p. 468.

(28) 本書52頁を見よ。

(29) A・ボス「慈悲を主題とする作品集」、『腹をすかした人々に食べ物を与える』1640年頃、国立図書館、版画室。

(30) A・ボス「五感」、『聴覚』1640年頃、パリ、国立図書館、版画室。

(31) U. Emelina « La beauté physique dans le théâtre de Molière : frangments de discours amoureux sur le corps », *Le Corps au XVIIe siècle,* colloque de Santa Barbara, dir. R. W. Tobin, Biblio 17, Papers on French Seventeenth Century Litterature, Paris-Seattle-Tubingen, 1995, p. 193.

(32) J. Donneau de Visée, « Tel paie les violons qui ne danse pas toujours », *Les Nouvelles galantes comiques et tragiques*（1669）, in *Nouvelles du XVIIe siècle, op. cit.,* p. 425.

(33) Dancourt（F. Carton, dit）, *La fête au village ou les bourgoises de qualité*（1700）, Monpellier, Éd. Espace 34, 1996, p. 75.

(34) J. Emelina, *op. cit.,* p. 204.

(35) A. Furetière, *Le Roman bourgeois*（1666）, in *Romanciers du XVIIe siècle,* Paris, Gallimard, coll. « La Pléiade », 1958, p. 75.

(36) J. Donneau de Visée, « Tel paie les violons... », *op. cit.,*p. 427.

(37) R. La Thuilière, *La Préciosité. Étude hisorique et linguistique,* Genève, 1966. C. Lanoë, *Les Jeux de l'artificiel. Culture, production et consommation des cosmétiques à Paris sous l'Ancien Régime, XVI-XVIIIe siècle,* thèse, Paris-I, 2003, p. 387からの引用。

(38) Molière（J.-B. Poquelin, dit）, *Le Bourgeois gentilhomme,* Paris, 1670, in *Theatre complet,* Paris, Garnier frère, s. d., p. 1315. ジュールダン氏のせりふを見よ。「この歌、わしには、ちっ

(54) N. Boileau. L. Ferry, *Ibid.*, p. 41 からの引用。
(55) 本書 57 頁を見よ。
(56) R. Pillorget, S. Pillorget, *France baroque, France classique, 1589-1715,* t.I, Paris, Robert Laffont, coll. « Bouquins », 1995, p. 863.「美は真実のなかにしか見出せず、真実は秩序のなかにしか見出せない、と信じられている」。
(57) L. Ferry, *op. cit.*, p. 48.
(58) C. Kintzler, *Jean-Philippe Rameau : splendeur et naufrage de l'esthétique du plaisir à l'âge classique,* Paris, Minerve, 1983. L. Ferry, *op. cit.*, p. 36 からの引用。
(59) L. Ferry, *op. cit.*, p. 34.
(60) Saint-Évrement, C. de Marguetel de Saint-Denis de, « Caractère de Madame la comtesse d'Olonne », *Œuvres,* Paris, 1714,（1er éd., XVIIe siècle), t. I, p. 91-92.
(61) J. du Bosc, *L'Honneste Femme,* Paris, 1646. J. Grand-Carteret, *L'Histoire, la Vie, les Mœurs et la Curiosité,* Paris, Librairie de la curiosité et des beaux-arts, 1928, t. III. p. 175 からの引用。
(62) F. Senault, *op. cit.,* p. 134.

第 7 章　純化と圧縮のはざまで

(1) R. Muchembled, *L'Invention de l'homme moderne. Culture et sensibilités en France du XVe au XVIIIe siècle,* Paris, Le Livre de poche, coll. « Pluriel », 1994（1er éd., 1988), « La moralisation des actes de la vie quotidienne (au XVIIe siècle) », p. 146.
(2) S. Locatelli, *Voyage de France, mœurs et coutumes françaises*（1664-1665), in *Le voyage en France. Anthologie des voyageurs européens en France, du Moyen Âge à la fin de l'Empire,* dir. J.-M. Goulemot, P. Lidsky, D. Masseau, Paris, Robert Laffont, coll. « Bouquins », 1995, p. 177.
(3) E. Brackenhoffer, *Voyage en France*（1643-1644), *ibid.*, p. 296.
(4) J.-J. Bouchard, *Voyage de Paris à Rome*（1630), *ibid.*, p. 314.
(5) L. Godefroy, *Voyages en Gascogne, Bigorre et Béarn*（1644-1646), *ibid.*, p. 369.
(6) Just Zinderling, *Voyage dans la vieille France*（1616), *ibid.*, p. p. 249.
(7) H. de Rouvière, *Voyage du Tour de la France*（1713), *ibid.*, p. 360.
(8) A. Furutière, *Dicitionnaire universel contenant généralement tous les mots français tant vieux que moderne...,* Paris, 1690, art. « Remède ».
(9) *Mercure galant,* avril 1693, p. 33-34.
(10) J. Donneau de Visé, *L'apothicaire de qualité*（1664), in *Nouvelles du XVIIe siècle,* Paris, Gallimard, coll. « La Pléiade », 1997, p. 401.
(11) P. Guibert, *Toutes les œuvres charitables,* Paris, 1661, p. 569.
(12) G. Tallemant des Réaux, *Historiettes*（XVIIe siècle), Paris, Gallimard, coll. « La Pléiade », 1967, t. II, p. 34.
(13) *Ibid.*, p. 582.
(14) *Ibid.*, p. 627.
(15) J. Schlanger, *Les Métaphores de l'organisme,* Paris, Vrin, 1971, p. 47-60 を見よ。
(16) F. d'Aquapendente, *Opera chirurgica,* 1647, chap. 44 および図版を見よ。
(17) F. Timoléon de Choisy, *Histoire de la marquise-marquis de Banneville*（1695) in *Nouvelles du*

(32) Saint-Simon (L. de Rouvroy, duc de), *Mémoires* (XVIIe et XVIIIe siècle), Paris, éd. Boislisle, t. VI, p. 217.

(33) フェルメール「赤い帽子の女」1664年頃、ワシントン、ナショナル・ギャラリー。

(34) レンブラント「婚約3日後のサスキア」1633年、ドレスデン、国立美術館、絵画館。

(35) M. Pinault, « L'expression de passions à travers quelques exemples de dessins du XVIe siècle », in *La Peinture des passions, de la Renaissance à l'âge classique,* dir. B. Yon, colloque international, Saint-Étienne, Éd. univ. de Saint-Étienne, 1995.

(36) « Système de Charles Le Brun sur la physionomie d'après les écrits de Nivelon son élève », G. Lavater, *L'Art de connaître les hommes* (1780), Paris, éd. de Moreau de la Sarthe, 1835, t. IX, p. 99. J. Baltrusaitis, *Aberration, quatre essais sur la légende des formes,* Paris, Olivier Perrin, 1957, le chapitre « Pysiognomonie animale », p. 23〔ユルギス・バルトルシャイティス『バルトルシャイティス著作集』種村季弘他訳、国書刊行会、1991-1994年、第1巻『アベラシオン——形態の伝説をめぐる4つのエッセー』〕をも見よ。

(37) J. de La Bruyère, *Les Caractères* (1688), Paris, Garnier frères, 1954, p. 75.

(38) N. Boileau, *Traité du sublime, ou du merveilleux dans le discours* (1672), in *Œuvres complètes, op. cit.,* p. 370.

(39) « Système de Charles Le Brun sur la physionomie... », *op. cit.,* p. 106.

(40) S. Peyps, *Journal* (1660-1669), Paris, Laffont, coll. « Bouquins », 1994, t. I, p. 432.

(41) G. Tallemant des Réaux, *Historiettes* (XVIIe siècle), Paris, Gallimard, coll. « La Pléiade », 1967, t. II, p. 774.

(42) *Ibid.*

(43) F. de Parfaict, *Histoire du théâtre depuis son origine jusqu'à présent,* Amsterdam, 1735-1749, t. XIII, p. 538.

(44) *Ibid.,* t. XIII, p. 531.

(45) *Mercure galant,* décembre 1673. P. Mélèse, *Le Théâtre et le public à Paris sous Louis XIV, 1659-1715,* Paris, Droz, 1934, p. 173 からの引用。

(46) *Le Libraire de la galerie du palais* (1633). G. Mongrédien, *La Vie quotidienne des comédiens au temps de Molière,* Paris, Hachette, 1966, p. 29 からの引用。

(47) P. Beaussant, *Versailles, Opéra,* Paris, Gallimard, 1981, p. 22.「バロック期の人間とは、実在と化象が混交している人間なのだ」。

(48) Sévigniée (M. de Rabutin-Chantal, marquise de), *Correspondance,* lettre du 18 décembre 1689, Paris, Gallimard, coll. « La Pléiade », lettre du 15 janvier 1672, t. I, p. 417.

(49) *Ibid.,* lettre du 6 avril 1672, t. I, p. 469.

(50) A. Couprie, *La Champmeslé,* Paris, Fayard, 2003, p. 157.「マリーに女優の訓練をほどこしはしなかったものの、彼女を完成させ、その才能を開花させたのは、ラシーヌである」。

(51) F. de Parfaict, *op. cit.,* J. Noury, *Mlle de Champsmélé, comédienne du roi,* Rouen, 1892, p. 161 からの引用。

(52) 本書47頁を見よ。

(53) L. Ferry, *Le Sens du beau. Aux origines de la culture contemporaine,* Paris, Éditions Cercle d'art, 1998 (1er éd., 1990), p. 27.

Pléiade », 1966, p. 316.

（7）M. de Scudéry, *Le Grand Cyrus,* Paris, 1649-1653.

（8）E. Fléchier, *Mémoires sur les Grands Jours tenus à Clermont-Ferrand en 1665-1666,* Paris, 1844, p. 301.

（9）N. Faret, *L'Honnête Homme, ou l'art de plaire à la cour,* Paris, 1630. G. Harouche-Boujinac, « Harmonie », *Dictionnaire raisonné de la politesse et du savoir-vivre du Moyen Âge à nos jours,* dir. A. Montandon, Paris, Seuil, 1995, p. 474 からの引用。

（10）Anonyme, « Histoire », *Mercure galant,* in *Nouvelles du XVIIe siècle,* Paris, Gallimard, coll. « La Pléiade », 1997, p. 486.

（11）J.-L. Jam, « Je-ne-sais-quoi », *Dictionnaire raisonné de la politesse..., op. cit.,* p. 522.

（12）T. Renaudot. *Gazette de France,* 15 janvier 1641.

（13）A. Félibien, *Entretiens sur les vies et les ouvrages des plus excellents peintres...,* Paris, 1685, p. 406-407.

（14）M. Fumaroli, *L'École du silence, le sentiment des images au XVIIe siècle,* Paris, Flammarion, coll. « Champ », 1998,（1er éd., 1994）, p. 229.

（15）A. Bodeau de Somaize, *Le Secret d'être toujours belle,* Paris, 1666, p. 20.

（16）S. Koster, *Racine, une passion française,* Paris, PUF, 1998, p. 115.

（17）F. Senault, *De l'usage des passions,* Paris, 1649（1er éd., 1640）, p. 95.

（18）E. Auerbach, *Le Culte des passions. Essai sur le XVIIe siècle français,* Paris, Macula, 1998（1er éd., 1926）, p. 41, « Racine et les passions » を見よ。

（19）この点については、G. Simon, *Kepler astronome astrologue,* Paris, Gallimard, 1979 を見よ。

（20）A. du Laurent, *Œuvres anatomiques,* in *Les œuvres,* Paris, 1639, p. 565.

（21）*Ibid.*

（22）*Ibid.,* p. 566.

（23）*Ibid.*

（24）A. Bodeau de Somaize,*op. cit.,* p. 32.

（25）J. Rohou, *Le XVIIe Siècle, une révolution de la condition humaine,* Paris, Seuil, 2002, « Consolidation de l'intériorité », p. 379.

（26）A. de Saint-Gabriel, *Le Mérite des dames,* Paris, 1640, p. 20.

（27）Ch.-É. de Bavière（princesse Palatine）, *Correspondance de Madame*（XVIIe siècle）, Paris, 1880, t. I, p. 127.

（28）F. de Motteville, *Mémoires*（XVIIe siècle）, in *Les Français vus par eux-mêmes,* t. I, A. Niderst, *Le Siècle de Louis XIV. Anthologie des mémorialistes du siècle de Louis XIV,* Paris, Laffont, coll. « Bouquins », 1997, p. 447-448.

（29）E. de Barthélemy, *La Galerie des portraits de Mlle de Montpensier*（1657-1658）, Paris, 1860, p. 182.

（30）Saint-Réal, C. de Vichard de, *Dom Carlos*（1672）, in *Nouvelles du XVIIe siècle, op. cit.,* p. 512.

（31）M. de Scudéry, *Clélie.* T. Lavallée, *Mme de Maintenon, la maison royale de Saint-Cyr*（*1686-1693*）, Paris, 1862, p. 15 からの引用。

モワゼルが作成したポルトレ〔人物描写〕をすべて集め、新しいものをいくつか加えたうえで、出版した」。

(40) J. Duchêne, *Henriette d'Angleterre duchesse d'Orleans, op. cit.,* p. 104. アンリエット・ダングルテールの文学的ポルトレ〔人物描写〕には、「常套句と正確さ」が入り混じっている。

(41) R. Duchêne, *Les Précieuses ou comment l'esprit vint aux femmes,* Paris, Fayard, 2001, p. 131.「宮廷のもっとも高貴な婦人たちに捧げられた新聞の賛辞は、お世辞として読まれるべきであり、そこで使われている言葉にはまったく重要性はない」。

(42) J. Rohou, *Le XVIIe Siècle, une révolution de la condition humaine,* Paris, Seuil, 2002, « Un nouveau paradigme : le mécanisme », p. 207 を見よ。

(43) A. Deneys-Tunney, *Écriture du corps, de Descartes à Laclos,* Paris, PUF, 1992, p. 35 を見よ。「デカルト哲学は、『からだの魔法が解けた』歴史的な瞬間を記す」。また、J.-J. Courtine, « Le corps désenchanté », *Le Corps au XVIIe siècle,* dir. R. W. Obin, Seattle, Papers on French Seventeenth Century Literature, 1995 を見よ。

(44) R. de Piles, *Cours de peinture par principes,* Paris, Gallimard, 1989 (1er éd., 1708), p. 69.

(45) *Mercure galant*, 1684, in *Nouvelles du XVIIe siècle, op. cit.,* p. 327.

(46) D. Van der Cruysse, *op. cit.,* p. 183-184 を見よ。

(47) M. de Scudéry, *Clélie, histoire romaine,* Paris, 1654-1660, t. VII, p. 148.

(48) E. de Barthélemy, *op. cit.,* p. 294.

(49) A. Bodeau de Somaize, *Le Secret d'être toujours belle,* Paris, 1666, p. 9 et 11.

(50) R. de Bussy-Rabutin, *Histoire amoureuse des Gaules* (1662), Paris, Garnier-Flammarion, 1967, p. 158.

(51) E. Fléchier, *Mémoires sur les Grands Jours tenus à Clermont-Ferrand en 1665-1666,* Paris, 1844, p. 301.

(52) A. de Saint-Gabriel, *Le Mérite des dames,* Paris, 1640, « Ciel des Beautez héroïnes », p. 280 sq. を見よ。

(53) M. de Pure, *La Précieuse ou le Mystère des ruelles dédié à celles qui n'y pensent pas,* Paris, 1656, p. 180-190.

(54) 本書 47 頁を参照せよ。

第6章　魂とフォルム

(1) F. de La Rochefoucauld, *Réflexions diverses* (XVIIe siècle), in *Œuvres complètes,* Paris, Gallimard, coll. « La Pléiade », 1957, p. 513.

(2) R. Descartes, *Discours de la méthode pour bien conduire sa raison* (1637), in *Œuvres et Lettres,* Paris, Gallimard, coll. « La Pléiade », 1955, p. 166.

(3) この「才気」というテーマについては、R. Duchêne, *Ninon de Lenclos ou la manière jolie de faire l'amour,* Paris, Fayard, 2000 (1er éd., 1984), p. 65 をも見よ。

(4) F. de La Rochefoucauld, *Maximes* (éd. de 1678), in *Œuvres complètes, op. cit.,* p. 440.

(5) A. de Courtin, *Nouveau Traité de la civilité qui se pratique en France parmi les honnêtes gens,* Saint-Étienne, PUSE, 1998 (1er éd., 1671), p. 207.

(6) N. Boileau, *Dissertation sur la Joconde* (1669), in *Œuvres complètes,* Paris, Gallimard, coll. « La

(15) *Ibid.,* t. II, p. 827.
(16) *Ibid.*
(17) *Ibid.,* p. 656.
(18) *Ibid.,* p. 991.
(19) *Ibid.,* t. I, p. 346.
(20) F. Furetière, *Dicitionnaire universel contenant généralement tous les mots français tant vieux que modernes...,* Paris, 1690, art. « Taille » を見よ。「娘が腹いっぱいのとき、その胴は損なわれる、と言われている」。
(21) Saint-Simon (L. de Rouvroy, duc de), *Mémoires* (XVIIe et XVIIIe siècles), Paris, éd. Boislisle, 1913, t. 22, p. 281. D. Van der Cruysse, *Le Portrait dans les « Mémoires » du duc de Saint-Simon,* Paris, Nizet, 1971, p. 177 も参照のこと。
(22) Saint-Simon (L. de Rouvroy, duc de), *op. cit.,* t. 38, p. 346.
(23) E. de Barthélemy, *La Galerie des portraits de Mlle de Monpensier* (1657-1658), Paris, 1860, p. 292.
(24) Sévignée (M. de Rabutin-Chantal, marquise de), *Correspondance,* lettre du 18 décembre 1689, Paris, Gallimard, coll. « La Pléiade », t. III, p. 781.「ゆとりのある、まっすぐな胴」。
(25) Anonyme, « Histoire », *Mercure galant,* novembre 1681, in *Nouvelles du XVIIe siècle,* Paris, Gallimard, coll. « La Pléiade », 1997, p. 486.
(26) A. Furetière, *op. cit.,* art. « Taille ».
(27) *Correspondance générale de Madame de Maintenon, op. cit.,* lettre du 9 novembre 1701, t. IV, p. 461.
(28) Saint-Simon (L. de Rouvroy, duc de), *op. cit.,* t. 26, p. 300.
(29) S. de Hanovre, *op. cit.,* p. 152.
(30) C. de Marguetel de Saint-Évremont, *Idée de la femme qui ne se trouve point et ne se trouvera jamais* (env. 1680), *Œuvres publiées sur les manuscrits de l'auteur,* Paris, 1714, t. I. p. 175.
(31) Sévignée (M. de Rabutin-Chantal, marquise de), *op. cit.,* t. II, p. 351.
(32) S. de Hanovre, *op. cit.,* p. 54.
(33) Nisard (chevalier de), *Satyre sur les cerceaux, paniers criardes, manteaux, volants des femmes et sur les autres ajustements* (1712), P. Lacroix, *Histoire de la vie des Français. Recueil curieux de pièces orginales,* Paris, s. d., p. 391.
(34) Anonyme, « Lettre d'une dame qui écrit les aventures de son amie », *Mercure galant,* novembre 1680, in *Nouvelles du XVIIe siècle, op. cit.,* p. 478.
(35) 1660年頃、アンリエット・ダングルテールの描写についての、J・デュシェーヌの解説を見よ。J. Duchêne, *Henriette d'Angleterre duchesse d'Orleans,* Paris, Fayard, 1995, p. 104.
(36) D. Van der Cruysse, *op. cit.,* p. 178 を見よ。
(37) A. Niderst, « Madeleine de Scudéry, construction et dépassement du portrait romanesque » in K. Kupisz, G.-A. Pérouse, J.-Y. Debreuille, *Le Portrait littéraire,* Lyon, PUL, 1988 を見よ。
(38) J. Planté, *La Mode du portrait littéraire en France (1641-1681),* Paris, Honoré Champion, 1994 を見よ。
(39) E. de Barthélemy, *op. cit.,* p. I.「1659年、マドゥモワゼル付き貴族スグレ氏は、マドゥ

見よ。

(53) C. Marot, *Dialogue des amoureux* (1514). F. Libron et H. Clouzot, *Le Corset dans l'art et les mœurs du XIIIe au XXe siècle*, Paris, 1933, p. 9 からの引用。

(54) G. Tallemant des Réaux, *Historiettes* (XVIIe siècle), Paris, Gallimard, coll. « La Pléiade », 1967, t. I, p. 60.

(56) Brantôme (Pierre Bourdeille, seigneur de), *Les Dames galantes, op. cit.*, p. 290-291.

(57) A.-M. Schmidt, « Les blasons du corps féminin », *Poètes du XVIe siècle*, Paris, Gallimard, coll. « La Pléiade », p. 294.

(58) Brantôme (Pierre Bourdeille, seigneur de), *Les Dames galantes, op. cit.*, p. 304.

(59) T・ムベ〔T. Moubayed〕の論文, *La Danse conscience du vivant. Danse et éducation*, Paris, université de Paris-VIII, 1988, 特に « La danse ou l'histoire d'un corps qui émerge », p. 69 を見よ。

(60) M. de Romieu, *Instructions pour les jenues filles par la mère et fille d'alliance* (1597), Paris, Nizet, 1992, p. 71.

(61) J. Liébault, *Trois Livres de l'embellissement..., op. cit.*, p. 25.

(62) Brantôme (Pierre Bourdeille, seigneur de), *Les Dames galantes, op. cit.*, p. 290.

第II部　表現力豊かな美――17 世紀

第 5 章　顔か胴か?

(1) 作者不詳「ジャンジュ広場でのファッションの勝利」1650 年、パリ、ルーヴル美術館、ロスチャイルド・コレクションを見よ。

(2) *Correspondance générale de Madame de Maintenon*, publié par T. Lavallée, Paris 1866, lettre du 22 décembre 1700, t. IV, p. 361.

(3) O. de Serres, *Le Théâtre d'agriculture et le mesnage des champs*, Arles, Actes Sud, 1996 (1er éd., 1600) を見よ。昔のフランスの田舎貴族のために書かれた、典型的なテクスト。

(4) R. Chartier et H. Neveux, « La ville dominante et soumise », *Histoire de la France urbaine*, dir. G. Duby, Paris, Seuil, 1981, t. IV, p. 163.

(5) H. Sauval. M. Poète, *La promenade à Paris au XVIIe siècle*, Paris, Armand Colin, 1913, p. 112 からの引用。

(6) J. de La Bruyère, *Les Caractères* (1688), Paris, Garnier frères, 1954, p. 181〔ラ・ブリュイエール『人さまざま――又の名當世風俗史』関根秀雄訳、白水社、1949 年〕.

(7) S. de Hanovre, *Mémoires et lettres de voyage* (1650-1678), Paris, Fayard, 1990, p. 88-89.

(8) *Ibid.*, p. 90.

(9) *Ibid.*, p. 224.

(10) *Ibid.*, p. 89.

(11) *Ibid.*, p. 138.

(12) S. Peyps, *Journal* (1660-1669), Paris, Laffont, coll. « Bouquins », 1994, t. II. p. 564〔サミュエル・ピープス『サミュエル・ピープスの日記』臼田昭他訳、国文社、1987 年〕.

(13) *Ibid.*, t. I, p. 401.

(14) *Ibid.*, p. 603.

(20) C. Lanoë, *op. cit.,* p. 30 からの引用。

(21) A. Le Fournier, *La Décoration d'humaine nature avec plusieurs souveraines recettes...,* Paris, 1582, p. 18.

(22) M. Nostradamus, *Le Vraye et Prafaict Embellissement de la face et conservation du corps en son entier,* Anvers, 1557, p. 37.

(23) 特に *Albert le Grand. Le Secret des secrets de nature, extraits tant du Petit et du Grand Albert, que d'autres philosophes...,* Epinal, s. d. を見よ。

(24) J. Liébault, *Trois Livres de l'embellissement..., op. cit.*, p. 63-64.

(25) *Ibid.*

(26) J. Liébault, *Trois Livres de l'embellissement..., op. cit.,* p. 75-185.

(27) M. Nostradamus, *op. cit.,* p. 39.

(28) *Ibid.,* p. 26.

(29) J. Liébault, *Trois Livres de l'embellissement..., op. cit.*, p. 39.

(30) *Ibid.,* p. 78.

(31) M. Nostradamus, *op. cit.,* p. 43.

(32) A. Fournier, *op. cit.,* p. 18.

(33) S. Melchior-Bonnet, *L'Art de vivre au temps de Diane de Poitier,* Paris, Nil, 1998, p. 45 を見よ。

(34) Brantôme (Pierre Bourdeille, seigneur de), *Recueil des dames, op. cit.,*p. 36 を見よ。

(35) F. de Malherbe, lettre à Peiresc, 10 juin 1614, *Œuvres,* Paris, Gallimard, coll. « La Pléiade », 1971, p. 647.

(36) Brantôme (Pierre Bourdeille, seigneur de), *Les Dames galantes* (XVIe siècle), Gallimard, coll. « Folio », 1981, p. 224.

(37) *Ibid.,* p. 232.

(38) P. Erlanger, *Diane de Poitier, déesse de la Renaissance,* Paris, Perrin, 1976, p. 335.

(39) A. Le Fournier, *op. cit.,* p. 3.

(40) J. Liébeault, *Trois Livres d l'embellissement..., op. cit.,* p. 77.

(41) A. Le Fournier, *op. cit.,* p. 3.

(42) R. du Mont Vert, *S'ensuyt les Fleurs et Secrets de medecine,* Paris, 1538, s. p.

(43) E. Rodocanachi, *La Femme italienne à l'époque de la Renaissance,* Paris, 1907, p. 110-111 からの引用。

(44) J. Liébeault, *Trois Livres d l'embellissement..., op. cit.,* p. 25-26.

(45) *Ibid.,* p. 22.

(46) C. Vecellio, *op. cit.,* t. I, p. 246.

(47) *Ibid.,* p. 266.

(48) A de Beaujeu, *Les Enseignements d'Anne de France à sa fille Suzanne de Bourbon* (1505), Marseille, Laffitte reprints, 1978, p. 40-41.

(49) M. de Montaigne, *Essais* (1580), Paris, Gallimard, coll. « La Pléiade », 1958, p. 81.

(50) C. Vecellio, *op. cit.,* t. I, p. 213.

(51) *Ibid.,* p. 266.

(52) C. Vecellio et la tenue « sans ceinture » des dames françaises en deuil, *op. cit.,* t. I. p. 242 を

(22) V. Danti, *Trattato delle perfette propozioni,* Florence, 1567. D. Arasse, « Présentation », E. Panofsky, *Le Codex Huygens......, op. cit.,* p. 8 からの引用。

第４章　顔の炎と体液

(1) C. Vecellio, *Costumes anciens et modernes,* Paris, 1891（1er éd., 1590, italienne), t. I, p. 118. G. Calvi, « Le recueil des habits de Cesare Vecellio », *Colloque international à la mémoire de Jean-Louis Flandrin,* Paris, université de Paris-VIII, 2003 をも見よ。

(2) B. Jonson, *The Silent Woman*（1609). C. Bernard-Cheyre, *La Femme au temps de Shakespeare,* Paris, Stock, 1988, p. 103 からの引用。

(3) Tertullien. G. Bechtel, *Les Quatres Femmes de Dieu,* Paris, Plon, 2000, p. 220 からの引用。

(4) P. F. I. Benedicti, *Somme des péchés,* Paris, 1602（1er éd., 1584), p. 246.

(5) J. Liébault, *Trois Livres de l'embellissement des femmes,* Paris, 1582, p. V.

(6) P. Alogana, *Abrégé du docteur Martin Azpilcueta, Navarrois...,* Paris, 1602（1er éd., 1590), chap. XVI, n° 14 et 15. J.-L. Flandrin, *Les Amours paysannes,* Paris, Gallimard-Juliard, coll. « Archives », 1975, p. 81 からの引用〔Ｊ－Ｌ・フランドラン『農民の愛と性――新しい愛の歴史』蔵持不三也・野村恵子訳、白水社、1989 年〕.

(7) O. de Serres, *Le Théâtre d'agriculture et le mesnage des champs,* Arles, Actes Sud, 1996（1er éd., 1600), p. 1368.

(8) *Ibid.,* p. 1369.

(9) H. de Monteux, *Conservation de la santé et prolongation de la vie,* Paris, 1572, p. 279.

(10) J.-L. Flandrin, « Soins de beauté et recueil de secrets », *Les Soins de beauté,* actes du IIIe colloque international, Grasse, 26-28 avril 1985, p. 23.

(11) « Inventaire après décès des biens meubles, demeurés du décès de haulte et puissante dame Madame Anne de Laval, estant au chasteau de Craon », A. Jaubert, *Histoire de la baronnie de Craon de 1382 à 1626*, Paris, 1888, p. 470 を見よ。

(12) *Ibid.,* p. 472.

(13) Brantôme（Pierre Bourdeillem seigneur de), *Recueil des dames*（XVIe siècle), *Œuvres complètes,* Paris, 1873, p. 402 を見よ。

(14) A. Piccolomini, *Dialogo della creanza delle donne*（XVe siècle). M.-C. Phan, « Pratiques cosmétiques et idéal féminin dans l'Italie des XVe et XVIe siècles », *Les Soins de beauté, op. cit.,* p. 119 からの引用。

(15) G. Nelli, « Giulio et Isabella », *Nouvelles*（XVIe siècle), in *Conteurs italiens de la Renaissance,* Paris, Gallimard, coll. « La Pléiade », 1993, p. 788.

(16) この批判については、Ｃ・ラノエ〔C. Lanoë〕の論文, *Les jeu de l'artificiel. Culture, production et consommation des cosmétiques à Paris sous l'Ancien Régime, XVe -XVIIIe siècle,* Paris-I, 2003, p. 27-30 を見よ。

(17) J. Liébault, *Trois Livres d'embellissement..., op. cit.* Lanoë, *op. cit.,* p. 28 からの引用。

(18) M.-C. Phan, « Pratiques cosmétiques... », *op. cit.,* p. 120 からの引用。

(19) J. Boucher, *Deux Épouses et reines à la fin du XVIe siècle,* Saint-Étienne, PUSE, 1995, p. 90 からの引用。

（91）J.-L. Flandrin, *op. cit.,* p. 132 からの引用。

第 3 章　唯一の美

（1）F. de Billon, *Le Fort Inexpugnable de l'Honneur du sexe féminin,* Paris, Mouton, 1970（1er éd. 1555）, p. 138.

（2）J. Liébault, *Trois Livres des maladies et infirmités des femmes,* Rouen, 1549, p. III.

（3）G. de Minut, *De la beauté, discours divers...,* Lyon, 1587, p. 269.

（4）H. C. Agrippa, *De la supériorité des femmes,* Paris, 1509, p. 42 を見よ。

（5）M. Massin, *Les Figures du ravissement, enjeux philosophiques et esthétiques,* Paris, Grasset-Le Monde, 2001 を見よ。

（6）E. Rodocanachi, *La Femme italienne à l'époque de la Renaissance,* Paris, Hachette, 1907, p. 91 を見よ。

（7）N. De Cholières, « Des laides et belles femmes. S'il faut mieux prendre à femme une laide qu'une belle », *Les Matinées*（1585）, in *Œuvres,* Paris, 1889, t. I, p. 182.

（8）M.-C. Phan, « La belle Nani, la belle dans l'Itallie du XVIe siècle », *Autrement, Fatale beauté, une évidence, une énigme,* dir. V. Nahoum-Grappe, N. Czechowski, 1987, p. 76.

（9）Brantôme（Pierre Bourdeille, seigneur de）, *Recueil des dames*（XVIe siècle）, *Œuvres complètes,* Paris, 1873, p. 404.

（10）L. Pacioli, *Divina Proportione,* Milan, 1497.

（11）Piero della Francesca, *De corporis regularibus,* Venise, 1509. A. Chastel, *Renaissance méridionale, Italie 1460-1500,* Paris, Gallimard, coll. « L'Univers des formes », 1965, p. 46 を見よ。ピエロの見解は、「この分野の理論的な知識の実情を明らかにするものだ」。

（12）E. Panofsky, *Le Codex Huygens et la théorie de l'art de Léonard de Vinci,* Paris, Flammarion, 1996（1er éd., 1940, anglaise）, p. 19.

（13）*Ibid.,* fig. 91.

（14）L. Ferry, *Le Sens du beau. Aux origines de la culture contemporaine,* Paris, Éditions Cercle d'art, 1998（1er éd., 1990）, p. 28.

（15）C. F. Biaggi, « L'anatomie artistique de Léonard », *Léonard de Vinci,* Paris, Cercle du Bibliophile, 1958, t. II, p. 447 を見よ。D. Arasse, *Léonard de Vince,* Paris, Hazan, 1997, « La culture de Léonard », p. 35 をも見よ。

（16）A. Dürer, *Les Quatres Livres, de la proportion des parties et poutraicts du corps humain,* Paris, 1613（1er éd., 1523）p. 4-20.

（17）*Ibid.,* p. 22.

（18）D. Arasse, « La chair, la grâce, le sublime », *Histoire du corps,* dir. A. Corbin, J.-J. Courine, G. Vigarello, Paris, Seuil, 2005〔ダニエル・アラス「肉体、優美、崇高」G・ヴィガレロ編『身体の歴史 I』鷲見洋一監訳、藤原書店、2010 年所収〕.

（19）A. Dürer, *op. cit.,* p. 191.

（20）*Ibid.,* p. 195.

（21）E. Panofsky, *L'Œuvre d'art et ses significations. Essai sur les arts visuels,* Paris, Gallimard, 1969（1er éd., 1955, anglaise）, p. 86.

(63) H. C. Agrippa, *op. cit.,* p. 43.
(64) F. de Billon, *op. cit.,* p. 139.
(65) J. Liébault, *Trois Livres..., op. cit.,* p. IV.
(66) A. Firenzuole, *Discours de la beauté des dames,* Paris, 1578 (1er éd., 1552, italienne), p. 24.
(67) F. de Billon, *op. cit.,* p. 138.
(68) Léonard de Vinci, *Traité de la peinture* (XVIe siècle). Paris, 1796, p. 45-46.
(69) J. Boucher, *Deux Épouses et reines à la fin du XVIe siècle,* Saint-Étienne, PUSE, 1995, p. 88 からの引用。
(70) A. Romei, *op. cit.,* p. 13.
(71) D. Arasse, « L'atelier de la grâce », *Raphaël, grâce et beauté,* Paris, Skira, catalogue exposition, dir. P. Nitti, M. Restellini, C. Strinati, 2001, p. 57.
(72) G. Vasari, *Vies des meilleurs peintres, sculpteurs et architectes italiens* (1er éd., 1568). D. Arasse, *op. cit.,* p. 58 からの引用。
(73) G. Vasari. A. Dayot, *L'Image de la femme,* Paris, 1899, p. 73 からの引用。
(74) H. C. Agrippa, *op. cit.,* p. 42.
(75) F. de Billon, *op. cit.,* p. 139.
(76) H. C. Agrippa, *op. cit.,* p. 42.
(77) J. Solé, *Être femme en 1500, la vie quotidienne dans le diocèse de Troyes,* Paris, Perrin, 2000, p. 34 を見よ。「犠牲者である女性、未成年の少女、あるいは蔑まれている女性」たちもまた、美の概論の論理上のモデルからは程遠い、反応と防御を有している。上記 p. 53 を参照せよ。
(78) *Ibid.*
(79) C. Vecellio, *Costumes anciens et modernes,* Paris, 1891 (1er éd., 1590, italienne)t. I, p. 218.
(80) *Ibid.,* p. 213.
(81) *Ibid.,* p. 282.
(82) G. Simmel, *Philosophie de la modernité,* Paris, PUF, 1989 (1er éd., 1923), p. 147.
(83) *Ibid.* 特に « Beauté et féminité » を見よ。
(84) M. Bandello, « Vision céleste », *Nouvelles* (1554) in *Conteurs italliens..., op. cit.,* p. 592.
(85) G. Cinzio, « Oronte et Orbecche », *Les Cents Récits* (1565), in *Conteurs italliens..., op. cit.,* p. 1012.
(86) A. Dürer, *Les Quatre Livres, de la proportion des parties et pourtraicts du corps humain,* Paris, 1613 (1er éd., 1523, italienne)〔アルブレヒト・デューラー『人体均衡四書　注解』下村耕史訳、中央公論美術出版、1995 年〕, p. 21 et 35. E. Pnofsky, « L'histoire de la théorie des proportions du corps humain envisagée comme un miroir de l'histoire des styles », *L'Œuvre d'art et ses significations. Essai sur les arts visuels,* Paris, Gallimard, 1969 (1er éd., anglaise, 1955), 図版。
(87) P・ブリューゲル「農民の踊り」1568 年、ウィーン美術史美術館、もしくは「干草の収穫」1565 年、プラハ国立美術館を見よ。
(88) P. Brueghel, *Jésus et la Femme adultère,* env. 1560, Londres, coll. of Count A. Seilern.
(89) A. Pare, *op. cit.,* p. 1001, 1002, 1005.
(90) A. Croix, *op. cit.,* p. 135 を見よ。

VI, p. 833.

(38) J. Huarte, *Examen des esprits propres et naiz aux sciences,* Paris, 1631 (1re éd., 1580), p. 484.

(39) L. Lemne, *Les Occultes Merveilles et secrets de nature avec plusieurs enseignements des choses diverses,* Paris, 1574, p. 154.

(40) M. de Romieu, *Instructions pour les jeunes filles par la mère et fille d'alliance* (1597), Paris, Nizet, 1992, p. 65.

(41) F. de Billon, *Le Fort Inexpugnable de l'Honneur du sexe féminin,* Paris, Mouton, 1970 (1er éd., 1555), p. 133.

(42) C. H. Agrippa, *op. cit.,* p. 42.

(43) La Primaudaye, *Suite de l'Académie française en laquelle est traictée en quatre livres de la philosophie de l'homme et comme par une histoire naturelle du corps et de l'âme,* Paris, 1580, p. 16. chap. II « De la création de la femme » を見よ。

(44) É. Berriot-Salvadore, *Un corps, un destin. La femme dans la médecine de la Renaissance,* Paris, Honoré Champion, 1993, p. 33.

(45) J. Liébault, *Trésor des remèdes secrets pour les maladies des femmes,* Paris, 1585, p. 2-3.

(46) D. Godineau, *Les Femmes dans la société française, XVIe-XVIIIe siècle,* Paris, Armand Colin, 2003, « La hiérarchie demeure entre eux », p. 12 を見よ。

(47) G. Lipovetsky, *op. cit.,* p. 127 を見よ。« Sans doute cette promotion de la femme est-elle plus littéraire que sociale » をも見よ。

(48) B. Castiglione, *op. cit.,* p. 386.

(49) A. Chastel, *Art et humanisme à Florence au temps de Laurent le Magnifique,* Paris, PUF, 1961, « L'hellénisme », p. 184 を見よ。

(50) J. Delumeau, *La Civilisation de la Renaissance,* Paris, Arthaud, 1967, p. 508.

(51) Saint Mathieu, 14, 1-11. 新約聖書、マタイによる福音書。

(52) G. de Minut, *De la beauté, discours divers...,* Lyon, 1587, p. 173.

(53) *Ibid.,* p. 159.

(54) *Ibid.,* p. 178.

(55) *Ibid.,* p. 205.

(56) *Ibid.,* p. 204-205.

(57) 本書 40 頁を見よ。

(58) 恋愛という領域での、フランドランの言葉を見よ。「俗愛が、少なくとも中世末期の社会の一部においては、天上的な愛という点から、無分別な行動である、とみなされていたことは明らかである」J.-L. Flandrin, *Le Sexe et l'Occident. Évolution des attitudes et des comportements,* Paris, Seuil, 1981, p. 52〔J－L・フランドラン『性の歴史』宮原信訳、藤原書店、1992 年〕.

(59) M. Lazard, *Les Avenues de Féminye, les femmes à la Renaissance,* Paris, Fayard, 2001, p. 309. « La religion omniprésente » をも見よ。

(60) G. de Minut, *op. cit.,* p. 206-207.

(61) *Ibid.,* p. 245.

(62) J. Liébault, *Trois Livres..., op. cit.,* p. III.

沢協訳、法政大学出版局、1978-2004 年〕.
(9) *Ibid.*, p. 73.
(10) 18 世紀初頭のベールのこだわりは、「唯一の美」というテーマが、古典主義世界でいかに有力であったかを示している。
(11) A. Niphus, *Du beau et de l'amour* (XVIe siècle). J. Houdoy, *op. cit.*, p. 95 からの引用。
(12) G. Lipovetsky, *La Troisième Femme. Permanence et révolution du féminin,* Paris, Gallimard, 1997, p. 114.
(13) É. de la Boétie, *La Mesnagerie de Xénophon, Les Règles de mariage de Plutarque, Lettre de consolation à sa femme...,* Paris, 1571.
(14) *Mary de Gournay et l'édition de 1595 des « Essais » de Montaigne,* Actes du colloque organisé à la Sorbonne les 9 et 10 juin 1995, Paris, Champion, 1996 を見よ。
(15) B. Castiglione, *Le Livres du courtisan,* Paris, Garnier-Flammarion, 1991 (1er éd., 1528), p. 233.
(16) *Ibid.*, p. 234.
(17) J. Liébault, *Trois Livres de l'embellissement des femmes,* Paris, 1582, p. 15.
(18) A. Croix, « De la différence à l'intolérence », *Histoire culturelle de la France,* t. II, *De la Renaissance à l'aube des Lumières,* dir. J.-P. Rioux et J.-F. Sirinelli, Paris, Seuil, 1997, p. 139 をも見よ。
(19) J. Liébault, *op. cit.*, p. 15.
(20) *Ibid.*
(21) A. Paré, *Œuvres diverses en 28 livres...,* Paris, 1585, p. 82.
(22) *Ibid.*, p. 80.
(23) A. du Verdier, *Les Diverses Leçons,* Lyon, 1592, p. 472.
(24) *Ibid.*
(25) A. Romei, *La Sepmaine ou sept journées...,* Paris, 1595 (1er éd., 1552, italienne).
(26) *Ibid.*, p. 12.
(27) J. Liébault, *op. cit.*, p. 5.
(28) Brantôme(Pierre Bourdeille, seigneur de), *Grands Capitaines, Œuvres complètes,* Paris, 1866, t. II, p. 14.
(29) S. Froissart, *Les Chroniques* (XVe siècle) in *Historiens et chroniqueurs du Moyen Âge,* Paris, Gallimard, coll. « La Pléiade », 1952, p. 530.
(30) Guy de Bourgogne, L. Gautier, *La Chevalerie,* Paris, 1895, p. 205, note 11.
(31) R. Burton, *Anatomie de la mélancolie* (1er éd., 1621, anglaise), Paris, José Corti, 2000, p. 1303.
(32) Liébault, *op. cit.*, p. 15.
(33) A. du Laurens, *Œuvres anatomiques,* in *Œuvres*, Pairs, 1639, p. 369.
(34) *Ibid.*, p. 370.
(35) P. Gerbod, *Histoire de la coiffure et des coiffeurs,* Paris, Larousse, 1995, p. 69 を見よ。
(36) A. Paré, *op. cit.*, p. 952.
(37) C. G. Galien, *De l'usage des parties du corps humain* (IIe siècle), Lyon, 1566, livre XIV, chap.

(52) S. Guazzo, *La Civile Conversation,* Paris, 1582 (1er éd. italienne, 1574), p. 391.
(53) A. Paré, *Œuvres diverses en 28 livres...,* Paris, 1585, p. 233.
(54) ルネッサンス期の視線についての体系的な研究については、C. Havelange, *De l'œil et du monde, une histoire du regard au seuil de la modernité,* Paris, Fayard, 1998 を見よ。
(55) M. Scève, *op. cit.,* p. 110.
(56) Pline second, *Histoire naturelle,* livre XI, chap. XXXVII〔プリニウス『プリニウスの博物誌』中野定雄他訳、雄山閣、1986 年〕.
(57) *Dictionnaire d'histoire des sciences,* dir. D. Lecourt, Paris, PUF, 1999, art. « Kepler », p. 596.
(58) Le Delphyen, *Défense en faveur des dames de Lyon,* Lyon, 1596, p. 12.
(59) B. Castiglione, *Le Livre du courtisan,* Paris, Garnier-Flammarion, 1991 (1er éd., italienne, 1528), p. 395〔カスティリオーネ『宮廷人』清水純一・岩倉具忠・中野恵訳注、東海大学古典叢書、東海大学出版会、1987 年〕.
(60) M. Blay, R. Halleux, « Attraction/Affinité », *La Science classique,* dir. M. Blay, R. Halleux, Paris, Flammarion, 1998, p. 449.
(61) H. de Mondeville. Y. Knibiehler et C. Fouquet, *La Femme et les Médecins,* Paris, Hachette, 1983 , p. 57 からの引用。
(62) A. du Laurent, *Œuvres anatomiques,* in *Les Œuvres,* Paris, 1639, p. 566.
(63) Brantôme (Pierre Bourdeille, seigneur de), *Trois Vies illustres...., op. cit.,* p. 30.
(64) P. Ronsard, *Le Premier Livre des sonnets pour Hélène, op. cit.,* p. 342.
(65) J. Liébault, *Trois Livres de l'embellissement des femmes,* Paris, 1582, p. 10.
(66) M. Scève, *op. cit.,* p. 165.
(67) A. Chastel, *Le Mythe de la Renaissance, 1420-1520,* Paris, Skira, 1969, p. 148〔アンドレ・シャステル『ルネサンスの神話——1420-1520 年』阿部成樹訳、平凡社、2000 年〕.
(68) J. Liébault, *op. cit.,* p. 8.

第 2 章　美人の「性別」

(1) J. Lemaire, *Les Illustrations de Gaules et Singularités de Troyes* (XVIe siècle). J. Houdoy, *La Beauté des femmes dans la littérature et dans l'art du XIIe au XVIe siècle. Analyse du livre de Niphus : « Du beau et de l'amour »,* Paris, 1876, p. 82 からの引用。
(2) P. l'Arétin, « La belle et le vieux comte », *Raisonnements* (1534), in *Conteurs italiens de la Renaissance,* Paris, Gallimard, coll. « La Pléiade », 1993, p. 797.
(3) P. Ronsard, *Le Second Livre des amours* (1560), *Œuvres complètes,* Paris, Gallimard, coll. « La Pléiade », 1993, p. 214.
(4) M. Bandello, « La Courtisane fouettée », *Nouvelles* (1554), in *Conteurs italiens..., op. cit.,* p. 725.
(5) C. H. Agrippa, *De la supériorité des femmes,* 1509, p. 42.
(6) *Ibid.,* p. 73.
(7) P. Francastel, *La Figure et le Lieu. L'ordre visuel du Quattrocento,* Paris, Gallimard, 1967, p. 280.
(8) P. Bayle, *Dictionnaire historique et critique,* Rotterdam, 1715, art. « Jeanne d'Aragon », t. I, p. 302〔ピエール・ベール『ピエール・ベール著作集 「歴史批評辞典」(第 3・4 巻)』野

Renaissance, dir. J. Céard, M.-M. Fontaine, J.-C. Margolin, colloque de Tours（1987）, Paris, Aux amateurs de livres, 1990.

（30）R. Baillet, « Le corps féminin dans la littérature italienne de la Renaissance : du cours magistral aux travaux pratiques », *Le Corps de la femme : du blason à la dissection mentale,* actes du colloque, 18 nov. 1989, université de Lyon-III, « Le dessin des vases », p. 17.

（31）A. Romei, *La Sepmaine ou sept journées...,* Paris, 1595（1er éd. italienne, 1552）, p. 12.

（32）A. Le Fournier, *La Décoration d'humaine nature avec plusieurs souveraines recettes...,* Paris, 1582, p. 2. J. Hale, *La Civilisation de l'Europe à la Renaissance,* Paris, Perrin, 2003（1er éd., 1993）, p. 566 をも見よ。

（33）A. Firenzuole, *op. cit.,* p. 10.

（34）E. Chirelstein, « Lady Elisabeth Pope : The Haraldic Body », *Renaissance Bodies. The Human Figure in English Culture, 1540-1660,* dir. L. Grent et N. Llewellyn, Londres, Reakton Books, 1990, p. 38.

（35）D. de Flurance Rivault, *L'Art d'embellir,* Paris, 1608, p. 27.

（36）L. Van Delft, *Littérature et Anthropologie. Nature humaine et caractère à l'âge classique,* Paris, PUF, 1993, « L'anatomie moralisée », p. 183.

（37）P. Ronsard, *Le Seconde Livre des amours*（1557）, *Œuvres complètes, op. cit.,* t. I, p. 272.

（38）*Ibid.,* p. 232.

（39）P. Ronsard, « Élégie à Janet peintre du roy », *Le Premier Livre des amours*（1552）, *Œuvres complètes, op. cit.,* t. I. p. 152.

（40）M. Scève, *Délie, object de plus haulte vertu*（1544）, *Poètes du XVIe siècle,* Paris, Gallimard, coll. « La Pléiade », 1985, p. 216.

（41）A. Niphus, *Du beau et de l'amour*（XVIe siècle）. J. Hodoy, *op. cit.,* p. 97 からの引用。

（42）*Les Cent Nouvelles..., op. cit.,* p. 178.

（43）Brantôme（Pierre Bourdeille, seigneur de）, *Trois vies illustres, Marie Stuart, Catherine de Médicis, le Duc de Guise*（manuscrit XVIe siècle）, Paris, Gallimard, 1930, p. 74.

（44）*Ibid.,* p. 34.

（45）« Instructions données par Henri VIII roi d'Angreterre à ses serviteurs de confiance... » 1504, A. Cabanès, *Les Cabinets secrets de l'histoire,* Paris, 1900, t. IV, p. 156.

（46）G. Straparole, « Isotta et Travaglino », *Les Facétieuses nuits*（1560）, in *Conteurs italiens..., op. cit.,* p. 392.

（47）« Instructions données par Henri VIII... », *op. cit.,* p. 158.

（48）G. de Minut, *De la beauté, discours divers...,* Lyon, 1587, p. 261.

（49）「建築物的な美」とそのメタファーについては、J. Castarède, *Les Femmes galantes du XVIe siècle,* Paris, France-Empire, 2000, p. 19 を見よ。

（50）Anonyme, « Le vendre », *Blason du corps féminin,* in *Poètes du XVIe siècle,* Paris, Gallimard, coll. « La Pléiade », 1953, p. 334.

（51）Brantôme（Pierre Bourdeille, seigneur de）, *Les Dames galantes*（XVIe siècle）, Gallimard, coll. « Folio », 1981, p. 280〔ブラントーム『艶婦伝——ダーム・ギャラント』小西茂也訳、創元社、1954 年〕.

マリア・ノヴェッラ教会。

(5) P. Francastel, *La Figure et le Lieu. L'ordre visuel du Quattro-cento,* Paris, Gallimard, 1967, p. 25 を見よ。

(6) ティツィアーノ「美しい婦人」1530年頃、フィレンツェ、ピッティ宮。

(7) 以下を見よ。E. Cropper, « The beauty of woman. Problems of the rhetoric of Renaissance portraiture », M. W. Ferguson, M. Quilligan, N. J. Vickers, *Rewriting the Discourses of Sexual Difference in Early Modern Europe,* Chicago, University Chicago Press, 1986, p. 179.

(8) *Idem.*

(9) F. Haskel, *L'Historien et ses images,* Paris, Gallimard, 1995 (1er éd., américaine, 1993), p. 74 を見よ。

(10) J. Houdoy, *La Beauté des femmes dans la littérature et dans l'art du XIIe au XVIe siècle. Analyse du livre de Niphus* : « Du beau et de l'amour », Paris, 1876, p. 27.

(11) J. Houdoy, *ibid.,* p. 22 からの引用。

(12) *Idem.* R. Kelso, *Doctrine for the Lady of the Renaissance,* Chicago, Illinois Press, 1957, « Love and beauty », p. 136 をも見よ。

(13) H. C. Agrippa, *De la supériorité des femmes,* Paris, 1509,「それぞれの四肢には精気がみなぎっている」。J. Houdoy, *op. cit.*, p. 79 からの引用。

(14) P. Fortini, « Antonio Angelini et la Flamande », *Nouvelles* (XVIe siècle), *Conteurs italiens de la Renaissance,* Paris, Gallimard, coll. « La Pléiade », 1993, p. 846.

(15) P. Ronsard, *Le Seconde Livre des Amours,* (1560), in *Œuvres complètes,* Paris, Gallimard, coll. « La Pléiade », 1993, t. I, p. 232.

(16) L. Le Jars, *Précis de littérature française du XVIe siècle : la Renaissance,* dir. R. Aulotte, Paris, PUF, 1991, p. 98 を見よ。

(17) P. Fortini, *op. cit.*, p. 846.

(18) P. Ronsard, *Le Premier Livre des sonnets pour Hélène* (1578), *Œuvres..., op. cit.,* t. I, p. 153.

(19) *Les Cent Nouvelles nouvelles*(1462), *Conteurs français du XVIe siècle,* Paris, Gallimard, coll. « La Pléiade », 1956, p. 328.

(20) *Ibid.,* p. 258.

(21) Bonaventure des Périers, *Récréations et joyeux devis* (1558),*Conteur français..., op. cit.,* p. 389.

(22) M. de Navarre, *L'Heptaméron* (1559), *Conteurs français..., op. cit.,* p. 819.

(23) P. Bouaystuau, *Bref Discours sur l'excellence et dignité de l'homme,* Genève, Droz, 1982 (1er éd., 1558), p. 14.

(24) A. Firenzuole, *Discours de la beauté des dames,* Paris, 1578 (1er éd., 1552, italienne), p. 27.

(25) M. de Romieu, *Instructions pour les jeunes filles par la mère et fille d'alliance* (1597), Paris, Nizet, 1992, p. 71.

(26) C. Saint-Laurent, *Histoire imprévue des dessous féminins,* Paris, Herscher, 1986, « la folie des vertugades », p. 66 を見よ。

(27) J. Boucher, *Deux Épouses et reines à la fin du XVIe siècle,* Saint-Etienne, PUSE, 1995, p. 236.

(28) *Ibid.,* p. 232.

(29) S. M. Newton, « The body and high fashion during the Renaissance », *Le Corps à la*

原　注

序

(1) *Lettres de Louis XIV, de Monseigneur le Dauphin, etc..., adressées à Madame la marquise de Maintenon, imprimées par les bibliophiles français,* Paris, 1822 を見よ。

(2) A. de Tilly, *Mémoires* (XIIIe siècle), in *Les Français vus par eux-mêmes,* t. II, A. de Maurepas, F. Brayard, *Le XVIIIe Siècle. Anthologie des mémorialistes du XVIIIe siècle,* Paris, Robert Laffont, coll. « Bouquins », 1996, p. 906.

(3) このことは、近年の例が、いっそう顕著に示すとおりである。C. Barbillon, *Les Canons du corps humain au XIXe siècle, l'art et la règle,* Paris, Odile Jacob, 2004.

(4) J.-L. Flandrin, *Le Sexe et l'Occident. Évolution des attitudes et des comportements,* Paris, Seuil, 1981, p. 21〔J－L・フランドラン『性の歴史』宮原信訳、藤原書店、1992 年〕.

(5) わたしはここで、歴史は身体に刻まれる、という仮説を提示する。すなわち、シルエットとフォルムは時代とともに変化する、ということだ。この仮説は、アーサー・マーウィックが、『歴史における美』で提示した説とは異なる（Arthur Marwick, *Beauty in History. Society, politics and personnal appearence c.1500 to the present,* London, Thames and Hudson, 1988)。マーウィックは「美は、はっきりしたかたちでは変化せず」、「美に置かれた価値」が変化したのだ、としている（p. 8)。

(6) A. de Courtin, *Nouveau Traité de civilité qui se pratique en France parmi les honnêtes gens,* Saint-Etienne, PUSE, 1998（1re éd., 1671), chap. XXXI, « De la Contenance » を見よ。

(7) V. Nahoum-Grapp, « Présentation », *Communication,* n 60, « Beauté laideur », 1995, p. 7.

第 I 部　啓示される美――16 世紀

(1) C. Ripa, *Iconographie, ou les principales choses qui peuvent tomber dans la pensée touchant les vices ou les vertus,* Paris, 1643（1er éd., 1593), p. 30.

(2) A. Firenzuole, *Discours de la beauté des dames,* Paris, 1578（1er éd., 1552), p. 17.「あなたの美しさは天上的なもののしるしであり、天国の善の似姿である」。

(3) M. Bandello, « Un homme exemplaire », *Nouvelles*（1554)in *Conteurs italiens de la Renaissance,* Paris, Gallimard, coll. « La Pléiade », 1993, p. 508.

(4) H. C. Agrippa, *De la sipériorité des femmes,* Paris, 1509, p. 42.

第 1 章　記述されるからだ、序列化されるからだ

(1) シモーネ・マルティーニ「十字架を背負うキリスト」1340 年頃、パリ、ルーヴル美術館。

(2) アンドレア・マンテーニャ「キリストの磔刑」1456 年、パリ、ルーヴル美術館。

(3) N. Laneyrie-Dagen, *L'Invention du corps. La représentation de l'homme, du Moyen Âge à la fin du XIXe siècle,* Paris, Flammarion, 1997 を見よ。

(4) マザッチョ「三位一体、聖ヨハネ、聖母、寄進者 2 名の図」フィレンツェ、サンタ・

ま 行

や 行

ら 行

わ 行

さ 行

た 行

な 行

は 行

作品名・書名索引

本文に登場する主要な作品名（絵画・版画・映画など）および書名（雑誌名、新聞名も含む）を対象とした。原則として、作品名は「　」で、書名は、『　』で示した。

あ 行

か 行

レ

ロ

ワ

ラ

リ

ル

ホ

マ

ミ

ム

メ

モ

ヒ

フ

ヘ

コ

サ

シ

ス

セ

オ

カ

キ

ク

ケ

人名索引

本文に登場する主要な人名を対象とした。

ア

ウ

エ

訳者あとがき

目、鼻、口があれば、だれでも美人になれる。そんな夢のような時代が、少なくとも先進国といわれる国々では、現実のものになっています。美しさのモデルは無数に存在し、家柄、土地、職業、そして性別すらも、もはや美を限定する条件ではない。ありとあらゆる製品、サービス、技術が百花繚乱のごとく咲き乱れ、人々が美を獲得する手助けをすべく、手ぐすねひいて客が来るのを待っている。金持ちでなくても、誰もが財布の膨れ具合に応じて、それらを享受し、「なりたい自分」になれる。人工的な技巧に頼ることに後ろめたさを感じる必要はなく、「お客さまは神さま」の消費社会では、個人の希望が何よりも優先される。こうしてわたしたちは、完全な自由を手中にしたかのような幻想に酔いしれるのです。

とはいえ、美しさの規格は、撤廃されたわけではありません。鉄壁のごとく立ちはだかる、「痩身」という絶対的な条件。消費・情報社会のつくりだす「流行」という基準。無数と見えた美しさのモデルが、実はこのふたつに合致し、細かくカテゴリー化されているにすぎないことに気づかされる。そのとき、わたしたちの信じていた全面的な自由は、結局のところ、選択というしぐさにすぎないことに気づかされます。

さらに、巨大に膨れあがった市場は、情報という手段を通じて、美の獲得をわたしたちに迫ります。有能さと美とはますます強く結びつき、マスコミは、良き母、良き妻である美しいキャリアウーマンという理想像を喧伝する。俳優、アナウンサーだけではなく、テレビ画面に登場するには、学者、コンサルタント、音楽家、医師など、専門的な知識を持つ人々にまで、美しくあることが要求される。

こうした強い圧力のもと、わたしたちは「美しくなくても、別に結構」という選択肢をなかば奪われ、ダイエットと痩身に励み、ファッションや化粧品にお金を使う。一方で、ダイエットに失敗する、あるいはお金がなくて買いたい服が買えないという体験が、「なりたい自分」の実現を阻み、強い不幸感を生む。幸福感と紙一重の不幸感。ふたつの感情のあやういバランスのなかで、わたしたちは日常を生きているのだ、という著者の指摘は鋭く胸に突き刺さります。

「見目より心」、外見よりも内面の知性と教養が大事、性格の良さが本当の美人……。昔からくり返されてきたこのような言葉は、外見の美を優先するいまの世の中で、反美人論のように聞こえてしまいがちです。確かに、美の市場は健康というテーマをとり込み、今後もその発展の勢いはとどまらないでしょう。しかし、この巨大な装置のからくりがいったん透けて見えてしまうと、無条件に美へと向かっていたわたしたちの歩みも、ふと止まるのではないでしょうか。

何をもってして、美人というのか。

思っていた以上に、深い問いの答えを探そうとして……

ここで、本作品の著者であるジョルジュ・ヴィガレロ氏について、簡単にご紹介しましょう。一九四一年、モナコに生まれ、哲学のアグレガシオンを取得。現在は国立社会科学高等研究院教授として研究を行うとともに、後進の指導にあたっています。身体論、衛生論についての著作は数多く、そのいくつかは日本語に翻訳されています。

最後に、遅筆な訳者の仕事を辛抱強く見守ってくださった藤原書店の西泰志氏に、心よりの感謝を捧げます。

二〇一二年二月

後平澪子

著者紹介

ジョルジュ・ヴィガレロ（Georges Vigarello）

1941年モナコ生。パリ第5大学教授、社会科学高等研究院局長、フランス大学研究所所員。身体表象にかんする著作があるが、とりわけ『矯正された身体』（スイユ社、1978年）『清潔（きれい）になる「私」――身体管理の文化誌』（スイユ社、1985年、〈ポワン歴史叢書〉1987年、邦訳、同文舘出版、1994年）『健全と不健全――中世以来の健康と改善』（スイユ社、1993年、〈ポワン歴史叢書〉1999年）『強姦の歴史』（スイユ社、1998年、〈ポワン歴史叢書〉2000年、邦訳、作品社、1999年）『古代競技からスポーツ・ショウまで』（スイユ社、2002年）『身体の歴史』（監修、全3巻、スイユ社、邦訳、藤原書店、2010年）。

訳者紹介

後平澪子（ごひら・みおこ）

東京生まれ。慶応義塾大学大学院修士課程修了、パリ第3大学博士課程中退。訳書に、『身のまわりの科学』（ジャン＝アンリ・ファーブル著、岩波書店）『植物のはなし』（同、日高敏隆氏との共訳）『ブルターニュ　死の伝承』（アナトール・ル＝ブラース著、藤原書店）などがある。

美人《びじん》の歴史《れきし》

2012年4月30日　初版第1刷発行 ©

訳　者　後　平　澪　子
発行者　藤　原　良　雄
発行所　株式会社　藤　原　書　店

〒162-0041　東京都新宿区早稲田鶴巻町523
電　話　03（5272）0301
FAX　03（5272）0450
振　替　00160-4-17013
info@fujiwara-shoten.co.jp

印刷・製本　音羽印刷

落丁本・乱丁本はお取替えいたします
定価はカバーに表示してあります
Printed in Japan
ISBN978-4-89434-851-6